Edward Feser

Fünf Gottesbeweise

editiones scholasticae

Edward Feser

Fünf Gottesbeweise

Aristoteles, Plotin, Augustinus, Thomas von Aquin, Leibniz

Übersetzung aus dem amerikanischen
von Rafael Hüntelmann

EDITIONES SCHOLASTICAE

Bibliographic information published by Deutsche Nationalbibliothek
The Deutsche Nationalbibliothek lists this publication in the Deutsche Nationalbibliographie; detailed bibliographic data is available in the Internet at http://dnb.ddb.de

Titel der amerikanischen Originalausgabe:
Edward Feser
Five Proofs of the Existence of God
Aristoteles, Plotinus, Augustine, Aquinas, Leibniz
Ignatius Press, San Francisco 2017 | ISBN 978-1-62164-133-9

Wir danken dem Verlag für die Überlassung der deutschsprachigen Rechte

53819 Neunkirchen-Seelscheid
www.editiones-scholasticae.de

ISBN 978-3-86838-208-2

2018

Printed on acid-free paper

Printed in Germany

Inhalt

Danksagung

Ich danke Pater Joseph Fessio für sein Interesse an diesem Buch und für die vielen hilfreichen Kommentare, die er zum ersten Entwurf beigetragen hat. Einige Materialien aus diesem Buch wurden vor einem Publikum in Cambridge (Massachusetts), Claremont (Kalifornien), Lafayette (Louisiana), New York City und Sydney (Australien) vorgestellt. Ich danke den Teilnehmern für ihre Kommentare und ihre Fragen. Ebenso danke ich den Lesern meines Blogs für ihr Feedback zu verschiedenen Ideen, die ihren Weg in dieses Buch fanden.

Wie immer danke ich meiner Frau Rachel wie auch meinen Kindern – Benedikt, Gemma, Kilian, Helena, Jack und Gwendolyn – für ihre Geduld und Liebe. Das Schreiben dieses Buches war besonders hektisch insofern, als es sich mit anderen Arbeiten über verschiedene wichtige Projekte überlappte. Es hätte nicht vollendet werden können, wenn meine Frau nicht so viele Aufgaben für unsere Familie übernommen hätte. Dies trifft natürlich für meine gesamte Arbeit zu. Jeder, der irgendetwas Wertvolles in dieser Arbeit gefunden hat, schuldet Rachel Dank dafür, dass es möglich wurde.

Unter den katholischen Theologen befindet sich mein Freund Pater Thomas White an der Spitze des erneuerten Interesses an natürlicher Theologie, wie sein schönes Buch *Wisdom in the Face of Modernity: A Study in Thomistic Natural Theology*[1] beweist. Ich habe von seinem Werk und von unseren Gesprächen in den letzten Jahren reichlich profitiert. Mit Dankbarkeit und Bewunderung widme ich ihm dieses Buch.

[1] Thomas Joseph White O.P. (2009): *Wisdom in the Face of Modernity: A Study in Thomistic Natural Theology.* Ave Maria, Fla (Sapientia Press).

Einführung

Dies ist kein Buch über die Fünf Wege des hl. Thomas von Aquin.[1] Einige Leser meiner früheren Bücher mögen etwas anderes erwartet haben angesichts der Tatsache, dass ich Thomas' Argumente woanders verteidigt habe und dass der Titel dieses Buches *Fünf Gottesbeweise* lautet. Aber obwohl es sicherlich einige Überschneidungen mit dem gibt, was Thomas sagt und was ich an anderer Stelle vorbringe, steckt dieses Buch etwas andere Gründe ab. Es ist genau genommen kein *neuer* Grund, da keiner der Beweise, die ich diskutiere, ursprünglich mein eigener ist. Aber es ist ein unterschiedlicher Grund insofern, als verschiedene dieser Beweise Argumente sind, die ich zuvor nicht ausführlich verteidigt habe. Das Buch unterscheidet sich von anderen auch insofern, als die meisten dieser Beweise in der Gegenwartsphilosophie zuvor nicht viel Aufmerksamkeit erhalten haben. Dies ist bemerkenswert, weil sie historisch sehr prominent waren und weil sie die machtvollsten Argumente von allen für die Existenz Gottes waren (wie ich denke). Meine Leser, die mich bereits lange begleiten, werden nicht überrascht sein, wenn ich sage, dass dies nichts über die Beweise selbst aussagt, aber alles über den Zustand der gegenwärtigen akademischen Philosophie, einschließlich der Religionsphilosophie.

Obwohl die Argumente selbst nicht neu sind, werden sie für die meisten Leser neu sein, ebenso wie vieles von dem, was ich zu ihrer Verteidigung zu sagen habe. Was an diesem Buch unverwechselbar ist, wird vielleicht am einfachsten erklärt, indem ich etwas über seine Ursprünge sage. In meinen früheren Büchern – in *Der letzte Aberglaube* und *Aquinas* und anderswo – näherte ich mich den Fragen der natürlichen Theologie – also den Fragen darüber, was man nur durch den menschlichen Verstand, ohne göttliche Offenbarung, über die Existenz und Natur Gottes und seine Beziehung zur Welt wissen kann – auf dem Wege der Exposition und

[1] Thomas von Aquins fünf Wege, die die Existenz Gottes demonstrieren, finden sich in der Summa theologiae I, q. 2, a. 3. Der erste Weg ist das Argument von der Bewegung zur Existenz eines ersten unbewegten Bewegers. Der zweite Weg ist das Argument von der Kausalität zur Existenz einer ersten Ursache. Der dritte Weg ist das Argument von der Kontingenz der Welt zur Existenz eines absolut notwendigen Seienden. Der vierte Weg ist das Argument von den Graden der Vollkommenheit zur Existenz eines vollkommensten Seienden. Der fünfte Weg ist das Argument von der Finalität zur Existenz einer höchsten Intelligenz.

Verteidigung dessen, was Thomas von Aquin zu diesen Themen zu sagen hatte.[2]

Weil Thomas nach meiner Einschätzung der größte natürliche Theologe ist, hat der Ansatz dieses Buches seine Vorteile. Aber er hat auch seine Grenzen. Zum einen erfordert er, dass die Diskussion über weite Strecken exegetisch ist, eine Frage der Erklärung dessen, was Thomas gemeint hat oder wozu er zumindest die Richtung angibt, in der das Argument verstanden werden kann (und von späteren Thomisten verstanden wurde), im Hinblick auf das, was in den Texten vorliegt.[3] Dies wiederum erfordert die Darlegung des Hintergrunds der philosophischen Prinzipien hinsichtlich der Natur der Veränderung, der Kausalität, der Kontingenz und so weiter, die sich in Thomas' Argumenten verteilt finden. Dazu gehört die Entwirrung der wesentlichen Ideen von kontingenten und falschen wissenschaftlichen Annahmen, in denen er seine Beweise gelegentlich ausdrückt, und so weiter. Aus diesem Grund muss sich der Leser in den beiden zuvor erwähnten Büchern durch siebzig Seiten von manchmal schwieriger allgemeiner Metaphysik durcharbeiten, bevor die Fragen der natürlichen Theologie angegangen werden können. Zudem erfordert dieser Ansatz die Selbstbeschränkung auf die Argumente, von denen Thomas selbst dachte, dass sie die bedeutendsten seien.

In den Jahren, seitdem diese Bücher erschienen sind, ist mir aufgefallen, dass es einen Ort gibt, in der Tat einen Bedarf, für ein Buch, das sich den Dingen auf unterschiedliche Art nähert. Im Besonderen gibt es einen Bedarf für eine Darlegung und Verteidigung einiger wichtiger Argumente für die Existenz Gottes, die Thomas selbst nicht diskutiert und die auch nur unzureichende Aufmerksamkeit in jüngeren Arbeiten zur natürlichen Theologie gefunden haben. Und es gibt einen Bedarf nach einer Darlegung und Verteidigung der wichtigsten Argumente für die Existenz Gottes, die weder belastet sind mit einer komplexen und häufig ermüdenden Exegese der Texte, noch irgendwelche detaillierten

---

[2] Edward Feser (2012): *Der letzte Aberglaube. Eine Zurückweisung des Neuen Atheismus*. Heusenstamm (editiones scholasticae) und *Aquinas* (2009). Oxford (Oneworld Publications). Siehe auch meine Artikel "Existential Inertia and the Five Ways" (2011), in: *American Catholic Philosophical Quartely* 85, und (2013) "Between Aristotle and William Paley: Aquina's Fifth Way", in: *Nova et Vetera* 11. Beide Artikel wurden wiederabgedruckt (gemeinsam mit anderen Essays zu dem Thema der thomistischen natürlichen Theologie) in meiner Anthologie (2015) *Neo-Scholastic Essays*. South Bend (St. Augustine's Press), pp. 84–117 und 47–92.

[3] „Thomismus" ist natürlich die Standardbezeichnung für das System des Denkens, das von Thomas von Aquin abgeleitet wird, und ein „Thomist" ist ein Anhänger des Thomismus.

metaphysischen Prolegomena voraussetzen, sondern die schlicht geradeaus zum Herzen des Arguments gelangen und die in jeglicher Hinsicht erforderlichen Hintergründe zu den metaphysischen Prinzipien unterwegs einführen.

Genau dies ist es, was das vorliegende Buch tut. Zwei der Beweise, die ich hier verteidige, können bei Thomas von Aquin gefunden werden, aber die drei anderen sind keine Argumente, die Thomas diskutiert, zumindest nicht in der Länge und Form, in der sie hier vorgestellt werden. Auch gibt es keine Textexegese in diesem Buch, weder von Thomas von Aquins Text, noch von irgendeinem großen Denker der Vergangenheit. Sicher, die Argumente sind *inspiriert* durch verschiedene große Denker der Vergangenheit, wie ja auch das Inhaltsverzeichnis zeigt, im Besonderen durch Aristoteles, Plotin, Augustinus, Thomas von Aquin und Leibniz. In der Tat denke ich, dass die Beweise, die ich hier verteidige, dasjenige erfassen, was wesentlich für die Argumente dieser Denker ist. Aber ich werde keine Interpretation eines Textes vorstellen, der bei den Denkern zu finden ist, und ich werde nicht behaupten, dass irgendeiner dieser Denker sagt oder mit *allem* übereinstimmt, was ich zu sagen habe. Ich verteidige einen *aristotelischen* Beweis für die Existenz Gottes und nicht genau *Aristoteles'* eigenen Beweis; einen *augustinischen* Beweis, aber keine Exegese von irgendetwas, das *Augustinus selbst* wirklich geschrieben hat, und so weiter. Und ich werde nicht mehr als unbedingt erforderlich von dem metaphysischen Hintergrund darlegen, nicht mehr, als absolut für den jeweiligen Beweis notwendig ist. Soweit ich dazu in der Lage bin, werde ich die relevanten metaphysischen Hintergrundprinzipien während der Vorstellung des Beweises einführen, im Zuge der Anwendung auf die natürliche Theologie.

Jedes der fünf ersten Kapitel dieses Buches widmet sich einem der Beweise und jedes dieser Kapitel hat die folgende Struktur: Erstens stelle ich in zwei Stufen das vor, was ich als informelle Erklärung des Arguments charakterisiere. Auf der Stufe eins argumentiere ich für die Existenz von etwas, auf das bestimmte Schlüsselbeschreibungen zutreffen, so zum Beispiel „eine unverursachte Ursache für die Existenz von Dingen“. Auf der Stufe zwei argumentiere ich, dass etwas, das die in Frage stehende Beschreibung erfüllt, bestimmte göttliche Schlüsselattribute haben muss, so wie Einheit, Ewigkeit, Immaterialität, Allmacht, Allwissenheit und vollkommene Güte. Diese Darlegungen sind „informell“ in dem Sinne, dass die Argumente nicht ursprünglich in einem expliziten Schritt-für-Schritt-

Format ausgeführt sind, wie es bei gegenwärtigen analytischen Philosophen beliebt ist, sondern eher in einer diskursiveren und gemächlichen Art. Der Grund für dieses Vorgehen besteht darin, dass ich es für die Leser, die mit der Philosophie nicht vertraut sind, so einfach wie möglich machen möchte, zu einem Verständnis der Argumente zu gelangen. Auch brauche ich an verschiedenen Punkten Zeit für Abschweifungen zu allgemeineren Fragen der Metaphysik, um so deutlicher zu machen, was in den Beweisen vor sich geht, und so bestimmten Missverständnissen oder unwichtigen Einwänden zuvorzukommen. Sicherlich wird die Diskussion zu bestimmten Zeiten recht technisch geraten. Aber das Ziel in den ersten Teilen jedes Kapitels besteht darin, den Leser in diese technischen Details so sanft wie möglich einzuführen. Ich möchte, dass dieses Buch nicht nur für akademische Philosophen von Interesse ist, sondern auch, soweit dies möglich ist, für Laien, die bereit und in der Lage sind, mir in philosophische Abstraktionen zu folgen, wenn ihnen die Chance gegeben wird, diese Abstraktionsvorgänge graduell zu erleichtern. Obwohl wir in jedem Kapitel am tiefsten Ende des Pools enden, versuche ich immer mit dem flachsten Teil der Untiefe zu beginnen. (Wie der Leser entdecken wird, ist dies mit bestimmten Argumenten einfacher zu machen als mit anderen.)

Die nächste Abteilung jedes dieser Kapitel beinhaltet das, was ich als eine mehr formale Erklärung des jeweiligen Arguments bezeichne. Hier stelle ich die Argumente in einer expliziten Weise Schritt für Schritt vor, mit dem Ziel, die logische Struktur der Argumentation so evident wie möglich zu machen und die Linie des Denkens, die der Leser in der vorangegangenen Diskussion in einer mehr informellen und gemächlichen Weise durchgearbeitet hat, in einer sauberen und klaren Weise zu wiederholen. Keiner dieser eher formalen Teile steht für sich allein. Der Leser kann sie nicht richtig verstehen, wenn er nicht zuvor die vorangehenden, mehr informellen Teile gelesen hat, die langsam und sorgfältig die Signifikanz jedes einzelnen der Schlüsselbegriffe erklären, die in den mehr formalen Erklärungen bereitgestellt werden. Aber die eher formalen Erklärungen sollen in jedem Fall verdeutlichen, wie alles in der vorhergehenden, mehr informellen Diskussion Gesagte miteinander verbunden ist. Schließlich wird jedes Kapitel abgeschlossen mit einem längeren Abschnitt, der verschiedene Einwände behandelt, die gegen das vorgestellte Argument in dem Kapitel erhoben wurden oder erhoben werden könnten. In diesen Abschnitten finden sich die Fälle, wo das am meisten technische Material erscheint.

Der Inhalt jedes dieser fünf Kapitel ist wie folgt: Kapitel 1 verteidigt, was wir den *aristotelischen Beweis* für die Existenz Gottes nennen. Er beginnt mit der Tatsache, dass es reale Veränderung in der Welt gibt, analysiert dann Veränderung als Aktualisierung der Potenz und argumentiert, dass keine Potenz aktualisiert werden kann, außer es gibt etwas, das aktualisieren kann, ohne selbst aktualisiert worden zu sein – einen „rein aktualen Aktualisierer" oder einen unbewegten Beweger, wie Aristoteles Gott bezeichnet. Aristoteles entwickelt ein Argument dieser Art im 8. Buch seiner *Physik* und im 12. Buch seiner *Metaphysik*. Spätere Aristoteliker wie Maimonides und Thomas von Aquin entwickelten ihre eigenen Versionen. Der erste der fünf Wege Thomas von Aquins ist eine Erklärung eines solchen Arguments. Die früheren Autoren drücken ihr Argument in archaischen wissenschaftlichen Begriffen aus, wie z. B. der Bewegung der himmlischen Sphären; aber wie moderne Aristoteliker gezeigt haben, ist der wesentliche Kern des Arguments nicht abhängig von der veralteten Schale. Der Zweck des ersten Kapitels ist die Darstellung der Kernidee des Arguments, wie es von Aristoteles, Maimonides oder Thomas entwickelt würde, wenn sie heute schreiben würden.

Das 2. Kapitel verteidigt den Beweis, den ich den *neoplatonischen Gottesbeweis* nenne. Er beginnt mit der Tatsache, dass die Dinge unserer Erfahrung in verschiedener Weise zusammengesetzt sind oder aus Teilen bestehen, und er argumentiert, dass die letzte Ursache eines solchen Dinges nur etwas sein kann, das absolut einfach oder nichtzusammengesetzt ist – was Plotin „das Eine" nennt. Die Kernidee eines solchen Arguments kann in Plotins *Enneades* gefunden werden, und auch Thomas brachte dieses Argument vor. Tatsächlich ist die Idee der göttlichen Einfachheit absolut zentral in der klassischen theistischen Konzeption Gottes, obwohl sie seltsamerweise von gegenwärtigen Autoren der natürlichen Theologie vernachlässigt wird, von Theisten wie auch von Atheisten. Zu den Zielen dieses Buches gehört es, diese Idee an ihrem richtigen Ort wiederherzustellen.

Kapitel 3 verteidigt den *augustinischen Beweis* für die Existenz Gottes. Es beginnt mit der Argumentation, dass Universalien (Röte, Menschsein, Dreieckigkeit etc.), Propositionen, Möglichkeiten und andere abstrakte Objekte in einem bestimmten Sinne real sind; doch die platonische Konzeption solcher Gegenstände als in einem „dritten Reich" existierend, das verschieden ist von jedem Bewusstsein und verschieden von der Welt der einzelnen Dinge, wird zurückgewiesen. Der einzig mögliche letzte Grund dieser Objekte, so schließt die Argumentation, ist der göttliche Intellekt – der Geist Gottes. Auch diese Idee hat ihre Wurzeln im neoplatonischen Denken, war zentral in Augustinus' Verständnis Gottes und wurde auch von Leibniz verteidigt. Dieses Buch stellt eine detailliertere und systematischere Erklärung des Arguments vor, als dies (soweit ich weiß) bisher versucht wurde.

Kapitel 4 verteidigt den *thomistischen Gottesbeweis*. Er beginnt mit der Argumentation, dass es bei jedem kontingenten Seienden unserer Erfahrung eine reale Unterscheidung zwischen der *Wesenheit* (*was* das Ding ist) und der *Existenz* (*dass* das Ding ist) gibt. Das Argument fährt fort, indem es zeigt, dass nichts, in dem es eine solche reale Unterscheidung *gibt*, auch nur für einen Augenblick existieren könnte, wenn dessen Existenz nicht durch etwas verursacht wird, in dem es *keine* solche Unterscheidung gibt, etwas, dessen Wesenheit gerade seine Existenz ist und das deshalb Existenz mitteilen kann, ohne diese selbst empfangen zu haben – eine unverursachte Ursache für die Existenz der Dinge. Thomas präsentiert ein Argument von dieser Art in seinem kleinen Buch *Über das Sein und das Wesen*, und viele Thomisten haben es als paradigmatisches thomistisches Argument für die Existenz Gottes betrachtet.

Kapitel 5 verteidigt einen *rationalistischen Gottesbeweis*. Der Beweis beginnt mit einer Verteidigung des *Prinzips vom zureichenden Grund* (PZG), wonach alles erkennbar ist oder eine Erklärung hinsichtlich dessen hat, warum es existiert und warum es die Attribute hat, die es hat. Er argumentiert dann, dass es keinerlei Erklärung für die Existenz irgendeines kontingenten Seienden unserer Erfahrung geben kann, außer es gibt ein notwendiges Seiendes, dessen Existenz durch seine eigene Natur erklärt wird. Diese Art von Argument ist bekanntermaßen mit Leibniz verbunden, aber die Version, die ich verteidige, weicht von Leibniz in verschiedener Weise ab und interpretiert den Schlüsselgedanken in aristotelisch-thomistischer Art und Weise. (Daher ist es nicht im üblichen Sinne „rationalistisch", obwohl es „rationalistisch" insofern ist, als es verpflichtet ist auf eine bestimmte Version des PZG und auf die These, dass die Welt durch und durch intelligibel ist. Zum Beispiel ist es in keiner Weise gebunden an die Lehre von den inneren Ideen oder anderen Aspekten der Erkenntnistheorie, die mit kontinentalen rationalistischen Philosophen wie Descartes, Spinoza oder Leibniz verbunden wird. Und die Interpretation des PZG unterscheidet sich entscheidend von derjenigen dieser Philosophen).

Nachdem ich diese fünf Gottesbeweise vorgestellt habe, gehe ich über zum 6. Kapitel, mit der Erklärung der Natur Gottes und seiner Beziehung zur Welt, deren Ursache er ist. Diese Fragen wurden bereits ziemlich ausführlich in den vorangegangenen Kapiteln behandelt, aber das 6. Kapitel erklärt sie in einer größeren Tiefe und systematischer. Es beginnt mit einer Exposition und Verteidigung der drei zentralen Hintergrundprinzipien: des *Prinzips der proportionalen Kausalität*, wonach alles, was in der Wirkung ist, auch in einem bestimmten Sinne in der totalen Ursache präexistieren muss; des *Prinzips agere sequitur esse*, wonach das Verhalten oder die Tätigkeit eines Dinges aus dem folgt, was es ist; und der thomistischen Auffassung des *analogen* Gebrauchs der Sprache. Das Kapitel entfaltet dann diese Prinzipien erstens durch die Ableitung der verschiedenen göttlichen Attribute und die Behandlung philosophischer Fragen und Einwände, die gegen diese Attribute erhoben wurden. Es zeigt am Anfang, dass es *ein und derselbe Gott* ist, der aus allen fünf Beweisen folgt, und dass es prinzipiell nur einen Gott geben kann. Nachdem das Kapitel auf diese Weise die Einheit Gottes geltend gemacht hat, fährt es fort, indem es zeigt, dass wir Gott ebenso die Attribute der Einfachheit, der Unveränderlichkeit, der Immaterialität, der Unkörperlichkeit, Ewigkeit, Allmacht, Allwissenheit, der vollkommenen Güte, des Willens, der Liebe und der Unbegreiflichkeit zusprechen müssen.

Das Kapitel erläutert und verteidigt danach die *Lehre von der göttlichen Erhaltung*, wonach die Welt nicht für einen Moment existieren könnte, wenn Gott sie nicht kontinuierlich in der Existenz erhielte. Und es wird die Lehre von der göttlichen Kongruenz erläutert, wonach kein erschaffenes Ding irgendeine kausale Wirksamkeit hätte, wenn Gott nicht in jedem Augenblick seiner Tätigkeit dem Ding die kausale Kraft vermitteln würde. Nach diesem Weg wird gezeigt, dass dieses und andere Argumente die Konzeption der Beziehung Gottes zur Welt ausschließen, wie sie vom Pantheismus, Panentheismus, Okkasionalismus und Deismus verstanden wird. Kapitel 6 endet mit einer Diskussion dessen, was ein Wunder ist, und der Erläuterung des Sinnes, in dem Gott Wunder verursachen kann. (Solche Probleme sind, wie der Leser sehen wird, schwierig zu bestimmen und werfen die Frage auf, ob es eine Quelle der Erkenntnis Gottes geben könnte, die außerhalb der natürlichen Theologie liegt, in einer besonderen göttlichen Offenbarung, obwohl die Frage, ob es irgendeine solche Offenbarung gegeben hat, außerhalb des Bereichs dieses Buches liegt.)

Schließlich thematisiert das 7. Kapitel verschiedene Kritiken der natürlichen Theologie. Auch diese wurden bereits zu einem erheblichen Teil in den vorhergehenden Kapiteln behandelt, aber der Zweck des 7. Kapitels ist es, sowohl einige Einwände zu behandeln, die in den vorherigen Kapiteln nicht thematisiert wurden, und mit größerer Tiefe die Einwände zu behandeln, die in den vorherigen Kapiteln bereits thematisiert wurden. Zum Ende des Kapitels und damit zum Ende des Buches wird klar werden, dass keiner dieser Einwände gegen Argumente der Art, wie sie in diesem Buch verteidigt wurden, Erfolg hat und dass tatsächlich die am weitesten verbreiteten Einwände erstaunlich schwach sind und überbewertet werden.

Ich weiß, dass dies eine zuversichtliche Behauptung ist. Aber die natürliche Theologie war historisch eine zuversichtliche Disziplin. Eine lange Reihe von Denkern, vom Beginn des westlichen Denkens bis hin in unsere Tage – Aristoteliker, Neoplatoniker, Thomisten und andere Scholastiker, frühe moderne Rationalisten und auch Philosophen bestimmter anderer Schulen, ob Heiden, Juden, Christen, Moslems oder philosophische Theisten –, waren überzeugt, dass Gottes Existenz mit rein philosophischen Argumenten rational demonstriert werden kann. Der Zweck dieses Buches ist es zu zeigen, dass sie recht hatten, dass das, was lange Zeit eine Mainstream-Position im westlichen Denken war, wieder eine Mainstream-Position werden sollte. Die wirkliche Debatte besteht zwischen Theisten verschiedenen Schlages – Juden, Christen, Moslems, Hindus, rein philosophischen Theisten usw. – und beginnt, wo die natürliche Theologie aufhört. Ich wäre zufrieden, wenn das Buch dazu beitragen würde, uns zurückzubringen zu dem Punkt, von dem aus die tiefsten Fragen behandelt werden können.

I

Der aristotelische Beweis

Informelle Erklärung des Arguments: Stufe 1

Es gibt Veränderung. Beispiele gibt es überall um uns herum. Der Kaffee in Ihrer Tasse wird kühler. Ein Blatt von dem Baum vor Ihrem Fenster fällt zu Boden. Eine Pfütze wird größer, wenn der Regen andauert. Sie schlagen eine Fliege, und sie stirbt.

Diese Beispiele veranschaulichen vier Arten von Veränderung: qualitative Veränderung (der Kaffee kühlt sich ab); Änderung in Bezug auf den Standort (das Blatt fällt vom Baum); quantitative Veränderung (die Pfütze nimmt an Größe zu) und substanzielle Veränderung (ein Lebewesen wird zu toter Materie). Dass Veränderungen dieser Art auftreten, zeigt sich in unserer sensorischen Erfahrung der Welt außerhalb unseres Geistes.

Aber nehmen wir an, unsere Sinne täuschen uns. Angenommen, Ihr ganzes Leben war ein langer Traum oder eine Halluzination, wie Descartes es in seinen *Meditationen* beschrieben hat und wie es in Science-Fiction-Filmen wie *Matrix* dramatisiert wurde. Dennoch würde es selbst in diesem weit hergeholten Szenario keinen Zweifel geben, dass Veränderungen stattfinden. Sie haben eine Erfahrung, dann noch eine. Sie überlegen, ob Sie träumen oder halluzinieren, dann verwerfen Sie diesen Gedanken als zu töricht, um sich damit zu beschäftigen, und dann werden Sie von den Argumenten, die Sie bei Descartes gelesen haben, immer noch beunruhigt sein und sich fragen, ob überhaupt etwas an ihnen dran ist. Das ist eine Art von Veränderung in Bezug auf Ihre Gedanken und Erfahrungen.

Aber könnten diese Veränderungen nicht auch eine Art von Illusion sein? Schließlich argumentierte der griechische Philosoph Parmenides bekanntermaßen, dass, wenn wir sorgfältig analysieren, was Veränderung jeder Art beinhalten muss, wir sehen werden, dass sie *unmöglich* sei.

Denken Sie noch einmal an Ihren Kaffee, der zu Beginn heiß ist und nach einiger Zeit auf dem Schreibtisch kalt wird. Man könnte sagen, dass die Kälte des Kaffees, die nicht existiert, während der Kaffee heiß ist, entsteht. Aber jetzt haben wir ein Problem, sagt Parmenides. Denn wenn die Kälte des Kaffees anfänglich nicht existent war, dann war sie zu diesem Zeitpunkt *nichts*; und wenn sie später in die Existenz kommt, dann ist sie *etwas*. Aber etwas kann nicht von nichts kommen. So kann die Kälte des Kaffees nicht in die Existenz kommen, und somit kann der Kaffee nicht kalt werden. Etwas Ähnliches könnte für jeden angeblichen Fall von Veränderung gesagt werden – alle diese Fälle müssten etwas beinhalten, das aus dem Nichts kommt – was unmöglich ist. Daher schließt Parmenides, dass Veränderung niemals wirklich stattfinden könne.

Vielleicht haben Sie den Verdacht, dass an diesem Argument etwas faul ist, und wenn ja, dann haben Sie recht. Ein Problem ist, dass möglicherweise niemand es kohärent zu akzeptieren vermag. Angenommen, Sie versuchen jemanden zu überzeugen – selbst wenn Sie nur sich selbst überzeugen –, dass Veränderung eine Illusion sei – ob über Parmenides' Argumentation oder irgendein anderes Argument. Sie arbeiten sich durch jeden Schritt der Argumentation, bis Sie oder Ihr Zuhörer überzeugt sind. Doch dass Ihr Verstand eine Prämisse nach der anderen unterhält und schließlich zu dem Schluss kommt, *ist selbst ein Beispiel für die Veränderung*, die das Argument ja gerade leugnet. Die Frage, ob Veränderung eintritt, *setzt voraus*, dass sie eintritt.

Es gibt noch ein anderes Problem mit Parmenides' Argumentation. Wie der spätere griechische Philosoph Aristoteles hervorhob, ist es ein Fehler zu glauben, dass Veränderung beinhalte, dass etwas aus dem Nichts komme. Gehen wir zurück zum Kaffee. Es ist wahr, dass, während der Kaffee heiß ist, die Kälte nicht *aktual* vorhanden ist. Dennoch ist sie dort *potenziell* in einer Weise, in der andere Qualitäten nicht da sind. Der Kaffee hat schließlich nicht das Potenzial, einen Benzinmotor aufzutanken oder sich selbst in eine Hühnersuppe oder in ein lebendes Huhn zu verwandeln und zu kreischen. Aber er hat das Potenzial, kalt zu werden, und er hat auch verschiedene andere Potenziale, wie z. B. Sie wacher zu machen, wenn Sie ihn trinken, den Boden zu beschmutzen, wenn Sie ihn verschütten, und so weiter. Dass er das Potenzial hat, kalt zu werden, ohne bestimmte andere Potenziale zu haben, zeigt, dass die Kälte nicht gerade *nichts* ist, auch wenn sie noch nicht aktuell ist.

Was Veränderung bedeutet, ist für Aristoteles deshalb die Aktualisierung eines Potenzials. Der Kaffee hat das Potenzial, kalt zu werden, und nach einiger Zeit wird das Potenzial tatsächlich aktual. Dies ist kein Fall von etwas, das aus dem Nichts entsteht – was, wie Aristoteles zustimmt, unmöglich ist –, weil nämlich ein Potenzial nicht nichts ist.

Also gibt es Veränderung. Die alltägliche Erfahrung zeigt, dass dies der Fall ist, und ein wenig philosophische Reflexion bekräftigt nicht nur dieses Urteil, sondern erklärt auch, was Veränderung beinhaltet. Aber *wie* kommt es zu Veränderungen? Das hängt natürlich von der Veränderung ab. Dass der Kaffee kalt wird, ist nicht die gleiche Art von Prozess wie das Fallen des Blattes, das Größerwerden der Pfütze oder das Erschlagen der Fliege. Dennoch gilt: Was auch immer für eine Art der Veränderung in Frage steht – es wird *etwas* geben, was sie bewirkt.

Veränderung erfordert einen Veränderer. Wir finden in der alltäglichen Erfahrung Beispiele rings um uns herum. Die kühle Luft im Raum senkt die Temperatur des Kaffees. Eine Bewegung des Handgelenks schlägt die Fliegenklatsche auf die Fliege. Aber die These, dass Veränderung einen Veränderer erfordert, ist nicht nur eine Verallgemeinerung solcher Beispiele. Es folgt aus dem, *was Veränderung ist*: die Verwirklichung eines Potenzials. Wir haben gesehen, dass, während der Kaffee noch heiß ist, die Kälte des Kaffees nicht bloß nichts ist, da sie sich potenziell im Kaffee befindet, im Unterschied zu anderen Qualitäten. Aber sie ist da *nur* potenziell und nicht wirklich, sonst wäre der Kaffee schon kalt, auch wenn er heiß ist, was natürlich nicht sein kann. Jetzt kann die potenzielle Kälte kaum etwas bewirken, gerade weil sie nur potenziell ist. Nur was bereits wirklich ist, kann etwas tun. Insbesondere kann die potenzielle Kälte des Kaffees sich nicht selbst verwirklichen. Das kann nur etwas, das bereits aktual ist – die Kühle in der umgebenden Luft oder vielleicht ein paar Eiswürfel, die man in den Kaffee fallen lässt. Im Allgemeinen kann jedes bloße Potenzial nur durch etwas aktualisiert werden, das bereits aktual ist. In diesem Sinne erfordert jede Veränderung einen Veränderer der einen oder anderen Art.

Es gibt also Veränderung, und jede Änderung erfordert eine Ursache. Oder, um es weniger umgangssprachlich zu sagen und genauer, einige Potenziale werden aktualisiert, und wenn sie aktualisiert sind, muss es etwas bereits Aktuales geben, das sie aktualisiert. Beachten Sie, dass oftmals das, was auf das Ding, das verändert wird, zutrifft, auch auf das Ding zutrifft, das es verändert. Die Kühle der Luft im Raum macht den Kaffee kalt.

Aber auch die Kühle der Luft war nur potenziell, bis die Klimaanlage sie verwirklicht hat. Die Bewegung des Handgelenks bewirkt, dass die Fliegenklatsche hart herunterschlägt, und ihr Aufschlag tötet wiederum die Fliege. Aber die Bewegung Ihres Handgelenks war nur potenziell, bis das Feuern bestimmter Motorneuronen die Bewegung verwirklichte. Wenn also etwas eine Veränderung verursacht, ist das manchmal so, weil es sich selbst verändert; und wenn das der Fall ist, erfordert auch diese Änderung einen Veränderer. Oder, noch einmal, um die Dinge weniger umgangssprachlich, aber genauer zu benennen: Manchmal, wenn ein Potenzial aktualisiert wird, ist das, was aktualisiert wird, selbst etwas, das von Potenzialität zu Aktualität übergegangen ist; und wenn das der Fall ist, muss es noch etwas anderes gegeben haben, das dies hat geschehen lassen.

Beachten Sie, dass ich nicht gesagt habe, dass *alles*, was eine Veränderung verursacht, sich selbst verändern muss. Das folgt aus nichts, was bisher gesagt wurde, und wie wir sehen werden, ist es nicht wahr. Es geht vielmehr um Folgendes: *Wenn* etwas, das eine Veränderung verursacht, selbst einer Veränderung unterliegt, *dann* erfordert diese Veränderung einen eigenen Veränderer. So haben wir manchmal eine Reihe von Veränderern und Dinge, die sich verändern. Die Kälte des Kaffees wurde durch die Kühle in der Umgebungsluft verursacht, die durch die Klimaanlage verursacht wurde, die beim Drücken des entsprechenden Knopfes eingeschaltet wurde. Die Fliege wurde durch den Aufprall der Fliegenklatsche getötet, die durch die Bewegung des Handgelenks verursacht wurde, die durch das Abfeuern bestimmter Motorneuronen verursacht wurde, das durch Ihren Ärger über das Summen der Fliege im Raum verursacht wurde. Ein Potenzial wurde durch ein anderes realisiert, welches wiederum durch ein anderes aktualisiert wurde, welches durch ein anderes aktualisiert wurde.

Bis jetzt war das alles gesunder Menschenverstand, ergänzt durch einen halbtechnischen Jargon. Aber der Jargon wird uns helfen, über den gesunden Menschenverstand hinauszugehen – nicht um ihm zu widersprechen, sondern um seine Implikationen zu verfolgen. Als Nächstes betrachten wir, dass sich die Reihe von Änderungen von der Art, die wir beschrieben haben, typischerweise in der Zeit rückwärts ausdehnt, was wir als linear betrachten können. Der Kaffee ist kalt, weil die Luft im Raum ihn abkühlt; die Luft ist wegen der Klimaanlage kalt; die Klimaanlage läuft, weil Sie einen bestimmten Knopf gedrückt haben, und so weiter. Nehmen wir nun zum Zwecke der Argumentation an, dass diese Reihe sich ohne Anfang in die Vergangenheit bis in die Unendlichkeit erstreckt. Sie drücken den Knopf; Ihr Verlangen, den Raum zu kühlen, hat Sie dazu gebracht, das zu tun; die Wirkung der Hitze des Raumes auf Ihre Haut hat dieses Verlangen hervorgerufen; die Sonne hat diese Hitze erzeugt – und so weiter und weiter, ohne dass es irgendein erstes Glied dieser Reihe von Veränderungen und Veränderern gibt. Die materielle Welt ist, wie wir annehmen, immer dagewesen und hat sich immer verändert. Das ist es, was Aristoteles selbst dachte.

Heutzutage wird oft angenommen, dass die Urknalltheorie zeige, dass er falsch gelegen habe. Auf der anderen Seite haben einige Wissenschaftler vorgeschlagen, dass der Urknall selbst das Ergebnis eines früheren Universums sei, das implodierte oder vielleicht unser Universum involvierte, das von einem anderen, parallelen Universum abzweigte. Es wird manchmal auch vorgeschlagen, dass die Reihe solcher vorher existierenden Universen unendlich sei, sodass, selbst wenn unser spezifisches Universum einen Anfang hatte, die Reihe als Ganzes keinen Anfang habe. Das ist alles sehr zweifelhaft – aber ob es wahr ist oder nicht, spielt für unsere Zwecke keine Rolle. Lassen Sie uns um der Argumentation willen annehmen, dass das Universum oder ein „Multiversum", das unser Universum zusammen mit anderen Universen umfasst, keinen Anfang hat, sondern immer existiert hat.

Selbst *wenn* eine solche lineare Reihe von Veränderungen und Veränderern theoretisch ohne ein erstes Glied rückwärts bis ins Unendliche gehen könnte, gibt es eine andere Art von Reihe – nennen wir sie die *hierarchische* Art –, die ein erstes Glied haben *muss*. Denken Sie daran, dass wir an eine lineare Serie denken, die zeitlich zurückgeht: Der Kaffee wurde kalt, weil das Zimmer kühl war; das Zimmer war kalt, weil die Klimaanlage es kalt gemacht hatte; Sie hatten die Klimaanlage eingeschaltet, weil Sie die Hitze nicht mochten, die von der Sonne erzeugt wurde, und so weiter. Um zu verstehen, was eine hierarchische Reihe ist, wird es nützlich sein, daran zu denken, was in einem einzigen Moment der Zeit existieren könnte. Dies ist zwar für eine hierarchische Reihe nicht wesentlich, aber es ist ein nützlicher Weg, sich diese Idee vorzustellen.

Also, noch einmal zu der Kaffeetasse, wie sie auf Ihrem Schreibtisch steht. Nehmen wir an, sie steht eineinhalb Meter über dem Fußboden. Warum? Natürlich, weil der Schreibtisch die Tasse hält. Aber was hält den Schreibtisch? Natürlich der Boden. Der Boden wiederum wird vom Fundament des Hauses und das Fundament des Hauses wird von der Erde getragen. Im Gegensatz zu dem Kälter-Werden des Kaffees durch die Umgebungsluft und der Umgebungsluft durch die Klimaanlage ist dies keine Reihe, die man sich als rückwärts in der Zeit vorstellen kann. Natürlich kann die Tasse tatsächlich stundenlang auf dem Schreibtisch gestanden haben. Aber der springende Punkt ist, dass, selbst wenn wir die Tasse betrachten, wie sie dort in einem bestimmten Moment steht, sie in diesem Moment nur da steht, weil der Schreibtisch sie in diesem Moment hält, und der Schreibtisch hält sie nur in diesem Moment, weil er wiederum im selben Moment vom Boden gehalten wird. Oder betrachten Sie die Lampe über Ihrem Kopf, die von einer Kette gehalten wird, die wiederum von der in die Decke geschraubten Leuchte gleichzeitig gehalten wird. In beiden Fällen haben wir, wie ich es nannte, eine hierarchische Reihe von Ursachen, im ersten Fall nach unten zum Boden und im anderen Fall nach oben zur Decke.

Jetzt, da wir jede dieser hierarchischen Reihen als zu einem bestimmten Zeitpunkt existierend betrachten, und nicht über Minuten oder Stunden, mag es seltsam erscheinen, dies als Veränderung zu betrachten. Aber unsere Betrachtung der Natur des Wandels hat uns dazu gebracht, die Idee der Verwirklichung eines Potenzials einzuführen, und jede dieser Reihen beinhaltet eine solche Aktualisierung eines Potenzials. Das Potenzial der Tasse, eineinhalb Meter über dem Boden zu stehen, wird durch den Schreibtisch aktualisiert, das Potenzial des Schreibtischs, die Tasse in der Höhe zu halten, wird durch den Boden aktualisiert und so weiter. In ähnlicher Weise wird das Potenzial der Lampe, zweieinhalb Meter vom Boden entfernt zu sein, durch die Kette aktualisiert und das Potenzial der Kette, die Lampe in der Luft zu halten, wird durch die in die Decke geschraubte Vorrichtung aktualisiert.

Was diese Reihen in einem hier relevanten Sinn hierarchisch macht, ist nicht, dass sie gleichzeitig sind, sondern dass eine gewisse Abhängigkeit der späteren Glieder von den früheren besteht. Die Tasse hat keine eigene Kapazität, eineinhalb Meter vom Boden entfernt zu sein; sie wird nur dort sein, wenn etwas anderes als der Schreibtisch sie dort hält. Aber der Schreibtisch hat selbst keine Kraft *in sich selbst*, die Tasse dort zu halten. Auch der Schreibtisch würde auf die Erde fallen, wenn nicht der Boden ihn hielte, und der Fußboden kann den Schreibtisch nur halten, weil er selbst durch das Fundament des Hauses und das Fundament durch die Erde gehalten wird. In ähnlicher Weise kann die Lampe nur zweieinhalb Meter über dem Boden hängen, weil die Kette sie dort hält, während die

Kette sie nur dort halten kann, weil sie ihrerseits von der Befestigung und die Befestigung von der Decke gehalten wird. Die Decke kann die Befestigung jedoch nur halten, weil sie selbst von den Wänden gehalten wird, die auch von dem Fundament gehalten werden, das von der Erde gehalten wird. Man könnte also sagen, dass es wirklich die Erde ist, die sowohl die Tasse als auch die Lampe hält, und dass sie dies *durch* diese Vermittler tut. Der Schreibtisch, die Kette, die Wände und der Boden haben keine Kraft, etwas zu halten, außer wenn sie diese Kraft *von der* Erde beziehen. Sie sind in diesem Sinne wie *Instrumente*. So wie es kein Pinsel ist, der ein Bild malt, sondern der Maler, der den Pinsel als Instrument benutzt, das es malt, so ist es auch die Erde, die die Tasse und die Lampe hält – mit Boden, Wänden, Schreibtisch, Kette und so weiter, sozusagen als *seinen* Instrumenten.

Was eine hierarchische Reihe von Ursachen hierarchisch macht, ist daher dieser instrumentelle oder abgeleitete Charakter der späteren Glieder der Reihe. Der Schreibtisch hält die Tasse nur so lange in der Luft, wie er selbst vom Boden gehalten wird. Wenn der Boden zusammenbricht, wird der Schreibtisch mitgehen und die Tasse wird fallen. Die Glieder einer linearen Reihe sind nicht so. Die Klimaanlage ist eingeschaltet, weil Sie sie eingeschaltet haben. Wenn Sie das getan haben, wird die Klimaanlage den Raum kühlen, auch wenn Sie das Haus verlassen oder tot umfallen.

Aufgrund dieses Unterschieds muss eine hierarchische Reihe von Ursachen ein erstes Element haben, während eine lineare Reihe dies nicht braucht. Aber es ist entscheidend zu verstehen, was „zuerst" in diesem Zusammenhang bedeutet. Wie bereits angedeutet, lässt sich die Idee einer hierarchischen Reihe am besten durch eine Abfolge vorstellen, deren Glieder in einem einzigen Augenblick alle zusammen existieren, wie die Tasse, die vom Tisch gehalten wird, der vom Boden gehalten wird. Wenn also gesagt wird, dass eine solche Reihe ein erstes Glied haben muss, ist das nicht die Behauptung, dass die Reihe zu einem Anfangspunkt zurückverfolgt werden muss (wie zum Beispiel beim Urknall).

Die Idee ist vielmehr diese: Da der Schreibtisch, der Fußboden und das Fundament keine eigene Kraft haben, um die Tasse in der Höhe zu halten, könnte die Serie überhaupt nicht existieren, es sei denn, es gäbe etwas, das diese Kraft, die Zwischenglieder halten zu können, hat und die Tasse durch sie hält, ohne selbst gehalten zu werden. Man könnte sagen, wenn der Schreibtisch, der Boden, die Wände usw. sich wie eine Art Instrument verhalten, dann muss es sozusagen etwas geben, dessen

Instrumente sie sind. Oder, um es anders auszudrücken, wenn sie nur eine abgeleitete Kraft haben, die Dinge aufrechtzuerhalten, dann muss es etwas geben, von dem sie es ableiten, etwas, das sie wiederum nicht von etwas anderem ableiten muss, sondern einfach „eingebaut" hat. Die Art von „erster" Ursache, die eine hierarchische Reihe haben muss, ist dann eine Ursache, die die Macht hat, ihre Wirkungen in einer nichtabgeleiteten und nichtinstrumentellen Weise zu erzeugen. Im Falle der Tasse, wo der Schreibtisch ihn nur deshalb hält, weil er seine Kraft dazu vom Boden erhalten hat und der Boden vom Fundament, kann nichts davon etwas halten, wenn es nicht etwas gibt, das etwas hält ohne selbst gehalten zu werden.

Nun wurde zuvor vorgeschlagen, dass wir die Erde als die „erste" Ursache in dieser Reihe betrachten könnten, da dies einen offensichtlichen Sinn ergibt, weil sie den Boden, die Wände, den Schreibtisch, die Tasse und die Lampe hält, während sie selbst durch nichts gehalten wird. Tatsächlich ist jedoch selbst die Erde keine „erste" Ursache im engeren Sinne, aber wir werden darauf zurückkommen. Der Punkt, den es im Moment hervorzuheben gilt, ist, dass es eine Art von Ding gibt, das die nichtabgeleitete kausale Kraft hat – etwas, das ein Potenzial verwirklichen kann, ohne dass es selbst aktualisiert werden muss –, das etwas zu einer „ersten" Ursache macht, um eine hierarchische Reihe von Ursachen zu verstehen. Wie ich schon sagte, ist „erste" Ursache hier nicht in einem zeitlichen Sinn zu verstehen, im Sinne einer hierarchischen Reihe von Ursachen. Aber selbst die Idee einer Reihe von Ursachen, die nur endlich statt unendlich lang ist, ist für die Vorstellung einer hierarchischen kausalen Reihe nicht wesentlich. Um ein Beispiel zu nehmen, das manchmal verwendet wird, um diesen Aspekt zu veranschaulichen: Ein Pinsel hat keine Kraft, sich selbst zu bewegen, und er würde sich selbst dann nicht bewegen, wenn sein Griff unendlich lang wäre. Das bedeutet, dass, auch wenn es einen unendlich langen Pinselgriff geben könnte, es immer noch, wenn er sich tatsächlich bewegt, etwas außerhalb davon geben muss, das die „eingebaute" Kraft hat, um ihn zu bewegen. Oder um zu unserem eigenen Beispiel zurückzukehren: Ein Schreibtisch hat allein keine Kraft, um die Tasse zu halten, und somit wäre eine unendliche Reihe von Tischen, wenn es so etwas geben könnte, ebenso machtlos, wie ein einziger Schreibtisch es wäre. Selbst wenn es eine solche Reihe gäbe, müsste es etwas geben, was ihr die Kraft geben könnte, die Tasse zu halten. Wenn wir sagen, dass eine hierarchische Reihe von Ursachen ein erstes Glied haben muss, dann meinen wir nicht „erstes" in dem Sinne, dass es vor dem zweiten, dritten, vierten, fünften usw. steht. Wir meinen, es ist die erste Ursache in dem Sinne, dass sie eine *innewohnende* oder *eingebaute* kausale Kraft hat, während die anderen nur abgeleitete kausale Kraft haben. Es ist diese nur abgeleitete kausale Kraft, die die anderen Glieder zu sekundären anstatt zu ersten oder primären macht.

Lassen Sie uns kurz innehalten, um Bilanz zu ziehen, denn die Dinge sind etwas abstrakt geworden. Wir haben zunächst einmal festgestellt, dass es keinen Zweifel geben kann, dass Veränderung stattfindet, und diese Veränderung kann nur stattfinden, wenn die Dinge *Potenziale* haben, die sich *verwirklichen* lassen. Wir haben auch gesehen, dass jede Veränderung einen Wandel in dem Sinne erfordert, dass jedes Mal, wenn ein Potenzial aktualisiert wird, etwas vorhanden ist, das es tatsächlich aktualisiert. Nachdem wir diese Unterscheidung zwischen dem Potenziellen und dem Aktualen eingeführt haben, machten wir eine weitere Unterscheidung zwischen zwei Arten von Reihen, in denen ein Potenzial durch etwas anderes aktualisiert wird, das durch etwas anderes aktualisiert wird. Die erste Art, die wir eine *lineare* Reihe nannten, ist die Art, die wir uns gewöhnlich vorstellen, wenn wir an Veränderung denken. Sie wurde durch die Abkühlung des Kaffees durch die Umgebungsluft in dem Raum veranschaulicht, der selbst von der Klimaanlage gekühlt wurde, die durch das Drücken eines bestimmten Knopfes eingeschaltet wurde und so weiter. In dieser Art von Reihen haben die Glieder ihre eigene kausale Kraft. Nach dem Einschalten kann das Klimagerät den Raum weiter kühlen, auch wenn Sie nicht mehr anwesend sind. Auch die Luft bleibt nach dem Ausschalten der Klimaanlage einige Zeit kühl und behält somit die Energie, den Kaffee abzukühlen.

Was wir eine *hierarchische* Reihe von Ursachen genannt haben, ist sehr unterschiedlich. Hier hat jede Ursache außer der ersten ihre kausale Kraft nur in einer derivativen Weise. Der Schreibtisch, der Boden und das Fundament haben also keine Kraft, die Kaffeetasse zu halten, es sei denn, sie beziehen sie von der Erde, auf der diese ganze Reihe ruht. Dies führt uns über das hinaus, was wir normalerweise als Veränderung betrachten würden, weil wir üblicherweise an die Reihenfolge von Tasse, Schreibtisch, Boden, Fundament und Erde denken würden. Aber worum es hier geht, ist, dass wir noch die Aktualisierung von Potenzialen haben – ein Begriff, der eingeführt wurde, um Veränderungen zu verstehen. Das Potenzial der Tasse, eineinhalb Meter über dem Boden zu stehen, wird durch den Schreibtisch aktualisiert, das Potenzial des Schreibtischs, die Tasse in der Höhe zu halten, wird durch den Boden aktualisiert und so weiter.

Es ist diese zweite, hierarchische Reihe, die uns hier letztlich interessiert, denn sie ist für die Wirklichkeit fundamentaler als die andere, lineare Reihe.[1] Sicherlich ist es für uns zunächst leichter, die lineare Art der Reihe zu erkennen und zu verstehen, weil die Arten der Veränderung, die sie beinhaltet, uns aus der täglichen Erfahrung bekannt sind. Im Gegensatz dazu erfordert die Einführung des Begriffs einer hierarchischen Reihe, zuerst von dieser alltäglichen Erfahrung den Begriff eines zu aktualisierenden Potenzials zu abstrahieren und dann diese Vorstellung auf einen Kontext anzuwenden, für den der Ablauf der Zeit nicht wesentlich ist. Aber sobald wir das getan haben, können wir sehen, dass jede Reihe der linearen Art eine Reihe der hierarchischen Art voraussetzt. Wir können sehen, dass wir, um die Veränderungen zu verstehen, die wir überall im täglichen Leben beobachten – Kaffee wird kalt, die Fliege wird erschlagen und so weiter –, verstehen müssen, wie hierarchische Reihen auf die ersten Ursachen zurückgehen. Zu einem *einzigen* ersten Grund.

Wie das? Gehen wir zurück zum Kaffee in der Tasse. Um das Offensichtliche zu sagen: er kann nur kalt werden oder vom Schreibtisch gehalten werden, wenn er existiert; nichtexistenter Kaffee kann weder das, noch sonst irgendetwas. Nun, warum existiert der Kaffee? Offensichtlich hat ihn jemand zubereitet, indem er heißes Wasser durch Kaffeesatz gegossen hat, aber darum geht es mir nicht. Ich meine, was macht es wahr, dass der Kaffee hier und jetzt existiert und in jedem anderen bestimmten Moment, in dem er existiert? Was hält ihn in der Existenz?

Zum einen wird der Kaffee nur insofern existieren, als das Wasser, aus dem der Großteil besteht, existiert. Was hält das Wasser zu jedem bestimmten Zeitpunkt in der Existenz? Angesichts der Chemie des Wassers hat die Materie, aus der es besteht, auch die *Potenzialität*, als getrennte Mengen von Sauerstoff und Wasserstoff zu existieren. Aber das ist nicht das Potenzial, das gerade *jetzt* aktualisiert wird; vielmehr ist es das Potenzial der Materie, als *Wasser* zu existieren, das gerade aktualisiert wird. Warum? Es ist nicht gut zu antworten, dass ein so und so gearteter Prozess

[1] Was ich hier die Unterscheidung zwischen einer linearen kausalen Reihe und einer hierarchischen kausalen Reihe nenne, wird manchmal auch als die Unterscheidung zwischen einer Ursachenreihe per Akzidens und einer wesentlichen oder Ursachenreihe per se charakterisiert. Zur weiteren Diskussion siehe Edward Feser: *Scholastic Metaphysics: A Contemporary Introduction* (Heusenstamm: Editiones Scholasticae, 2014), pp. 148–54.

irgendwann in der Vergangenheit stattfand, um Wasserstoff und Sauerstoff auf die richtige Weise zu kombinieren. Das sagt uns, wie das Wasser hierhergekommen ist, aber danach fragen wir nicht. Es ist auch nicht gut, darauf hinzuweisen, dass bisher noch nichts geschehen ist, was zur Trennung von Wasserstoff und Sauerstoff geführt hat. Das sagt uns, wie das Wasser eines Tages aufhören könnte zu existieren, aber danach fragen wir auch nicht. Was wir fragen, ist, was das Wasser in jedem Moment, in dem es tatsächlich existiert, in der Existenz hält.

Man könnte sagen, dass es mit der chemischen Bindung zwischen Atomen zu tun hat, aber das formuliert die Frage lediglich um und beantwortet sie nicht. Denn die Atome haben das Potenzial, auf andere Weise gebunden zu sein, und doch sind sie nicht anders verbunden. Es ist ihr Potenzial, so verbunden zu sein, dass *Wasser* entsteht, das tatsächlich aktualisiert wird. Noch einmal: warum? An die Struktur des Atoms zu appellieren, wird die Frage nicht beantworten, sondern stellt sie nur eine Stufe zurück. Denn warum sind die subatomaren Teilchen so kombiniert, wie sie es sind, hier und jetzt und nicht anders? Was ist es, das *dieses* Potenzial eher als ein anderes verwirklicht?

Was wir hier haben, ist, wie Sie vielleicht schon bemerkt haben, so etwas wie die Tasse, die von dem Schreibtisch gehalten wird, der vom Boden gehalten wird. Nur in diesem Fall ist es die bloße *Existenz* eines Dinges und nicht nur sein bestimmter Ort. Das Potenzial des Kaffees, hier und jetzt zu existieren, wird teilweise durch die Existenz des Wassers verwirklicht, das wiederum nur existiert, weil ein bestimmtes Potenzial der Atome verwirklicht ist, wobei diese Atome selbst nur existieren, weil ein gewisses Potenzial subatomarer Teilchen aktualisiert ist. Dies ist eine hierarchische Reihe, die, wie wir gesehen haben, ein erstes Glied haben muss. Wir haben auch gesehen, was es für eine solche Serie bedeutet, ein erstes Glied zu haben – dass es nämlich etwas gibt, das den anderen Gliedern der Reihe kausale Kraft verleihen kann, ohne dass ihm diese Kraft verliehen werden muss – etwas, das seine kausale Kraft auf eine „eingebaute" oder nicht-derivative Weise hat. Nun, da es sich in diesem Fall um die Aktualisierung des Potenzials der *Existenz* eines Dinges handelt, ist die Art „erster" Ursache, von der wir hier sprechen, eine solche, die die Potenzen anderer Dinge, zu existieren, aktualisieren kann, ohne dass ihre eigene Existenz aktualisiert werden muss.

Das bedeutet, dass diese Ursache keinerlei Potenzial zur Existenz hat, das überhaupt aktualisiert werden muss. Sie *ist* sozusagen immer schon aktual. In der Tat könnte man sagen, dass sie nicht nur Aktualität *hat*, so wie die Dinge, die sie verwirklicht, sondern dass sie pure Aktualität selbst ist. Sie *hat* nicht bloß einfach keine eigene Ursache, sondern kann im Prinzip gar keine eigene Ursache haben oder benötigen. Da ihr Potenzialität fehlt, gibt es nichts in ihr, das hätte aktualisiert werden können, wie dies bei anderen Dingen der Fall ist. Sie ist in diesem Sinne eine unverursachte Ursache oder, um den berühmten Ausdruck von Aristoteles zu gebrauchen, ein unbewegter Beweger. Genauer gesagt, können wir sie einen *unaktualisierten Aktualisierer* nennen.

Beachten Sie, dass wir dieses Ergebnis erreicht haben, indem wir mit gewöhnlichen individuellen Objekten und Prozessen begonnen haben, wie zum Beispiel einer Kaffeetasse und dem Abkühlen des Kaffees darin. Wir haben nicht damit begonnen zu fragen, woher das Universum als Ganzes kommt, und wir müssen nicht mit irgendeiner Behauptung über das Universum als Ganzes beginnen, um zu einem unaktualisierten Aktualisierer zu gelangen. Aber was wir gesagt haben, hat Auswirkungen auf das Universum als Ganzes. Denn was für das Wasser im Kaffee gilt, gilt für jedes andere materielle Ding: das Blatt, das vom Baum fiel, die Fliege, die Sie erschlagen haben, und so weiter und so fort. Jedes materielle Ding ist so beschaffen, dass es jederzeit nur dann existieren kann, wenn bestimmte Potenziale aktualisiert werden. Es ist also letztlich so beschaffen, dass es wie das Wasser im Kaffee nur so lange existieren kann, wie es durch einen unaktualisierten Aktualisierer verursacht wird.

Wie ich bereits sagte, haben wir dieses Ergebnis durch eine Betrachtung alltäglicher Phänomene erreicht, aber die Dinge sind noch abstrakter geworden, also lassen Sie uns kurz unsere Schritte zurückverfolgen. Wir begannen mit der Beobachtung, dass Veränderung stattfindet, und sahen, dass dies nicht schlüssig bestritten werden kann. Wir haben dann gesehen, dass Veränderung nur dann stattfinden kann, wenn die Dinge, die sich verändern, Potenziale haben, die man verwirklichen kann – das Potenzial, sich abzukühlen, das Potenzial, in der Größe zu wachsen, oder was auch immer –, weil Veränderung nichts anderes ist als die Verwirklichung eines Potenzials. Und wir haben gesehen, dass Veränderung einen Veränderer erfordert, insofern ein Potenzial nur durch etwas aktualisiert werden kann, das bereits aktual ist. Nun bemerkten wir, dass es einerseits eine Reihe von Veränderungen gab, die wir Veränderungen der *linearen* Art nannten, der Art, die durch den Kaffee dargestellt wurde, der durch die Luft gekühlt wurde, die von der Klimaanlage abgekühlt wurde, die durch das Drücken eines Knopfes eingeschaltet wurde. Diese Art von Reihe erfordert kein erstes Glied. Aber wir haben auch gesehen, dass es eine andere Art von Reihen gibt, in der ein Potenzial durch ein anderes aktualisiert wird, das wiederum durch ein anderes aktualisiert wird, bei der es ein erstes Glied geben muss. In dieser *hierarchischen* Art von Reihen ist das erste Glied „zuerst“ in dem Sinne, dass es andere Dinge verursachen kann, ohne selbst verursacht zu werden. Es hat seine kausale Kraft in einer primären, inhärenten oder „eingebauten“ Weise, während die anderen Glieder der Reihe ihre kausale Kraft nur in einer sekundären, abgeleiteten Weise haben.

Wir sahen als Nächstes, dass lineare Reihen der Veränderung weniger fundamental sind als die hierarchischen Reihen. Denn Dinge können sich nur ändern, weil sie existieren – der Kaffee kann zum Beispiel nicht kalt werden, wenn er nicht existiert –; und damit ein Ding in einem bestimmten Moment existieren kann, muss es in diesem Moment aktualisiert werden, zumindest wenn es sich um etwas handelt, das das Potenzial hat, entweder zu existieren oder nicht zu existieren. Dies wiederum ist nur möglich, wenn es eine Ursache für die Existenz eines Dings gibt, die sein Potenzial zur Existenz verwirklichen kann, ohne selbst aktualisiert werden zu müssen – einen rein aktualen Aktualisierer der Existenz des Dings.[2] Und wir haben gesehen, dass diese Schlussfolgerung verallgemeinert werden kann, insofern das, was in unserem Beispiel für den Kaffee gilt, auch für andere materielle Dinge gilt. Aus der Tatsache, dass eine

[2] Sie werden sich daran erinnern, dass ich die Situation im obigen Beispiel so charakterisiert habe, dass etwas das Potenzial der relevanten Atome so aktualisieren muss, dass Wasser entsteht. Das klingt, als wäre das Wasser nichts als ein Aggregat der Atome. Beim aristotelischen hylemorphistischen Verständnis der materiellen Substanz ist das Wasser tatsächlich kein solches Aggregat, weil die Atome nur „virtuell“ und nicht „aktual“ im Wasser existieren. Metaphysisch gesehen sind die grundlegenden Bestandteile des Wassers nicht die Atome, sondern die substanzielle Form und die primäre Materie (prima materia) des Wassers. Aber der aristotelische Hylemorphismus ist kontrovers, und ich habe davon Abstand genommen, dies hier zu erklären, weil es für die Argumentation nicht notwendig ist. Aber natürlich könnten wir den fraglichen Gegenstand in hylemorphistischen Begriffen erläutern, wenn wir es wollten. Denn nach der aristotelischen Analyse hängt die materia prima einer materiellen Substanz für ihre konkrete Existenz von der substanziellen Form der Substanz ab, und die substanzielle Form hängt für ihre konkrete Existenz davon ab, dass sie in der materia prima verwirklicht wird. Somit hätten wir einen erklärenden Teufelskreis, es sei denn, es gäbe etwas außerhalb des Form-Materie-Verbunds, das es aktualisiert oder es in seinem Zustand hält (siehe Feser, *Scholastic Metaphysics*, Kap. 3, zur ausführlichen Darstellung und Verteidigung der aristotelischen Analyse der Substanz).

Veränderung stattfindet, sind wir zu dem Schluss gekommen, dass es einen unaktualisierten Aktualisierer oder unbewegten Beweger gibt.

Informelle Erklärung des Arguments: Stufe 2

Mit anderen Worten, die unleugbare Realität der Veränderung beinhaltet die Existenz Gottes. Warum nennen wir den unaktualisierten Aktualisierer oder den unbewegten Beweger „Gott"? Zum einen ist diese Ursache unter anderem die letztendliche Ursache für die Existenz von Dingen, in dem engsten Sinne, dass sie dasjenige ist, was in jedem Moment, in dem etwas überhaupt existiert, es in der Existenz erhält. Und was auch immer Gott sein mag – er ist die ultimative Ursache für die Dinge.

Zum anderen ergeben sich aus dem bereits Gesagten verschiedene weitere Eigenschaften, die für Gott traditionell gedacht sind. Wir werden in einem späteren Kapitel sehen, wie dies im Einzelnen aussieht, aber für den Moment genügt eine kurze Skizze, um die allgemeine Idee zu vermitteln. Da die Ursache der Dinge vor allem reine Aktualität ist und ihr daher jede Potenzialität fehlt, kann sie nicht von der Möglichkeit zur Wirklichkeit übergehen, und daher ist sie *unwandelbar* oder unveränderlich. Da das Bestehen in der Zeit Veränderbarkeit mit sich bringt, muss eine unveränderliche Ursache auch *ewig* sein im Sinne eines außerhalb der Zeit bestehenden Ganzen. Sie entsteht weder, noch vergeht sie – sie ist einfach, zeitlos, ohne Anfang und Ende. Da ein Material zu sein bedeutet, in der Zeit zu existieren und veränderbar zu sein, muss eine unveränderliche und ewige Ursache *immateriell* und somit *unkörperlich* oder ohne irgendeine Art von Körper sein.

Überlegen Sie jetzt, was es für eine Sache bedeutet, in irgendeiner Hinsicht unvollkommen oder fehlerhaft zu sein. Ein verletztes Tier oder eine beschädigte Pflanze ist insofern unvollkommen, als sie nicht mehr in der Lage ist, die ihr gesetzten Ziele vollständig zu verwirklichen. Zum Beispiel ist ein Eichhörnchen, das von einem Auto angefahren wurde, nicht in der Lage, vor Feinden so schnell wie nötig davonzulaufen; und ein Baum, dessen Wurzeln beschädigt wurden, kann instabil werden oder nicht mehr in der Lage sein, das gesamte Wasser und die Nährstoffe aufzunehmen, die er benötigt, um gesund zu bleiben. Ein Mangel dieser Art ist (um den traditionellen philosophischen Jargon zu gebrauchen) eine *Privation*: die Abwesenheit eines Merkmals, das ein Ding natürlicherweise benötigt, um vollständig zu sein. Dies beinhaltet das Unvermögen, ein inhärentes Potenzial zu erstreben. Etwas ist dann perfekt, wenn es solche Potenziale aktualisiert hat und ohne Privationen ist. Dann aber besitzt eine rein aktuale Ursache der Dinge, gerade weil sie rein aktual ist und somit keine unrealisierte Potenzialität oder Privation hat, maximale *Vollkommenheit*.

Kann es mehr als eine solche Ursache geben? Das kann es nicht, nicht einmal im Prinzip. Denn es kann nur zwei oder mehr geben, wenn es etwas gibt, das sie unterscheidet, etwas, das eine Instanz hat, die dem anderen fehlt. Und es kann kein solches Differenzierungsmerkmal geben, wo es um ein rein Aktuales geht. Daher unterscheiden wir die Dinge unserer Erfahrung typischerweise durch ihre materiellen oder zeitlichen Merkmale – indem eine Sache größer oder kleiner als eine andere ist, oder höher oder kürzer als eine andere, oder zu einer Zeit vor oder nach einer anderen existiert. Aber da das, was rein aktual ist, immateriell und ewig ist, kann ein rein aktuales Ding nicht von einem anderen hinsichtlich solcher Merkmale unterschieden werden. Allgemeiner gesagt, zwei oder mehr Dinge einer Art sind im Hinblick auf eine gewisse Perfektion oder Privation zu unterscheiden, die das eine Ding hat und die dem anderen fehlen. Wir können zum Beispiel sagen, dass die Wurzeln dieses Baumes robuster sind als die des anderen, oder dass diesem Eichhörnchen sein Schwanz fehlt, während das andere seinen Schwanz hat. Aber wie wir gesehen haben, ist das, was rein aktual ist, völlig frei von jeder Privation und maximal in der Vollkommenheit. Daher ist es grundsätzlich nicht möglich, eine rein aktuale Ursache von einer anderen hinsichtlich ihrer jeweiligen Vollkommenheit oder Privation zu unterscheiden. Aber dann besitzt eine solche Ursache die Eigenschaft der *Einheit*, das heißt, sie *kann nicht* – prinzipiell nicht – mehr als eine rein aktuale Ursache sein. Daher ist sie derselbe unaktualisierte Aktualisierer, dem alle Dinge ihre Existenz verdanken.

Bedenken wir nun, dass Kraft zu besitzen bedeutet, etwas geschehen zu lassen, eine Potenz zu *aktualisieren*. Da die Ursache der Existenz aller Dinge *reine Aktualität selbst* ist und nicht nur eine aktuale Sache unter anderen, und da sie die *Quelle* aller aktualisierenden Kräfte ist, die alle anderen haben, hat sie alle mögliche Macht. Sie ist *allmächtig*. Man bedenke weiterhin, dass ein Ding in einem allgemeinen Sinne gut ist, insofern es die Potenziale aktualisiert, die ihm innewohnen, und schlecht, insofern es sie nicht realisiert. Ein guter Maler zum Beispiel ist insofern gut, als er sein Potenzial zur Beherrschung der verschiedenen Aspekte des Malens – Kunstfertigkeit, Komposition usw. – erkannt hat, während ein schlechter Maler insofern schlecht ist, als er beim Erwerb der relevanten Fähigkeiten gescheitert ist. Aber eine rein aktuale Ursache der Welt, frei von jeder Potenzialität, kann nicht als schlecht oder mangelhaft bezeichnet werden, sondern im Gegenteil (wie wir gesehen haben) als vollkommen. In diesem Sinne muss eine solche Ursache *vollkommen gut* sein.

Wir haben also bisher gesehen, dass der rein aktuale Aktualisierer oder der unbewegte Beweger eine *unveränderliche, ewige, immaterielle, unkörperliche, vollkommene, allmächtige und vollkommen gute* Ursache für die Existenz der Dinge sein muss, in dem Sinne, dass sie alle Dinge von Augenblick zu Augenblick im Sein erhält. Können wir dieser Ursache Attribute einer mehr persönlichen Natur zuschreiben? Können wir ihr zum Beispiel so etwas wie Intelligenz zuordnen? Wir können. Aber um zu sehen, wie das geht, müssen wir zuerst etwas über die Natur der Intelligenz und auch etwas über die Natur von Ursache und Wirkung sagen.

Intelligenz, wie sie traditionell verstanden wird, beinhaltet drei grundlegende Vermögen. Erstens gibt es die Fähigkeit, abstrakte Begriffe zu erfassen, wie den Begriff *Mensch*, den Sie haben, wenn Sie nicht nur diesen oder jenen bestimmten Menschen oder diese oder jene bestimmte Untergruppe von Menschen kennen, sondern wenn Sie erfassen, *was es bedeutet, ein Mensch im Allgemeinen zu sein*. Den Begriff *des Menschen* zu haben bedeutet, eine *universelle Idee* zu haben, die auf alle möglichen Menschen anwendbar ist, nicht nur auf diejenigen, die existieren oder existiert haben, sondern auch auf alle, die existieren könnten. Zweitens gibt es die Fähigkeit, diese Ideen zu vollständigen Gedanken zusammenzufassen, so wie Sie den Begriff *Mensch* und den Begriff *sterblich* in dem Gedanken vereinen, dass *alle Menschen sterblich sind*. Drittens gibt es die Fähigkeit, einen Gedanken von anderen Gedanken abzuleiten, wie wenn Sie von den Prämissen ausgehen, dass alle Menschen sterblich sind und Sokrates ein Mensch ist, und zu dem Schluss kommen, dass Sokrates sterblich ist. Offensichtlich ist die Fähigkeit, abstrakte oder universelle Begriffe zu erfassen, die grundlegendste dieser drei Vermögen. Sie könnten keinen vollständigen Gedanken bilden oder von einem Gedanken zu einem anderen argumentativ fortschreiten, wenn Sie nicht die Begriffe hätten, die die Bestandteile der Gedanken sind.

Einen solchen Begriff zu haben bedeutet, eine Art *Form oder Muster* im Geist zu haben, und zwar dieselbe Form oder dasselbe Muster, das in den Dingen existiert, an die man denkt. Es gibt eine Form oder ein Muster, das alle Menschen haben und das sie alle gleich macht – nämlich Menschen zu sein. Es gibt eine Form oder ein Muster, das alle Dreiecke haben, das sie alle zu einem bestimmten Ding macht – nämlich zu einem Dreieck –, und so weiter. Wenn nun diese Formen oder Muster in materiellen Dingen in die Existenz kommen, so entstehen die verschiedenen individuellen Gegenstände – individuelle Menschen, einzelne Dreiecke usw. –, die wir in der Welt um uns herum finden. Wenn wir jedoch über Menschen oder Dreiecke im Allgemeinen nachdenken, abstrahieren wir von allen verschiedenen bestimmten Menschen und Dreiecken und konzentrieren uns auf das, was für sie allgemein oder universell gilt. Und das ist wirklich das Wesen streng intellektueller Aktivität – die Fähigkeit, die universelle oder abstrakte Form oder das Muster eines Dinges zu erfassen, ohne selbst ein solches Ding zu *sein*. Ein materielles Objekt, das die Form oder das Muster eines Dreiecks hat, ist ein Dreieck. Wenn Sie darüber nachdenken, was ein Dreieck sein soll, haben Sie diese Form oder das Muster, ein Dreieck zu sein, aber ohne selbst ein Dreieck zu sein.

Wir werden gleich auf die Idee der Intelligenz zurückkommen. Lassen Sie uns zunächst etwas mehr über Ursache und Wirkung sagen. Wir haben bemerkt, dass, wenn etwas entweder verändert oder verursacht wird, ein Potenzial aktualisiert wird, und dass etwas, das bereits aktual ist, dasjenige sein muss, was es aktualisiert. Dies wird manchmal als das *Prinzip der Kausalität* bezeichnet. Ein weiterer Punkt, der über Ursache und Wirkung gesagt werden muss, ist, dass, was in irgendeiner Weise wirkt, *auf die eine oder andere Weise* in der Ursache sein muss, wenn auch nicht immer in der gleichen Weise. Denn eine Sache kann nicht geben, was sie nicht selbst hat. Dies wird manchmal als das *Prinzip der proportionalen Kausalität* bezeichnet.

Angenommen, ich gebe Ihnen 20 Euro. Die Wirkung in diesem Fall ist, dass Sie die 20 Euro haben, und ich bin die Ursache für diese Wirkung. Aber der einzige Weg, wie ich diese Wirkung verursachen kann, ist, dass ich die 20 Euro habe, die Sie bekommen. Jetzt gibt es mehrere Möglichkeiten, wie ich handeln kann. Ich kann einen 20-Euro-Schein in meiner Brieftasche haben oder zwei 10-Euro-Scheine oder vier 5-Euro-Scheine haben. Oder ich habe kein Geld in meinem Geldbeutel, aber ich habe 20 Euro auf meinem Bankkonto und schreibe Ihnen einen Scheck. Oder ich habe vielleicht nicht einmal das, aber ich bin in der Lage, die 20 Euro von jemand anderem zu leihen oder dafür zu arbeiten, damit ich sie Ihnen geben kann.

Oder vielleicht habe ich einen Freund, der einen Schlüssel für die Druckerpresse der EU-Notenbank hat, den ich an mich bringe, um für Sie einen offiziellen 20-Euro-Schein zu drucken, um ihn Ihnen geben zu können. Oder um ein noch weiter hergeholtes Szenario zu nehmen: Um zu garantieren, dass Sie die 20 Euro bekommen, überzeuge ich irgendwie das Parlament, ein Gesetz zu verabschieden, das mir persönlich ermöglicht, meine eigenen 20-Euro-Scheine herzustellen. Dies sind alles verschiedene Wege, auf denen ich Ihnen theoretisch 20 Euro geben könnte. Aber wenn mir keine dieser Möglichkeiten zur Verfügung steht, kann ich es nicht tun.

Es gibt also verschiedene Arten, wie die Ursache in der Wirkung sein kann. Wenn ich selbst einen 20-Euro-Schein zur Hand habe und verursache, dass Sie ihn haben, dann liegt das in der Wirkung, was *formal* in der Ursache ist, um einen traditionellen Jargon zu benutzen. Das heißt, ich selbst war eine Instanz der Form oder des Musters, einen Schein über 20 Euro zu haben, und ich ließ Sie zu einer weiteren Instanz dieser Form oder dieses Musters werden. Wenn ich die 20-Euro-Note nicht zur Hand habe, aber mindestens 20 Euro Kredit auf meinem Bankkonto, könnte man sagen, dass das, was in diesem Fall in der Wirkung war, *virtuell* in der Ursache war. Denn obwohl ich die 20 Euro nicht wirklich zur Hand hatte, hatte ich die Kraft, sie zu bekommen. Und wenn ich das Parlament oder die Zentralbank dazu bringe, mir die Macht zu gewähren, 20-Euro-Scheine herzustellen, könnte man sagen (um auch hier ein paar traditionelle Fachausdrücke zu verwenden), dass ich die 20 Euro *eminent* habe. Denn in diesem Fall habe ich nicht nur die Macht, bereits existierende 20-Euro-Scheine zu *erwerben*, sondern auch die „eminentere" Macht, ihre Existenz überhaupt zu verursachen. Wenn dann gesagt wird, dass das, was in einer Wirkung liegt, irgendwie in seiner Ursache sein muss, so ist gemeint, dass es zumindest „virtuell" oder „eminent" in der Sache sein muss, wenn auch nicht „formal".

Betrachten wir nun noch einmal den rein aktualen Aktualisierer der Existenz von Dingen. Wir haben gesehen, dass die Existenz *von allem*, was existieren könnte, auf diese eine Ursache zurückzuführen ist. Sie ist die Ursache für jede mögliche Sache, die existieren könnte. Nun, die Existenz eines Dinges zu verursachen, bedeutet, ein Ding einer bestimmten *Art* zu verursachen – einen Stein statt eines Baumes, oder einen Baum statt einer Katze. Das heißt, die Existenz von etwas zu verursachen, bedeutet, etwas zu verursachen, das eine bestimmte *Form* hat oder einem bestimmten

Muster entspricht. Aber wie wir gerade gesagt haben, ist die rein aktuale Ursache der Dinge die Ursache für jede mögliche Sache – jede mögliche Katze, jeden möglichen Baum, jeden möglichen Stein. Sie ist deshalb die Ursache jeder möglichen Form oder jedes möglichen Musters, das ein Ding haben könnte. Wir haben auch bemerkt, dass alles, was in einer Wirkung ist, in irgendeiner Weise in seiner Ursache sein muss.

Wenn wir diese Punkte zusammenfügen, dann folgt, dass die Formen oder Muster der Dinge in der rein aktualen Ursache aller Dinge existieren müssen; und sie müssen in ihr auf vollkommen universelle oder abstrakte Weise existieren, weil diese Ursache die Ursache für jede mögliche Sache ist, die zu einer bestimmten Form oder einem Muster passt. Aber Formen oder Muster auf diese universelle oder abstrakte Art zu haben, bedeutet eben jene Fähigkeit zu haben, die für Intelligenz grundlegend ist. Fügen Sie dieser Überlegung die Tatsache hinzu, dass diese Ursache der Dinge nicht nur die Ursache der Dinge selbst ist, sondern dass sie in irgendeiner Beziehung zueinander stehen. Das heißt, sie ist nicht nur die Ursache der *Menschen*, sondern auch der Tatsache, *dass alle Menschen sterblich sind*; nicht nur die Ursache für diese *Katze*, sondern auch dafür, *dass die Katze auf dieser Matte ist,* und so weiter. Also muss es einen Sinn geben, in dem diese Wirkungen auch in der rein aktualen Ursache existieren, und es muss dies in einer Weise sein, die mit der Kombination der Formen oder Muster, die in dieser Ursache existieren, zu tun hat. Das heißt, die Wirkungen müssen in der Ursache in etwa so existieren, wie die *Gedanken* in uns existieren.

Was also in den Dingen existiert, wovon die rein aktuale Ursache die Ursache ist, das muss in dieser Ursache *präexistieren*, in etwas wie der Art, in der die Dinge, die wir machen, als Ideen oder Pläne in unseren Köpfen existieren, bevor wir sie machen. Diese Dinge existieren dadurch in dieser rein aktualen Ursache *eminent* und *virtuell*, wenn auch nicht *formal*. Denn die Ursache der Dinge ist nicht selbst eine Katze oder ein Baum (und kann es nicht sein, da sie immateriell ist), aber sie kann eine Katze oder einen Baum oder etwas anderes, das es gibt, verursachen. Aber es ist nicht nur Intelligenz, die wir deshalb der Ursache zuschreiben können. Erwägen Sie, dass, insofern sie die intelligente Ursache von allem ist, was existiert oder existieren könnte, es nichts gibt, was existiert oder existieren könnte, das nicht im Bereich der Gedanken dieser Ursache liegt. Sie ist in diesem Sinne allwissend.

Es könnte noch viel mehr gesagt werden. Das Thema der göttlichen Attribute verdient ein eigenes Kapitel, das wir ihm später auch widmen werden. Aber diese Skizze sollte deutlich genug machen, dass wir viel über das Wesen der Ursache aller Dinge sagen können, und vor allem sehr viel, um zu zeigen, dass diese Ursache wirklich zur Beschreibung Gottes passt, wie er traditionell gedacht wird.

Eine formalere Erklärung des Arguments

Lassen Sie uns kurz zusammenfassen. Wir haben gesehen, dass es nicht schlüssig bestritten werden kann, dass Veränderung stattfindet, und wir haben bemerkt, dass Veränderung nur auftreten kann, wenn Dinge Potenziale haben, die durch etwas aktualisiert werden, das bereits aktual ist. Daher hat der heiße Kaffee das Potenzial, gekühlt zu werden, und dieses Potenzial wird durch die Kühle in der Umgebungsluft verwirklicht. Wir haben auch argumentiert, dass, während eine *lineare* Reihe von Veränderungen und Veränderern grundsätzlich zeitlich rückwärts ohne Anfang verlaufen könnte, die Glieder dieser Reihe in jedem Moment, in dem sie existieren, abhängig sein müssen von einer *hierarchischen* Reihe von Aktualisierern und dass eine solche Reihe in einer rein aktualen Ursache oder einem rein aktualen Aktualisierer ihrer Existenz terminiert. Und es wurde nun argumentiert, dass jede solche Ursache *eins* sein muss, *unveränderlich, ewig, immateriell, unkörperlich, vollkommen, allmächtig, vollkommen gut, intelligent und allwissend* – das heißt, sie muss die göttlichen Schlüsselattribute haben. Kurz gesagt, die Dinge unserer Erfahrung können in jedem Augenblick nur existieren, wenn sie von Gott in der Existenz gehalten werden.

Bis jetzt habe ich das Argument auf informelle und gemächliche Weise dargelegt, um das Verständnis zu erleichtern, besonders bei Lesern, die sich nicht an die technischen Aspekte der akademischen Philosophie gewöhnt haben. Aber jetzt, wo der Gesamteindruck der Argumentation klar ist, wird es nützlich sein, eine Zusammenfassung in einer etwas formelleren Form zu geben. Sie könnte wie folgt lauten:

1. Veränderung ist ein reales Merkmal der Welt.
2. Veränderung ist aber die Aktualisierung eines Potenzials.

3. Daher ist die Aktualisierung eines Potenzials ein reales Merkmal der Welt.
4. Kein Potenzial kann aktualisiert werden, außer es gibt bereits ein Aktuales, das es aktualisiert (Prinzip der Kausalität).
5. Daher wird jede Veränderung durch etwas bereits Aktuales verursacht.
6. Das Vorkommen von irgendeiner Veränderung C setzt ein Ding oder eine Substanz S voraus, die verändert.
7. Die Existenz von S selbst zu jedem beliebigen Augenblick setzt die gleichzeitige Aktualisierung von S' Potenzial zur Existenz voraus.
8. Somit hast jede Substanz S in jedem Augenblick einen Aktualisierer A ihrer Existenz.
9. As eigene Existenz zu einem bestimmten Moment, in dem es S aktualisiert, setzt seinerseits entweder (a) die gleichzeitige Aktualisierung seines eigenen Potenzials zur Existenz voraus, oder (b) A ist rein aktual.
10. Wenn As Existenz in dem Moment, in dem es S aktualisiert, die gleichzeitige Aktualisierung seines eigenen Potenzials zur Existenz voraussetzt, dann gibt es einen Regress gleichzeitiger Aktualisierer, der entweder unendlich ist oder in einem rein aktualen Aktualisierer terminiert.
11. Aber ein solcher Regress gleichzeitiger Aktualisierer würde eine hierarchische Kausalreihe konstituieren, und eine solche Reihe kann nicht ins Unendliche zurückgehen.
12. Daher ist A entweder selbst ein rein aktualer Aktualisierer, oder es gibt einen rein aktualen Aktualisierer, der den Regress terminiert, der mit der Aktualisierung von A beginnt.
13. Daher setzt das Bestehen von C und somit die Existenz von S zu jedem gegebenen Moment die Existenz eines rein aktualen Aktualisierers voraus.
14. Somit gibt es einen rein aktualen Aktualisierer.
15. Damit es mehr als einen rein aktualen Aktualisierer geben kann, müsste es einige differenzierende Merkmale geben, die der eine Aktualisierer hat und der andere nicht.
16. Doch ein solches differenzierendes Merkmal könnte es nur geben, wenn ein rein aktualer Aktualisierer einige nicht-

aktualisierte Potenziale hat, die er als rein aktualer Aktualisierer nicht hat.

17. Somit kann es kein solches differenzierendes Merkmal geben und daher keine Möglichkeit für mehr als einen rein aktualen Aktualisierer.
18. Somit gibt es nur einen rein aktualen Aktualisierer.
19. Damit dieser rein aktuale Aktualisierer in der Lage ist, sich zu verändern, muss er Potenziale haben, die einer Aktualisierung fähig sind.
20. Aber als rein Aktualer hat er keinerlei Potenziale.
21. Daher ist er unveränderlich und unfähig zur Veränderung.
22. Wenn dieser rein aktuale Aktualisierer in der Zeit existieren würde, dann wäre er zur Veränderung in der Lage, was nicht der Fall ist.
23. Daher ist dieser rein aktuale Aktualisierer ewig, er existiert außerhalb der Zeit.
24. Wenn der rein aktuale Aktualisierer materiell wäre, dann wäre er veränderbar und existierte in der Zeit, was nicht der Fall ist.
25. Somit ist der rein aktuale Aktualisierer immateriell.
26. Wenn der rein aktuale Aktualisierer körperlich wäre, dann wäre er materiell, was nicht der Fall ist.
27. Daher ist der rein aktuale Aktualisierer unkörperlich.
28. Wenn der rein aktuale Aktualisierer in irgendeiner Weise unvollkommen wäre, müsste er ein nicht-aktualisiertes Potenzial haben, was für ihn als rein aktual Seiendes nicht der Fall ist.
29. Daher ist der rein aktuale Aktualisierer vollkommen.
30. Etwas ist weniger als vollkommen gut, wenn es eine Privation aufweist – das heißt, dass es darin gescheitert ist, ein bestimmtes zu ihm gehörendes Merkmal zu aktualisieren.
31. Ein rein aktualer Aktualisierer, der rein aktual ist, kann keine solche Privation haben.
32. Daher ist der rein aktuale Aktualisierer vollkommen gut.
33. Kraft zu haben bedeutet, in der Lage zu sein Potenziale zu aktualisieren.
34. Jedes Potenzial, das aktualisiert ist, ist entweder aktualisiert durch einen rein aktualen Aktualisierer oder durch eine Reihe von Aktualisierern, die in einem rein aktualen Aktualisierer terminiert.

35. Somit ist jede Kraft von einem rein aktualen Aktualisierer abgeleitet.
36. Aber dasjenige, von dem alle Kraft abgeleitet ist, ist allmächtig.
37. Somit ist der rein aktuale Aktualisierer allmächtig.
38. Was auch immer in einer Wirkung ist, ist in einer bestimmten Weise in der Ursache, ob formal, virtuell oder eminent (Prinzip der proportionalen Kausalität).
39. Der rein aktuale Aktualisierer ist die Ursache aller Dinge.
40. Daher muss die Form oder das Muster, das sich in allen Dingen manifestiert, die er verursacht, in einer bestimmten Weise in dem rein aktualen Aktualisierer sein.
41. Diese Formen oder dieses Muster können entweder in einer konkreten Weise existieren, in der sie in den individuellen, partikulären Dingen existieren, oder in einer abstrakten Weise, wie sie im Denken oder im Intellekt existieren.
42. Sie können in einem rein aktualen Aktualisierer nicht in derselben Weise existieren, wie sie in einem einzelnen partikulären Seienden existieren.
43. Somit müssen sie in einem rein aktualen Aktualisierer in abstrakter Weise existieren, wie sie im Gedanken oder im Verstand existieren.
44. Daher hat der rein aktuale Aktualisierer einen Intellekt oder Intelligenz.
45. Weil es die Formen oder Muster aller Dinge sind, die in diesem Denken oder in diesem Intellekt sind, gibt es nichts, das außerhalb der Reichweite dieses Denkens ist.
46. Wenn es nichts außerhalb der Reichweite eines Denkens gibt, dann bedeutet dies für dieses Ding, dass es allwissend ist.
47. Somit ist der rein aktuale Aktualisierer allwissend.
48. Somit existiert ein rein aktualer Aktualisierer der Existenz der Dinge, der eines ist, unveränderlich, ewig, immateriell, unkörperlich, vollkommen, absolut gut, allmächtig, intelligent und allwissend.
49. Aber eine solche Ursache der Dinge zu sein, bedeutet, Gott zu sein.
50. Also existiert Gott.

Widerlegung einiger Einwände

Natürlich mussten gegen dieses Argument alle möglichen Einwände erhoben werden. So setzt zum Beispiel die Ableitung der göttlichen Eigenschaften eine Reihe von philosophischen Annahmen voraus, die kontrovers sein können. Ich werde mich in einem späteren Kapitel noch viel ausführlicher mit der Frage nach den göttlichen Eigenschaften auseinandersetzen und auf die verschiedenen Einwände antworten, die hier aufgeworfen werden können. Von Belang ist hier lediglich, dem Leser ein Gefühl dafür zu geben, wie das aristotelische Argument für die Existenz Gottes uns weit über eine bloße Ursache für die Existenz von Veränderung hinausführt. Ein gewöhnlicher, aber völlig unbegründeter Einwand gegen das erste Argument für Gottes Existenz ist, dass, selbst wenn es Sie zu einer Ursache der Welt bringen könnte, es Ihnen nicht genug über die Natur dieser Ursache sagen könnte, um zu rechtfertigen, sie mit dem in traditioneller Weise gedachten Gott zu identifizieren. Was bisher gesagt wurde, genügt, um zu zeigen, wie problematisch dieser Einwand ist, und am Ende des Buches wird klar sein, dass er überhaupt keine Kraft hat.

Es gibt noch weitere Einwände, die allgemein gegen das Argument von der ersten Ursache angeführt werden; auf sie werde ich in einem späteren Kapitel eingehen. Aber einige Einwände sollen sofort behandelt werden, besonders jene, die sich auf die spezifisch aristotelischen Aspekte des obigen Arguments beziehen.

Häufige Missverständnisse

Beginnen wir mit einer Antwort auf einige weitere häufige Einwände, die manchen Lesern offensichtlich und sogar fatal erscheinen müssen, in Wirklichkeit aber auf ungeheuerlichen Missverständnissen der Argumentation beruhen und keinerlei Kraft haben. Zum Beispiel werden einige Leser denken, dass ich argumentiert habe, dass, wenn wir die Reihe von Ursachen der Dinge in der Zeit zurückverfolgen, wir zu einem Anfang des Universums kommen und dass Gott die Ursache für diesen Anfang war.

Ich habe versucht, deutlich zu machen, dass das nicht das ist, was ich sage; aber die Menschen sind es so gewöhnt, bei diesen Begriffen an ein Argument für Gottes Existenz zu denken, dass sie diese Idee sogar in ein Argument hineinlesen, das dies ausdrücklich bestreitet. Und dann müssen sie weiter fragen, wie wir so sicher sein können, dass das Universum tatsächlich einen Anfang hat. Aber wie Sie sich erinnern werden, habe ich gesagt, dass, selbst wenn eine gegebene Reihe von Veränderungen keinen zeitlichen Anfang haben sollte, selbst wenn das Universum oder die Reihe von Universen sich für immer in die Vergangenheit zurück erstrecken würden, dies für das Argument irrelevant wäre. Denn das Argument ist vielmehr, dass Dinge, die *hier und jetzt* existieren, in jedem Moment, in dem sie existieren, *hier und jetzt* von Gott in der Existenz erhalten werden müssen.

In ähnlicher Weise könnten einige annehmen, dass das Argument von der Annahme ausgehe, dass das gesamte Universum eine Ursache haben müsse. Und dann werden sie weiter einwenden, dass, selbst wenn dieser oder jener Teil des Universums eine Ursache hat, daraus nicht folge, dass das ganze Universum eine Ursache habe. Aber tatsächlich ist die Behauptung die, dass das Universum als Ganzes eine Ursache hat, keine Prämisse des Arguments, das ich gerade vorgestellt habe. Wofür ich argumentiert habe, war, dass jedes Ding, das zu irgendeinem Zeitpunkt existiert, von Gott verursacht sein muss, damit es in diesem bestimmten Moment existieren kann. Um für die Existenz Gottes zu argumentieren, müssen Sie nicht von der Behauptung ausgehen, dass das Universum einen Anfang hat, und Sie müssen auch nicht mit irgendeiner anderen Behauptung über das Universum als Ganzes beginnen. Sie können mit jedem alten trivialen Objekt beginnen, das hier und jetzt existiert – einem Stein, einer Tasse Kaffee oder was auch immer –, denn selbst wenn dieses eine Ding auch nur für einen Moment existieren sollte, muss es eine rein aktuale Ursache in diesem Moment geben. Nun, es ist wahr, dass ich auch behauptete, dass dies für alles, was existiert, gilt, und insofern habe ich eine Aussage über das Universum als Ganzes gemacht. Aber diese Behauptung war eine *Konsequenz* des Arguments, keine Prämisse des Arguments.

Ein anderer Einwand, der gegen Argumente wie das soeben vorgestellten erhoben wird, lautet: Wenn alles eine Ursache hat, was hat dann Gott verursacht? Wenn wir sagen, dass Gott keine Ursache hat, dann haben vielleicht auch andere Dinge keine Ursache. Das Argument, so behauptet der Kritiker, beruht auf einem Trugschluss, der im Falle Gottes eine willkürliche Ausnahme von der Regel macht, die für alles andere gilt. Aber in Wirklichkeit ist dieser Einwand nicht gut, und das Argument, das ich entwickelt habe, begeht keinen Trugschluss. Vor allem beruht das Argument *nicht* auf der Prämisse, dass „alles eine Ursache hat". Was es sagt, ist, dass jede *Veränderung* eine Ursache erfordert; genauer gesagt, dass alles, was *vom Potenziellen zum Aktualen* übergeht, eine Ursache hat. Das ist etwas ganz anderes als zu sagen, dass alles eine Ursache hat. Zweitens ist das Argument keineswegs willkürlich, wenn man behauptet, dass Gott keine eigene Ursache hat. Denn der Grund, warum andere Dinge eine Ursache benötigen, ist genau der, dass sie Potenziale haben, die aktualisiert werden müssen. Im Gegensatz dazu hat das, was rein aktual ist, keine Möglichkeiten und deshalb muss nichts darin aktualisiert werden oder kann überhaupt aktualisiert werden. Natürlich ist es die einzige Sache, die keine eigene Ursache haben muss und auch keine Ursache haben kann.

Die Bedeutung dieser Gesichtspunkte kann nicht genug betont werden. Einige Kritiker des Arguments der ersten Ursache sind so besetzt von dem Einwand: „Wenn alles eine Ursache hat, was hat dann Gott verursacht?", dass sie sich weigern, ihn aufzugeben, selbst wenn entdeckt wird, dass das Argument gegen einen Strohmann gerichtet ist. Sie könnten zum Beispiel versuchen darauf hinzuweisen, dass es keinen signifikanten Unterschied zwischen der Aussage gibt, *dass alles, was vom Potenziellen zum Aktualen übergeht, eine Ursache hat*, und der Aussage, *dass alles eine Ursache hat.* Aber das ist so albern wie die Behauptung, dass es keinen signifikanten Unterschied zwischen der Aussage gibt, dass *alle Dreiecke drei Seiten haben*, und derjenigen, dass *alle geometrischen Figuren drei Seiten haben.*

Sie könnten auch behaupten, dass das Argument bloß als eine Adhoc-Möglichkeit davon absehe zu sagen, dass *alles* eine Ursache hat, um den „Was verursacht Gott?"-Einwand zu vermeiden. Aber es gibt drei Probleme mit diesem Einwand. Erstens: selbst wenn die Behauptung wahr wäre, würde das nicht zeigen, dass die Behauptung, *dass alles, was vom Potenziellen zum Aktualen übergeht, eine Ursache hat*, falsch ist, oder dass das aristotelische Argument für Gottes Existenz nicht stichhaltig ist. Die Annahme, dass die Motive einer Person, eine Behauptung aufzustellen oder selbst ein Argument vorzubringen, Zweifel an der Behauptung oder dem Argument aufkommen lassen, ist ein *ad hominem*-Trugschluss.

Aber zweitens ist der fragliche Vorschlag aus historischer Sicht einfach falsch. Seit mehr als 2300 Jahren, von Aristoteles über Thomas von

Aquin bis heute, behaupten Befürworter verschiedener Versionen des aristotelischen Arguments, dass nicht alles eine Ursache hat, sondern dass das, was vom Potenziellen zum Aktualen übergeht, eine Ursache hat. Sie haben die letztere Behauptung nicht erfunden, um den fraglichen Einwand zu umgehen. Das war von Anfang an immer die Behauptung.

Drittens ist nichts an dieser Behauptung ad hoc. Es folgt ganz selbstverständlich aus Aristoteles' Analyse der Veränderung, unabhängig von jeglicher Anwendung auf Argumente für die Existenz Gottes. Und man muss nicht an Gott glauben, um es unglaubwürdig zu finden, dass etwas, das nur potenziell ist, sich selbst verwirklichen kann. Tatsächlich ist das Einzige, was hier ad hoc ist, der verzweifelte Versuch einiger Kritiker, den Einwand „Was verursachte Gott?" angesichts des überwältigenden Beweises, dass er gegen einen Strohmann gerichtet ist und keine Kraft hat, zu retten.

Hume und Kant über Kausalität

Dennoch könnte der Kritiker darauf bestehen, dem empiristischen Philosophen David Hume zu folgen, wonach theoretisch sogar Kaffeetassen, Steine und dergleichen ohne Ursache existieren könnten. Ich habe gesagt, dass jedes Potenzial, das aktualisiert wird, durch etwas aktualisiert werden muss, das bereits aktual ist. Aber hat Hume nicht gezeigt, dass es zumindest denkbar ist, dass etwas unverursacht entstehen kann? Und könnte in diesem Fall nicht etwas nicht vom Potenziellen zum Aktualen übergehen, ohne von etwas bereits Aktualem dazu veranlasst zu werden?

Aber in Wirklichkeit hat Hume nichts dergleichen gezeigt. Was Hume im Sinn hatte, war eine Art von Fall, in dem wir uns einen leeren Raum vorstellen, in dem plötzlich etwas erscheint – ein Stein oder eine Kaffeetasse oder was auch immer. Natürlich ist das vorstellbar. Aber das ist nicht das Gleiche, wie wenn der Stein oder die Kaffeetasse ohne Ursache entsteht. Höchstens ist es die Vorstellung von etwas, ohne gleichzeitig eine Ursache zu erfassen, und das ist wenig bemerkenswert. Wir können uns vorstellen, dass etwas dreiseitig ist – eine geschlossene Flugzeugfigur mit drei geraden Seiten –, ohne es gleichzeitig als Dreieck zu denken. Daraus folgt jedoch nicht, dass ein Dreiseitiges in Wirklichkeit existieren könnte, ohne zugleich ein Dreieck zu sein. Wir können uns einen Menschen vorstellen, ohne uns vorzustellen, wie groß er ist, aber daraus folgt nicht, dass ein Mensch ohne eine bestimmte Größe existieren könnte. Im Allgemeinen ist die Vorstellung von A, ohne gleichzeitig B zu denken, nicht das Gleiche wie das Vorstellen von A, das ohne B existiert. Aber dann folgt, selbst wenn ich mir vorstellen kann, dass plötzlich ein Stein oder eine Kaffeetasse erscheint, ohne gleichzeitig seine Ursache zu erfassen, daraus nicht, dass ich dieses Etwas erfasst habe als ohne Ursache existierend, und es folgt ebenso nicht, dass es in der Wirklichkeit ohne Ursache existieren könnte.

Auf der anderen Seite hat die Philosophin Elizabeth Anscombe darauf hingewiesen, dass Hume, um sein Beispiel vorzutragen, uns sagen muss, warum eine Kaffeetasse, die plötzlich in einem vorher leeren Raum erscheint, als ein Fall des *Entstehens* gilt, ob nun mit oder ohne Ursache. Warum sollten wir nicht annehmen, dass die Tasse nur von woanders transportiert wurde? Hume müsste also etwas zu seinem Szenario hinzufügen, um die Entstehung der Tasse von einer bloßen Beförderung zu unterscheiden. Aber jetzt hat er ein Problem. Die einzige Möglichkeit, die *Entstehung* einer Tasse von einem *Transport* zu unterscheiden, ist die Bezugnahme auf die *Ursachen* dieser verschiedenen Arten von Ereignissen. Eine Tasse, die entsteht, hat eine Ursache (zum Beispiel das Gießen eines Stück Porzellans oder Plastik), während der Transport einer Tasse eine andere Art von Ursache mit sich bringt (jemand hebt sie auf und bewegt sie). Humes Szenario sollte den Gedanken einer Ursache eliminieren, aber um es detailliert zu formulieren, braucht er wieder den Begriff der Ursache.[3]

Es ist auch ironisch, dass ein Empirist das Prinzip der Kausalität in Frage stellen würde, da es von der Erfahrung ebenso gut gestützt wird, wie eine Behauptung nur gestützt werden kann. Im Allgemeinen finden wir tatsächlich Ursachen, wenn wir nach ihnen suchen, und wenn wir sie nicht finden (z. B. bei der Untersuchung eines ungelösten Mordes), haben wir Grund zu der Annahme, dass sie dennoch da sind und gefunden würden, wenn wir nur alle relevanten Beweise hätten sowie die Zeit und die Ressourcen für eine gründlichere Untersuchung. Das ist nicht genau das,

---

[3] Vgl. G. E. M. Anscombe, "'Whatever Has a Beginning of Existence Must Have a Cause': Hume's Argument Exposed", in ihrer Sammlung *From Parmenides to Wittgenstein* (Minneapolis: University of Minnesota Press, 1981), und "Times, Beginnings, and Causes", in ihrer Aufsatzsammlung *Metaphysics and the Philosophy of Mind* (Minneapolis: University of Minnesota Press, 1981). Ich diskutiere und verteidige Anscombes Argument in *Scholastic Metaphysics*, pp. 112–14.

was wir erwarten würden, wenn das Prinzip der Kausalität wahr wäre, aber es ist überhaupt nicht das, was wir erwarten sollten, wenn das Prinzip falsch wäre. Wie W. Norris Clarke hervorhebt, wäre, wenn das Prinzip falsch wäre, „gar nichts nötig, um überhaupt etwas zu produzieren: ein Elefant oder ein Hotel könnten plötzlich aus dem Nichts im Vorgarten erscheinen", und „es sollte die einfachste Sache der Welt sein, dass sie die ganze Zeit auftauchen".[4] Aber das ist natürlich nicht die Art, wie die Welt tatsächlich funktioniert.

Die beste Erklärung dafür, warum die Welt so funktioniert, wie sie funktioniert, ist, dass es etwas in der Natur der Potenzialität gibt, das eine Aktualisierung durch etwas bereits Aktuales erfordert – das heißt, die beste Erklärung ist, dass das Prinzip der Kausalität wahr ist. Die Tatsache, dass wir dazu neigen, Ursachen für Dinge zu finden, die entstehen, und dass Dinge nicht ohne offensichtliche Ursache entstehen, wäre verwunderlich, wenn das Prinzip falsch wäre.

Eine alternative Kritik könnte sich vielleicht auf Immanuel Kant anstatt auf David Hume beziehen. Wir erfahren, dass Dinge durch unsere Beobachtung der empirischen Welt verursacht werden. Die Umgebungsluft kühlt den Kaffee, die Klimaanlage kühlt die Luft, Sie schalten die Klimaanlage ein und so weiter. Aber selbst wenn wir anerkennen, dass das Prinzip der Kausalität in der Welt unserer Erfahrung gilt, warum sollten wir dann annehmen, dass wir es über die empirische Welt hinaus auf einen rein aktualen Aktualisierer der Dinge erweitern können – zu etwas, das, weil es immateriell ist, außerhalb von Zeit und Raum, nicht beobachtbar ist?

Aber dieser Einwand ist nicht schwer zu widerlegen. Es stimmt, dass wir das Prinzip der Kausalität aus unserer Erfahrung der Welt lernen, aber daraus folgt nicht, dass wir es nicht über die Erfahrungswelt hinaus anwenden können. Aus diesem Grund schließen wir, dass die Dinge unserer Erfahrung Ursachen nicht deshalb erfordern, *weil* wir sie erfahren, sondern vielmehr, weil sie nur potenziell sind, bis sie aktual werden. Und der Grundsatz, dass sich kein Potenzial selbst aktualisieren kann, ist völlig allgemein. Sobald wir es gelernt haben, können wir es über die Dinge hinaus anwenden, die wir tatsächlich erfahren haben, und es gibt keinen Grund zu bezweifeln, dass wir es auch jenseits dessen, was wir erfahren konnten,

[4] W. Norris Clarke, *The One and the Many: A Contemporary Thomistic Metaphysics* (Notre Dame, Ind.: University of Notre Dame Press, 2001), p. 182.

anwenden können. (Vergleiche: Wir lernen die euklidische Geometrie durch Betrachten von Zeichnungen verschiedener geometrischer Figuren, gewöhnlich in schwarzer Tinte. Aber was wir lernen, gilt für geometrische Figuren jeder Farbe und auch ohne jede Farbe. Zu denken, dass das Prinzip der Kausalität nur für Dinge, die wir erfahren können, gilt, ist, wie wenn wir denken, dass die euklidische Geometrie nur für Figuren gilt, die wir sehen können.)

Russell über Kausalität

Aber nun könnte der Kritiker an die Wissenschaft appellieren anstatt an die Philosophie. Es gibt verschiedene Wege, gemäß denen es scheinen mag, dass die Wissenschaft den Grundsatz untergraben hat, dass das, was von der Potenzialität zur Aktualität übergeht, eine Ursache hat. Zum Beispiel argumentierte Bertrand Russell in seinem Essay "On the Notion of Cause", dass „das Gesetz der Kausalität [...] eine Reliquie eines vergangenen Zeitalters" sei.[5] Nach Ansicht von Russell zeigt die Physik, dass es so etwas wie Kausalität nicht gibt. Denn die Physik beschreibt die Welt in Form von Differenzialgleichungen, die Beziehungen zwischen Ereignissen beschreiben, und diese Gleichungen beziehen sich nicht auf Ursachen. „In den Bewegungen der sich gegenseitig gravitierenden Körper gibt es nichts, was man eine Ursache nennen könnte, und nichts, was man eine Wirkung nennen könnte; es gibt nur eine Formel."[6]

Aber mit diesem Argument gibt es eine Reihe von Problemen. Zum einen sagt es zu viel. Wenn die Abwesenheit eines Dinges aus den Gleichungen der Physik genügt, um zu zeigen, dass das Ding nicht existiert, dann müssen wir nicht nur die Kausalität, sondern alle möglichen anderen fundamentalen Begriffe eliminieren – einschließlich der für unser Verständnis der Wissenschaft wesentlichen Begriffe, die Russell gebraucht, um seinen Streit auf ein Fundament zu bringen. So schreibt Jonathan Schaffer:

> In dieser Hinsicht befinden sich „Ereignis", „Gesetz", „Ursache" und „Erklärung" im selben Boot. Diese [...] Begriffe dienen dazu, ein

[5] Bertrand Russell, "On the Notion of Cause", in *Russell on Metaphysics*, ed. Stephen Mumford (London: Routledge, 2003), p. 165.
[6] Ibid., pp. 173f.

> systematisches Wissenschaftsverständnis zu ermöglichen; sie erscheinen nicht selbst in den Gleichungen. Aus dieser Perspektive scheint Russells Argument der törichten Behauptung ähnlich zu sein, dass Mathematik die Variable eliminiert habe, weil der Begriff „Variable" nicht in den Gleichungen erscheint![7]

Zum anderen ist nicht klar, dass die Physik wirklich frei von Kausalbegriffen ist. Wie der Philosoph C. B. Martin ausgeführt hat, haben die von der Kernphysik beschriebenen fundamentalen Teilchen eindeutig dispositionale Eigenschaften, d. h. Tendenzen, bestimmte Wirkungen zu erzeugen, wenn sie auf bestimmte Art interagieren.[8]

Drittens: ob kausale Begriffe in der Physik vorhanden sind oder nicht, sie sind sicherlich in anderen Wissenschaften vorhanden. Und dass die anderen Wissenschaften nicht auf die Physik reduziert werden können, ist heute in der zeitgenössischen Philosophie weithin anerkannt. Dies gilt nicht nur für die Sozialwissenschaften, sondern auch für die Biologie[9] und sogar, wie manche argumentiert haben, für die Chemie.[10] Wenn aber die anderen Wissenschaften uns echtes Wissen über die Welt vermitteln und auf Kausalität verweisen, dann muss die Kausalität ein echtes Merkmal der Welt sein. Ein damit verwandter Punkt ist, dass der philosophische Naturalismus, der die intellektuelle Grundlage des modernen Atheismus darstellt, in der zeitgenössischen Philosophie typischerweise durch kausale Begriffe artikuliert und verteidigt wird. Naturalisten verteidigen routinemäßig kausale Erkenntnistheorien, kausale Wahrnehmungstheorien, kausale Bedeutungstheorien und so weiter. Wenn Kausalität jedoch für die Artikulation und Verteidigung des Naturalismus von zentraler Bedeutung ist, müssen die Naturalisten selbst ihre Existenz bestätigen, unabhängig davon, ob die Physik darauf Bezug nimmt oder nicht.

Das grundlegendste Problem mit Russells Argumentation ist jedoch, dass es einfach keinen Grund zu der Annahme gibt, dass uns die Physik überhaupt eine erschöpfende Beschreibung der Realität nahebringe.

---

[7] Jonathan Schaffer, "The Metaphysics of Causation", in *Stanford Encyclopedia of Philosophy*, Stanford University, 2007 – zuerst veröffentlicht am 2. Februar 2003, zuletzt geändert am 5. Juli 2016, http://plato.stanford.edu/entries/causation- metaphysics/.

[8] C. B. Martin, *The Mind in Nature* (Oxford: Clarendon Press, 2008), p. 50.

[9] John Dupré, *The Disorder of Things: Metaphysical Foundations of the Disunity of Science* (Cambridge, Mass.: Harvard University Press, 1993).

[10] J. van Brakel, *Philosophy of Chemistry* (Leuven: Leuven University Press, 2000), Kap. 5.

Tatsächlich gibt es reichlich Grund zu der Annahme, dass dies nicht der Fall ist. Ironischerweise wird Russell selbst in seinem späteren Werk eine eloquente Erörterung zu diesem Gesichtspunkt liefern:

> Es ist nicht immer klar, wie außerordentlich abstrakt die Information ist, die die theoretische Physik zu geben hat. Sie legt bestimmte grundlegende Gleichungen fest, die es ihr ermöglichen, mit der logischen Struktur von Ereignissen umzugehen, während es völlig unbekannt bleibt, was der intrinsische Charakter der Ereignisse ist, die diese Struktur haben. [...] Alles, was die Physik uns gibt, sind bestimmte Gleichungen, die abstrakte Eigenschaften ihrer Veränderungen geben. Aber was das ist, was sich ändert, und wovon die Veränderung ausgeht und wohin sie führt, dazu schweigt die Physik.[11]

Die moderne Physik richtet ihre Aufmerksamkeit auf diejenigen Aspekte der Natur, die in der Sprache der Mathematik beschrieben werden können, und von allem anderen wird abstrahiert. Ihre „Mathematisierungen", wie Martin sie nannte, beinhalten, was Martin als „Teilbetrachtung" der untersuchten Phänomene bezeichnet.[12] Aus diesem Grund hat die Physik solche atemberaubende Präzision und solche prädiktiven Erfolge erreicht. Sie lässt in ihren Charakterisierungen von physikalischen Phänomenen einfach keine Merkmale zu, die für eine mathematisch präzise Beschreibung und Vorhersage nicht geeignet wären. Wenn es Merkmale der Welt gibt, die durch ihre Methode erfasst werden können, dann hat die Physik eine gute Chance, sie zu finden. Wenn es jedoch Merkmale gibt, die mit dieser Methode nicht erfasst werden können, dann wird die Physik sie garantiert *nicht* finden. Aus den Erfolgen der Physik bei den Vorhersagen zu dem Schluss zu kommen, dass die Physik eine erschöpfende Beschreibung der Realität liefere, ist daher ein sehr grober Trugschluss. Es ist wie die Schlussfolgerung aus dem Erfolg von Metalldetektoren zu dem Schluss, dass es keine nichtmetallischen Eigenschaften der Realität gebe; es ist wie die Argumentation eines Studenten von der Tatsache, dass er nur die Kurse besucht hat, von denen er wusste, dass er jeden dieser Kurse gut bestehen würde, zu der Schlussfolgerung, dass es nichts Wichtiges gebe, das in anderen Kursen gelernt werden könne; oder es gleicht

---

[11] Bertrand Russell, *My Philosophical Development* (London: Unwin Paperbacks, 1985), p. 13.
[12] Martin, *Mind in Nature*, p. 74.

der Illusion eines Betrunkenen, der aus seinem Erfolg, Dinge im Lichtkreis unter dem Laternenpfahl zu finden, zu der Schlussfolgerung gelangt, dass sein verlorener Autoschlüssel unmöglich woanders sein könne.

Da die Gleichungen der Physik als solche *nur* Gleichungen sind, bloße Abstraktionen, wissen wir, dass es etwas mehr in der Welt geben muss als das, was sie beschreiben. Es muss etwas geben, was die Tatsache bewirkt, dass die Welt tatsächlich in Übereinstimmung mit den Gleichungen tätig ist, anstatt mit irgendwelchen anderen Gleichungen oder gar keinen Gleichungen. Es muss – im Sinne dessen, was der spätere Russell den „intrinsischen Charakter" in den Dingen nannte – etwas geben, das mit den Dingen in Beziehungen steht, wie sie von den Gleichungen beschrieben werden. Es muss, wie er es ausdrückte, etwas sein, „das sich ändert", und etwas, „wovon die Veränderung ausgeht und wohin sie führt", etwas, wovon Russell zugab, dass dazu „die Physik schweigt". Wenn nun das, was die Gleichungen beschreiben, wirklich *Veränderungen* sind, dann, so habe ich argumentiert, sind diese Veränderungen die Aktualisierung eines Potenzials. Aber die Verwirklichung eines Potenzials bedeutet, eine Ursache zu sein. Das bedeutet, dass die Kausalität zu den intrinsischen Eigenschaften der Dinge gehören muss, die die Physik beschreibt.

Beachten Sie, dass, selbst wenn jemand sich weigern sollte, der bewusstseinsunabhängigen physischen Realität wirkliche Veränderung und Kausalität zuzuschreiben, er sie dennoch unserer *Erfahrung* physischer Realität zuschreiben muss, durch die wir die auf Beobachtung beruhenden und experimentellen Beweise erhalten, auf denen die Physik basiert. Eine Erfahrung weicht einer anderen. Zum Beispiel folgt auf die Erfahrung des Versuchsaufbaus die Erfahrung der Beobachtung der Ergebnisse. Das beinhaltet (wie Russell gezeigt hat) die Verwirklichung eines Potenzials und damit eine Verursachung. Darüber hinaus erkannte der spätere Russell selbst an, dass wir die von der Physik beschriebene Welt nur aufgrund der Tatsache kennen, dass unsere Erfahrungen kausal mit dieser Welt verbunden sind. Nur weil die physische Welt Auswirkungen auf unsere Sinnesorgane hat, können wir wissen, dass es etwas gibt, was wir wissenschaftlich studieren können.

Im Gegensatz zum frühen Russell gibt es einfach keinen Weg, an die Physik zu appellieren, um die Behauptung zu stützen, dass Kausalität kein echtes Merkmal der Welt sei.

Newton über Trägheit

Es wird manchmal vorgeschlagen, dass Newtons Trägheitsgesetz – wonach ein bewegter Körper in Bewegung bleibt, wenn nicht äußere Kräfte auf ihn einwirken – zeige, dass Veränderung ohne Ursache auftreten könne. Vieles könnte als Antwort auf diesen Einwand gesagt werden, und ich habe dies an anderer Stelle ausführlich behandelt.[13] Aber für die gegenwärtigen Zwecke werden die folgenden Punkte ausreichen. Was Newtons Gesetz beschreibt, sind vor allem Ereignisse, die zeitlich geordnet sind – zum Beispiel die Bewegung von Molekülen, die wie Kaffee in einer Tasse herumwirbeln. Aber wie ich betont habe, geht es bei dem von uns untersuchten Argument für die Existenz Gottes letztlich um die Frage, was das Potenzial eines Dinges zur Existenz *zu irgendeinem bestimmten Zeitpunkt* in der Zeit zu aktualisieren vermag. Es handelt sich zum Beispiel um die Frage, was in jedem Augenblick seiner Existenz bewirkt, dass die Bestandteile eines Wassermoleküls tatsächlich ein Wassermolekül bilden, und zwar genau dieses und nicht irgendeine andere Art von Ding. Da das Newton'sche Gesetz die Existenz von Dingen wie Wassermolekülen voraussetzt, kann es ihre Existenz wohl kaum erklären.

Darüber hinaus bedeutet – wie mehrere Philosophen argumentiert haben und wie ich in einem späteren Kapitel ebenfalls argumentieren werde –, irgendeinem physikalischen Gesetz zu folgen – wie dem Gesetz der Trägheit –, genau die *Art von Ding* zu sein, das sich in Übereinstimmung mit diesem Gesetz verhält. Das heißt, die Rede von einem „Naturgesetz" ist eigentlich nur eine Art Kurzschrift für eine Beschreibung der Art und Weise, wie eine Sache aufgrund ihrer Natur zu funktionieren pflegt – angesichts der Form oder des Musters, die oder das sie besitzt und die oder das sie von anderen Dingen unterscheidet (um eine früher eingeführte Terminologie zu verwenden). So ist das Newton'sche Gesetz einfach eine Kurzbeschreibung für die Art und Weise, wie sich eine Sache verhalten wird, wenn man die Natur oder Form betrachtet, die sie besitzt.

[13] Edward Feser, "Motion in Aristotle, Newton, and Einstein", in *Aristotle on Method and Metaphysics*, ed. Edward Feser (Basingstoke: Palgrave Macmillan, 2013), pp. 236–58. Reprinted in Edward Feser, *Neo- Scholastic Essays* (South Bend, Ind.: St. Augustine's Press, 2015), pp. 3–27.

Aber warum ist es so, dass es Dinge gibt, die diese Art von Natur oder Form haben und nicht eine andere? Was macht es wahr, dass die Dinge durch das Gesetz der Trägheit und nicht durch irgendein anderes Gesetz bestimmt werden? Was aktualisiert dieses Potenzial? Die Newton'sche Mechanik kann solche Fragen wohl kaum beantworten. Auch hier macht es keinen Sinn, sich an die Newton'schen Gesetze zu wenden, um zu erklären, warum die Dinge, die von den diesen Gesetzen *vorausgesetzt werden*, existieren.

Schließlich gibt es den zuvor bereits erwähnten Aspekt, dass die Physik einfach keine erschöpfende Beschreibung der Natur liefert, sondern alles abstrahiert, was nicht „mathematisiert" werden kann (um Martins Ausdruck zu verwenden). Dazu gehören die Begriffe der Aktualität und Potenzialität und damit auch die Kausalität, wie sie der Aristoteliker versteht. Newtons Bewegungsgesetze spiegeln diese Tendenz insofern wider, als sie eine mathematische Beschreibung der Bewegung liefern, die für Vorhersagezwecke geeignet ist, ohne sich um die Ursprünge der Bewegung oder die intrinsische Natur dessen, was sich bewegt, zu kümmern. Das ist wohl der springende Punkt des Trägheitsprinzips, wie James Weisheipl schreibt:

> Anstatt das Prinzip zu beweisen, *nimmt* die mechanische und mathematische Naturwissenschaft *es an* [...] [und] die mathematischen Wissenschaften müssen es annehmen, wenn sie mathematisch bleiben wollen [...].
>
> Die Grundlage für das Trägheitsprinzip liegt [...] in der Natur der mathematischen Abstraktion. Der Mathematiker muss gleichsetzen: Eine einzige Menge nützt ihm nichts. Um Mengen gleichzusetzen, muss er die grundsätzliche Irrelevanz oder Nichtigkeit anderer Faktoren annehmen, sonst kann seine Gleichung nicht sicher sein. Die Faktoren, die der Mathematiker für irrelevant hält, sind [...] Bewegung, Ruhe, Beständigkeit und unveränderte Richtung; nur die Veränderung dieser Faktoren hat quantitativen Wert. Für den Physiker sind es nicht die Bewegung und ihre Fortsetzung, die erklärt werden müssen, sondern die Veränderung und das Aufhören der Bewegung, denn nur diese haben einen Gleichungswert [...].
>
> In der ersten Hälfte des 17. Jahrhunderts versuchten Physiker, eine physikalische Ursache zu finden, um die Bewegung [der Himmelskörper] zu erklären; Newton ignorierte die Frage lediglich und

> suchte nach zwei Mengen, die gleichgesetzt werden konnten. In der Newton'schen Physik gibt es keine Frage nach einer Ursache, sondern nur nach Differenzialgleichungen, die zur Beschreibung von Phänomenen konsistent und nützlich sind [...].
>
> Die Natur der mathematischen Abstraktion [...] muss den qualitativen und kausalen Gehalt der Natur außer Acht lassen [...]. Da die mathematische Physik von all diesen Faktoren abstrahiert, kann sie nichts über sie sagen; sie kann ihre Realität weder bestätigen noch leugnen.[14]

Es ist also nicht nur so, dass die Newton'sche Mechanik das Prinzip der Kausalität nicht widerlegt, sondern es ist vielmehr so, dass sie dies gar nicht *kann* – ebenso wenig wie der Betrunkene, der unter dem Laternenpfahl sucht, etwas über das sagen kann, was anderswo liegt (um noch einmal von früher genannten Analogien Gebrauch zu machen), oder wie der Student, der nur Kurse belegt, von denen er weiß, dass er sie gut abschließt, etwas über den Gegenstand anderer Kurse sagen kann, oder wie Metalldetektoren uns irgendetwas sagen können über die Existenz von Holz, Stein und Wasser. Einwände gegen das Prinzip der Kausalität, die auf Newtons Erstem Bewegungsgesetz beruhen, erreichen daher nicht einmal das Niveau, gut formuliert zu sein, und der Aristoteliker ist im Recht, darauf zu bestehen, dass, wie Trägheit auch immer interpretiert wird, sie mit dem Prinzip der Kausalität, das eine tiefere Ebenen der Realität erfasst, als die Physik dies kann, vereinbar gemacht werden muss.

Einstein und die Veränderung

Es wird manchmal behauptet, dass sich Veränderungen durch Einstein als illusorisch erwiesen hätten, oder zumindest durch die Konstruktion, die Hermann Minkowski bekanntermaßen auf die Relativitätstheorie setzte. Bei diesem vierdimensionalen Modell eines Blockuniversums ist die Zeit analog zum Raum, sind nahegelegene Orte ebenso gegenwärtig wie weit entfernte, und vergangene und zukünftige Momente so aktuell wie der gegenwärtige. Daher gibt es (so die Argumentation) keine Aktualisierung

[14] James A. Weisheipl, *Nature and Motion in the Middle Ages*, ed. William E. Carroll (Washington, D.C.: Catholic University of America Press, 1985), pp. 42, 47–48.

des Potenzials. Unser bewusstes Erleben der Welt präsentiert uns die Welt so, *als würde* sie sich verändern – als ob der gegenwärtige Moment in die Vergangenheit verschwinden und der Zukunft weichen würde –, aber in Wirklichkeit gibt es keine Veränderung. Objektiv gesehen existieren die Vergangenheit und die Zukunft genauso wie die Gegenwart.

Nun sind solche Behauptungen auch unter Physikern umstritten, aber dies ist eine Kontroverse, die für die gegenwärtigen Zwecke nicht aufgelöst werden muss.[15] Selbst wenn wir zum Zwecke der Argumentation annehmen, dass Veränderung in der objektiven physischen Welt nicht stattfindet, so folgt daraus nicht, dass das Prinzip, *dass alles, was von Potenzialität zu Aktualität übergeht, eine Ursache hat*, nicht anwendbar ist, und zwar aus zwei Gründen.

Erstens basiert die Physik, einschließlich der Relativitätstheorie, auf der empirischen Evidenz der Beobachtung und des Experiments, wodurch Wissenschaftler bestimmte Erfahrungen machen. Dies ist wiederum eine Angelegenheit eines Ereignisses der Formulierung einer Vorhersage, gefolgt von dem Ereignis der Durchführung einer Beobachtung, um die Vorhersage zu testen; sich von einem Zustand der Unwissenheit in einen Zustand des Wissens zu bewegen; und so weiter. Aber all das beinhaltet Veränderung. Wenn es also keine Veränderung gibt, dann gibt es keine Erfahrungen, die den empirischen Beweis für irgendeine wissenschaftliche Theorie liefern, in deren Namen jemand den Standpunkt vertreten könnte, dass es keine Veränderung gebe. So hat der Wissenschaftstheoretiker Richard Healey darauf hingewiesen, dass die Ansicht, dass die Physik zeige, dass alle Veränderung eine Illusion sei, inkohärent ist.[16] Am ehesten könnte noch kohärent argumentiert werden, dass Veränderung nur im Bewusstsein geschehe, aber nicht in der bewusstseinsunabhängigen Wirklichkeit. Was aber nicht kohärent behauptet werden kann, ist, dass es überhaupt keine Veränderung gebe. Aber wenn Veränderung zumindest im Bewusstsein existiert, dann gibt es eine gewisse Aktualisierung eines Potenzials, und das ist alles, was für das aristotelische Argument für Gottes Existenz benötigt wird, um aufgestellt werden zu können.

Zweitens: selbst wenn in der physischen Welt, im Bewusstsein oder anderswo keine Veränderung existierte, würde daraus immer noch nicht

---

[15] Vgl. Lee Smolin, *Time Reborn* (New York: Houghton Mifflin Harcourt, 2013).

[16] Richard Healey, "Can Physics Coherently Deny the Reality of Time?", in *Time, Reality, and Experience*, ed. Craig Callender (Cambridge: Cambridge University Press, 2002), pp. 293–316.

folgen, dass die *Aktualisierung eines Potenzials* nirgends existierte. Denn wie ich ausgeführt habe, ist es nicht nur die Veränderung eines Dinges, die die Aktualisierung des Potenzials mit sich bringt, sondern es ist *seine Existenz zu jedem Zeitpunkt*, die die Aktualisierung eines Potenzials beinhaltet. Selbst wenn es in einem Einstein'schen vierdimensionalen Blockuniversum keine wirkliche Veränderung oder Aktualisierung eines Potenzials gibt, wird also die schiere Existenz dieses Universums als eines Ganzen – in einem einzigen, zeitlosen Moment sozusagen – die Aktualisierung eines Potenzials beinhalten und somit einen Aktualisierer, der sich von der Welt selbst unterscheidet. Es müsste eine Ursache dafür geben, dass *diese* Art von Welt aktual ist, anstatt dass irgendeine andere Welt wirklich ist. In ähnlicher Weise gilt, dass, selbst wenn es im menschlichen Geist keine Veränderung gäbe, es immer noch eine Ursache dafür geben müsste, dass der Geist überhaupt aktual ist.

Wie Newtons Gesetz der Trägheit untergräbt die Relativität in keiner Weise den Grundsatz, *dass alles, was von Potenzialität zu Aktualität übergeht, eine Ursache hat*. Bestenfalls beeinflusst die Relativität, *wie* dieses Prinzip angewendet wird, aber nicht, *ob* wir es anwenden müssen.[17]

Quantenmechanik und Kausalität

Das Gleiche gilt für Einwände gegen das Kausalitätsprinzip, die sich auf die Quantenmechanik beziehen. Es gibt mindestens drei Einwände dieser Art. Der erste ist, dass der nichtdeterministische Charakter von Quantensystemen mit dem Prinzip der Kausalität unvereinbar sei. Die zweite ist, dass die Bell'schen Ungleichungen zeigen, dass es Korrelationen ohne eine kausale Erklärung gibt.[18] Die dritte ist, dass die Quantenfeldtheorien zeigen, dass Teilchen zufällig entstehen und aus der Existenz verschwinden können.

Was den Einwand des Indeterminismus anbelangt, so wird manchmal darauf hingewiesen, dass die De-Broglie-Bohm-Interpretation der

---

[17] Für eine detaillierte Diskussion vgl. Edward Feser, "Actuality, Potentiality, and Relativity's Block Universe", in *Neo- Aristotelian Perspectives on Contemporary Science*, ed. William M. R. Simpson, Robert C. Koons, and Nicholas J. Teh (London: Routledge, 2017).

[18] Die Bell'schen Ungleichungen, benannt nach dem Physiker John S. Bell, haben mit Messungen an entfernten Orten zu tun, zwischen denen es Korrelationen gibt, die anscheinend keine gemeinsame Ursache haben.

verborgenen Variablen eine Möglichkeit bietet, Quantensysteme als deterministisch zu betrachten.[19] Aber aus aristotelischer Sicht ist es bereits ein Fehler, überhaupt anzunehmen, dass Kausalität Determinismus beinhalte. Damit eine Ursache ihre Wirkung zureichend erklärt, ist es nicht notwendig, dass sie dies in einer deterministischen Weise tut. Sie braucht nur die Wirkung verständlich zu machen. Und diese Bedingung ist erfüllt, wenn man die Quantenmechanik nichtdeterministisch interpretiert. So schreibt Robert Koons:

> Nach der Kopenhagener Version der Quantenmechanik hat jeder Übergang eines Systems kausale Vorläufer: den vorhergehenden Quantenwellenzustand im Fall der Schrödinger-Evolution oder den vorhergehenden Quantenwellenzustand plus der Beobachtung im Falle des Wellenpaket-Kollapses.[20]

Was den Einwand der Bell'schen Ungleichungen anbelangt, wird manchmal vorgeschlagen, darauf zu antworten, dass man bestreitet, dass kausale Einflüsse niemals schneller als Licht reisen können[21], oder indem entweder eine rückwärtige Kausalität oder ein absoluter Referenzrahmen zugelassen wird, oder indem ein Gesetz postuliert wird, dass die fraglichen Korrelationen stattfinden.[22] Hinsichtlich des Einwands, dass Teilchen zufällig in einem Quantenvakuum ein- oder ausgehen können, schlägt Alexander Pruss vor, dass auch hier eine verdeckte Variablentheorie vorgeschlagen werden könne, oder alternativ, dass das System, das durch die Gesetze der Quantenfeldtheorie beschrieben wird, die Ursache für die fraglichen Ereignisse sei, wenn auch indeterministisch.[23]

Natürlich werfen alle diese Vorschläge Fragen auf, obwohl die Interpretation der Quantenmechanik in jedem Fall ein notorisch schwieriges Thema ist. Aber das bringt uns zu dem tieferen Punkt, auf den als Antwort auf den Einwand von Newtons Trägheitsgesetz oben bereits hingewiesen

---

[19] Benannt nach den Physikern Louis de Broglie und David Bohm, schlägt die fragliche Interpretation vor, dass das Auftreten des Indeterminismus lediglich auf unsere Unkenntnis einiger relevanter kausaler Faktoren zurückzuführen sei.

[20] Robert C. Koons, *Realism Regained: An Exact Theory of Causation, Teleology, and the Mind* (Oxford: Oxford University Press, 2000), p. 114.

[21] Ibid.

[22] Alexander R. Pruss, *The Principle of Sufficient Reason: A Reassessment* (Cambridge: Cambridge University Press, 2006), pp. 166, 169.

[23] Ibid., pp. 169f.

wurde. So schreibt Weisheipl: „Die Natur der mathematischen Abstraktion [...] muss den qualitativen und kausalen Gehalt der Natur unberücksichtigt lassen. [...] Da die mathematische Physik von all diesen Faktoren abstrahiert, kann sie nichts darüber sagen; sie kann ihre Realität weder bestätigen noch leugnen.“[24] Das gilt für die Quantenmechanik ebenso wie für die Newton'sche Mechanik. Was wir haben, nennt Martin eine „partielle Berücksichtigung“ materieller Realität durch „Mathematisierung“. Wie Russell erkannte, bleibt der Physik „der intrinsische Charakter“ dessen, was sie mit Hilfe der mathematischen Struktur beschreibt, „völlig unbekannt“.[25]

Die Quantentheorie, die es versäumt, einem Phänomen eine Ursache zuzuordnen, führt einfach nicht dazu, dass es keine Ursache gibt, da *selbst eine abgeschlossene* physikalische Theorie nicht jeden Aspekt der Phänomene, die sie beschreibt, erfassen kann. Die Abwesenheit von etwas in einer Darstellung der Natur ist nicht dasselbe wie eine Darstellung seiner Abwesenheit von der Natur. Seine Abwesenheit von der Repräsentation macht es nicht einmal *wahrscheinlich*, dass es in der Natur abwesend ist, wenn wir bereits unabhängig wissen, dass die Repräsentation es auslassen würde, selbst wenn es da wäre. Wenn also ein Künstler eine Szene, auf die er blickt, in einer schwarz-weißen Strichzeichnung darstellt, zeigt die Tatsache, dass es in der Zeichnung keine Farbe gibt, nicht an, dass es in der Szene selbst keine Farbe gibt. Die Farblosigkeit des Bildes ist ein Artefakt der Methode des Künstlers, nicht des dargestellten Phänomens. In ähnlicher Weise lässt die „Mathematisierung“, auf die sich die Physik bereits von Natur aus beschränkt, Potenzialität und andere für die Kausalität wesentliche Begriffe außer Acht, wie der Aristoteliker sie versteht. Es ist die *Methode*, die die Kausalität aus der Welt abzieht, wobei die Quantenmechanik so etwas wie ein Grenzfall ist. Die vierdimensionale Blockuniversums-Interpretation der Relativität ist ein weiterer Grenzfall, der ein Bild der Welt mit sich bringt, in dem die Veränderung und damit die Potenzialität fehlt. In beiden Fällen haben wir physikalische Theorien, die uns sagen, nicht ob Kausalität in der Welt selbst existiert, sondern welche Art von Repräsentation der Welt wir bekommen, wenn wir konsequent von kausalen Vorstellungen abstrahieren. Aus solchen Theorien philosophische Rückschlüsse auf Kausalität zu ziehen, bedeutet,

[24] Weisheipl, *Nature and Motion in the Middle Ages*, p. 48.
[25] Russell, *My Philosophical Development*, p. 13.

Abstraktionen mit konkreten Realitäten zu verwechseln. Wie bei dem Einwand gegen das Prinzip der Kausalität aus dem Trägheitsprinzip ist der Einwand der Quantenmechanik nicht einmal gut formuliert.

Es ist hinzuzufügen, dass es sogar einen Sinn gibt, in dem die Quantenmechanik, sofern sie überhaupt irgendwelche Implikationen für die Kausalität hat, eher auf die aristotelische Position *hinweist* und nicht von ihr wegdeutet. Betrachten wir noch einmal die Analogie der schwarz-weißen Strichzeichnung des Künstlers. Auch hier zeigt die Zeichnung an sich nicht, dass es in der dargestellten Szene keine Farbe gibt, da wir wissen, dass die ausschließliche Verwendung von Schwarz-Weiß-Materialien durch den Künstler niemals die Farbe erfassen würde, selbst wenn sie da wäre. Seine Verwendung dieser Materialien könnte jedoch darauf hinweisen, dass in der dargestellten Szene Farbe auf folgende Weise vorhanden ist. Wir kennen Linienzeichnungen, die eine Kontur darstellen, indem wir sie in schwarzer Tinte darstellen. Die Kontur eines Gesichts könnte zum Beispiel durch eine Reihe schwarzer Linien wie in einem Comic dargestellt werden. In einer so genannten „Farbbegrenzung" werden jedoch einige Konturen in einem fertigen Kunstwerk nicht in schwarzer Tinte dargestellt, sondern nur in der Farbe, die der schwarz-weißen Strichzeichnung hinzugefügt wird. Die schwarz-weiße Liniengrafik könnte beispielsweise die Kontur einer Seite eines Objekts weglassen, wobei die Kontur dieser Seite durch die Farbe dargestellt wird, die der Liniengrafik hinzugefügt wird. Wenn man nur die unfertige Linie selbst sieht, von der die Farbe abwesend ist, wird man diese besondere Kontur nicht sehen. Man wird dementsprechend diesen Teil des dargestellten Objekts nicht sehen. Man könnte jedoch aus den schwarz wiedergegebenen Konturen schließen, dass der Rest des Objekts – der Teil, den das farbige Kunstwerk darstellt – in der dargestellten Szene vorhanden sein muss. Zum Beispiel könnte man aus dem Vorhandensein von mehreren geraden Linien und Schatten in der Liniengrafik schließen, dass das, was dargestellt wird, ein Würfel ist, und folgern, wo die Kanten des Würfels, die nicht in schwarzer Tinte gezeichnet sind, verlaufen würden. Der Betrachter könnte mental „ausfüllen", was im Kunstwerk fehlt und was das fertige, farbige Kunstwerk repräsentiert hätte.

Nun habe ich vorgeschlagen, dass die Quantenmechanik und die physikalischen Theorien im Allgemeinen wie das Schwarz-Weiß-Kunstwerk sind und dass eine physikalische Theorie zusammen mit den aristotelischen metaphysischen Prinzipien wie dem Kausalitätsprinzip wie das Schwarz-Weiß-Kunstwerk ist, sobald es eingefärbt ist. Und es gibt einen Sinn, in dem die Quantentheorie analog wie ein Schwarz-Weiß-Kunstwerk, dem eine „Farbbegrenzung" hinzugefügt wird, verstanden werden kann – ein Kunstwerk, dessen Linien das Vorhandensein von Kausalität in der darzustellenden Realität nicht darstellen, aber nichtsdestotrotz zumindest teilweise suggerieren. Wie Werner Heisenberg nahelegte, weist die Quantentheorie insbesondere auf den aristotelischen Begriff der Potenzialität hin. In Bezug auf die „statistischen Erwartungen", die die Quantentheorie mit dem Verhalten eines Atoms verbindet, schrieb Heisenberg:

> Man könnte es vielleicht eine objektive Tendenz oder Möglichkeit nennen, eine „potentia" im Sinne der aristotelischen Philosophie. Tatsächlich glaube ich, dass die von den Physikern tatsächlich verwendete Sprache, wenn sie von atomaren Ereignissen sprechen, ähnliche Vorstellungen wie der Begriff „potentia" erzeugt. So haben sich die Physiker allmählich daran gewöhnt, die elektronischen Umlaufbahnen usw. nicht als Realität zu betrachten, sondern eher als eine Art „potentia".[26]

Man könnte sagen, dass, insofern die Quantentheorie – in ihrem Indeterminismus, in den Bell'schen Ungleichungen und in der Vorstellung der in einem Quantenvakuum auftauchenden Teilchen – die Aktualisierung eines Potenzials darstellt, ohne etwas darzustellen, was die Aktualisierung durchführt, sie in etwa dem Begriff der Potenzialität ohne Aktualisierung entspricht.[27] Die Interpretation des vierdimensionalen Blockuniversums der Relativitätstheorie nähert sich indes dem Begriff der Aktualisierung ohne Potenzialität an. Jetzt, da Kausalität die Aktualisierung des Potenzials beinhaltet, wird jede Beschreibung, die das eine oder das andere auslässt, Kausalität weglassen. Im Fall des vierdimensionalen Blockuniversums ist das Potenzial, das aktualisiert werden muss, unberücksichtigt geblieben. Was im Falle der Quantentheorie ausgelassen wird, ist alles, um

[26] Werner Heisenberg, *Physics and Philosophy* (New York: HarperCollins, 2007), pp. 154–55. Vgl. auch pp. 15, 27, 134. Deutsch: *Physik und Philosophie* (Stuttgart: Hirzel [8]2011).

[27] Vgl. Stanley F. Grove, "Quantum Theory and Aquinas's Doctrine on Matter" (PhD thesis, Catholic University of America, 2008).

das Potenzial zu aktualisieren. In beiden Fällen fehlt etwas, nicht weil es in der Realität fehlt, sondern weil es in einer konsistent mathematischen Beschreibung der Wirklichkeit fehlen darf.

Wie bei Einwänden gegen das Prinzip der Kausalität, die sich auf das Trägheitsgesetz berufen, oder Einwänden, die sich auf die Quantenmechanik berufen, beziehen sich letztlich alle Einwendungen auf physikalische Gesetze. Und wie bereits erwähnt wurde, ist ein Gesetz der Physik (wie der Aristoteliker argumentiert) eine verkürzte Beschreibung für die Art und Weise, wie sich ein Ding angesichts der Natur oder Form, die es besitzt, verhalten wird. Es ist also wohl kaum eine *Alternative*, etwas mit Bezug auf die Gesetze der Physik zu erklären, wenn man es in Bezug auf die Aktualisierung eines Potenzials erklärt. Denn was macht es, dass es tatsächlich Dinge gibt, die diese oder jene Natur oder Form haben? Was macht es wahr, dass Dinge durch die Gesetze der Quantenmechanik und nicht durch alternative Gesetze beherrscht werden? Was aktualisiert dieses Potenzial konkret?

Betrachten wir daher den radioaktiven Zerfall, der normalerweise als indeterministisch angesehen wird und von dem daher oft behauptet wird, dass er das Prinzip der Kausalität herausfordere. Betrachten wir ein Beispiel des Wissenschaftstheoretikers Phil Dowe:

> Angenommen, wir haben ein instabiles Bleiatom, sagen wir Pb210. Ein solches Atom kann ohne äußere Einmischung durch α-Zerfall in das Quecksilberatom Hg206 zerfallen. Angenommen, die Wahrscheinlichkeit, dass das Atom in der nächsten Minute zerfällt, ist x. Dann ergibt sich
>
> $$P(E \mid C) = x$$
>
> wobei C die Existenz des Bleiatoms zu einer bestimmten Zeit t1 ist und E die Erzeugung des Quecksilberatoms innerhalb der Minute unmittelbar nach t1.[28]

Nun, von einem aristotelischen Standpunkt aus betrachtet, verhält sich Pb210 einfach wie alle anderen natürlichen Objekte entsprechend seiner Form oder Natur. Kupfer wird aufgrund seiner Form oder Natur

[28] Phil Dowe, *Physical Causation* (Cambridge: Cambridge University Press, 2000), pp. 22–23.

Elektrizität leiten; ein Baum wird aufgrund seiner Form oder Natur in den Boden eindringen. Ein Hund wird aufgrund seiner Form oder Natur Katzen und Eichhörnchen jagen. Und Pb210 ist die Art von Ding, das aufgrund seiner Form oder Natur so ist, dass es eine Wahrscheinlichkeit von x gibt, dass es in der nächsten Minute zerfallen wird. Der Zerfall ist nicht deterministisch, aber das bedeutet nicht, dass er unverständlich ist. Der Zerfall ist begründet in dem, was es bedeutet, Pb210 zu sein, im Unterschied zu irgendeiner anderen Art von Ding – das heißt, er ist wieder in der Natur oder Form von Pb210 begründet. Dies wird in der aristotelischen Philosophie als „formale Ursache" eines Dinges bezeichnet. Es gibt auch eine generierende oder „effiziente Ursache" – nämlich das, was auch immer es war, was ursprünglich das Pb210-Atom irgendwann in der Vergangenheit erzeugt hat (wann auch immer das war). Und mehr noch, es gibt eine tiefere, effiziente Ursache in dem, was auch immer es ist, die das Pb210-Atom hier und jetzt in der Existenz hält. Dass etwas hier und jetzt als ein Pb210-Atom existiert, mit seiner nicht-deterministischen Tendenz, eher als eine andere Art von Ding oder eher, als dass gar nichts existiert, setzt die Aktualisierung eines Potenzials voraus. Und diese Aktualisierung muss eine Ursache haben, die bereits aktual ist. Daher ist der Appell an den nichtdeterministischen Charakter des radioaktiven Zerfalls in keiner Weise geeignet, das Bild zu beseitigen, wonach die Kausalität einen rein aktualen Aktualisierer erfordert. Es illustriert lediglich, dass einige kausale Situationen komplizierter sind als andere.[29]

---

[29] Leser, die mit der aristotelisch-thomistischen Naturphilosophie vertraut sind, können eine Parallele zu dem finden, was Thomas über die Ortsbewegung sagt (d. h. Veränderung in Bezug auf den Ort). Thomas von Aquin vertrat die Ansicht, dass eine Substanz bestimmte Dispositionen in einer „spontanen" Weise manifestieren kann, in dem Sinne, dass diese Manifestationen einfach aus ihrer Natur oder der substanziellen Form folgen, und dass die natürlichen Tendenzen einer Sache gegenüber der Ortsbewegung dafür ein Beispiel sind. Solche Bewegungen folgen einfach aus der substanziellen Form des Dinges und erfordern keinen kontinuierlich verbundenen externen Beweger. Nun, das bedeutet nach Thomas von Aquins nicht, dass die fragliche Bewegung keine effiziente Ursache hat. Aber die effiziente Ursache ist nur, was die Substanz erzeugte und ihr somit die substantielle Form gab, die (als formale Ursache) für ihre natürliche Ortsbewegung verantwortlich ist. (Es wird allgemein, aber fälschlicherweise gedacht, dass mittelalterliche Aristoteliker im Allgemeinen gedacht hätten, dass alle Ortsbewegung als solche eine zusammenhängend verbundene Ursache erfordere. Tatsächlich gilt das nur für einige dieser Denker, nicht für alle von ihnen. Für eine ausführliche Diskussion dieses Themas siehe Weisheipls *Nature and Motion in the Middle Ages*, dem ich die Rede von der „Spontaneität" entlehnt habe).

Nun hat Thomas diese Idee in Verbindung mit der These aufgestellt, dass der „natürliche Ort", zu dem sich schwere Objekte neigen, der Mittelpunkt der Erde ist, und er nahm auch an, dass die Bewegungen eines *Projektils* einen mit ihnen verbundenen Beweger

Dowe weist auf einen weiteren Punkt hin, der die Schlussfolgerung bestärkt, dass Beispiele wie Pb210 lediglich zeigen, dass nicht jede Kausalität deterministisch ist, aber nicht, dass es keine Kausalität beim radioaktiven Zerfall gibt:

> Wenn ich einen Eimer mit Pb210 in den Raum bringe und Sie die Strahlenkrankheit bekommen, dann bin ich zweifellos für Ihre Krankheit verantwortlich. Aber in dieser Art von Fällen kann ich nicht moralisch für eine Handlung verantwortlich gemacht werden,

---

erforderten, insofern er sie als „gewalttätige" Bewegungen betrachtete und nicht als natürliche. Beide Annahmen sind wissenschaftlich überholt, aber die allgemeinere These, die im vorhergehenden Absatz zusammengefasst wurde, ist logisch unabhängig von ihnen und kann leicht von ihnen getrennt werden. Man kann konsistent bestätigen, dass (a) eine Substanz aufgrund ihrer substanziellen Form zu einer bestimmten Art lokaler Bewegung tendiert, während man die Behauptung zurückweist, dass (b) diese Ortsbewegung eine Bewegung zu einem bestimmten spezifischen Ort ist, wie dem Mittelpunkt der Erde. In der Tat haben einige zeitgenössische Aristoteliker vorgeschlagen, dass (a), während Ablehnung (b) der richtige Weg ist, über inertiale Bewegung nachzudenken: Newtons Trägheitsprinzip ist in dieser Betrachtung eine Beschreibung der Art, wie ein physikalisches Objekt dazu neigt, sich gegenüber der Ortsbewegung zu verhalten – aufgrund seiner Natur oder seiner substanziellen Form (siehe Feser, "Motion in Aristotle, Newton, and Einstein" zur Diskussion der relevanten Literatur).

Der entscheidende Punkt für die gegenwärtigen Zwecke ist jedoch, dass die eben beschriebene Idee auch ein Modell liefert – nicht notwendigerweise das einzige Modell, sondern *ein* Modell –, um zu verstehen, was bei Phänomenen wie dem radioaktiven Zerfall metaphysisch abläuft. Wir können sagen, dass der in Dowes Beispiel beschriebene Zerfall „spontan" ist, so wie Thomas von Aquin die natürliche Ortsbewegung einer physikalischen Substanz für „spontan" hielt. Insbesondere gibt es angesichts der Natur oder der substanziellen Form von Pb210 eine Wahrscheinlichkeit von x, dass es in der nächsten Minute zerfallen wird. Die Wahrscheinlichkeit ist nicht unverständlich, sondern begründet in dem, *was es heißt, Pb210 zu sein*. Der Zerfall hat also eine Ursache in dem Sinne, dass er (1) eine *formale* Ursache in der Natur oder substanziellen Form des bestimmten Pb210-Atoms hat, und dass er (2) eine *effiziente* Ursache in dem hat, was ursprünglich das Pb210-Atom erzeugt hat.

Interessanterweise argumentiert Dowe in seinem Buch an anderer Stelle, dass Newtons erstes Gesetz nicht so interpretiert werden solle, dass die uniforme Bewegung eines Körpers keine Ursache habe, sondern dass seine *Trägheit*, die als Eigenschaft eines Körpers verstanden wird, seine Ursache sei (pp. 53–54). Dies stimmt mit der von einigen zeitgenössischen Aristotelikern gegebenen Analyse der Trägheitsbewegung überein, auf die ich oben hingewiesen habe. John Losee diskutiert in seinem Buch *Theories of Causality* (New Brunswick: Transaction Publishers, 2011) Dowes Ansichten und bemerkt die Parallele zwischen dem, was Dowe über den radioaktiven Zerfall sagt, und dem, was er über Trägheit sagt (p. 126). Die Parallele, würde ich sagen (mit Begriffen, die weder Dowe noch Losee verwenden), ist diese: In beiden Fällen beschreibt Dowe die Art und Weise, in der ein Ding „spontan" zu dem tendiert, wozu es aufgrund seiner Natur oder seiner substanziellen Form tendiert (wenn auch die Manifestation dieser Tendenz im Fall von Pb210 probabilistisch ist, aber nicht im Falle der Trägheitsbewegung).

> für die ich nicht ursächlich verantwortlich bin. Die Kausalkette, die meine Handlung mit Ihrer Krankheit verbindet, schließt nun eine Verbindung ein, die aus zahlreichen Verbindungen besteht wie der eben beschriebenen [in der oben zitierten Passage]. Daher bedeutet das Beharren darauf, dass C nicht E verursacht, weil es keine deterministische Verbindung gibt, dass ich nicht moralisch für Ihre Krankheit verantwortlich bin. Was krank ist.[30]

Dowe weist auch darauf hin, dass „Wissenschaftler solche Fälle von Zerfall als Beispiele für die *Produktion* von Hg206 beschreiben [...], [und] ‚Produktion' ist ein Beinahe-Synonym für ‚Kausalität'".[31] Das klingt nur paradox, wenn wir deterministische Kausalität und Kausalität als solche fälschlicherweise durcheinanderwerfen.

Veraltete Wissenschaft?

Es wird manchmal behauptet, dass, abgesehen von Überlegungen über Trägheitsgesetze, Relativität und Quantenmechanik, Argumente der Art, wie ich sie verteidige, auf veralteter Wissenschaft beruhten. Manchmal nimmt diese Art von Einwand die Form der grundsätzlichen Behauptung an, dass der Aristotelismus als allgemeine Weltanschauung von der modernen Wissenschaft widerlegt worden sei. Daher sei ein aristotelisches Argument für Gottes Existenz heute ebenso wenig relevant wie die aristotelische Astronomie. Das Problem mit dieser Art von Einwand ist, dass es intellektuell schlampig ist und Probleme zusammenführt, die getrennt gehalten werden müssen. Der „Aristotelismus" als Bezeichnung für das Denksystem, gegen das die frühneuzeitlichen Philosophen und Wissenschaftler rebellierten, deckt eine enorme Vielfalt an philosophischen, wissenschaftlichen, theologischen und politischen Ideen und Argumenten ab. Es ist richtig, dass bestimmte spezifisch wissenschaftliche Thesen, die mit dem mittelalterlichen Aristotelismus in Verbindung gebracht werden – wie der Geozentrismus, die antike Theorie der Elemente und die Vorstellung, dass Objekte spezifische Orte haben, zu denen sie sich auf natürliche Weise bewegen –, von der modernen Wissenschaft widerlegt

---

[30] Dowe, *Physical Causation*, p. 23.
[31] Ibid.

wurden. Aber daraus folgt nicht, dass jede Idee, die man als „aristotelisch" bezeichnen könnte, von der modernen Wissenschaft widerlegt wurde. Zum Beispiel ist die These, dass Veränderung die Aktualisierung eines Potenzials mit sich bringt – was eine philosophische oder metaphysische These ist und keine wissenschaftliche –, in keiner Weise von der modernen Wissenschaft widerlegt worden. Im Gegenteil, da, wie schon gesagt wurde, das eigentliche Unternehmen der Wissenschaft die Existenz von Veränderungen voraussetzt (insofern zum Beispiel Beobachtung und Experiment den Übergang von einer Wahrnehmungserfahrung zu einer anderen voraussetzen), würde der Aristoteliker argumentieren, dass jede mögliche wissenschaftliche Theorie die Aktualisierung von Potenzialen voraussetzt. In einem späteren Kapitel werde ich ausführlicher besprechen, auf welche Weise die Wissenschaft auf philosophischen oder metaphysischen Grundlagen beruht, die nur der Philosoph und nicht der Wissenschaftler rational begründen kann. Auf diesen tieferen und rational gesicherteren metaphysischen Grundlagen beruhen die in diesem Buch vertretenen Argumente für die Existenz Gottes, und nicht auf irgendwelchen Behauptungen, die im Prinzip von den Naturwissenschaften aufgestellt werden könnten.

Manchmal nimmt der fragliche Einwand die Form der Behauptung an, dass spezifische Beispiele der Art, die in Argumenten wie dem von mir angegebenen verwendet werden, auf falschen wissenschaftlichen Annahmen beruhten. Zum Beispiel habe ich in meiner informellen Präsentation des aristotelischen Arguments für Gottes Existenz von einem Schreibtisch, der eine Kaffeetasse hält, gesprochen, wobei der Schreibtisch das nur tun kann, weil er selbst am Boden gehalten wird. Aber jemand, der mit dem Buch des Physikers Arthur Eddington *The Nature of the Physical World* vertraut ist, könnte zu dem Schluss kommen, dass das Beispiel fehlerhaft sei. Eddington beginnt das Buch bekanntlich, indem er die Art und Weise, wie ein Tisch durch den gesunden Menschenverstand aufgefasst wird, mit der Art vergleicht, wie der Tisch von der Wissenschaft beschrieben wird.[32] Der gesunde Menschenverstand betrachtet den Tisch als ein einziges ausgedehntes, substanzielles Objekt. Die Physik beschreibt ihn als eine Wolke aus Partikeln in einem weitgehend leeren Raum. Wenn ein Objekt auf dem Tisch ruht, ist der Grund dafür, dass er nicht durch diese

[32] Sir Arthur Eddington, *The Nature of the Physical World* (Ann Arbor: University of Michigan Press, 1963), pp. xi–xiv.

Partikelwolke fällt, dass die Partikel kontinuierlich gegen die Unterseite des Objekts stoßen und ihn auf einem gleichmäßigen Niveau halten. Aber das Objekt selbst ist auch im Wesentlichen eine Wolke aus Teilchen, die gegen den Tisch schlagen. Daher, so der Einwand, könne das Bild des gesunden Menschenverstandes von einem Boden, der einen Schreibtisch mit einer Kaffeetasse hält, die wissenschaftlichen Details nicht richtig wiedergeben, so dass ein Argument, das solche Beispiele verwende, schlecht begründet sei.

Aber ungeachtet der falschen wissenschaftlichen Raffinesse ist diese Art von Einwand wirklich ziemlich albern. Ein Problem dabei ist, dass angenommen wird, dass das Weltbild des gesunden Menschenverstands und die Beschreibung der Physik miteinander konkurrieren, und so getan wird, als ob man nicht beide akzeptieren könne und zwischen ihnen wählen müsse. Doch diese Vermutung ist zumindest umstritten.[33] Dass ein Boden, ein Schreibtisch und eine Tasse aus aneinanderschlagenden Teilchen bestehen, bedeutet nicht, dass es nicht wahr ist, dass der Boden den Schreibtisch hält und der Schreibtisch die Kaffeetasse. Die Details, die Eddington beschreibt, geben uns allein und ohne weitere Argumentation lediglich den Mechanismus wieder, mit dem der Boden den Schreibtisch und der Schreibtisch die Kaffeetasse hält.

Beachten Sie auch, wie selektiv solche Einwände erhoben werden. Wenn ein Ingenieur festlegt, wie dick ein Betonfundament sein muss, um ein Gebäude zu stützen, oder ein Mediziner erklärt, dass ein Bandscheibenvorfall nicht in der Lage ist, die Wirbelsäule ausreichend zu stützen, wird niemand mit der Teilchenphysik herumdeuteln, um zu erklären, dass das, was wirklich vorgeht, die Teilchen sind, die den Beton und das Gebäude bilden, oder die Teilchen, aus denen die Bandscheibe und die Wirbel bestehen, die aufeinandertreffen, wenn sie durch den meist leeren Raum reisen. Niemand behauptet auf dieser Grundlage, dass Technik und Medizin sich auf veraltete Wissenschaft stützen. Es versteht sich von selbst, dass diese Details aus der Physik für die Punkte, die der Ingenieur und der Arzt thematisieren, irrelevant sind und daher für ihre speziellen Zwecke sicher ignoriert werden können. Aber dann ist es bloße Rhetorik, so zu tun, als ob das Fehlen solcher Einzelheiten in einem Beispiel, das auf

---

[33] Vgl. L. Susan Stebbing, *Philosophy and the Physicists* (New York: Dover, 1958), und Amie L. Thomasson, *Ordinary Objects* (Oxford: Oxford University Press, 2007), Kap. 8.

ein Argument für Gottes Existenz hinweist, zeige, dass das Argument von einem wissenschaftlichen Standpunkt aus irgendwie verdächtig sei.

Aber es gibt ein tiefer liegendes Problem mit der Art des in Frage stehenden Einwands. Selbst *wenn* es einen Konflikt zwischen der modernen Physik und der Commonsense-Beschreibung des Schreibtischs, der die Tasse hält, oder der Kette, die die Lampe hält, geben würde, würde dies das aristotelische Argument für die Existenz Gottes in keiner Weise untergraben. Denn die spezifisch wissenschaftlichen Details der Beispiele sind völlig irrelevant für den Punkt, für den die Beispiele verwendet wurden. Es ging darum, Begriffe wie die Aktualisierung eines Potenzials und die Unterscheidung zwischen einer hierarchischen kausalen Reihe und einer linearen kausalen Reihe einzuführen. Und diese Begriffe finden Anwendung, wenn wir an Tische denken, die Tassen halten, oder an Teilchenwolken, die gegeneinanderschlagen, oder in welchen anderen Worten man dies auch immer ausdrücken mag. Die spezifischen wissenschaftlichen Details werden sich nur darauf auswirken, *wie* wir diese Begriffe anwenden, aber nicht, *ob* wir sie anwenden müssen.

Auch hier sehen wir, wie selektiv Vorwürfe falscher Wissenschaftlichkeit von Kritikern der Argumente für die Existenz Gottes gemacht werden. Wenn ein Physiker einen Punkt illustriert, indem er uns fragt, was wir erleben würden, wenn wir in ein Schwarzes Loch fallen oder auf einem Lichtstrahl reiten würden, glaubt niemand, dass es klug ist zu antworten, dass Photonen zu klein sind, um darauf zu sitzen, oder dass wir durch die Schwerkraft auseinandergerissen würden, bevor wir es in das Schwarze Loch geschafft hätten. Jeder weiß, dass solche Einwände pedantisch sind und den Punkt, den der Physiker illustrieren will, völlig verfehlen. Aber gegen Beispiele wie die Tasse, die vom Tisch gehalten wird, der vom Boden gehalten wird, einzuwenden, dass dies die Sicht auf die Teilchenphysik vernachlässige, ist nicht weniger pedantisch oder verfehlt den springenden Punkt, und dies würde auch dann so bleiben, wenn es bei diesem Thema tatsächlich einen Konflikt zwischen Physik und gesundem Menschenverstand gäbe.

Sind hierarchische Kausalreihen real?

Ein Kritiker könnte noch versuchen, einen weiteren Einwand aus der Wissenschaft zu erheben. Ich habe gesagt, dass jede Phase in einer linearen

Reihe von Ursachen und Wirkungen, die sich durch die Zeit erstreckt, eine grundlegendere hierarchische Kausalreihe voraussetzt, deren Glieder alle zu diesem bestimmten Zeitpunkt existieren. Aber gibt es wirklich irgendwelche Ursachen und Wirkungen, die gleichzeitig auf diese Weise existieren? Gewiss sprechen wir in alltäglichen Kontexten oft so, als gäbe es sie. Wir können zum Beispiel sagen, dass, wenn man einen Stein mit einem Stock schiebt, die Bewegung des Stockes und die des Steins gleichzeitig sind. Aber stimmt das nicht bloß in einem lockeren Sinn? Würde eine Messung mit Präzisionsinstrumenten keine leichte zeitliche Verzögerung zwischen der Bewegung des Stabes und der des Steins ergeben? Oder um das Beispiel zu nehmen, das ich früher benutzt habe: Würde es nicht auch eine kleine Zeitverzögerung zwischen der Bewegung der Teilchen, die den Schreibtisch ausmachen, und der Bewegung der Tasse, die der Schreibtisch hält, geben, so dass die gehaltene Tasse auf einer bestimmten Ebene nicht genau gleichzeitig mit dem ist, was auf dem Tisch vor sich geht? Und darüber hinaus: stellt die Relativitätstheorie die Idee der Gleichzeitigkeit nicht überhaupt in Frage?

Der erste von mehreren Punkten, die als Antwort auf all dies zu formulieren sind, besteht darin, dass es schlicht ein Fehler ist zu glauben, dass *Gleichzeitigkeit* ‚augenblicklich‘ oder ‚unverzögert‘ bedeutet. Ein Ereignis wie die Bewegung eines Steins durch einen Stock ist natürlich in der Zeit ausgedehnt und geschieht nicht in einem einzigen Augenblick. Aber zu sagen, dass die Bewegung des Stockes und die des Steins gleichzeitig sind, bedeutet nicht in erster Linie zu behaupten, dass sie in einem einzigen Moment auftreten. Es bedeutet vielmehr zu sagen, dass der Stock, der den Stein bewegt, und der Stein, der durch den Stock bewegt wird, ein Teil desselben Ereignisses sind, solange dieses Ereignis dauert. Wie Clarke (unter Berufung auf ein anderes Beispiel) hervorhebt: „Ich brauche tatsächlich Zeit, um einen Stuhl durch den Raum zu schieben; aber es ist überhaupt keine Zeit zwischen dem Schieben des Stuhls und dem geschobenen Stuhl.“[34]

Hume war der Ansicht, dass eine Ursache und ihre Wirkung immer zeitlich getrennt seien; aber wie Stephen Mumford und Rani Lill Anjum argumentieren, sind die Standardbeispiele, die diese Behauptung unterstützen, nicht überzeugend.[35] Wenn man zum Beispiel sagt (wie die

[34] Clarke, *One and the Many*, p. 192.
[35] Stephen Mumford and Rani Lill Anjum, *Getting Causes from Powers* (Oxford: Oxford University Press, 2011), Kap. 5.

Anhänger Humes), dass die Bewegung der Billardkugel A die spätere Bewegung der Billardkugel B verursacht, ist dies nicht ganz richtig, denn die Bewegung von A hätte gestoppt werden können, bevor A einen kausalen Einfluss auf B ausgeübt hat, und die Bewegung von B könnte fortgesetzt werden oder nicht, unabhängig von der fortgesetzten Anwesenheit von A. Nur am Punkt des Einschlags gibt es tatsächlich Kausalität in Bezug auf A und B. Aber das Auftreffen des Balls auf B und das Getroffen-Werden von B durch A sind nicht zeitlich getrennt. Sie sind genau ein und dasselbe Ereignis. Es ist auch nicht ganz richtig, wenn man (wie die Hume-Anhänger) vom *Werfen eines Ziegels* redet, der den Glasbruch verursacht. Es ist eher das Eindringen des Steins in das Glas, das die unmittelbare Ursache ist, und das Glas, das nachgibt, das die Wirkung ist, und diese (anders als das *Werfen des Ziegels* und das *Brechen des Glases*) sind nicht zeitlich getrennt, sondern vielmehr Teile ein und desselben Ereignisses. Natürlich sind die Bewegungen der Billardkugel A und das Werfen des Ziegels kausal relevant, und es gibt einen vollkommen legitimen Sinn, in dem wir von ihnen als Ursachen der betreffenden Wirkungen sprechen können. Aber was sie nicht sind, sind die *unmittelbaren* Ursachen dieser Wirkungen, und *unmittelbare* Ursachen sind immer gleichzeitig mit ihren Wirkungen.

Aber (so könnte man einwenden) würde das nicht alle Ursachen und Wirkungen in einer Kausalkette gleichzeitig machen, was die absurde Implikation hätte, dass es keine Kausalketten gäbe, die sich über die Zeit erstrecken? Nein. Denken Sie daran, dass „gleichzeitig“ nicht „unverzüglich“ bedeutet. Das einzelne Ereignis, in dem eine Ursache ihre Wirkung erzeugt, kann im Verlauf von Sekunden, Minuten, sogar Stunden oder noch viel länger stattfinden. (Denken Sie an einen Töpfer, der eine Vase formt, einen Würfel aus Zucker, der sich in Wasser auflöst, oder eine Heizung, die einen Raum erwärmt.) Zum anderen müssen wir, wie Mumford und Anjum bemerken, „kausale Episoden“ unterscheiden, „die Teil eines einzigen Prozesses von kausalen Prozessen sind, die ermöglicht werden durch Kräfte, die in früheren kausalen Prozessen instanziiert waren“.[36] Betrachten wir ihr eigenes Beispiel: ein Würfel Zucker, der in Tee aufgelöst wird, gefolgt von dem Trinken des Tees zehn Minuten später, gefolgt von dem getrunkenen Tee, der in Energie umgewandelt wird, nachdem er den Magen erreicht hat. Jedes dieser drei Ereignisse ist ein kausaler Prozess, aber sie sind selbst nicht kausal verbunden *in dem Sinne*, in dem

[36] Ibid., p. 125.

Kausalität *in jedem* Ereignis auftritt. Das heißt, der Zucker, der sich im Tee auflöst, ist ein kausaler Prozess, aber er verursacht nicht umgekehrt das Trinken des Tees. Er resultiert vielmehr in einer Reihe von Bedingungen, die zehn Minuten später in einem getrennten Kausalprozess eine Rolle spielen. Das Trinken des Tees bewirkt auch nicht die Umwandlung des Tees in Energie. Vielmehr ist es ein kausaler Prozess, der die Bedingungen für den anderen aufstellt (auch wenn es, wie in diesem Fall, eine teilweise zeitliche Überlappung zwischen den beiden Prozessen gibt). Was wir nicht haben, ist ein Prozess, der einen anderen verursacht, der wieder einen anderen verursacht *in dem Sinne*, in dem (sagen wir) das Wasser und die molekulare Struktur des Zuckerwürfels die Auflösung verursachen. In diesem letzteren Prozess sind Ursache und Wirkung gleichzeitig. Da aber die Auflösung des Zuckers im Tee nicht im gleichen Sinne eine Ursache für das Trinken des Tees ist, kommt es nicht auf Gleichzeitigkeit an und damit auch nicht auf diese lange Reihe von Ereignissen (Zucker löst sich auf, Tee wird getrunken, Tee wird in Energie umgewandelt), die in ein großes gleichzeitiges kausales Ereignis kollabieren.

Aber hier könnte man noch einwenden: Hat Einstein nicht die Behauptung widerlegt, dass Ursachen und Wirkungen gleichzeitig sind, sofern die spezielle Relativitätstheorie besagt, dass zwei räumlich getrennte Ereignisse relativ zum Bezugssystem des Beobachters sind? Nein – weil die Fälle, die wir in Betracht gezogen haben, genau diejenigen sind, in denen eine Wirkung und ihre unmittelbare Ursache Teil desselben Ereignisses sind und nicht verschiedener Ereignisse und die Beispiele, an die wir appelliert haben, umfassen Ursachen und Wirkungen, die *denselben* räumlichen Ort einnehmen und nicht voneinander getrennte Orte. Relativität ist also irrelevant.[37]

Wie ich oben betont habe, führt die Analyse der Veränderung in jedem Fall zur Unterscheidung zwischen Aktualität und Potenzialität, und diese Unterscheidung findet nicht nur Anwendung auf die Veränderungen, denen Dinge in der Zeit unterliegen, sondern auch auf ihre Existenz zu jedem Zeitpunkt. Somit sind Fragen nach der Dauer der Ereignisse, in denen sich Veränderungen vollziehen, und darüber, ob solche Ereignisse gleichzeitig auftreten, nicht wirklich entscheidend. Wir könnten all das ignorieren und uns einfach nur auf die bloße Existenz von etwas konzentrieren, wie zum Beispiel die Existenz des Wassers in unserem früheren

[37] Ibid., p. 121.

Beispiel. Denn selbst seine Existenz – die Tatsache, dass seine Atome Wasser statt verschiedener Mengen von Sauerstoff und Wasserstoff konstituieren – beinhaltet die Verwirklichung eines Potenzials und erfordert daher etwas, das die Aktualisierung zu bewirkt.

Ich bemerkte auch, dass das, was eine solche Kausalreihe hierarchisch anstatt linear macht, nicht die Gleichzeitigkeit per se ist, sondern die Tatsache, dass alle Glieder einer solchen Reihe außer dem ersten ihre kausale Kraft in einer *abgeleiteten* oder *instrumentellen* Weise haben und nicht in einer inhärenten oder „eingebauten" Weise. Wie Sie sich erinnern werden, können lineare Reihen von Ursachen im Prinzip rückwärts bis ins Unendliche reichen, während hierarchische Ursachenreihen dies nicht können. Da jedes Glied einer linearen Reihe seine Kausalkraft inhärent und nicht abgeleitet hat, braucht die Aktion eines Glieds nicht auf ein erstes Glied, das ihm seine Handlungsfähigkeit verleiht, zurückgeführt zu werden.[38] Eine solche Reihe braucht keinen Anfang. Eine hierarchische Reihe ist demgegenüber gerade insofern hierarchisch, als jedes andere Glied als das erste nur dann handeln kann, wenn ihm von außen seine Handlungsfähigkeit vermittelt wird. Wenn D durch C aktualisiert wird, und zwar nur insofern, als C wiederum durch B aktualisiert wird und B wiederum durch A, dann haben wir nichts wirklich erklärt, wenn wir nicht bis zu etwas gelangen, das alles andere in der Reihe aktualisieren kann, ohne selbst aktualisiert zu werden – das bedeutet, dass wir zu etwas gelangen, das die kausalen Kräfte vermitteln kann, ohne diese

[38] Genauer gesagt hat jedes Glied einer gegebenen linearen Reihe seine Kausalkraft inhärent *relativ zu den anderen Mitgliedern dieser Reihe*. Aber es hat die Kraft nicht von Natur aus. Punkt. Betrachten wir Al, der einen Sohn namens Bob hat, der seinerseits einen Sohn namens Chuck hat. Jedes Glied dieser Reihe hat die Macht, einen Sohn inhärent zu zeugen, und nicht in einer abgeleiteten Weise, *in dem Sinne*, dass Bob Chuck zeugen kann, auch wenn Al nicht anwesend ist, ebenso wie Chuck in der Lage sein wird, einen eigenen Sohn zu haben, auch wenn Al oder Bob nicht anwesend sind. Ihre Fähigkeit, Söhne zu zeugen, ist nicht instrumentell oder abgeleitet in der Art, wie die Kraft eines Stocks, einen Stein zu bewegen, abgeleitet ist. Es ist Bob, der Chuck zeugt, nicht Al, der Chuck mit Bob als Instrument zeugt. Aber natürlich gibt es andere Bedeutungen, in denen sie keine inhärente Kausalkraft dieser oder anderer Art haben. Zum einen hätte keiner von ihnen die Macht, Söhne zu zeugen, wenn sie diese Macht nicht von ihren Eltern geerbt hätten. Und am wichtigsten für die gegenwärtigen Zwecke ist, dass weder Al noch Bob noch Chuck für einen einzigen Augenblick etwas anderes erschaffen oder tun könnten, wenn nicht das Potenzial der Atome, aus denen ihre Körper bestehen, hier und jetzt aktualisiert wird, was wiederum erfordert, dass das Potenzial der relevanten subatomaren Teilchen, Atome dieser Art zu bilden, speziell hier und jetzt aktualisiert wird, und so weiter. Und natürlich steht nichts davon in Als (oder Bobs oder Chucks) Macht. Wiederum setzt jede Stufe einer linearen Reihe selbst eine hierarchische Reihe von Ursachen voraus, die eher abgeleitete als inhärente Kausalkraft beinhalten.

ableiten zu müssen. Wir würden einfach den Stab der Erklärung weiterreichen. Ein erster Aktualisierer, der die Quelle der aktualisierenden Kraft der anderen ist, ist eine Voraussetzung dafür, dass es überhaupt eine hierarchische Reihe gibt. Eine hierarchische Reihe ohne ein solches erstes Glied wäre wie ein Instrument, das nicht das Instrument von irgendetwas ist, eine Reihe von Ursachen, die abgeleitete kausale Kraft haben, ohne etwas, aus dem sie abgeleitet werden könnte.

Wie bereits andeutet (und wie ich auch schon früher sagte), ist in diesem Zusammenhang mit einer „ersten" Ursache nicht bloß „die Ursache vor der zweiten, dritten, vierten usw." gemeint, oder „dasjenige, das zufällig an der Spitze der Warteschlange" steht. Eine „erste Ursache" ist vielmehr eine *nicht*-abgeleitete oder „primäre" Kausalkraft, im Gegensatz zu den Kräften, die ihre kausale Kraft nur in einer abgeleiteten oder „sekundären" Weise haben. Wenn wir daher auch nur zum Zweck der Argumentation zulassen, dass es eine unendlich lange hierarchische Reihe geben könnte – D wird durch C aktualisiert, das wiederum durch B aktualisiert wird, das wiederum durch A aktualisiert wird und so fort ad infinitum –, dann muss es eine Quelle der kausalen Kraft *außerhalb* der Reihe geben, um dem Ganzen die kausale Kraft zu verleihen. Auch ein unendlich langer Pinselgriff kann sich nicht selbst bewegen, da das Holz, aus dem er besteht, keine „eingebaute" Bewegungskraft besitzt. Die Länge des Griffs ist dabei irrelevant. Oder betrachten Sie einen Spiegel, der das Bild eines Gesichts widerspiegelt, das in einem anderen Spiegel vorhanden ist, der seinerseits das Bild eines Gesichts wiedergibt, das in einem anderen vorhanden ist und so fort ad infinitum. Selbst wenn wir zulassen würden, dass es eine solche Reihe von Spiegeln geben könnte, müsste es immer noch etwas außerhalb dieser unendlichen Reihe geben – das Gesicht selbst –, das den Inhalt des Bildes vermitteln könnte, ohne es ableiten zu müssen. Was es nicht geben kann, sind nur Spiegelbilder und niemals ein tatsächliches Gesicht. Aus dem gleichen Grund würde auch eine unendlich lange Reihe von instrumentellen Ursachen überhaupt keine Kausalität aufweisen, wenn es nicht etwas jenseits der Reihe gäbe, dessen Instrumente sie sind.

In diesem Licht können einige Einwände verstanden werden, die manchmal gegen die Vorstellung erhoben werden, dass eine hierarchische Reihe von Ursachen ein erstes Glied haben muss, und die den eigentlichen Punkt verfehlen.[39] Es ist beispielsweise nicht sinnvoll, auf unendliche mathematische Reihen als Gegenbeispiele zu verweisen, weil diese keine instrumentellen und primären Ursachen oder überhaupt irgendeine Art von Kausalität beinhalten. Aristoteliker schließen auf keinen Fall alle unendlichen Reihen als solche aus. Sie erlauben nicht nur unendliche mathematische Reihen, sondern stimmen, wie bereits erwähnt wurde, darin überein, dass lineare Reihen von zeitlich zurückliegenden Ursachen (die auch keine instrumentellen und primären Ursachen haben) wenigstens prinzipiell keinen Anfang haben können. Deshalb verfehlt es das Thema, wenn man gegen das Argument dieses Kapitels den Einwand erhebt, es gebe kosmologische Modelle, die ein Universum oder zumindest ein „Multiversum" ohne einen Anfang favorisieren.

Es wird auch manchmal eingewandt, dass das Argument für ein erstes Glied einer hierarchischen Reihe insofern an der Frage vorbeigehe, als das Charakterisieren anderer Ursachen als instrumentell selbst voraussetzt, dass es solch ein erstes Glied gibt.[40] Aber es gibt kein An-der Frage-Vorbeigehen. Etwas als instrumentelle Ursache zu charakterisieren, bedeutet lediglich, zu sagen, dass etwas seine kausale Kraft von etwas anderem ableitet. Es gibt in dieser Charakterisierung nichts, was *voraussetzt*, dass eine Reihe solcher Ursachen nicht ins Unendliche zurückgehen kann, oder dass es irgendeine Ursache geben muss, die eine nicht abgeleitete kausale Kraft besitzt. Selbst der Skeptiker kann die Vorstellung, dass ein Stock den Stein nicht aus eigener Kraft bewegen kann, durchaus verstehen, ob er nun dem zustimmt oder nicht, dass ein Regress solch bewegter Beweger in einem ersten Glied enden muss.

---

[39] Z.B. behauptet Graham Oppy in *Arguing about Gods* (Cambridge: Cambridge University Press, 2006), pp. 101, 103, dass Thomas keinen Grund angebe, um eine unendliche Reihe auszuschließen. Aber er ignoriert einfach die entscheidende Rolle, die der Begriff der instrumentellen Kausalität in der Argumentation Thomas von Aquins spielt.

[40] Vgl. Jordan Howard Sobel, *Logic and Theism* (Cambridge: Cambridge University Press, 2004), p. 195. Sobels Einwand gegen Argumente wie diejenigen, die ich verteidigt habe, besteht im Wesentlichen darin, dass wir keinen Grund haben werden zu glauben, dass die Dinge wirklich von hierarchischen Kausalreihen abhängen, es sei denn, wir akzeptieren bereits allgemein den Theismus, der das Argument zu etablieren versucht.

Warum ein unbewegter Beweger?

Selbst wenn man zugesteht, dass der aristotelische Beweis uns zu einem unbewegten Beweger führt, könnte ein Kritiker einwenden, dass er uns nicht zu einem unbewegten Beweger führt. Oder besser gesagt (um die Ausdrucksweise zu benutzen, die weniger umgangssprachlich, aber präziser ist), könnte der Kritiker einwenden, dass, selbst wenn es einen ersten Aktualisierer gibt, es kein *rein aktualer Aktualisierer* sein muss, einer ohne Potenzial. Denn warum sollte man nicht stattdessen annehmen, dass er Potenziale hat, die tatsächlich einfach nicht aktualisiert werden, zumindest nicht, insofern er als der erste Aktualisierer in einer hierarchischen Reihe von Ursachen fungiert? Vielleicht werden diese Möglichkeiten zu einer anderen Zeit verwirklicht, wenn er nicht so funktioniert; oder vielleicht werden sie nie aktualisiert. Aber solange er sie hat, wird er kein *rein aktualer* Aktualisierer sein und somit nicht viele der maßgeblichen Eigenschaften Gottes haben – Einheit, Immaterialität, Ewigkeit, Vollkommenheit, Allmacht und so weiter.

Um zu sehen, was an diesem Einwand falsch ist, erinnern wir uns noch einmal daran, dass das Argument bezüglich dessen, was die Veränderungen in unserer Umwelt erklärt, sich mit der Frage beschäftigt, was die Existenz der Dinge, die eine Veränderungen erfahren, zu irgendeinem Zeitpunkt erklärt. Der Regress der Aktualisierer, mit dem wir es letztlich zu tun haben, ist ein Regress der Aktualisierer der Existenz von Dingen. Der erste Aktualisierer in der Reihe ist dann „zuerst" in dem Sinne, dass er die Existenz anderer Dinge aktualisieren kann, ohne dass seine eigene Existenz aktualisiert werden muss. Nehmen wir an, dieser erste Aktualisierer hätte eine gewisse Potenzialität, die aktualisiert werden musste, um existieren zu können. Was aktualisierte dieses Potenzial? Sollten wir annehmen, dass es etwas anderes als der erste Aktualisierer ist, der es aktualisierte? Aber in diesem Fall ist der sogenannte erste Aktualisierer im Gegensatz zur Hypothese nicht wirklich der erste Aktualisierer; es wäre dieser weitere Aktualisierer der erste oder vielleicht noch ein weiterer, der der erste Aktualisierer ist. Sollen wir stattdessen sagen, dass der erste Aktualisierer einen rein aktualen Teil hat, der den Teil, der nur Potenzial ist, aktualisiert? Aber in diesem Fall ist es dieser rein aktuale Teil, der der *wahre* erste Aktualisierer ist, und der potenzielle „Teil" wäre nicht wirklich ein Teil des ersten Aktualisierers, sondern nur die erste seiner Wirkungen. Oder sollten wir stattdessen sagen, dass das Potenzial des ersten

Aktualisierers durch einen Teil von ihm verwirklicht wird, der nicht rein aktual ist, sondern eine Mischung aus aktual und potenziell? Aber was aktualisiert die Potenzialitäten *dieses* Teils? Noch ein *weiterer* Teil, der eine Mischung aus Potenzial und Aktualität ist? Aber in diesem Fall sind wir zurückgelangt zu einem vitiösen Regress und sind schließlich zu keinem ersten Aktualisierer gelangt.

Es hat also keinen Sinn, aus einem ersten Aktualisierer der Existenz von Dingen einen zu machen, der nicht rein aktual ist. Wenn wir überhaupt einen ersten Aktualisierer anerkennen, müssen wir dabei einen rein aktualen Aktualisierer anerkennen. Und so müssen wir einen Aktualisierer anerkennen, der all die göttlichen Attribute hat, die daraus folgen, dass er rein aktual ist.

Dennoch könnte ein Kritiker einwenden, dass alles, was eine andere Sache aktualisiert, sich im Laufe der Zeit selbst ändern muss und daher Möglichkeiten haben muss, die aktualisiert werden müssen. So (so könnte der Einwand fortfahren) ist die bloße Vorstellung eines rein aktualen Aktualisierers inkohärent. Aber ein Problem mit diesem Einwand ist, dass er einfach an der Frage vorbeigeht. Das aristotelische Argument für Gottes Existenz behauptet zu beweisen, dass überhaupt kein Potenzial verwirklicht werden kann, wenn es keinen ersten Aktualisierer gibt, der rein aktual ist und somit keine Potenzialität hat. Da also die Prämissen dieses Arguments wahr sind und die Folgerung logisch aus ihnen folgt, folgt daraus, dass die Schlussfolgerung wahr und daher kohärent ist. Folglich wird es nicht einfach, darauf zu bestehen, dass die Schlussfolgerung falsch sein müsse; man muss entweder zeigen, dass eine der Prämissen falsch ist, oder, dass die Schlussfolgerung nicht daraus folgt. Anderenfalls sollte man zugeben, dass das Argument gerade zeigt, dass ein rein aktualer Aktualisierer tatsächlich möglich ist (weil er aktual ist).

Ein anderes Problem besteht darin, dass der Einwand in dem begründet zu sein scheint, was Logiker einen Fehlschluss des Zufalls nennen. Wenn eine Sache eine andere Sache verändert, erfährt sie nach unserer Erfahrung selbst eine Veränderung. Wenn zum Beispiel Ihr Arm einen Stock bewegt, bewegt sich Ihr Arm dabei selbst. Die Dinge in unserer Erfahrung aktualisieren andere Dinge genau dadurch, dass sie sich selbst von Potenzialität zu Aktualität bewegen. Aber es folgt nicht, dass absolut *alles*, was eine andere Sache aktualisiert, selbst von Potenzialität zu Aktualität übergehen *muss*. Das ist wie die Schlussfolgerung aus der Annahme, dass jeder Präsident der Vereinigten Staaten *tatsächlich* weniger als 2,13

Meter groß gewesen ist, um zu dem Schluss zu kommen, dass absolut jeder, der jemals Präsident werden könnte, unter 2,13 Meter groß sein muss. Das folgt nicht, weil es keine wesentliche Verbindung zwischen der Präsidentschaft und unter 2,13 groß zu sein gibt, sondern nur eine zufällige oder kontingente Verbindung. Und die Verbindung würde auch dann kontingent bleiben, wenn die Tatsachen der Biologie es extrem unwahrscheinlich machen, dass jemals ein Präsident größer als 2,13 Meter sein wird. Selbst wenn die Aktualisierer unserer Erfahrung eine Mischung aus Aktualität und Potenzialität sind, folgt daraus einfach nicht (wie die Kritik gezeigt hat), dass es eine *wesentliche*, im Gegensatz zu einer lediglich kontingenten, Verbindung zwischen einem Aktualisierer zu sein und eine Mischung aus Aktualität und Potenzialität zu sein gibt.

Außerdem ist es wohl kaum so, als ob die Vorstellung eines rein aktualen Aktualisierers irgendwie paradox wäre, wie es etwa die Vorstellung eines „unsterblichen Sterblichen" ist. Ein „unsterblicher Sterblicher" wäre etwas, das sowohl stürbe als auch nicht stürbe, was sich selbst widerspricht. Aber ein rein aktualer Aktualisierer ist etwas, das andere Dinge aktualisiert, ohne sich selbst zu verwirklichen, und es gibt keinen Selbstwiderspruch in dieser Idee. Darüber hinaus ist der Grund, warum die Aktualisierer unserer Erfahrung selbst aktualisiert werden, während sie andere Dinge aktualisieren, gerade der, dass sie in unterschiedlicher Weise begrenzt sind, was sich aus der Mischung von Aktualität und Potenzialität ergibt. Weil zum Beispiel ein Arm, der einen Stock bewegt, tatsächlich an einem Punkt im Raum und nur potenziell an einem anderen ist, muss sein Potenzial, an dem anderen Punkt des Raumes zu sein, durch etwas anderes aktualisiert werden, wenn er den Stock zu diesem anderen Punkt im Raum bringen will. Aber etwas, das reine Aktualität ist, ohne jede Möglichkeit, hat keine solchen Begrenzungen und muss daher nicht selbst aktualisiert werden, wie es andere Dinge aktualisiert.

Wie ich schon gesagt habe, werden wir in späteren Kapiteln andere Einwände prüfen, die gegen jedes Argument für die erste Ursache für die Existenz Gottes erhoben werden können. Aber bis jetzt haben wir gesehen, dass die Einwände, die gegen ein spezifisch aristotelisches Argument für eine göttliche erste Ursache erhoben werden könnten, alle scheitern.

2

Der neuplatonische Beweis

Informelle Erklärung des Arguments: Stufe 1

Die Dinge unserer Erfahrung bestehen aus Teilen. Angenommen, Sie sitzen auf einem Stuhl, während Sie dieses Buch lesen. Der Stuhl besteht aus Teilen wie den Stuhlbeinen, den Schrauben, die die Beine am Rahmen des Stuhls halten, dem Sitz und der Rückenlehne des Stuhls und einem Kissen und dem Stoff, das ihn bedeckt. Das Buch selbst besteht aus Teilen wie dem Umschlag, den Seiten, dem Klebstoff, der die Seiten auf dem Umschlag befestigt, und der Tinte auf den Seiten. Sie selbst sind aus Teilen zusammengesetzt, wie Ihren Armen und Beinen, Augäpfeln und Ohren, Knochen und Muskeln und all dem anderen.

In jedem dieser Fälle sind die Teile weniger fundamental als das Ganze. Immerhin verstehen wir, was ein Bein oder ein Augapfel mit Bezug auf den ganzen Organismus ist, dessen Bein oder Augapfel es ist. Ein Bein ist etwas, was einem Organismus hilft, sich zu bewegen, und ein Augapfel ist etwas, was dem Organismus erlaubt, visuelle Erfahrungen mit Objekten in seiner Umgebung zu machen. Die Teile des Buches und des Stuhls sind auch unter Bezugnahme auf das Ganze zu verstehen. Ein Buchumschlag schützt die Seiten des Buches, verweist über die darauf geschriebenen Wörter auf den Autor des Buches und verrät etwas über den Inhalt des Buches. Ein Stuhlbein ist etwas, das den Stuhl hochhält, ein Kissen ist etwas, das den Stuhl bequem für die Person macht, die darauf sitzt, und so weiter.

Dennoch gibt es offensichtlich auch einen anderen Sinn, in dem jede dieser Ganzheiten weniger fundamental ist als ihre Teile. Denn das Ganze kann nicht existieren, wenn die Teile nicht existieren und richtig miteinander kombiniert sind. Wenn es zum Beispiel keine Stuhlbeine, keinen Rahmen oder keinen Sitz gäbe, würde der Stuhl nicht existieren. Er würde auch nicht existieren, wenn diese Teile einfach auf einen Stapel geworfen wären oder (sagen wir mal) in Form eines Tisches zusammengestellt wären, anstatt zu einem Stuhl zusammengesetzt zu sein. In ähnlicher Weise würde das Buch nicht existieren, wenn die Seiten, die Abdeckung, der Kleber usw. nicht existierten, oder wenn sie existierten, aber über ein Feld verstreut wären. Ihr Körper würde nicht existieren, wenn Ihre Arme, Beine, Augen, Ohren, Knochen, Muskeln usw. auf ähnliche Weise über das Feld verstreut wären oder zu einem großen Haufen zusammengeballt würden, anstatt auf die normale Weise konfiguriert zu sein.

Also sind die Dinge unserer Erfahrung *zusammengesetzt,* aus Teilen zusammengesetzt. Und eine Zusammensetzung ist weniger fundamental als ihre Teile in dem Sinne, dass ihre Existenz voraussetzt, dass ihre Teile existieren und richtig zusammengesetzt sind. Man möchte meinen, dass dies wesentlich damit zu tun hat, dass es einen Zeitpunkt gibt, zu dem die Teile nicht zu einem Ganzen zusammengefügt sind, und dass sie dann später so zusammengesetzt sind. Und das ist in vielen Fällen richtig. Zum Beispiel werden die Teile eines Stuhls zuerst hergestellt und dann zu einem Stuhl zusammengesetzt. Aber das trifft nicht in jedem Fall zu. Im Falle des menschlichen Körpers zum Beispiel entstehen nicht zuerst die Arme, Beine, Augen und Ohren und werden dann zu einem Körper zusammengesetzt. Vielmehr entwickeln sie sich alle als Zellen zusammen, wenn sich die Zellen teilen, während Sie im Mutterleib getragen werden. Außerdem wäre ein zusammengesetztes Ding weniger fundamental als seine Teile, selbst wenn es niemals entstanden wäre, sondern irgendwie immer schon existiert hätte. Selbst wenn ein bestimmter Stuhl zum Beispiel immer existiert hätte, wäre es immer noch wahr, dass seine Existenz voraussetzt, dass seine Teile existieren und richtig zusammengesetzt sind. In diesem Fall hinge er auch von seinen Teilen ab, auch wenn er nicht immer existiert hätte und auch nicht im Laufe der Zeit zusammengebaut worden wäre, sondern stattdessen ganz und auf einmal entstanden wäre.

Eine Zusammensetzung hängt also von ihren Teilen nicht nur (und tatsächlich nicht notwendigerweise immer) in einem zeitlichen Sinne ab, sondern grundsätzlich (und immer) in einem zeitlosen Sinn. Zu einem bestimmten Zeitpunkt wird die Existenz eines zusammengesetzten Dinges voraussetzen, dass seine Teile in diesem Moment existieren und in der richtigen Weise zusammengesetzt sind, und dies wird der Fall sein, unabhängig davon, ob dieses zusammengesetzte Ding immer oder nur für eine bestimmte Anzahl von Minuten, Stunden, Tagen oder Jahren oder nur für einen Augenblick existiert.

Wie fügen sich die Teile einer Zusammensetzung zu einem Ganzen zusammen? Es kann nicht die Zusammensetzung selbst sein, die dies verursacht. Das ist offensichtlich, wenn wir dies zeitlich denken. Stühle zum Beispiel bauen sich nicht selbst zusammen. Jemand muss die Teile nehmen und zusammensetzen. Aber auch wenn wir zu jedem bestimmten Zeitpunkt nichtzeitlich über einen Stuhl nachdenken, hängt die Existenz des Ganzen von der Existenz und der richtigen Anordnung der Teile ab. Und der Stuhl als Ganzes kann nicht die *Ursache* dafür sein, dass diese Teile existieren und genau in diesem Moment in der richtigen Weise zusammengebaut sind. Wir würden in diesem Fall einen erklärenden Teufelskreis haben, insofern die Existenz des Ganzen von der Existenz und Anordnung der Teile abhinge und die Existenz und Anordnung der Teile von der Existenz des Ganzen. Der Stuhl würde sich sozusagen selbst an seinen eigenen metaphysischen Haaren emporheben.

In der Tat hängen natürlich die Existenz und die Anordnung der Teile des Stuhls zu keinem Zeitpunkt vom Stuhl selbst ab, sondern von unzähligen anderen Faktoren. Zum Beispiel sind die Stuhlbeine in jedem Moment, in dem der Stuhl existiert, mit Schrauben am Rahmen des Stuhls befestigt und die Reibung stellt sicher, dass die Schrauben an Ort und Stelle bleiben. Die Beine und Schrauben selbst existieren in diesem Moment, weil ihre jeweiligen Moleküle existieren und in spezifischen Weisen kombiniert werden, und die Existenz der Moleküle selbst wird wiederum durch die Existenz der Atome erklärt, aus denen sie bestehen, und diese Atome werden wieder in bestimmter Weise kombiniert. Dann gibt es andere Faktoren, wie zum Beispiel die Temperatur in dem Raum, in dem der Stuhl steht, innerhalb der richtigen Umgebung. Wenn es im Raum heiß genug wäre, würde das Metall, aus dem die Schrauben bestehen, natürlich schmelzen, das Holz des Stuhls würde sich entzünden, und so könnte der Stuhl selbst nicht zusammenhalten. Dass der Raum stattdessen eine niedrigere Temperatur hat, ist somit Teil dessen, was es möglich macht, dass der Stuhl in jedem Moment existiert. All diese Faktoren (und auch andere) müssen zu jeder Zeit genau in der richtigen Weise kombiniert werden, damit die Teile des Stuhls in der richtigen Weise existieren und kombiniert werden können, so dass der Stuhl selbst in diesem Moment existieren kann.

Was für den Stuhl gilt, gilt für alle anderen zusammengesetzten Dinge unserer Erfahrung. In jedem Moment, in dem sie existieren, existieren ihre Teile und sind genau auf die richtige Art und Weise angeordnet, und das ist nur der Fall, weil verschiedene andere Faktoren existieren und in dem Moment genau richtig kombiniert sind. Zusammengesetzte Dinge haben Ursachen, und zwar nicht nur in dem Sinne, dass sie zu einem bestimmten Zeitpunkt entstehen, sondern auch in dem grundlegenderen Sinne, dass ihre fortdauernde Existenz zu einem bestimmten Zeitpunkt in diesem Moment abhängt von anderen Dingen, die in diesem Moment existieren.

Beachten Sie, dass, während der Stuhl von einer Person in einer Fabrik montiert wird, dies eine lineare kausale Reihe beinhaltet; dass die ständige Existenz des Stuhls zu irgendeinem Zeitpunkt von anderen Faktoren abhängig ist und er in genau der richtigen Weise in diesem Moment kombiniert sein muss, beinhaltet einen Kausalzusammenhang einer *hierarchischen* Art (um den im vorherigen Kapitel eingeführten Jargon zu verwenden). Dies wird durch die Tatsache angezeigt, dass die fraglichen Faktoren gleichzeitig sind und alle gleichzeitig tätig sind. Aber denken Sie daran, dass für die Vorstellung einer hierarchischen kausalen Reihe nicht die Gleichzeitigkeit per se wesentlich ist, sondern die Art und Weise, wie die Kausalkraft der Glieder der Reihe abgeleitet ist (wie die Kraft eines Stabes, einen Stein zu schieben, von der Hand herrührt, welche den Stab bewegt). Der Stuhl existiert nur, weil seine Teile existieren und richtig kombiniert sind, die Teile wiederum können nur dann in der richtigen Weise existieren und miteinander kombiniert werden, wenn bestimmte andere Faktoren vorhanden sind und in der richtigen Weise kombiniert werden, und so weiter. Wenn die letztgenannten Faktoren nicht „zusammenhalten“, wird auch der Stuhl nicht zusammenhalten.

Wir begannen mit der Betrachtung von Teilen alltäglicher materieller Objekte, die selbst alltägliche materielle Objekte sind – Stuhlbeine, Schrauben, Papier, Augäpfel, Muskeln und so weiter –, aber im Verlaufe der Diskussion haben wir auf Teile Bezug genommen, die kein alltägliches Material sind, Objekte (wie Atome) oder solche Teile, die gar keine Objekte sind (z.B. die Temperatur). Und die Teile eines Dinges können noch exotischer sein, als sie nach verschiedenen metaphysischen Theorien sind. Zum Beispiel sind nach Auffassung aristotelischer Philosophen alle physikalischen Substanzen Komposita, Zusammensetzungen aus Form und Materie. Kraft seiner Form hat ein Stück Kupfer seine charakteristischen

Eigenschaften, wie zum Beispiel Formbarkeit und die Fähigkeit, Elektrizität zu leiten; es beruht auf seiner sehr unterschiedlichen Form, dass ein Baum seine eigenen charakteristischen Eigenschaften und Aktivitäten hat, wie die Fähigkeit, Wasser und Nährstoffe durch Wurzeln aufzunehmen; kraft einer anderen Art von Form hat ein Tier seine eigenen charakteristischen Eigenschaften und Fähigkeiten, wie die Fähigkeit, Informationen durch spezialisierte Sinnesorgane aufzunehmen, und so weiter. Nun ist jede dieser Formen – die Form von Kupfer, die Form eines Baumes, die Form eines Tieres – *universal* in dem Sinne, dass es ein und dieselbe Form ist, die in verschiedenen individuellen Dingen zu verschiedenen Zeitpunkten und an verschiedenen Orten existiert. Dieses Stück Kupfer und dieses Stück und ein drittes Stück sind Kupfer (und nicht Blei oder Gold), gerade weil sie eine und dieselbe Form haben. Dieser Baum und dieser Baum sind beides Bäume, gerade weil sie die gleiche Form haben: die Form eines Baumes. Dieses Tier und dieses Tier sind beides Tiere, weil sie beide die Form eines Tieres haben, und so weiter. Im Gegensatz dazu bindet die Materie diese ansonsten universale Form an eine bestimmte individuelle Sache zu einer bestimmten Zeit und an einem bestimmten Ort.

Man könnte noch viel mehr zu dieser Analyse physischer Objekte sagen, aber ob man sie akzeptiert, ist für das vorliegende Argument irrelevant.[1] Der Punkt ist nur, dass das, was hier über gewöhnliche physische Teile wie Stuhlbeine und Schrauben gesagt wurde, auch wahr wäre für metaphysische Teile wie Form und Materie, wenn sie existieren. Das heißt, alles, was eine Mischung aus Form und Materie ist, müsste eine Ursache haben, die diese Teile verbindet, so wie ein Stuhl eine Ursache benötigt, um die Stuhlbeine, Schrauben und so weiter zu kombinieren, damit der Stuhl existiert. Denn in der aristotelischen Analyse ist die Form von etwas wie Kupfer oder wie einem Baum für sich allein und abgesehen von der Materie eine bloße Abstraktion und kein konkretes Objekt. Damit die Form konkret existieren kann, muss es dafür eine Materie geben, die die Form annimmt. Aber die Materie für sich allein und abgesehen von jeder Form ist für einen Aristoteliker nichts als das *Potenzial*, etwas zu sein. Es ist nur eine aktuale – wirklich –, wenn es die Form einer bestimmten Art von Ding hat. Obwohl Form und Materie unterschiedlich sind, gibt es einen Sinn, in dem die Form von der Materie und die Materie von der

[1] Zur ausführlichen Darstellung und Verteidigung der aristotelischen Analyse der materiellen Substanz vgl. Edward Feser, *Scholastic Metaphysics: A Contemporary Introduction* (Heusenstamm: Editiones Scholasticae, 2014), Kap. 3.

Form abhängt. Wir hätten also einen erklärenden Teufelskreis, wenn es nicht etwas außerhalb von ihnen gäbe, das für ihre Kombination verantwortlich wäre.

Andere metaphysische Teile können ebenfalls identifiziert werden. Zum Beispiel behaupten thomistische Philosophen, dass wir zwischen der *Wesenheit* eines Dinges und seiner *Existenz* unterscheiden können – das heißt zwischen dem, *was* das Ding ist, und der Tatsache, *dass* es ist. Es gibt zum Beispiel das Wesen oder die Natur eines Dreiecks – eine geschlossene ebene Figur mit drei geraden Seiten – und die Existenz eines bestimmten Dreiecks, das sich von der Existenz eines anderen besonderen Dreiecks unterscheidet. Nun, ein Ding existiert überhaupt nur als ein bestimmtes Ding einer bestimmten Art, so dass es keine Existenz eines Dreiecks gibt (um bei diesem Beispiel zu bleiben), abgesehen von der Wesenheit des Dreiecks. Aber die Wesenheit eines Dreiecks für sich allein und abgesehen von jedem tatsächlichen Dreieck, das dieses Wesen hat, ist eine bloße Abstraktion und kein konkretes Objekt. Das Wesen eines bestimmten konkreten Dreiecks hat also keine Realität, ohne die Existenz des Dreiecks. Wie bei der Materie und der Form hängen das Wesen und die Existenz eines Dinges so voneinander ab, dass, wenn es keine Ursache außerhalb des Dinges gäbe, die für die Verbindung von Wesen und Existenz verantwortlich ist, wir wieder einen vitiösen Erklärungszirkel hätten.

Auch hier macht es im Augenblick nichts aus, ob man diesen Unterschied oder das metaphysische System, dessen Teil er ist, wirklich akzeptiert (obwohl wir Grund haben werden, in einem späteren Kapitel noch einmal auf die thomistische Unterscheidung zwischen Wesen und Existenz zurückzukommen).[2] Wiederum ist das Prinzip, *dass alles, was zusammengesetzt ist, eine Ursache hat*, völlig allgemeingültig, was immer die Teile sind, aus denen ein Ding zusammengesetzt ist.

Wenn nun eine zusammengesetzte Sache durch eine andere zusammengesetzte Sache und diese wieder durch eine andere zusammengesetzte Sache in einer hierarchischen kausalen Reihe verursacht wird, dann muss diese Reihe aus den im vorherigen Kapitel dargelegten Gründen ein erstes Glied haben. Aber das erste Glied kann nicht selbst zusammengesetzt sein, denn dann würde es selbst wieder eine eigene Ursache haben und könnte somit nicht das erste Glied sein. Es muss also etwas Nichtzusammengesetztes sein, etwas, das ganz *einfach* ist in dem Sinne,

---

[2] Für eine detaillierte Darstellung und Verteidigung der Unterscheidung vgl. ibid., Kap. 4.

dass es keine Teile irgendwelcher Art gibt – keine materiellen Teile und keine metaphysischen Teile wie Form und Materie oder Wesen und Existenz.

Damit irgendeines der zusammengesetzten Dinge unserer Erfahrung überhaupt hier und jetzt existieren kann, muss es auch hier und jetzt eine nichtzusammengesetzte oder ganz einfache letzte Ursache seiner Existenz geben – eine Ursache, die wir mit dem neoplatonischen Philosophen Plotin *das Eine* nennen könnten.

Informelle Erklärung des Arguments: Stufe 2

Was ist das Eine? Ist es zum Beispiel einzig? Könnte es mehr als ein Eines geben? Es könnte nicht. Denn angenommen, es gäbe zwei oder mehr unzusammenhängende oder ganz einfache Ursachen, dann müsste es ein *Merkmal* geben, durch dessen Besitz sie sich voneinander unterschieden. Die nichtzusammengesetzte oder einfache Ursache A würde sich von der nichtzusammengesetzten oder einfachen Ursache B unterscheiden, insofern A das Merkmal F hat, das B fehlt, und B das Merkmal G hat, das A fehlt. Aber in diesem Fall wären weder A noch B wirklich einfach oder nichtzusammengesetzt. A wäre eine einfache oder nichtzusammengesetzte Ursache plus F, und B wäre eine einfache oder nichtzusammengesetzte Ursache plus G. F und G wären verschiedene Teile, von denen jede dieser Ursachen eines hätte, das dem anderen fehlte. Aber eine einfache oder nichtzusammengesetzte Ursache hat keine Teile. Es kann also kein Merkmal geben, das eine solche Ursache hat und das der anderen fehlt. Es gibt also keine Möglichkeit, dass sich eine solche Ursache von einer anderen unterscheidet, und deshalb kann es nur *eine* solche Ursache geben. Das Eine ist „eins“, nicht nur im Sinne von einfach oder nichtzusammengesetzt, sondern auch in dem Sinne, dass es einzigartig ist. Es ist die gleiche einfache oder nichtzusammengesetzte Ursache, auf die letztlich alle zusammengesetzten Dinge unserer Erfahrung zurückgehen.

Das Eine muss *unveränderlich* oder *unwandelbar* sein. Um etwas ändern zu können, muss man ein Merkmal hinzugewinnen oder verlieren, und wenn das Eine ein Merkmal hinzugewinnen oder verlieren könnte, wäre es weder einfach noch nichtzusammengesetzt. Es wäre eher eine einfache oder nichtzusammengesetzte Sache *plus* dieses Merkmal, in welchem Fall das Merkmal ein *Teil* wäre und somit das Eine nicht einfach oder nichtzusammengesetzt. Wenn das Eine unwandelbar oder unveränderlich ist, dann ist es auch ewig oder außerhalb der Zeit, denn in der Zeit zu sein bringt eine Veränderung mit sich. Es muss auch ewig in dem Sinne sein, dass es weder entsteht noch vergeht. Denn wenn es entstehen würde, hätte es eine Ursache, die dazu führen würde, dass es Teile hätte, die zu dem Zeitpunkt, als es verursacht wurde, miteinander kombiniert wurden. Das Eine hat aber keine Teile. Wenn es vergehen könnte, dann würde das bedeuten, dass es Teile hätte, in die es zerlegt werden könnte. Das Eine hat aber keine Teile.

Wie William Vallicella bemerkt hat (der ein Argument verteidigt, das dem Argument dieses Kapitels ähnlich ist), ist „alles entweder ein Bewusstsein oder der Inhalt eines Bewusstseins, entweder eine physische Entität oder eine abstrakte Entität".[3] Nun kann das Eine keine abstrakte Entität sein, weil abstrakte Entitäten kausal unwirksam sind (während z.B. ein Stein ein Fenster zerbrechen kann, kann das abstrakte Muster, ein Stein zu sein, kein Fenster zerbrechen oder irgendetwas anderes tun). Aber das Eine ist die Ursache für die Existenz von zusammengesetzten Dingen. Auch kann das Eine keine physische oder materielle Entität sein, weil materielle Entitäten Teile haben, die kombiniert werden müssen, damit sie existieren können, und das Eine hat keine Teile. Materielle Entitäten sind daher in der Lage, zu entstehen und zu vergehen, was, wie ich gerade dargelegt habe, das Eine nicht ist. Auch kann das Eine kein Inhalt in einem Bewusstsein – sagen wir, ein Gedanke – sein, weil ein mentaler Inhalt von dem Bewusstsein abhängt, dessen Inhalt er ist, und daher kann er nicht die ultimative Ursache von irgendetwas sein. Aber das Eine ist die ultimative Ursache für die Dinge. Um Vallicella zu paraphrasieren: „Angenommen, dass [das Eine] weder abstrakt noch physisch ist, so müssen wir nicht schließen, dass es ein mentaler Inhalt ist, sondern dass [es] entweder ein Bewusstsein, oder mehr als irgendein Bewusstsein ist."[4]

Nun, das Eine muss die Ursache aller Dinge sein, die anders sind als es selbst, denn da es einzigartig ist, ist alles andere als es selbst zusammengesetzt, und wir haben bereits gesehen, dass alles, was zusammengesetzt ist, in seiner Existenz letztlich davon abhängt, dass das Eine

[3] William F. Vallicella, *A Paradigm Theory of Existence: Onto-Theology Vindicated* (Dordrecht: Kluwer Academic Publishers, 2002), p. 255.

[4] Ebd., p. 256. Sicherlich haben neoplatonische Philosophen wie Plotin den Intellekt in einer *zweiten göttlichen* Wirklichkeit nach dem Einen lokalisiert. Aber man braucht nicht mit allen spezifischen Details ihrer Position übereinzustimmen, um den allgemeinen neoplatonischen Ansatz zu akzeptieren und so für die Existenz Gottes zu argumentieren.

existiert. Ich habe auch argumentiert, dass das Eine selbst unverursacht, einfach oder nichtzusammengesetzt, einzigartig, unveränderlich, ewig, immateriell und ein Geist oder Intellekt ist. Dies würde es schon rechtfertigen, das Eine „Gott" zu nennen. Aber viel mehr kann gesagt werden. Das Eine muss auch als *rein aktual* betrachtet werden und nicht als eine Mischung aus Aktualität und Potenzialität. Offensichtlich muss es zumindest teilweise aktual sein, aus den Gründen, die im vorigen Kapitel dargelegt wurden – nämlich dass nichts, was nur potenziell ist, irgendetwas tun kann, und das Eine tut etwas, insofern es die Ursache aller Dinge außer seiner selbst ist. Aber wenn es weniger als rein aktual wäre, dann wäre es teilweise potenziell. In diesem Fall hätte es Teile – einen aktualen Teil und einen potenziellen Teil –, und das Eine hat keine Teile. Also muss es rein aktual sein.

Ist aber das Eine rein aktual und fügen wir zu unseren Betrachtungen das Prinzip der proportionalen Kausalität hinzu, das im vorigen Kapitel angesprochen wurde, dann wird alles, was dort über den unbewegten Beweger oder den rein aktualen Aktualisierer der Dinge gesagt wurde, auch wahr sein in Bezug auf den Einen. Wir können es also zu den bereits genannten Attributen hinzufügen und den Einen als *vollkommen, allmächtig, vollkommen gut* und *allwissend* bestimmen. Tatsächlich sind der Eine und der unbewegte Beweger wirklich identisch. Denn beide sind rein aktual, und wie wir im vorigen Kapitel gesehen haben, kann es nicht einmal im Prinzip mehr als ein Ding geben, das rein aktual ist. Indem wir zur Existenz des Einen gekommen sind, sind wir von einem anderen Ausgangspunkt zur Existenz des unbewegten Bewegers gelangt. Im vorigen Kapitel haben wir mit der Unterscheidung zwischen Aktualität und Potenzialität begonnen und sind zu dem Schluss gekommen, dass es etwas rein Aktuales geben muss. Im vorliegenden Kapitel sind wir von der Idee ausgegangen, dass Dinge aus Teilen bestehen, und haben daraus geschlossen, dass es etwas geben muss, was einfach oder nichtzusammengesetzt ist. Aber es stellt sich heraus, dass dies nur unterschiedliche Denkweisen über ein und dasselbe sind.

Dass Gott auf verschiedene Arten verstanden oder vorgestellt werden kann, obwohl er einzigartig und ohne Teile ist, ist entscheidend, um zu verstehen, was an einem Einwand falsch ist, der einigen Lesern eingefallen sein könnte. Man könnte fragen, ob nicht die Feststellung, dass das Eine allmächtig ist, ein Intellekt ist und so weiter, bedeutet, dass das Eine Teile hat? Denn sind nicht Allmacht, Intellekt und dergleichen verschiedene Attribute und damit verschiedene Teile des Einen? Ein Teil der Antwort auf diesen Einwand ist der Hinweis, dass die Aussage „der Eine ist allmächtig" nicht dasselbe *bedeutet* wie die Aussage „der Eine ist ein Intellekt", woraus nicht folgt, dass es keine Aussagen über die gleiche Realität sind. Der Logiker Gottlob Frege unterschied bekanntlich den *Sinn* eines Ausdrucks von seiner *Referenz*. Der Ausdruck „der Abendstern" hat nicht den gleichen Sinn wie der Ausdruck „der Morgenstern", aber beide Ausdrücke beziehen sich auf ein und dasselbe – nämlich auf den Planeten Venus. Gleichermaßen haben „die Allmacht des Einen" und „der Intellekt des Einen" nicht den gleichen Sinn, aber sie beziehen sich auf dasselbe, auf eine einzige, einfache oder nichtzusammengesetzte Realität. Der Intellekt, die Allmacht, die Ewigkeit, die Immaterialität usw. des Einen sind wirklich alles ein und dieselbe Sache, die man auf verschiedene Weise sich *vorgestellt* oder *beschrieben* hat.

Dennoch könnte man einwenden: Wenn wir über den Intellekt und die Macht eines Menschen sprechen, handelt es sich nicht *nur* um unterschiedliche Arten, Dinge zu *begreifen* oder zu *beschreiben*, sondern auch darum, etwas zu beschreiben und zu begreifen, was tatsächlich *verschiedene Dinge* sind. Die Kraft eines Menschen ist ein anderes Merkmal als sein Intellekt. Warum also sollten es nicht verschiedene Attribute in dem Einen sein? Die Antwort ist, dass, wenn wir Ausdrücke wie „Intelligenz" und „Macht" im genau gleichen Sinne verwendeten, wenn wir sie auf das Eine in dem gleichen Sinn anwenden, wie wir sie benutzen, wenn wir sie auf Menschen anwenden, es in der Tat unterschiedliche Merkmale wären. Aber gerade weil das Eine nicht zusammengesetzt ist und daher keine einzelnen Teile hat, können wir diese Ausdrücke nicht oder sollten sie nicht im genau gleichen Sinne auf das Eine anwenden. Wir sollten sie stattdessen in dem Sinne verstehen, den Thomas von Aquin einen analogen Sinn nannte.

Die analoge Verwendung von Begriffen steht typischerweise im Gegensatz zu der univoken und der äquivoken Verwendung. Wir verwenden einen Begriff univok in zwei Kontexten, wenn wir ihn in beiden Kontexten im gleichen Sinne verwenden. Wenn ich zum Beispiel sage, dass Rover ein Hund ist und dass Fido ein Hund ist, verwende ich den Begriff „Hund" auf univoke Weise. Wir verwenden einen Ausdruck äquivok in zwei Kontexten, wenn wir ihn in einem Kontext in einem Sinn verwenden, der sich völlig von dem unterscheidet, den der Ausdruck im anderen Kontext hat. Wenn ich zum Beispiel sage, dass der Baseballspieler den Schläger [bat] geschwungen hat und dass eine Fledermaus [bat] auf den Dachboden geflogen ist, verwende ich den Begriff „bat" auf äquivoke Weise. Die analoge Verwendung von Begriffen ist eine Art Mittleres zwischen diesen beiden Verwendungsweisen von Ausdrücken. Wenn ein Begriff in zwei Kontexten analog verwendet wird, wird der Begriff in beiden Kontexten nicht in genau demselben Sinn verwendet, aber die Sinne sind auch nicht völlig verschieden. Wenn ich zum Beispiel sage, dass der Wein immer noch gut ist und dass George ein guter Mann ist, verwende ich den Begriff „gut" nicht im genau gleichen Sinne (da die Güte des Weins eine ganz andere Sache ist als die Güte eines Mannes), aber die beiden Verwendungen sind auch nicht völlig verschieden oder nicht miteinander verwandt. Die Güte des einen ist *analog* der Güte des anderen, auch wenn beide nicht dasselbe sind. Beachten Sie, dass die analoge Verwendung von Begriffen (oder zumindest die Art von analoger Verwendung, mit der wir es hier zu tun haben) nicht dasselbe ist wie eine metaphorische Verwendung. Wir sprechen auch nicht metaphorisch, wenn wir sagen, dass der Wein gut ist oder dass George gut ist. In beiden Fällen verwenden wir den Begriff immer noch wörtlich, wenn auch nicht univok oder äquivok.

Wenn wir von Gott sagen, dass er mächtig ist oder einen Intellekt hat oder gut ist, dann sollten wir (so argumentiert Thomas von Aquin zu Recht) diese Begriffe analog verstehen. Wir sagen, dass es in Gott etwas gibt, das *analog* ist zu dem, was wir Kraft in uns nennen, etwas, das *analog* ist zu dem, was wir Intellekt in uns nennen, und etwas, das *analog* zu dem ist, was wir Güte in uns nennen. Diese sind nicht völlig unabhängig von der Macht, dem Intellekt und der Güte, wie sie in uns existieren (wie die Art, in der ein Baseballschläger [bat] völlig unabhängig davon ist, die Art von Fledermaus [bat] zu sein, die auf dem Dachboden fliegt). Aber Gottes Macht, Intellekt und Güte sind nicht genau die gleichen, wie sie es in uns sind. Insbesondere das, was wir Gottes Macht, Intellekt und Güte nennen (und auch die anderen göttlichen Eigenschaften), ist letztlich alles *ein und dasselbe*, das von verschiedenen Standpunkten aus betrachtet wird, während das, was wir Kraft, Intellekt und Güte in uns nennen, nicht dasselbe ist.

Das ist natürlich merkwürdig, aber es sollte nicht überraschen und in keiner Weise als suspekt angesehen werden. Im Gegenteil ist es genau das, was wir erwarten sollten. Eine wissenschaftliche Analogie wird uns helfen, zu sehen, warum. Die moderne Physik sagt uns, dass Elementarteilchen nicht nur die Eigenschaften von Teilchen, sondern auch die von

Wellen aufweisen. Das ist sehr seltsam und schwer zu verstehen, aber wir haben einen guten Grund, es trotzdem zu akzeptieren. Zum einen weisen die Beobachtungsdaten zusammen mit strengen wissenschaftlichen Theorien in diese Richtung. Zum anderen sind die fraglichen Phänomene sehr weit entfernt von alltäglichen Erfahrungen. Um sie zu beschreiben, müssen wir Begriffe verwenden, die ursprünglich auf materielle Objekte angewendet wurden, die wir täglich sehen, und die wir sehr weit dehnen, um sie auf mikroskopische Phänomene anzuwenden, die wir nicht beobachten. Es ist zu erwarten, dass die Schlussfolgerungen, die wir daraus ziehen, schwer zu fassen sein werden. Wir haben gute Gründe zu glauben, dass die Welle-Teilchen-Dualität real ist und wir nicht in der Lage sein werden, zu verstehen, wie sie funktioniert.

Wenn wir jetzt zu der Existenz eines rein aktualen Aktualisierers von Dingen oder zu einer absolut einfachen oder nichtzusammengesetzten Ursache ihrer Existenz zurückkommen, gehen wir auch sehr weit über die Welt der alltäglichen Erfahrung hinaus. Tatsächlich gelangen wir auf die grundlegendste Ebene der Realität, auf eine Ebene, die noch weiter von der Erfahrung entfernt ist als alles, was die Physik beschreibt oder beschreiben kann. Um es zu charakterisieren, müssen wir daher unsere gewöhnlichen Begriffe und unsere Sprache bis zur absoluten Grenze ausdehnen. Es ist nicht verwunderlich, wenn wir zu einigen sehr ungewöhnlichen und schwer verständlichen Schlussfolgerungen gelangen. Im Gegenteil, es wäre überraschend, wenn wir nicht zu solchen Schlussfolgerungen kommen würden. Wir haben zwingende Gründe, zu der Schlussfolgerung zu gelangen, dass es einen absolut einfachen oder nichtzusammengesetzten, rein aktualen Aktualisierer der Existenz von Dingen gibt – und dass diese letztendliche Ursache eins ist, ewig, vollkommen gut, ein Intellekt, allmächtig und so weiter – und auch dazu, dass wir es schwer finden müssen, so etwas zu verstehen. Die Vernunft selbst sagt uns also, dass es eine Realitätsebene gibt, die die Vernunft nur teilweise verstehen kann.

Viel mehr könnte gesagt werden und wird gesagt werden, wenn wir zu dem Kapitel über die göttlichen Eigenschaften kommen. Aber das Bisherige genügt, um zu zeigen, dass die Existenz einer absolut einfachen oder nichtzusammengesetzten Ursache der Dinge tatsächlich die Existenz Gottes zu beweisen vermag.

Eine formalere Erklärung des Arguments

Nachdem nun der Gesamtaufbau dieses zweiten Arguments für Gottes Existenz klargestellt worden ist, wird es nützlich sein, eine etwas formalere Zusammenfassung vorzulegen. Sie könnte wie folgt angegeben werden:

1. Die Dinge unserer Erfahrung sind zusammengesetzt.
2. Ein Zusammengesetztes existiert zu jedem Zeitpunkt nur insofern, als seine Teile in diesem Moment kombiniert sind.
3. Diese Zusammensetzung von Teilen erfordert eine gleichzeitige Ursache.
4. Somit hat jede Zusammensetzung eine Ursache für ihre Existenz in jedem Moment, in dem sie existiert.
5. Jedes der Dinge unserer Erfahrung hat also eine Ursache in jedem Moment, in dem es existiert.
6. Wenn die Ursache für die Existenz eines zusammengesetzten Gegenstandes zu irgendeinem Zeitpunkt selbst zusammengesetzt ist, dann wird sie wiederum eine eigene Ursache für ihre Existenz in diesem Moment benötigen.
7. Der damit verbundene Regress der Ursachen ist hierarchischer Natur, und solch ein Regress muss ein erstes Glied haben.
8. Nur etwas absolut Einfaches oder Nichtzusammengesetztes kann das erste Glied einer solchen Reihe sein.
9. Also setzt die Existenz jedes der Dinge unserer Erfahrung eine absolut einfache oder nichtzusammengesetzte Ursache voraus.
10. Damit es mehr als nur eine einfache oder nichtzusammengesetzte Ursache gäbe, müsste jede eine differenzierende Eigenschaft haben, die der anderen fehlt.
11. Aber ein solches Merkmal zu haben würde für eine Ursache bedeuten, Teile zu haben, in welchem Fall sie nicht wirklich einfach oder nichtzusammengesetzt wäre.
12. Also kann keine absolut einfache oder nichtzusammengesetzte Ursache solch ein Unterscheidungsmerkmal haben.
13. Es kann also nicht mehr als eine absolut einfache oder nichtzusammengesetzte Ursache geben.

14. Wenn die absolut einfache oder nichtzusammengesetzte Ursache veränderbar wäre, dann hätte sie Teile, die sie gewänne oder verlöre – was sie als einfache oder nichtzusammengesetzte Ursache nicht hat.
15. Also ist die absolut einfache oder nichtzusammengesetzte Ursache unveränderlich oder unwandelbar.
16. Wenn die absolut einfache oder nichtzusammengesetzte Ursache einen Anfang oder ein Ende hätte, hätte sie Teile, die entweder kombiniert oder zerbrochen werden könnten.
17. Da sie keine solchen Teile hat, ist die absolut einfache oder nichtzusammengesetzte Ursache anfangs- und endlos.
18. Was unveränderlich, anfangs- und endlos ist, ist ewig.
19. Also ist die absolut einfache oder nichtzusammengesetzte Ursache ewig.
20. Wenn etwas verursacht wird, dann hat es Teile, die kombiniert werden müssen.
21. Also ist die absolut einfache oder nichtzusammengesetzte Ursache, weil sie keine Teile hat, nicht verursacht.
22. Alles ist entweder ein Bewusstsein oder ein mentaler Inhalt oder eine materielle Entität oder eine abstrakte Entität.
23. Eine abstrakte Entität ist kausal unwirksam.
24. Also ist die absolut einfache oder nichtzusammengesetzte Ursache, da sie nicht kausal wirksam ist, keine abstrakte Entität.
25. Eine materielle Entität hat Teile und ist veränderbar.
26. Also ist die absolut einfache oder nichtzusammengesetzte Ursache, da sie ohne Teile und unveränderlich ist, keine materielle Entität.
27. Ein geistiger Inhalt setzt die Existenz eines Geistes voraus und kann daher nicht die letzte Ursache von irgendetwas sein.
28. Also kann die absolut einfache oder nichtzusammengesetzte Ursache, die die ultimative Ursache von Dingen ist, kein mentaler Inhalt sein.
29. Also muss die absolut einfache oder nichtzusammengesetzte Ursache ein Geist sein.
30. Da die absolut einfache oder nichtzusammengesetzte Ursache einzigartig ist, ist alles andere als sie selbst zusammengesetzt.
31. Jedes Kompositum hat die absolut einfache oder nichtzusammengesetzte Ursache als seine letzte Ursache.
32. Also ist die absolut einfache oder nichtzusammengesetzte Ursache die letzte Ursache für alles andere als sie selbst.

33. Wenn die absolut einfache oder nichtzusammengesetzte Ursache sowohl Potenzialitäten als auch Aktualitäten hätte, hätte sie Teile.
34. Da sie aber keine Teile hat, kann sie keine Potenzialitäten haben, sondern muss rein aktual sein.
35. Eine rein aktuale Ursache muss vollkommen, allmächtig, vollkommen gut und allwissend sein.
36. Es gibt also eine Ursache, die einfach oder nichtzusammengesetzt ist, einzig, unveränderlich, ewig, immateriell, ein Geist oder Intellekt, die unverursachte letzte Ursache für alles andere als sie selbst, rein aktual, vollkommen, allmächtig, vollkommen gut und allwissend.
37. Aber eine solche Ursache ist genau das, was es bedeutet, Gott zu sein.
38. Also existiert Gott.

Widerlegung einiger Einwände

Einige der Einwände, die ein Kritiker gegen dieses Argument erheben könnte, sind die gleichen, wie sie gegen den aristotelischen Beweis erhoben wurden. Auf sie habe ich bereits geantwortet oder ich werde noch auf sie antworten. Zum Beispiel könnten Einwände gegen die Argumente erhoben werden, die für die Behauptung aufgestellt wurden, dass die einfache oder nichtzusammengesetzte Ursache der Dinge die verschiedenen göttlichen Eigenschaften haben müsse. Wie ich gesagt habe, werde ich mich in einem späteren Kapitel ausführlich mit der Frage nach den göttlichen Eigenschaften befassen und solche Einwände werden dort angesprochen werden. Der Punkt, den es im Moment zu betonen gilt, ist, dass das bisher Gesagte genügt, um zu zeigen, dass es nicht gut ist, träge einzuwenden (wie es oft geschieht), dass, selbst wenn es eine erste Ursache gibt, wir keinen Grund haben, diese als göttliche Ursache zu denken. Denn wir haben Gründe dafür dargelegt, dass es eine göttliche Ursache sein *muss*. Daher werden wir es dem Kritiker nicht leicht machen zu behaupten, dass eine letzte Ursache der Dinge nicht Gott sein müsse.

Man könnte auch einwenden, dass das vorliegende Argument davon ausgeht, dass das Universum einen Anfang hat oder offen ist für die Erwiderung: „Wenn alles eine Ursache hat, was hat dann Gott verursacht?" Wir haben bereits gesehen, warum diese Einwände gegen den aristotelischen Beweis vollkommen kraftlos sind, und sie haben nicht mehr Kraft, wenn sie gegen den neoplatonischen Beweis erhoben werden. Zum einen geht es bei dem Argument schlicht nicht darum, ob das Universum einen Anfang in der Zeit hat oder nicht, wie jedem, der aufmerksam gelesen hat, klar sein sollte. Die Behauptung ist nicht, dass die Kette der Ursachen von zusammengesetzten Dingen in die Vergangenheit zurückführt, bis sie bei einer einfachen oder nichtzusammengesetzten Ursache endet. Es wird vielmehr behauptet, dass sich die Argumentation hier und jetzt auf eine einfache oder nichtzusammengesetzte Ursache bezieht. Die Argumentation beruht auch nicht auf der Prämisse, dass „alles eine Ursache hat". Was sie sagt, ist, dass alles, was zusammengesetzt ist, eine Ursache erfordert. Und der Grund, warum Gott keine Ursache hat, ist nicht, dass er eine willkürliche Ausnahme von einer allgemeinen Regel ist, sondern dass nur das, was irgendwie zusammengesetzt ist, eine Ursache haben muss oder haben kann. Etwas absolut Einfaches oder Nichtzusammengesetztes braucht nicht nur keine Ursache, es hätte auch keine haben können. Ebenso wenig geht es hier darum, dass Verteidiger des Arguments einen Trick gefunden haben, um dem Einwand „Was verursachte Gott?" auszuweichen. Es war immer genau das, was die neoplatonische Tradition von Anfang an im Sinn hatte. Wie im Falle des aristotelischen Beweises ist der Einwand „Was hat Gott verursacht?" weit davon entfernt, eine verheerende Erwiderung auf das Argument zu sein, wie viele Atheisten vermuten, da er in der Tat völlig inkompetent ist und an dem Argument vorbeigeht, auf das er sich bezieht.

Dem Leser wird daher geraten, das, was im vorhergehenden Kapitel gesagt wurde, auf die verschiedenen dort angesprochenen Einwände hin zu überprüfen, denn viele der dort vorgestellten Ausführungen sind auch hier relevant. Zum Beispiel könnten einige Kritiker Hume oder die Quantenmechanik ansprechen, um die Prämisse in Zweifel zu ziehen, dass alles, was zusammengesetzt ist, eine Ursache erfordert. Aber auch diese Einwände sind gegen den neuplatonischen Beweis nicht besser als gegen den aristotelischen.

Aber es gibt andere mögliche Einwände, die auf das abzielen, was das vorliegende Argument auszeichnet. Während der aristotelische Beweis von der Tatsache ausgeht, dass einige Potenziale durch die Existenz eines rein aktualen Aktualisierers aktualisiert werden, argumentiert der neoplatonische Beweis aus der Tatsache, dass einige Dinge durch die Existenz einer absolut einfachen oder nichtzusammengesetzten Ursache zusammengesetzt werden. Es könnte jedoch nahegelegt werden, dass es alternative Wege gibt, um die Existenz von zusammengesetzten Dingen zu erklären. Denn das Argument setzt voraus, dass bei einer zusammengesetzten Sache deren Teile durch eine äußere Ursache vereinheitlicht werden müssen. Aber warum sollte man das annehmen? Warum sollte man nicht stattdessen annehmen, dass es gerade ein *Teil* eines zusammengesetzten Dinges ist, das seine Teile vereinheitlicht, statt etwas Äußeres? Oder warum sollte man nicht einfach annehmen, dass die Tatsache, dass Teile eines zusammengesetzten Dinges vereinigt sind, schlicht eine irreduzible Tatsache ist?

Aber wie Vallicella argumentiert hat, macht keiner dieser Vorschläge wirklich Sinn.[5] Beginnen wir mit dem Vorschlag, dass die Teile eines Dinges durch einen weiteren Teil vereinheitlicht werden. Betrachten wir zum Beispiel ein Ding, das aus den Teilen A und B zusammengesetzt ist. Was bewirkt, dass A und B so vereinigt sind, dass das zusammengesetzte Ding existiert? Der Vorschlag wäre, dass es einen weiteren Teil C gibt, der erklärt, dass A und B vereint sind. Aber das Problem ist, dass dies das Problem nur um eine Stufe zurückschiebt, da wir nun fragen müssen, was C zusammen mit A und B verbindet. Wenn wir noch einen weiteren Teil D hinzusetzen, um die Einheit von A, B und C zu erklären, dann haben wir das Problem nur noch um eine weitere Stufe verschoben. Und natürlich wird das Problem für jeden weiteren Teil, den wir setzen, immer wieder auftreten. Wir haben das Problem, die Einheitlichkeit von A und B überhaupt zu erklären, nicht gelöst, sondern nur das Problem verschlimmert.

Nehmen wir stattdessen an, dass wir uns für den alternativen Vorschlag entscheiden, dass die Teile A und B eines zusammengesetzten Gegenstandes so vereinheitlicht werden, dass seine Existenz nur eine irreduzible Tatsache hinsichtlich des Dinges ist. Was genau bedeutet diese Behauptung? Bedeutet sie, dass das zusammengesetzte Ding, das aus A und B besteht, *selbst* die Ursache dafür ist, dass A und B so vereint sind, dass das zusammengesetzte Ding existiert? Das würde bedeuten, dass das zusammengesetzte Ding sowohl die *Ursache* dafür ist, dass seine Teile A und B vereinigt sind, als auch die *Wirkung*, dass seine Teile A und B vereint sind – was inkohärent ist. Wie wir oben gesehen haben, kann nichts die

[5] William F. Vallicella, "From Facts to God: An Onto-Cosmological Argument", *International Journal for Philosophy of* Religion 48 (2000): 157–81; vgl. auch Vallicella, *Paradigm Theory of Existence*, Kap. 7. Was ich hier vorstelle, sind nur kurze Zusammenfassungen von Argumentationslinien, die Vallicella sehr viel detaillierter entwickelt. Ich sollte auch erwähnen, dass meine Terminologie sich von seiner unterscheidet.

Ursache seiner selbst sein, sich selbst an seinem metaphysischen Schopf in die Existenz ziehen. Ist die Idee stattdessen, dass die Teile A und B eines zusammengesetzten Dinges so vereinheitlicht werden, dass das Ding ohne irgendeine Ursache existiert, sondern bloß als nackte Tatsache? In diesem Fall bietet der Kritiker des neoplatonischen Arguments überhaupt keine alternative Erklärung an, sondern er gibt gar keine Erklärung. Aber er behauptet eine alternative Erklärung anzubieten.

Angenommen, der Kritiker des neoplatonischen Arguments beißt an dieser Stelle in die Kugel und sagt: „Okay, ich habe also keine alternative Erklärung angeboten. Ich vermute, dass ich wirklich behaupte, dass es überhaupt keine Erklärung dafür gibt, warum eine Zusammensetzung existiert." Wie Lloyd Gerson betont hat, ist dies keine ernsthafte Antwort auf ein neoplatonisches Argument für Gottes Existenz.[6] Der Verteidiger der Argumentation kann vernünftigerweise sagen: „Worüber reden Sie? Ich *habe Ihnen doch eine Erklärung gegeben*, nämlich dass seine Teile durch eine absolut einfache und nicht zusammengesetzte Ursache verbunden werden. Und Sie haben keinen Grund angegeben, diese Erklärung abzulehnen. Also ist es dumm zu sagen: „Vielleicht gibt es keine Erklärung".

Könnte der Kritiker des neoplatonischen Beweises anerkennen, dass es eine Erklärung gibt, und auch anerkennen, dass es eine Ursache sein muss, die außerhalb des zusammengesetzten Dinges selbst liegt (und nicht entweder das Kompositum als Ganzes oder ein weiterer Teil des Kompositums ist), aber ohne zustimmen zu müssen, dass die Ursache göttlich ist? Könnte er insbesondere nicht sagen, dass die Bestandteile eines zusammengesetzten Gegenstandes so miteinander kombiniert werden können, dass das Ding existiert, was wissenschaftlich erklärt werden kann? Die Idee hier wäre, dass wir erklären können, warum die Teile A und B des zusammengesetzten Dinges in Bezug auf Naturgesetze verbunden sind (ob Gesetze der Atomstruktur oder Gesetze des molekularen Zusammenhalts oder welche auch immer).

Aber auch dieser Vorschlag bietet keine echte Alternative. Denn wenn wir Naturgesetze aufstellen – und wir werden auf die verschiedenen möglichen Ansätze dazu, was ein Naturgesetz ist, in einem späteren Kapitel eingehen –, so wird uns jede Erklärung in Bezug auf Naturgesetze unausweichlich nur eine weitere Sache übriglassen, die aus Teilen besteht, deren Zusammensetzung eine Erklärung erfordert und die den Regress

[6] Lloyd P. Gerson, *Plotinus* (London: Routledge, 1994), p. 13.

der Ursachen fortsetzt und nicht beendet. Wenn wir zum Beispiel von einer zusammengesetzten Sache aus den Teilen A und B sagen, dass es ein Naturgesetz ist, dass sich Dinge des Typs A und Dinge des Typs B unter diesen und jenen Umständen verbinden, um das Ganze zu bilden, dann haben wir zu fragen, warum Dinge des Typs A und des Typs B von diesem bestimmten Gesetz und nicht von anderen Gesetzen geregelt werden. A und B sowie das sie regelnde Gesetz werden zusammen eine Art Kompositum bilden, dessen Existenz nur ein weiteres Beispiel für die Art von Dingen ist, für die der Kritiker des neoplatonischen Beweises eine alternative Erklärung liefern sollte. Es ist einfach unmöglich, diesen Regress anders zu beenden, als indem man etwas absolut Einfaches oder Nichtzusammengesetztes setzt, und das kann aus den angegebenen Gründen nicht weniger als göttlich sein.

Wie ich schon früher gesagt habe, werden wir in späteren Kapiteln verschiedene weitere Einwände prüfen, die gegen jedes Erste-Ursache-Argument für Gottes Existenz erhoben werden können. Es genügt für die gegenwärtigen Zwecke, zu bemerken, dass die Einwände, die gegen ein spezifisch neoplatonisches Argument, wie gegen den aristotelischen Beweis, erhoben werden können, alle versagen.

3

Der augustinische Beweis

Informelle Erklärung des Arguments: Stufe 1

Wir sind umgeben von bestimmten, individuellen Objekten. Man nimmt einen bestimmten, individuellen Billard-Queue und stößt mit ihm eine bestimmte, einzelne Billardkugel über einen bestimmten, individuellen Billardtisch und nimmt dann eine bestimmte, individuelle Billardhalterung, um die Bälle so zu arrangieren, dass ein neues, individuelles Spiel beginnen kann. Aber jedes dieser besonderen Dinge ist ein Beispiel für ein abstraktes, allgemeines Muster. Die verschiedenen Pool-Queues, die gegen den Tisch gelehnt sind, sind alle Instanzen des gleichen Musters, wobei das Muster ein Pool-Queue ist; der Spielball, der achte Ball, der rote Ball, der rot gestreifte Billardball und all die anderen sind Beispiele desselben Musters – nämlich des Musters, eine Billardkugel zu sein, und so weiter. Sie sind auch Beispiele für noch abstraktere Muster, die von noch mehr Arten von Dingen geteilt werden. Einige der Billardkugeln teilen das Muster der Rötung mit Stoppschildern, Feuerwehrautos und Erdbeeren; alle Billardkugeln teilen das Muster der Rundheit mit Basketbällen, Globen und dem Mond; die Billardballhalterung teilt das Muster der Dreieckigkeit mit Pyramiden, Abendessenglocken und Narrenkappen und so weiter.

Solche Muster werden von Philosophen *Universalien* genannt, und sie sind „abstrakt" in dem Sinne, dass wir, wenn wir sie betrachten, die besonderen, individualisierenden Merkmale der konkreten Objekte, die die Muster aufweisen, abstrahieren oder ignorieren. Wenn wir zum Beispiel die Dreieckigkeit als allgemeines Muster betrachten, abstrahieren oder ignorieren wir die Tatsache, dass dieses besondere Dreieck aus Holz und jenes aus Stein besteht, dass dieses grün und dieses orange ist, dass dieses auf der Seite eines Buches gezeichnet ist und dass dieses aus Metall ist, und konzentrieren uns stattdessen auf das, was allen gemeinsam ist.

Universalien wie Dreieckigkeit, Röte und Rundheit existieren zumindest als Gedankenobjekte. Schließlich können wir sinnvoll über sie sprechen und tatsächlich wissen wir gewisse Dinge über sie. Wir wissen zum Beispiel, dass alles, was dreieckig ist, dreiseitig ist, dass (zumindest, wenn es sich um euklidische Dreiecke handelt, von denen wir sprechen) seine Winkel sich immer zur Summe von zwei rechten Winkeln addieren und so weiter. Aber im Gegensatz zu einem hölzernen Billardballgestell oder einer Abendessenglocke können Sie die Form des Dreiecks nicht durch die fünf Sinne wahrnehmen, Sie können die Form des Dreiecks nicht aufheben und auf den Tisch legen, oder auf andere Weise interagieren, so wie Sie mit einem materiellen Objekt interagieren würden. Wenn es ein Objekt irgendeiner Art ist, dann würden Philosophen es ein *abstraktes Objekt* nennen.

Universalien sind nicht die einzigen offensichtlichen Beispiele für abstrakte Objekte. Ein zweites Beispiel wäre das, was Philosophen *Propositionen* nennen – Aussagen über die Welt, die immer entweder wahr oder falsch sind und die sich von den verschiedenen Sätzen unterscheiden, die wir verwenden können, um sie auszudrücken. „John ist ein Junggeselle" und „John ist ein unverheirateter Mann" sind verschiedene Sätze, aber sie drücken die gleiche Proposition aus. „Schnee ist weiß" und "snow is white" sind auch verschiedene Sätze – tatsächlich ist der eine ein Satz in Deutsch, der andere ein Satz in Englisch –, aber auch sie drücken die gleiche Proposition aus, nämlich die Proposition, dass Schnee weiß ist. Wenn der Verstand überhaupt irgendeinen Gedanken unterhält, ob wahr oder falsch, ist es letztlich eine Proposition, die er unterhält, und nicht ein Satz. Deshalb können wir alle die gleichen Gedanken haben, obwohl wir durch verschiedene Sprachen und unterschiedliche Zeiten und Orte getrennt sind. Wenn Sokrates und Barack Obama glauben, dass Schnee weiß ist, denken sie genau dasselbe, obwohl einer von ihnen diesen Gedanken auf Griechisch im Athen des fünften Jahrhunderts vor Christus ausdrückt und der andere auf Englisch im einundzwanzigsten Jahrhundert in Washington, DC.

Wie Universalien existieren Propositionen zumindest als Gedankenobjekte. Aber ebenso wie Universalien sind sie keine *materiellen* Objekte. Wenn jemand auf einer Tafel „Schnee ist weiß" schreibt, können Sie den Satz sehen, aber Sie können nicht buchstäblich die Proposition sehen, den er ausdrückt. (Derselbe Satz wird ja auch durch den geschriebenen Satz "snow is white" ausgedrückt, der ganz anders aussieht als der Satz

„Schnee ist weiß“). Sie können den Satz löschen, aber Sie können damit die Proposition nicht zerstören. (Selbst wenn wir jede Instanz des deutschen Satzes „Schnee ist weiß“ auslöschten, jede Instanz des englischen Satzes “snow is white” und jede Instanz jedes Parallelsatzes in jeder anderen Sprache, wäre die Proposition, dass Schnee weiß ist, immer noch wahr). Wenn also eine Proposition eine Art Objekt ist, ist sie auch ein abstraktes Objekt.

Dann gibt es Zahlen und andere mathematische Entitäten. Auch sie existieren offenbar zumindest als Gedankenobjekte, wie wir aus dem Verständnis der mathematischen Wahrheiten und der Ausführung von Berechnungen wissen. Aber wie Universalien und Propositionen sind Zahlen offensichtlich keine materiellen Dinge. Die geschriebene Ziffer „2“ ist ebenso wenig die *Zahl* 2 wie die römische Ziffer „II“, oder wie der Name „Barack Obama“ dasselbe ist wie der Mann Barack Obama. Ziffern wie „2“ und „II“ sind nur Bezeichnungen, die wir verwenden, um die Zahl 2 darzustellen. Auch wird das Löschen von Ziffern wie „2“ oder „II“, die irgendjemand geschrieben hat, nicht die *Zahl* 2 zerstören. (Es wird zum Beispiel nicht plötzlich 2 + 2 = 4 falsch sein.) Wie Universalien und Propositionen sind also Zahlen und andere mathematische Objekte abstrakte Objekte.

Betrachten wir schließlich noch das, was Philosophen *mögliche Welten* nennen. Eine mögliche Welt ist eine Weise, wie die Dinge zumindest im Prinzip sein können. In der aktuellen Welt gewann Barack Obama die US-Präsidentschaftswahl 2012, aber es war auch möglich, dass Mitt Romney sie gewonnen hätte. In der wirklichen Welt hat der Planet Mars zwei Monde, aber wenn die Dinge anders wären, hätte er drei oder nur einen haben können. In der heutigen Welt gibt es Galaxien wie die Andromeda-Galaxie und die Milchstraße, aber wären die Gesetze der Physik etwas anders gewesen, hätten sich keine Galaxien gebildet. In der wirklichen Welt gibt es Pferde, aber keine Einhörner, aber im Prinzip hätten Einhörner neben Pferden (oder auch ohne Pferde) existieren können. Wenn wir Szenarien beschreiben, in denen Romney die Wahl gewonnen hat oder der Mars drei Monde hat oder es keine Galaxien gibt oder Einhörner existieren, beschreiben wir verschiedene mögliche Welten. (Nicht alles ist eine mögliche Welt. Zum Beispiel gibt es keine mögliche Welt, wo 2 + 2 = 5 ist oder wo runde Quadrate existieren. Diese Begriffe sind in sich widersprüchlich und daher absolut unmöglich. Welche Welten möglich sind, im Sinne von „möglich“ in dem hier in Frage stehenden Sinn, wird nicht durch die Gesetze der Physik beschränkt – schließlich haben sogar

Physiker Hypothesen über das, was hätte sein können, aufgestellt, wenn die Gesetze der Physik anders gewesen wären –, sondern wird allein durch die Gesetze der Logik eingeschränkt).

Auch mögliche Welten sind offensichtlich Denkobjekte, wie wir aus der Tatsache ersehen, dass wir all diese Möglichkeiten denken können und uns fragen, was passiert wäre, wenn Romney gewonnen hätte oder der Mars drei Monde hätte. Aber Sie können nicht buchstäblich eine mögliche Welt besuchen und ebenso wenig sie sehen oder sonst irgendwie wahrnehmen. Auch mögliche Welten werden von Philosophen allgemein als abstrakte Objekte angesehen.

In gewissem Sinne gibt es also abstrakte Objekte wie Universalien, Propositionen, Zahlen und andere mathematische Objekte und mögliche Welten. Aber in welchem Sinne existieren sie genau? Sind sie *bloße* Objekte des menschlichen Denkens – rein konventionelle Wesen, reine Konstrukte unserer Gedanken? Sind sie nur nützliche Fiktionen? Oder könnten sie doch wirkliche materielle Dinge sein, aber von einer etwas exotischeren Art als die Dinge, die wir bisher betrachtet haben? (Könnten wir Universalien oder Propositionen zum Beispiel mit Gehirnprozessen identifizieren?) Es gibt zwingende Gründe zu glauben, dass keine dieser Antworten richtig sein kann, so dass wir stattdessen schließen, dass abstrakte Objekte der Art, die wir in Betracht gezogen haben, real sind und weder auf irgendetwas Materielles noch auf bloße Konstrukte des menschlichen Geistes reduziert zu werden vermögen. Dies ist eine Ansicht, die als *Realismus* bekannt ist. Die Standard-Alternativansichten dazu sind der *Nominalismus*, der bestreitet, dass abstrakte Objekte real sind, und der *Konzeptualismus*, der zulässt, dass sie real sind, aber darauf besteht, dass sie vollständig vom menschlichen Verstand konstruiert werden. Die Hauptargumente für den Realismus und gegen den Nominalismus und Konzeptualismus lassen sich wie folgt zusammenfassen:

1. *Das Argument „eins über viele“*: Universalien wie *Dreieckigkeit* und *Röte* lassen sich nicht auf ein bestimmtes Dreieck oder ein rotes Ding reduzieren, noch auf eine Ansammlung von Dreiecken oder roten Dingen. Denn ein bestimmtes Dreieck oder ein rotes Ding oder sogar die gesamte Sammlung dieser Dinge können aufhören zu existieren, und doch können *Dreieckigkeit* und *Röte* wieder in einem neuen Dreieck oder einem roten Ding zum Vorschein kommen. Diese Universalien können exemplifiziert werden – und werden es auch oft –, selbst wenn kein menschlicher Geist

sich dieser Tatsache bewusst ist. Daher sind *Dreieckigkeit*, *Röte* und andere Universalien weder materielle Dinge noch Sammlungen materieller Dinge, noch hinsichtlich ihrer Existenz abhängig vom menschlichen Bewusstsein.

2. *Das Argument aus der Geometrie*: In der Geometrie beschäftigen wir uns mit perfekten Linien, perfekten Winkeln, perfekten Kreisen und dergleichen und entdecken objektive und notwendige Wahrheiten über sie. Zum Beispiel ist es eine objektive und notwendige Wahrheit, dass die Winkel eines euklidischen Dreiecks sich zur Summe von zwei rechten Winkeln addieren. Wir haben das entdeckt, anstatt es erfunden zu haben, und können es nicht ändern, auch nicht, wenn wir es wollten. Es war wahr, bevor irgendein menschlicher Geist existierte, und würde auch dann wahr bleiben, wenn jeder Mensch aufhörte zu existieren. Da diese Wahrheiten objektiv und notwendig sind, können sie nicht bloße Konstrukte unseres Geistes sein. Da sie notwendige und unabänderliche Wahrheiten sind, würden sie wahr bleiben, was auch immer in der materiellen Welt vorginge, selbst dann, wenn die materielle Welt aus der Existenz verschwände. Außerdem hat kein materielles Ding die Vollkommenheit, die geometrische Objekte haben. Also hängen diese Wahrheiten auch nicht von der materiellen Welt ab.

3. *Das Argument aus der Mathematik im Allgemeinen*: Mathematische Wahrheiten im Allgemeinen sind notwendig und unveränderbar, während die materielle Welt und der menschliche Geist kontingent und veränderlich sind – zum Beispiel war es schon wahr, dass 2 + 2 = 4 ist, lange bevor jemand es erkannte, und es wird wahr bleiben, auch wenn jeder Mensch es vergisst oder die Spezies Mensch ausstirbt. Es wird wahr bleiben, was auch immer im materiellen Universum passiert, und selbst wenn das gesamte materielle Universum aufhört zu existieren. Daher können die Dinge, über die diese Wahrheiten Wahrheiten sind – Zahlen und andere mathematische Objekte –, weder bloße Konstrukte des menschlichen Geistes noch abhängig von der materiellen Welt sein. Darüber hinaus ist die Reihe der Zahlen unendlich, aber es gibt nur endlich viele materielle Dinge und nur endlich viele Ideen innerhalb eines menschlichen Bewusstseins oder einer Ansammlung von menschlichen Bewusstseinen. Daher kann die Reihe von Zahlen nicht abhängig sein von ihrer Existenz in menschlichen Köpfen oder in der materiellen Welt.

4. *Das Argument aus der Natur der Propositionen*: Propositionen können hinsichtlich ihrer Existenz weder von der materiellen Welt noch von

irgendeinem menschlichen Verstand abhängen. Einige Sätze (z. B. mathematische Sätze wie 2 + 2 = 4) sind notwendigerweise wahr und würden daher wahr bleiben, selbst wenn weder die materielle Welt noch irgendein menschlicher Geist existierte. Selbst viele Sätze, die nur bedingt gelten, würden in einem solchen Fall wahr bleiben. Zum Beispiel würde der Satz, dass *Caesar an den Iden des März ermordet wurde*, auch dann wahr bleiben, wenn die gesamte materielle Welt und jedes menschliche Bewusstsein morgen aus der Existenz verschwunden wären. Selbst wenn weder die materielle Welt noch irgendein menschlicher Geist je existiert hätte, wäre der Satz, *dass es weder eine materielle Welt noch irgendeinen menschlichen Geist gibt*, wahr, in welchem Fall er weder etwas Materielles wäre, noch irgendwie vom menschlichen Verstand abhängig und so weiter.[1]

5. *Das Argument aus der Wissenschaft*: Wissenschaftliche Gesetze und Klassifikationen, die in ihrer Anwendung allgemein oder universal sind, beziehen sich notwendigerweise auf Universalien, und es ist das Geschäft der Wissenschaft, objektive, bewusstseinsunabhängige Tatsachen zu entdecken. Um also die Ergebnisse der Wissenschaft zu akzeptieren, muss man akzeptieren, dass es Universalien gibt, die nicht vom menschlichen Verstand abhängen. Die Wissenschaft bedient sich auch mathematischer Formeln, und da (wie oben erwähnt) die Mathematik den Bereich abstrakter Objekte betrifft, verpflichtet die Annahme der Ergebnisse der Wissenschaften zur Akzeptanz solcher abstrakten Objekte.

6. *Das Argument aus der Natur möglicher Welten*: Vieles von dem, was möglich ist (nicht *alles*, was möglich ist, aber vieles davon), hängt weder von der tatsächlichen materiellen Welt noch vom menschlichen Verstand ab. Zum Beispiel gibt es mögliche Welten, in denen sich die Gesetze der Physik radikal von denen unterscheiden, die tatsächlich gelten, einschließlich einiger Gesetze, die es den Menschen unmöglich machen zu existieren. Offensichtlich können solche Möglichkeiten nicht von der tatsächlichen materiellen Welt (die natürlich von den Gesetzen abhängt, die tatsächlich gelten) oder vom menschlichen Verstand abhängen. Und bevor die eigentliche materielle Welt oder irgendein menschlicher Geist entstand, war es zumindest möglich, dass sie existierten. Diese Möglichkeit hätte dann weder von der realen materiellen Welt noch vom menschlichen Verstand abhängen können, da sie noch nicht existierte. Es gibt

[1] Die Schwierigkeiten, Propositionen mit etwas Materiellem oder Mentalem zu identifizieren, gehen weit darüber hinaus und werden von Alvin Plantinga in *Warrant and Proper Function* (Oxford: Oxford University Press, 1993), Kap. 6, zusammengefasst.

auch mögliche Welten, in denen kein menschlicher Verstand oder irgendwelche materiellen Dinge existieren – eine Welt, in der es, sagen wir, nur engelhafte Intellekte gibt –, und die Möglichkeit einer solchen Welt kann nicht von der materiellen Welt oder irgendeinem menschlichen Verstand abhängen.

Dies sind direkte Argumente für den Realismus. Es gibt auch indirekte Argumente dafür, dass die Alternativen zum Realismus nicht stimmen können. Betrachten wir den Nominalismus, der bestreitet, dass es Universalien, Zahlen, Propositionen oder mögliche Welten gibt.[2] Wo wir zum Beispiel denken, dass es Universalien gibt, sagt der Nominalist, dass es tatsächlich nur allgemeine Namen oder Wörter, die wir auf viele Dinge anwenden, gibt. So gibt es zum Beispiel den allgemeinen Begriff „rot", den wir auf verschiedene Objekte anwenden, aber nicht so etwas wie *Röte*. Natürlich wirft dies die Frage auf, warum wir den Begriff „rot" nur auf die Dinge anwenden, auf die wir es tun, und es ist schwer zu sehen, wie es darauf eine plausible Antwort geben könnte, außer „weil sie alle gemeinsam Röte haben", was uns zurückbringt zur Bestätigung der Existenz von Universalien. Der Nominalist könnte versuchen, dies zu vermeiden, indem er sagt, dass der Grund, warum wir verschiedene Dinge als „rot" bezeichnen, darin liegt, dass sie einander ähneln, ohne die Hinsicht weiter zu spezifizieren, in der sie einander ähneln. Das ist nicht plausibel – ist es nicht offensichtlich, dass sie sich hinsichtlich ihrer Röte ähneln? Aber es gibt auch noch weitere Probleme.

7. *Das vitiöse Regressproblem*: Wie Bertrand Russell bemerkte, ist die Ähnlichkeit, auf die der Nominalist hinweist, selbst universal.[3] Ein Stoppschild ähnelt einem Feuerwehrauto, weshalb wir beide als „rot" bezeichnen. Gras ähnelt der Haut des Incredible Hulk, weshalb wir sie beide als „grün" bezeichnen, und so weiter. Was wir haben, sind also mehrere Instanzen ein und derselben Universalie, nämlich der *Ähnlichkeit selbst*. Nun kann der Nominalist versuchen, diese Konsequenz zu vermeiden, indem er sagt, dass wir alle diese Beispiele von „Ähnlichkeit" nur deshalb so nennen, weil sie einander ähneln, ohne die Hinsicht zu spezifizieren, in der sie sich ähneln. Aber dann taucht das Problem wieder auf einer höheren Ebene auf. Diese verschiedenen Fälle von Ähnlichkeit ähneln anderen verschiedenen Fällen von Ähnlichkeit, so dass wir eine Ähnlichkeit höherer

---

[2] Natürlich könnte man eine nominalistische Position gegenüber einigen Arten von abstrakten Objekten einnehmen und eine realistische Position gegenüber anderen Arten.

[3] Bertrand Russell, *Probleme der Philosophie* (Frankfurt a. M., Suhrkamp 1967), Kap. 9.

Ordnung haben, die selbst eine universale sein wird. Und wenn der Nominalist versucht, diese Universalie zu vermeiden, indem er seine ursprüngliche Strategie erneut anwendet, wird er auf einer noch höheren Ebene, *ad infinitum*, wieder mit demselben Problem konfrontiert werden.

8. *Das „Auch Wörter sind Universalien"-Problem*: Der Nominalist behauptet, dass es keine Universalien wie Röte gebe, nur allgemeine Ausdrücke wie „rot". Diese Behauptung ist jedoch offensichtlich in sich widersprüchlich, da der Ausdruck „rot" selbst universal ist. Sie sprechen das Wort „rot" aus, ich spreche das Wort „rot", Sokrates äußert das Wort „rot", und es sind alles offensichtlich bestimmte Äußerungen desselben Wortes, das über unsere verschiedenen Äußerungen hinaus existiert. (Wie die Philosophen gewöhnlich sagen, ist jede Äußerung ein anderes *token* desselben *type*.) Tatsächlich ist dies der einzige Grund, warum der nominalistische Vorschlag die ihm zukommende Plausibilität hat: Dass ein und dasselbe Wort für viele Dinge gilt, kann ausreichen, um (bei einer oberflächlichen Analyse jedenfalls) unseren intuitiven Sinn zu erfassen, dass es etwas Gemeinsames gibt. Doch wenn es ein und dasselbe Wort ist, dann haben wir, da es verschiedene Äußerungen davon gibt, genau die Art von „Eines über viele"-Situationen, die der Nominalist vermeiden möchte. Um diesem Ergebnis zu entgehen, könnte der Nominalist vorschlagen, dass, wenn Sie, ich und Sokrates jeweils „rot" sagen, wir tatsächlich *nicht* das gleiche Wort sprechen, sondern nur Wörter, die einander ähneln. Das wäre natürlich absurd. Es würde auch bedeuten, dass Kommunikation unmöglich wäre, da wir niemals die gleichen Worte verwenden würden – tatsächlich würden Sie niemals dasselbe Wort mehr als einmal verwenden, selbst wenn Sie *mit sich selbst* sprechen, sondern nur einander ähnelnde Wörter – wobei sich die Frage stellt, was der Nominalist zu erreichen hofft, wenn er mit uns spricht. Darüber hinaus würde der Appell an die „Ähnlichkeit" die Tür wieder öffnen für das vitiöse Regress-Problem.

Ganz allgemein ist es sehr schwierig, den Nominalismus auf eine Weise zu verteidigen, die nicht heimlich durch die Hintertür eine Zuwendung zu Universalien oder anderen abstrakten Objekten zulässt, in welchem Fall diese Sichtweise sich selbst unterminiert. Aus solchen Gründen hofft der *Konzeptualismus*, den Realismus zu vermeiden, nicht indem er bestreitet, dass Universalien existieren, sondern eher, indem er leugnet, dass sie unabhängig vom menschlichen Bewusstsein existieren. Es ist der

Versuch eines Mittelweges zwischen Realismus und Nominalismus. Aber auch er steht vor unüberbrückbaren Schwierigkeiten.

9. *Das Argument von der Objektivität der Begriffe und des Erkennens*: Wenn Sie und ich den Begriff einer bestimmten Universalie haben – sagen wir, den Begriff Dreieckigkeit oder den der Röte –, dann haben wir jeweils *ein und denselben Begriff*, der sich auf ein und dieselbe Universalie bezieht. Es ist nicht so, dass Sie Ihren eigenen Begriff von Röte haben und ich den meinigen, ohne dass sie etwas gemeinsam hätten. Wenn wir verschiedene Propositionen unterhalten, dann unterhalten wir in uns dieselben Propositionen. Wenn Sie zum Beispiel an das pythagoreische Theorem denken und über den Satz des Pythagoras nachdenken, denken wir alle über ein und dieselbe Wahrheit nach. Es ist nicht so, dass Sie über Ihren eigenen pythagoreischen Lehrsatz nachdenken und ich über den meinigen (was auch immer das bedeuten würde). Außerdem sind viele der Universalien und Propositionen, die wir unterhalten, dieselben wie jene, die von längst verstorbenen Menschen unterhalten wurden, und sie werden von Menschen unterhalten werden, die noch nicht existieren, lange nachdem wir tot sind. Wenn die menschliche Rasse aussterben würde und einige neue intelligente Wesen entstehen würden, könnten sie kommen, um die gleichen Universalien und Propositionen zu haben, die wir gehabt haben. Also sind Universalien und Propositionen keine bloßen Konstrukte des menschlichen Geistes, sondern haben eine Grundlage außerhalb des menschlichen Bewusstseins.

Bedenken Sie auch, dass dies der Fall sein muss, damit Kommunikation möglich ist. Nehmen wir an, dass, wie der Konzeptualismus meint, die Universalien und Propositionen, die Sie unterhalten, reine Konstrukte Ihres Geistes wären. Dann wäre es unmöglich, dass Sie und jemand anders jemals kommunizieren könnten. Denn wann immer Sie etwas sagen wie „Schnee ist weiß", wären die Universalien, auf die Sie sich beziehen, und die Aussagen, die Sie ausdrücken, Dinge, die nur in Ihrem eigenen Verstand existierten und somit für jeden anderen unzugänglich wären. Ihre Vorstellung von Schnee würde sich völlig von meiner Vorstellung von Schnee unterscheiden, und da Ihre Idee die einzige wäre, zu der Sie Zugang hätten, und meine Idee die einzige wäre, zu der ich Zugang hätte, würden wir niemals dasselbe meinen, wenn wir über Schnee gesprochen hätten oder über irgendetwas anderes. Aber das ist absurd. Wir sind in der Lage, dieselben Begriffe und Propositionen zu kommunizieren und zu verstehen. In der Tat müssen wir dazu in der Lage sein, ob wir dem

Konzeptualismus zustimmen oder widersprechen. Daher können Universalien und Propositionen nicht bloße Konstrukte des menschlichen Geistes sein, sondern sie müssen ein Fundament außerhalb davon haben.

10. *Das Argument aus der Inkohärenz des Psychologismus*: Argumente wie das letztere sind verbunden mit dem Logiker Gottlob Frege, der sich darum bemühte, den wissenschaftlichen Status von Logik und Mathematik gegen eine als „Psychologismus" bekannte Lehre zu bewahren. Der Psychologismus tendiert dazu, die Gesetze der Logik und Mathematik auf bloße psychologische Prinzipien zu reduzieren, die die Funktionsweise des menschlichen Geistes regeln.[4] In dieser Sichtweise beschreiben Logik und Mathematik nicht die objektive Realität, sondern nur die Art und Weise, wie uns die Struktur unseres Geistes dazu bringt, über die Realität nachzudenken. Es gibt deutliche Ähnlichkeiten zwischen dem Konzeptualismus und dieser Sichtweise. Wenn man (wie manche Relativisten es nennen würden) den Vorschlag hinzufügt, dass die Art und Weise, wie unser Verstand strukturiert ist, durch kontingente und sich entwickelnde biologische, soziale, historische und kulturelle Umstände bestimmt wird, ist das Ergebnis eine sehr radikale Form des Relativismus, nach der all unsere Begriffe, ebenso wie Logik, Mathematik, Wissenschaft usw. kulturell bedingt sind und einer Veränderung unterliegen, ohne notwendige Verbindung zur objektiven Realität.

Das ist radikal und völlig inkohärent, wie es der Psychologismus und der Konzeptualismus im Allgemeinen sind. Denn wenn wir sagen, dass unsere Begriffe, die Maßstäbe der Logik und dergleichen nicht durch irgendeine Übereinstimmung mit der objektiven Realität bestimmt sind, sondern durch die Auswirkungen zufälliger Kräfte der Geschichte, der Kultur und dergleichen auf unseren Geist oder sogar durch biologische Evolution, dann müssen wir einen Ansatz, eine Theorie liefern, wie das genau funktioniert. Wir müssen genau sagen, welche biologischen und kulturellen Kräfte verantwortlich waren, wie sie unseren Geist formten und so weiter. Wir müssen auch Argumente zur Verteidigung dieses Ansatzes geben. Aber eine solche Beschreibung wird notwendigerweise verschiedene Universalien nennen (z. B. den *darwinistischen Selektionsdruck, Klasseninteressen, genetische Mutationen und soziale Trends*) und wissenschaftliche und mathematische Prinzipien, die die relevanten Prozesse regeln. Um die Beschreibung zu verteidigen, bedarf es eines Appells an die Logik. Doch

[4] Vgl. zum Beispiel Freges Aufsatz *Der Gedanke*.

gerade diese Dinge sind es, die in der fraglichen Ansicht keine objektive Gültigkeit besitzen und (da sie angeblich in ihrer Existenz von unserem Verstand abhängen) nicht existierten, bevor unser Geist existierte. Daher untergräbt sich diese Art von Sichtweise vollständig selbst.

Nehmen wir jedoch an, dass der Konzeptualist oder der Verteidiger des Psychologismus Kant folgt und die weniger radikale Position einnimmt, dass, obwohl unsere Begriffe und Standards der Logik und Mathematik nur die Vorgänge unseres eigenen Denkens und nicht die objektive Realität widerspiegeln, dies eine *notwendige* Tatsache bezüglich unseres Selbst ist, etwas, das weder durch biologische noch durch kulturelle Evolution verändert werden kann. Bewahrt dies die Ansicht vor Inkohärenz? Ganz und gar nicht. Der Verfechter einer solchen Sichtweise wird uns erneut erklären müssen, wie er all das *weiß* und wie unser Geist überhaupt dahin gelangt ist. Und wenn er an Begriffe, logische Standards usw. appelliert, von denen er uns gerade gesagt hat, dass sie keine Verbindung zur objektiven Realität haben und für ihre Existenz völlig auf unseren Verstand angewiesen sind, dann hat er effektiv seine eigene Sache untergraben.

Auf der anderen Seite ist es so, dass, insofern er behauptet, dass es eine notwendige Tatsache unseres Verstandes ist, dass wir die Begriffe, die Standards der Logik und so weiter haben, er dadurch behauptet, dass wir Kenntnis von der objektiven Natur der Dinge haben – speziell von der objektiven Natur dessen, wie unser Bewusstsein arbeitet – gerade von der Art, die durch seine Theorie ausgeschlossen werden sollte. Denn um seinen Ansatz zu formulieren und zu verteidigen, muss er sich an bestimmte Universalien (wie *Bewusstsein*), logische Standards und so weiter halten; und wieder behauptet seine Theorie, dass diese keine objektive Gültigkeit haben. Also ist er in einem Dilemma: Wenn er darauf besteht, wie es seine Theorie tun muss, dass unsere Begriffe, Maßstäbe der Logik usw. keine objektive Gültigkeit haben, dann kann er nicht einmal seine eigene Position verteidigen. Wenn er, um seinen Anspruch, über die objektive Natur unseres Geistes etwas zu wissen, zu rechtfertigen, behauptet, dass sie Gültigkeit haben, dann widerspricht er seiner eigenen Ansicht, gerade indem er sie verteidigt. Wiederum ist die Ansicht einfach inkohärent.

Daher muss *eine* Version des Realismus über abstrakte Objekte wie Universalien, Propositionen, Zahlen und andere mathematische Objekte und mögliche Welten korrekt sein. Aber welche? Es gibt drei Alternativen: den *platonischen Realismus*, den *aristotelischen Realismus* und den *scholastischen Realismus*. Betrachten wir sie nacheinander.

Die platonische Form des Realismus – benannt nach Platon, der als Erster eine Version davon formulierte – besagt, dass, wenn die abstrakten Objekte, die wir besprochen haben, für ihre Existenz weder auf der materiellen Welt noch auf dem menschlichen Verstand beruhen, sie in einem „dritten Bereich" existieren müssen, der weder materiell noch mental ist. Dies ist das berühmte Reich platonischer Formen – Entitäten, die außerhalb von Zeit und Raum existieren und denen die Dinge unserer Erfahrung nur unvollkommen „ähneln" oder die „daran teilhaben". Die universale *Dreieckigkeit* existiert zum Beispiel in diesem dritten Bereich als Form des Dreiecks, und die Dreiecke unserer Erfahrung sind Dinge der Art, wie sie sind, weil sie an dieser platonischen Form „teilhaben" und ihr „ähneln", wenn auch nur annähernd. Das universale Menschsein existiert im dritten Bereich als die Form des Menschen, und die Menschen unserer Erfahrung sind das, was sie sind, weil sie an dieser Form „teilhaben" und ihr „ähneln". Und so weiter für jedes andere Universale. Auch Zahlen, Propositionen und mögliche Welten sind, zumindest bei einigen Variationen dieser Grundidee, nach diesem Modell der Formen zu denken – als Objekte, die in einem „dritten Bereich" außerhalb der raumzeitlichen Welt und außerhalb eines Geistes existieren.

Es gibt eine Reihe von bekannten Problemen mit diesem platonischen Realismus. Zum Beispiel scheinen platonische Formen und andere Bewohner des „dritten Bereichs" kausal unwirksam zu sein. Wir wissen, dass materielle Dreiecke, wie zum Beispiel ein Billardtisch oder eine Glocke, Auswirkungen auf andere Dinge haben können. Zum Beispiel wird ein Billardrack die Billardkugeln in einer bestimmten Form anordnen, und eine Essensklingel, wenn sie geläutet wird, macht einen Ton, den wir hören können. Wir wissen auch, dass unser Begriff der universalen Dreieckigkeit Auswirkungen auf andere Dinge haben kann. Zum Beispiel verleiht ein Architekt der pyramidalen Struktur ihre charakteristische Form, indem er den Begriff der Dreieckigkeit kennt und ihn bei der Erstellung der Pläne anwendet. Aber was wäre mit der Dreieckigkeit, abstrakt und für sich allein genommen – nicht in einem materiellen Dreieck existierend und nicht in irgendeinem Bewusstsein, sondern irgendwie als ein eigenständiges Objekt – um etwas zu verursachen? Wie könnte sie das tun, wenn es an kausalen Kräften mangelte, von denen wir wissen, dass sie materiellen Objekten und Gedanken zukommen? Wenn es aber keine kausalen Kräfte und damit keine Auswirkungen auf irgendetwas gäbe, dann würde daraus folgen, dass keinerlei Auswirkungen auf uns stattfänden. Und in diesem Fall fragt sich, wie wir überhaupt davon wissen könnten? Darüber hinaus hat die Dreieckigkeit als solche keine Auswirkungen auf einzelne materielle Objekte, wie auf das dreieckige Billardkugelgestell oder die Glocke. Aber in diesem Fall fragt sich wieder, wie es sein kann, dass dies *erklärt*, warum diese Dinge zu dem bestimmten Muster passen, wie sie es tun?

Ein zweites Problem ist, dass der platonische Realismus eine Form als etwas betrachtet, das sowohl universal ist, d. h. in vielen Dingen instanziiert ist, als auch als ein bestimmtes, individuelles Ding an sich. Dies scheint inkohärent zu sein und zu Paradoxien zu führen. Nehmen wir zum Beispiel die Form des Menschen. Einzelne Menschen sind nur Menschen, weil sie an dieser Form „teilhaben“, sagt der platonische Realist. Aber wenn die Form des Menschen selbst ein individuelles Objekt ist, bedeutet das dann nicht, dass es eine andere Form geben muss, an der dieses individuelle Objekt „teilhat“ und auf die es spezifisch als die Form des Menschen anspielt? Müssen wir nicht eine Superform des Menschen über die Form des Menschen hinaus setzen, an der sowohl der einzelne Mensch als auch die Form des Menschen selbst „teilhaben“? Müssten wir nicht über die Superform, an der die Form des Menschen, die Superform und einzelne Menschen „teilhaben“, eine Super-Super-Form des Menschen setzen? Wir scheinen in einen unendlichen Regress und in Absurdität geführt zu werden.

Dieser Einwand – bekannt als das Argument des „Dritten Mannes“ – wurde von Platon selbst erhoben, und seine Kraft ist seit Jahrtausenden umstritten. Ein deutlicherer Einwand ist jedoch der folgende. Betrachten Sie eine Universalie wie Tierheit. Jedes einzelne Tier ist entweder rational (wie wir Menschen) oder nichtrational (wie alle anderen Tiere). Aber was ist mit Animalität selbst? Gerade weil sie universal ist, muss sie sowohl für rationale als auch nichtrationale Tiere gelten. Aber sie kann nicht sowohl Rationalität als auch Nichtrationalität umfassen, denn diese beiden sind widersprüchlich. Wir müssen also sagen, dass sie von Natur aus weder Rationalität noch Nichtrationalität beinhaltet. Aber kein einzelnes Individuum kann *weder* rational noch nichtrational sein. Jedes existierende Ding muss das eine oder das andere sein. Daher kann nicht gesagt werden, dass die universale Tierheit als ein individuelles Ding an sich existiert; das heißt, sie kann nicht wirklich als platonische Form gedacht werden.

Ein drittes Problem des platonischen Realismus ist die Tatsache, dass er die Ansicht impliziert, dass die Wesenheiten oder die Naturen der Dinge unserer Erfahrung nicht in den Dingen selbst sind, sondern im platonischen „dritten Bereich" existieren. Das Wesen oder die Natur eines Baumes ist zum Beispiel nicht im Baum selbst zu suchen, sondern in der Form des Baumes; das Wesen eines Menschen ist nicht in einem Menschen zu suchen, sondern in der Form des Menschen und so weiter. Wenn nun Baumhaftigkeit nicht in einem Baum, noch Menschlichkeit in einem Menschen zu finden ist, dann ist es schwer zu sehen, wie das, was wir einen Baum nennen, tatsächlich als ein Baum existiert oder wie das, was wir ein menschliches Wesen nennen, wirklich als menschliches Wesen existiert. In der Tat werden die Bäume und Menschen, die wir sehen, von Platon nur als unvollkommene bezeichnet, die „etwas" ähneln, nämlich den Formen. Was wir also einen Baum nennen, scheint am Ende des Tages nicht wirklich baumartiger zu sein als eine Statue oder das Spiegelbild eines Baumes. Was wir Menschen nennen, scheint nicht wirklich menschlicher zu sein als eine Statue oder das Spiegelbild eines Menschen und so weiter. Aber das ist absurd.[5]

Jedenfalls ist es aus der Sicht des aristotelischen Realisten absurd, der unabhängige Gründe hat, einen Baum oder ein menschliches Wesen als eine Substanz zu betrachten, die für sich selbst existiert (und nicht nur ein Bild oder eine Reflexion ist oder in anderer parasitärer Weise in Bezug auf etwas anderes existiert) und eine intrinsische Quelle ihrer Eigenschaften und charakteristischen Aktivitäten hat (im Gegensatz zu ihrer vollständigen Ableitung aus einer extrinsischen Quelle).[6] Der aristotelische Realismus leugnet daher, dass Universalien in einem „dritten Bereich" der Formen existieren. Wie existieren sie aber dann? Betrachten wir noch einmal das Beispiel der universalen Animalität. In der Welt außerhalb des Geistes existiert Animalität nur in tatsächlichen Tieren und ist immer untrennbar mit Rationalität oder Nichtrationalität verbunden. Folglich gibt es in Sokrates Animalität, aber sie ist dort untrennbar mit seiner

---

[5] Vgl. P. Coffey, *Epistemology, or The Theory of Knowledge: An Introduction to General Metaphysics*, 2 Bde. (Gloucester, Mass.: Peter Smith, 1958), 1:292–97; and David S. Oderberg, *Real Essentialism* (London: Routledge, 2007), pp. 81–85.

[6] Zu den Gründen siehe die Darlegung und Verteidigung des aristotelischen Ansatzes der Substanz in Kap. 3 von Edward Feser, *Scholastic Metaphysics: A Contemporary Introduction* (Heusenstamm: Editiones Scholasticae, 2014).

Rationalität und speziell mit seiner Menschlichkeit verbunden. Und es gibt in Fido Animalität, aber sie ist dort untrennbar mit Nichtrationalität und speziell mit „Hundheit" verbunden. *Animalität*, die in *Abstraktion* von diesen Dingen betrachtet wird, existiert nur im Bewusstsein. Die Sinne beobachten diesen oder jenen einzelnen Menschen, diesen oder jenen individuellen Hund. Der Intellekt fährt fort, die besonderen, individualisierenden und differenzierenden Merkmale jedes dieser Elemente zu abstrahieren, und betrachtet die *Animalität* isoliert als universal. Diese aristotelische realistische Position ist nicht nominalistisch, weil sie Universalien annimmt. Aber sie ist auch nicht konzeptualistisch, weil sie zwar daran festhält, dass Universalien, *die in Abstraktion von anderen Merkmalen betrachtet* werden, nur im Verstand existieren, aber auch daran, dass Universalien in den extramentalen Dingen selbst existieren (obwohl sie immer mit anderen Merkmalen verbunden sind). Die Universalien werden *von diesen extramentalen Dingen* durch den Verstand abstrahiert, anstatt freie Kreationen des Geistes zu sein.

Aristotelische Realisten betonen, dass Abstraktion im Wesentlichen ein mentaler Prozess ist, so dass abstrakte Objekte im Wesentlichen an den Verstand gebunden sind. Obwohl *Animalität, Dreieckigkeit, Röte, Menschlichkeit* und so weiter in der bewusstseinsunabhängigen Wirklichkeit existieren, existieren sie dort nicht als abstrakte Objekte, sondern nur als an konkrete Individuen gebunden. Und obwohl *Animalität, Triangularität, Röte, Menschlichkeit* usw. gleichwohl als abstrakte Objekte existieren können, existieren sie nicht in einer bewusstseinsunabhängigen Realität. Es gibt keinen dritten platonischen alternativen Weg, in dessen Sinne Universalien existieren – nämlich sowohl abstrakt *als auch* unabhängig vom Geist. Oder wie David Oderberg die Ansicht zusammenfasst:

> Bedenken Sie, was alle Quadrate gemeinsam haben: Es gibt etwas, das sie buchstäblich teilen, nämlich die Rechtwinkligkeit. Aber man könnte sich beschweren: „Wir stoßen nie auf Rechtwinkligkeit, nur auf quadratische Dinge." Darauf erwidert der [aristotelische] Realist, dass wir ständig auf Rechtwinkligkeit stoßen – in den quadratischen Dingen. „Aber ich meine, wir treffen in der Abstraktion nie auf Rechtwinkligkeit." Darauf lautet die Antwort, dass dies richtig ist: Wir stoßen im Abstrakten niemals auf die Rechtwinkligkeit, weil die Rechtwinkligkeit im Abstrakten nichts ist, dem wir begegnen können – was sollte denn eine solche Begegnung sein? Wir stoßen im

> Abstrakten nicht auf Rechtwinkligkeit, weil die Rechtwinkligkeit etwas ist, was *wir* abstrahieren – *von den quadratischen Dingen*. Kurz gesagt, nichts Abstraktes existiert ohne Abstraktion. Und Abstraktion ist ein *intellektueller* Prozess, durch den wir erkennen, was buchstäblich von einer Vielzahl verschiedener Dinge geteilt wird."[7]

Eine aristotelisch-realistische Analyse kann auch gegeben werden von zumindest einigen möglichen und notwendigen Wahrheiten. Denn für den Aristoteliker wird das, was an einem Ding möglich oder notwendig ist, durch sein Wesen bestimmt, und sein Wesen ist (abgesehen von der Abstraktion des Geistes) etwas, das in der Sache selbst und nicht in irgendeinem platonischen „dritten Bereich" existiert. So ist es zum Beispiel leicht möglich, dass der durchschnittliche Mensch zehn Sekunden lang den Atem anhält, aber es ist unmöglich für ihn, die Atmung für zehn Stunden anzuhalten, und es ist notwendig, dass er nicht wieder lebendig werden kann, wenn er gestorben ist, zumindest nicht mit natürlichen Mitteln. Diese Möglichkeiten, Unmöglichkeiten und Notwendigkeiten sind in der menschlichen Natur begründet, und wenn der Geist das universale Menschsein von den einzelnen Menschen abstrahiert, die ihm begegnen, kann er daraus auch andere Möglichkeiten, Unmöglichkeiten und Notwendigkeiten ableiten. Es ist auch unmöglich, dass zwei Männer und zwei weitere Männer zusammen zwanzig Männer bilden, und es ist notwendig, dass sie sich zu vier Männern addieren. Diese Wahrheiten sind nicht nur in den Naturen der Menschen begründet, sondern auch in allen anderen Dingen, und wenn der Geist noch allgemeinere mathematische Merkmale der Dinge abstrahiert, kann er daraus weitere mathematische Wahrheiten ableiten.

Es gibt jedoch Universalien, Propositionen, mathematische Objekte, Notwendigkeiten und Möglichkeiten, mit denen der aristotelische Realist Schwierigkeiten hat, sich auseinanderzusetzen. Nehmen wir zum Beispiel an, dass keine materielle Welt oder überhaupt kein menschlicher Verstand existiert hätte. Dies ist sicherlich möglich. Es wäre aber auch unter diesen Umständen möglich gewesen, dass eine materielle Welt und ein menschlicher Geist *entstehen*. Was würde *diese* Möglichkeit begründen? Es kann nicht im Wesen oder in der Natur eines materiellen Gegenstandes begründet sein, da es in diesem Fall keine materiellen Objekte gegeben

[7] Oderberg, *Real Essentialism*, p. 83 (Hervorhebungen im Original).

hätte. Ebenso wenig könnte es im Wesen oder in der Natur materieller Objekte begründet sein, zumindest nicht, sofern sie von einem menschlichen Geist abstrahiert und erfasst wurden, da nach der Hypothese in diesem Fall kein menschlicher Geist existieren würde.

Oder denken Sie an Dinge, die nicht nur hätten nicht existieren können, sondern die tatsächlich niemals existierten – Einhörner, Zentauren, Meerjungfrauen und dergleichen. Es ist zumindest möglich, dass solche Dinge existieren, und Einhörnigkeit, Zentaurität, Meerjungfräulichkeit usw. sind Universalien, auch wenn sie nicht instanziiert sind. Was nun ihre Möglichkeit begründet, kann nicht die Wesenheit oder Natur der tatsächlichen Einhörner, Zentauren und Meerjungfrauen sein, da es solche Dinge nie gegeben hat. Ebenso wenig kann ihre Möglichkeit im menschlichen Bewusstsein begründet sein, das die Ideen dieser Dinge unterhält, denn diese Dinge waren alle möglich, noch bevor der menschliche Verstand diese Ideen hegte. Aber was kann dann die Möglichkeit dieser „reinen Möglichkeiten" (wie sie manchmal genannt werden) begründen?

Bedenken Sie auch noch einmal, dass es Propositionen gibt, die unabhängig davon wahr wären, ob nun die materielle Welt oder irgendein menschlicher Geist existiert. Zum Beispiel wäre die Proposition, *dass es keine materielle Welt oder keinen menschlichen Geist gibt*, wahr, wenn die materielle Welt und der menschliche Verstand morgen aus der Existenz verschwinden würden, und sie wäre wahr gewesen, auch wenn keines von beiden überhaupt existiert hätte. Die Proposition, *dass Caesar an den Iden des März ermordet wurde* – und jeder andere Satz über historische Ereignisse –, würde auch dann wahr bleiben, wenn die materielle Welt und der menschliche Verstand morgen aus der Existenz verschwunden wären.

Dann gibt es die notwendigen Wahrheiten der Mathematik und Logik. Auch diese wären wahr gewesen, ob nun irgendeine materielle Welt oder ein menschlicher Geist jemals existiert hätte oder nicht, und sie würden wahr bleiben, selbst wenn die gesamte materielle Welt und alle menschlichen Gedanken morgen aus der Existenz verschwinden würden. Was also begründet diese Notwendigkeit?

Dies bringt uns schließlich zum *scholastischen* Realismus, der im Wesentlichen aristotelisch ist, aber dem platonischen Realismus zumindest zugeneigt.[8] Wie der aristotelische Realismus bestätigt der scholastische

---

[8] Vgl. John Peterson, *An Introduction to Scholastic Realism* (New York: Peter Lang Publishing, 1999)

Realismus, dass Universalien nur entweder in den Dingen existieren, die sie instanziieren, oder in den Intellekten, die sie unterhalten. Er stimmt zu, dass es keinen platonischen „dritten Bereich" gibt, der sowohl von der materiellen Welt als auch von allen Intellekten unabhängig ist. Der scholastische Realist stimmt jedoch mit dem Platoniker überein, dass es einen Bereich geben muss, der sich sowohl von der materiellen Welt als auch von *menschlichen* und anderen endlichen Intellekten unterscheidet. Im Besonderen besagt er – und unterstützt damit eine These, die mit Augustinus in Verbindung gebracht wird –, dass Universalien, Propositionen, mathematische und logische Wahrheiten, Notwendigkeiten und Möglichkeiten in einem unendlichen, ewigen, göttlichen Intellekt existieren. Wenn also eine Form des Realismus wahr sein muss, aber der platonische Realismus und der aristotelische Realismus in vielerlei Hinsicht unzulänglich sind, dann muss die einzige verbleibende Version, der scholastische Realismus, richtig sein. Und da der scholastische Realismus dazu führt, dass es einen unendlichen göttlichen Intellekt gibt, muss es wirklich einen solchen Intellekt geben. Mit anderen Worten: Gott existiert.

Informelle Erklärung des Arguments: Stufe 2

Das ist jedenfalls der Grundgedanke dessen, was manchmal als das „Argument ewiger Wahrheiten" für die Existenz Gottes bezeichnet und historisch mit der augustinischen Philosophie verbunden und auch von Denkern wie G.W. Leibniz verteidigt wird. Lassen Sie uns die Argumentation deutlicher machen.

Wir haben gesehen, gegen Nominalismus und Konzeptualismus, warum eine Form des Realismus gegenüber abstrakten Objekten wie Universalien, Propositionen, Zahlen und anderen mathematischen Objekten und möglichen Welten wahr sein muss. Eine Implikation der Argumente war, dass, was auch immer für eine Art von Existenz diese Objekte haben, sie nicht von der materiellen Welt abhängen (oder zumindest sehr viele von ihnen nicht). Materielle Dinge sind immer partikulär. Da ist dieses besondere Dreieck und dort dieses, jenes besondere rote Objekt und dieses andere und so weiter. Aber Dreieckigkeit und Röte sind universal. Zumindest einige Sätze wären wahr, ob nun die materielle Welt existiert oder nicht, und dies gilt insbesondere für logische und mathematische Propositionen. Die materielle Welt ist kontingent, während einige

Propositionen, einschließlich der Propositionen der Mathematik und Logik, notwendigerweise wahr sind. Es gibt Möglichkeiten, die Möglichkeiten bleiben würden, ob die materielle Welt existiert oder nicht. Und so weiter. Also müssen diese abstrakten Objekte auf einem der beiden anderen Wege existieren, entweder in einem Intellekt oder einer Ansammlung von Intellekten oder in einem platonischen „dritten Bereich". Aber die Vorstellung eines „dritten Bereichs" steht vor unüberwindlichen Problemen, was bedeutet, dass diese abstrakten Objekte in einem Intellekt oder einer Ansammlung von Intellekten existieren müssen.

Nun, es kann kein menschlicher Intellekt sein, auf den sie letztlich für ihre Existenz angewiesen sind, weil der menschliche Intellekt kontingent ist. Er entsteht und vergeht. Zu einer früheren Zeit gab es keinen menschlichen Intellekt, und es könnte geschehen, dass irgendwann in der Zukunft alle menschlichen Intellekte aus der Existenz verschwinden. Also bleiben notwendige Wahrheiten und Möglichkeiten, ob jemals ein menschlicher Intellekt existierte oder nicht, ebenso Universalien, die auch dann instanziiert werden könnten, wenn kein Mensch jemals existiert hätte, Propositionen, die auch dann wahr wären, wenn kein Mensch existierte, und so weiter – sie können hinsichtlich ihrer Existenz nicht vom menschlichen Intellekt abhängen. Beachten Sie auch, dass sie aus dem gleichen Grund nicht vom Intellekt anderer kontingenter Kreaturen als des Menschen abhängig sein können. Angenommen, es gibt Außerirdische mit materiellen Körpern, vielleicht Körpern, die sich radikal von unseren unterscheiden. Gerade weil sie, wie wir, entstehen und vergehen und auch nicht existieren könnten, gilt für die Beziehung zwischen abstrakten Objekten und *ihren* Intellekten dasselbe, was für die Beziehung zwischen abstrakten Objekten und unserem Verstand gilt. Oder nehmen wir an, es gibt völlig körperlose Intellekte – Engel, die nicht wie wir sterben. Da sie dennoch kontingent sind (auch ein Engel existiert nicht in *absolut* notwendiger Weise, sondern wird nur existieren, wenn Gott sich entschließt, ihn zu erschaffen), folgt, dass notwendige Wahrheiten und mögliche Welten möglich bleiben, ob nun ein Engel existiert oder nicht; Universalien, die auch dann instanziiert werden können, wenn kein Engel jemals existierte; Propositionen, die wahr wären, selbst wenn kein Engel existierte, und so weiter – sie können hinsichtlich ihrer Existenz nicht von Engeln abhängig sein.

Der einzige Intellekt, von dem diese abstrakten Objekte schließlich für ihre Existenz abhängen könnten, wäre ein Intellekt, der in *absolut notwendiger Weise* existiert, ein Intellekt, der *unmöglich nicht existieren* kann. Könnte es mehr als *einen* solchen ultimativen Intellekt geben? Könnten wir nicht annehmen, dass diese oder jene möglichen Welten, notwendigen Wahrheiten, Universalien usw. in dem notwendigerweise existierenden Intellekt A existieren und eine andere Gruppe von möglichen Welten, notwendigen Wahrheiten, Universalien usw. in dem notwendigerweise existierenden Intellekt B existieren?

Das kann nicht stimmen. Betrachten wir zunächst, dass die fraglichen abstrakten Objekte nicht unabhängig voneinander sind, so dass ihr *letzter* Grund in einem verschiedenen, notwendigerweise existierenden Geist liegen könnte. Sie bilden vielmehr ein ineinandergreifendes System.[9] Hier einige Beispiele dafür. Angenommen, die traditionelle Definition eines Menschen als vernünftiges Sinneswesen ist richtig. (Ob sie tatsächlich korrekt ist, ist für die gegenwärtigen Zwecke irrelevant; sie dient nur der Illustration). Um die Universalie *Menschsein* adäquat erfassen zu können, bedarf es auch eines Verständnisses der Universalien *Animalität* und *Rationalität*. Und diese zu erfassen, erfordert natürlich ein Verständnis der weiteren Universalien, in Bezug auf die sie definiert werden sollen. Ein adäquates Verständnis jeder einzelnen Universalie erfordert daher die Erfassung eines ganzen Netzwerks von Universalien.

Bedenken Sie auch, dass das Verständnis dieser Universalien notwendig ist, um die Propositionen, in denen sie enthalten sind, zu verstehen. Zum Beispiel muss man die Universalie *Menschlichkeit* und die Universalie *Sterblichkeit* verstehen, um die Proposition zu verstehen, dass alle Menschen sterblich sind. Und jede Proposition ist auch auf verschiedene Weise logisch mit jeder anderen verbunden. Die Proposition, dass alle Menschen sterblich sind, und die Proposition, dass Sokrates ein Mensch ist, sind logisch mit der Behauptung verbunden, dass Sokrates sterblich ist. Die Proposition, dass alle Menschen sterblich sind, und die Proposition, dass Katzen Vierbeiner sind, führen nicht logisch zu der Annahme, dass es in Cleveland regnet. Jede Proposition wird mit anderen Propositionen entweder konsistent sein oder nicht konsistent sein. Jede Proposition kann mit jeder anderen auf verschiedene Arten kombiniert werden, um zusammengesetzte Propositionen zu bilden, deren Wahrheitswerte durch die Wahrheitstafeln gegeben werden, die den Schülern der Logik

---

[9] Dies war ein Punkt, der von Leibniz hervorgehoben wurde. Siehe die Diskussion der relevanten Texte in Robert Merrihew Adams, *Leibniz: Determinist, Theist, Idealist* (Oxford: Oxford University Press, 1994), p. 181.

vertraut sind. Und so weiter. Zu diesen Propositionen gehören natürlich Propositionen über das Notwendige und das Mögliche sowie über logische und mathematische Propositionen.

Nun würden diese logischen Beziehungen gelten, unabhängig davon, ob die materielle Welt existiert oder nicht und ob ein endlicher Geist existiert oder nicht. Es muss also ein notwendigerweise existierender Intellekt vorhanden sein, der *alle* logischen Beziehungen zwischen *allen* Propositionen (und damit allen Universalien) erfasst, einschließlich derjenigen über das Mögliche und Notwendige und über Zahlen und andere mathematische Objekte. Also müssen alle abstrakten Objekte, über die wir gesprochen haben, in diesem Intellekt existieren. Beachten Sie auch, dass die Anzahl dieser Propositionen und logischen Beziehungen unendlich ist. (Dies ergibt sich schon allein aus der Tatsache, dass die Anzahl der mathematischen Sätze unendlich ist. Zum Beispiel gibt es für jede Zahl eine wahre und eine falsche Proposition, ob sie ungerade oder gerade ist. Und jede andere Proposition wird mit jeder dieser Propositionen entweder konsistent oder inkonsistent sein). Dieser notwendigerweise existierende Intellekt ist also einer, der eine *unendliche* Anzahl von Universalien, Proposition, möglichen Welten usw. erfasst. Und es gibt einen offensichtlichen Sinn, in dem solch ein Intellekt allwissend sein würde. Er wäre das, was Robert Adams „ein *begrifflich* allwissendes Wesen nennt, ein Seiendes, das ewig alle Wesenheiten, Möglichkeiten und notwendigen Wahrheiten versteht".[10]

Der ultimative Grund für die Existenz der abstrakten Objekte, über die wir gesprochen haben, müsste also ein begrifflich allwissender, notwendig existierender Intellekt sein, nicht eine Ansammlung von Intellekten, von denen jeder weniger weiß als „alle Wesenheiten, Möglichkeiten und notwendigen Wahrheiten". Dennoch mag ein Kritiker fragen: Könnte es nicht doch mehr als einen solchen begrifflich allwissenden Intellekt geben? Und könnte einem solchen Intellekt dennoch die Kenntnis einiger *kontingenter* Wahrheiten fehlen, obwohl er alle möglichen und notwendigen Wahrheiten kennt und diese ihn daher nur in einem qualifizierten Sinne allwissend machen? Außerdem: warum sollten wir annehmen, dass ein solcher Intellekt Attribute wie Allmacht und vollkommene Güte haben

[10] Ibid. (Hervorhebung durch E.F.).

müsste?[11] Es scheint also, dass die Existenz eines allwissenden Intellekts nicht zur Gänze zur Existenz Gottes führt.

Aber solch ein Anschein wären irreführend. Bedenken Sie, dass ein Intellekt, der mit absoluter Notwendigkeit existiert, *rein aktual* sein müsste. Denn angenommen, seine Existenz setzt die Verwirklichung eines Potenzials voraus. In diesem Fall wäre seine Existenz kontingent von einer solchen Aktualisierung abhängig, so dass er nicht unbedingt notwendig wäre. Nun haben wir in Kapitel 1 gesehen, dass alles, was rein aktual ist, einzig sein muss, alle Macht haben muss und vollkommen gut sein muss. Aus den dort genannten Gründen muss dieser Intellekt auch unveränderlich, immateriell, unkörperlich und ewig sein. Daher muss ein notwendigerweise existierender allwissender Intellekt all diese Attribute auch haben. Er muss auch alle Wahrheiten, einschließlich der kontingenten, kennen. Denn wenn er weniger wüsste als alle diese Wahrheiten, dann hätte er ein nicht aktualisiertes Potenzial – das Potenzial, die Wahrheiten zu erkennen, die er eigentlich nicht kennt – und er wäre daher nicht rein aktual. Also muss er allwissend in einem unqualifizierten Sinn sein.[12]

Der Realismus abstrakter Objekte beinhaltet also die Existenz eines notwendigerweise existierenden Intellekts, der eins ist, allwissend, allmächtig, vollkommen gut, unveränderlich, immateriell, unkörperlich und ewig. Kurz gesagt, er beinhaltet die Existenz Gottes.

Ein Argument ähnlich dem, das ich in diesem Kapitel entwickelt habe, wurde von dem Philosophen Greg Welty vorgeschlagen, der darauf hinweist, dass es sechs Bedingungen gibt, denen eine adäquate Theorie der abstrakten Objekte entsprechen muss, und er argumentiert, dass das, was er „Theistic Conceptual Realism" nennt – was ich im Grunde scholastischen Realismus genannt habe –, am besten alle diese Bedingungen trifft.[13] Schauen wir uns kurz Weltys Ansatz an. Erstens muss eine adäquate Theorie in Betracht ziehen, dass abstrakte Objekte *Objektivität* aufweisen, insofern sie eine vom menschlichen Geist unabhängige Realität haben. Zweitens muss berücksichtigt werden, dass sie in einer *notwendigen* und nicht nur kontingenten Weise existieren. Drittens muss die

---

[11] Vgl. ibid., p. 180.

[12] Bedenken Sie auch, dass das, was aktual ist, eine Teilmenge dessen ist, was möglich ist. Wenn also ein Intellekt alle möglichen Wahrheiten kennt, muss er auch alle aktualen Wahrheiten kennen.

[13] Greg Welty, "Theistic Conceptual Realism", in *Beyond the Control of God? Six Views on the Problem of God and Abstract Objects*, ed. Paul M. Gould (London: Bloomsbury, 2014) pp. 81–96.

Theorie *Intentionalität* in Betracht ziehen, womit Welty meint, dass abstrakte Objekte die Welt in etwas darstellen, das so ist, wie es Gedanken tun. Zum Beispiel repräsentiert die Universalie *Dreieckigkeit* Dreiecke; die Proposition, *dass alle Menschen sterblich sind*, repräsentiert den Zustand aller Menschen, dass sie sterblich sind; mögliche Welten repräsentieren Weisen, wie die Dinge hätten sein können, und so fort.[14] Viertens muss eine adäquate Theorie der abstrakten Objekte *relevant* sein, um zu erklären, warum es die notwendigen und möglichen Wahrheiten gibt, die es gibt. Fünftens muss sie dem entsprechen, was Welty eine *Vollständigkeitsbedingung* nennt, insofern sie die Existenz einer zureichenden *Anzahl* abstrakter Objekte bestätigen muss, um alles zu erklären, dessen Existenz erklärt werden soll. Schließlich muss sie gleichzeitig die Bedingung der *Einfachheit* respektieren, indem sie nicht mehr Arten von Entitäten setzt, als notwendig ist.

Nun kann die Objektivitätsbedingung nicht von einer nominalistischen oder konzeptualistischen Theorie erfüllt werden, sondern nur von einer realistischen Theorie abstrakter Objekte.[15] Die *Intentionalitätsbedingung* deutet eher auf eine aristotelisch-realistische Position hin als auf eine platonische, da es einfacher ist zu sehen, wie abstrakte Objekte einen repräsentativen Inhalt haben können, wenn sie in einem Intellekt existieren, als wenn sie in einem „dritten Bereich" existieren. Die *Einfachheitsbedingung* weist auch eher auf den aristotelischen Realismus als auf den platonischen Realismus hin, da die erstere Sichtweise verlangt, dass wir nur zwei Bereiche festlegen – den Bereich der materiellen Objekte und den Bereich des Intellekts –, während der platonischen Realismus einen dritten Bereich erfordert. Die Bedingungen der *Notwendigkeit*, der *Vollständigkeit* und der *Relevanz* wiederum weisen eher in Richtung des scholastischen als in die des aristotelischen Realismus, der nicht auf einen göttlichen Intellekt verweist. Denn der menschliche und jeder andere endliche Verstand sind kontingent und sie können daher die Notwendigkeit abstrakter Objekte nicht erklären. Und da es Universalien, Propositionen, mögliche Welten, mathematische Wahrheiten usw. gibt, die niemals von

[14] Die abstrakten Objekte, auf die Welty sich selbst konzentriert, sind nur Propositionen und mögliche Welten.

[15] Welty selbst fasst den Begriff „Konzeptualismus" weiter als ich selbst, und zwar in einer Weise, die die aristotelischen realistischen Theorien einschließt. Auch in anderer Hinsicht entspricht seine Terminologie nicht genau der meinen. Aber der Unterschied zwischen unseren Ansätzen ist meines Erachtens eher terminologisch als inhaltlich.

irgendeinem menschlichen Verstand erfasst wurden, kann der aristotelische Realismus, wenn er nicht in eine scholastische Richtung gelenkt wird, die Bedingungen der Sättigung nicht erfüllen.

Schließlich weist die Relevanzbedingung auf den scholastischen Realismus hin, und zwar in der folgenden Weise. Auch hier gibt es abstrakte Objekte, die nicht plausibel von menschlichen oder anderen endlichen Bewusstseinen abhängen können. Natürlich kann der platonische Realismus mindestens viele von ihnen in Rechnung stellen. Aber es ist schwer zu begreifen, wie mögliche Welten, die als Bewohner eines platonischen „dritten Bereichs" betrachtet werden, irgendeine Bedeutung für das haben können, was in der Welt geschehen könnte. Betrachten Sie (um ein Beispiel von Welty zu verwenden) eine Zeichnung von Sokrates, der Nägel in Holz schlägt. Angenommen, wir erlauben, dass dies zumindest die Möglichkeit *repräsentiert*, dass Sokrates ein Zimmermann ist. Welty meint jedoch: „Es macht wenig Sinn zu glauben, dass ein Bild auf einem Blatt Papier ein Wahrmacher für bestimmte modale Aussagen über Sokrates ist, so dass Sokrates *kein* Zimmermann *hätte sein können*, wenn dieses Bild nicht existierte."[16] Aber warum genau würde eine mögliche Welt, in der Sokrates ein Zimmermann wäre, als eine in einem platonischen „dritten Bereich" existierende Entität verstanden, die ein plausiblerer Wahrmacher wäre als das Bild? Selbst wenn (wie das Bild) das platonische Objekt die Möglichkeit *repräsentieren* würde, dass Sokrates ein Zimmermann ist, warum sollte seine Existenz (mehr als die des Bildes) es wahrmachen, dass Sokrates ein Zimmermann gewesen sein könnte?

Der scholastische Realist hat dagegen eine Möglichkeit, die relevante Frage zu beantworten. Er nimmt mögliche Welten und andere abstrakte Objekte als Ideen im Intellekt einer allwissenden und allmächtigen Ursache der Welt an. So wie eine mögliche Welt, in der Sokrates ein Zimmermann ist, Sokrates zu einem Zimmermann machen kann, so hat eine göttliche Ursache kraft einer Idee die Macht, eine solche Welt im Lichte dieser Idee zu erschaffen, wenn sie sich dafür entschieden hat. Gottes Intellekt, Wille und Macht stellen eine Möglichkeit dar, dass abstrakte Objekte Relevanz haben für das, was in der Welt tatsächlich geschieht, was einem platonischen „dritten Bereich" fehlt.

---

[16] Welty, "Theistic Conceptual Realism", p. 92.

Eine formalere Erklärung des Arguments

Angesichts seiner Grundlage in der komplexen Debatte über Universalien und andere abstrakte Objekte hat das augustinische Argument für Gottes Existenz, das in diesem Kapitel entwickelt wurde, einige Wendungen genommen. Aber seine Grundausrichtung kann wie folgt zusammengefasst werden:

1. Es gibt drei mögliche Ansätze zu abstrakten Objekten wie Universalien, Propositionen, Zahlen und anderen mathematischen Objekten sowie möglichen Welten: den Realismus, den Nominalismus und den Konzeptualismus.
2. Es gibt entscheidende Argumente für den Realismus.
3. Es gibt unüberwindliche Einwände gegen den Nominalismus.
4. Es gibt unüberwindliche Einwände gegen den Konzeptualismus.
5. Also ist eine Version des Realismus wahr.
6. Es gibt drei mögliche Versionen des Realismus: den platonischen, den aristotelischen und den scholastischen Realismus.
7. Wenn der platonische Realismus wahr ist, dann existieren abstrakte Objekte in einem „dritten Bereich“, der entweder von der materiellen Welt oder irgendeinem Intellekt verschieden ist.
8. Wenn der aristotelische Realismus wahr ist, dann existieren abstrakte Objekte nur in menschlichen oder anderen kontingent existierenden Intellekten.
9. Wenn der scholastische Realismus wahr ist, dann existieren abstrakte Objekte nicht nur in kontingent existierenden Intellekten, sondern auch in mindestens einem notwendigerweise existierenden Intellekt.
10. Es gibt unüberwindliche Einwände gegen die Behauptung, abstrakte Objekte existierten in einem „dritten Bereich“, der sich weder in der materiellen Welt noch in irgendeinem Intellekt befindet.
11. Der platonische Realismus ist also nicht wahr.
12. Es gibt unüberwindliche Einwände gegen die Behauptung, dass abstrakte Objekte nur im menschlichen oder einem anderen kontingent existierenden Intellekt existieren.
13. Der aristotelische Realismus ist also nicht wahr.
14. Also ist der scholastische Realismus wahr.

15. Abstrakte Objekte existieren also nicht nur in kontingent existierenden Intellekten, sondern auch in mindestens einem notwendigerweise existierenden Intellekt.
16. Abstrakte Objekte wie Universalien, Propositionen, Zahlen und andere mathematische Objekte sowie mögliche Welten sind logisch so miteinander verknüpft, dass sie ein ineinandergreifendes System von Ideen bilden.
17. Die Gründe für die Schlussfolgerung, dass zumindest einige abstrakte Objekte in einem notwendigerweise existierenden Intellekt existieren, beinhalten auch, dass dieses ineinandergreifende System von Ideen in einem notwendigerweise existierenden Intellekt existieren muss.
18. Also besteht dieses ineinandergreifende System von Ideen in mindestens einem notwendigerweise existierenden Intellekt.
19. Ein notwendigerweise existierender Intellekt wäre rein aktual.
20. Es kann nicht mehr als eine Sache geben, die rein aktual ist.
21. Es kann also nicht mehr als einen notwendigerweise existierenden Intellekt geben.
22. Ein Intellekt, in dem das in Frage stehende ineinandergreifende System von Ideen existierte, wäre begrifflich allwissend.
23. Also ist der notwendigerweise existierende Intellekt begrifflich allwissend.
24. Wenn dieser eine notwendigerweise existierende Intellekt nicht auch in dem stärkeren Sinne allwissend wäre, als dass er nur alle kontingenten Wahrheiten kennt, dann hätte er unrealisierte Potenziale und wäre daher nicht rein aktual.
25. Also ist er auch in diesem stärkeren Sinne allwissend.
26. Was rein aktual ist, muss auch allmächtig, vollkommen gut, unveränderlich, immateriell, unkörperlich und ewig sein.
27. Es gibt also genau einen notwendigerweise existierenden Intellekt, der rein aktual, allwissend, allmächtig, vollkommen gut, unveränderlich, immateriell, unkörperlich und ewig ist.
28. Aber wenn etwas so ist, dann ist das genau das, was es bedeutet, dass Gott existiert.
29. Also existiert Gott.

Widerlegung einiger Einwände

Die Debatte über den metaphysischen Status abstrakter Objekte ist mehr als dreiundzwanzig Jahrhunderte alt und überschneidet sich mit einer Vielzahl anderer Fragen – dem Problem der Universalien, der Metaphysik der Modalitäten und verschiedenen Themen in der Philosophie der Mathematik und der Sprachphilosophie. Es gibt weder eine Möglichkeit, all diese Fragen hier anzusprechen, noch kann ich alles ansprechen, was ein Nominalist, ein Konzeptualist oder ein Platoniker über die Probleme sagen könnte, die es zu behandeln gilt. Aber die Hauptlinien des Realismus im Allgemeinen und des scholastischen Realismus im Besonderen sind jetzt dargelegt worden, und einige Einwände, die speziell auf letzteren gerichtet sind, können angegangen werden.

Einige Kritiker wenden ein, dass, wenn Universalien, Propositionen, mögliche Welten usw. im göttlichen Intellekt als Ideen betrachtet werden, sie überhaupt keine wirklich abstrakten Objekte seien, sondern konkret.[17] Welty hat darauf hingewiesen hat, dass es mit diesem Einwand ein Problem gibt, da es selbst unter den heutigen Metaphysikern keinen Konsens über die Natur der abstrakten Gegenstände gibt.[18] Der Einwand beruht daher nicht auf einem bestimmten neutralen Verständnis ihrer Natur, das die Beweislast zu ihren Gunsten hat. Aristotelische und scholastische Realisten würden hinzufügen, dass dieser Einwand das zu Beweisende als feststehend betrachtet, selbst dann, wenn er einen Konsens zeitgenössischer Metaphysiker widerspiegeln würde. Für die aristotelischen und scholastischen Realisten *ist* ein abstraktes Objekt eben das, was der Intellekt bildet, wenn er von bestimmten Dingen *abstrahiert*. Während also der Kritiker behauptet, ein abstraktes Objekt *könne nicht* etwas sein, das in einem Intellekt existiert, besteht der Anspruch aristotelischer und scholastischer Realisten gerade darin, dass es *nur* etwas sein kann, was im Intellekt existiert. Nur die erstgenannte Behauptung zu äußern, bedeutet also nicht, zu *zeigen*, dass die letztgenannte Behauptung falsch ist, sondern setzt einfach voraus, dass sie falsch ist.[19]

---

[17] Vgl. z. B. die Bemerkungen bei Keith Yandell und William Lane Craig in "Response to Greg Welty", in Gould, *Beyond the Control of God?*, pp. 97–98 und 100–102.

[18] Greg Welty, "Response to Critics", in Gould, *Beyond the Control of God?*, pp. 107–11.

[19] Ein Teil des Problems besteht hier wahrscheinlich darin, dass zeitgenössische Philosophen dazu neigen, den Intellekt auf eine Weise zu begreifen, die sich sehr von der Art und Weise unterscheidet, wie Aristoteliker und Scholastiker ihn verstehen. Für zeitgenössische Philosophen bedeutet Denken im Wesentlichen einen „mentalen Zustand" zu haben, verstanden

Brian Leftow wendet sich gegen das, was er „deity theories“ der Möglichkeit und Notwendigkeit nennt, von denen die hier verteidigte scholastisch-realistische Position eine Instanz wäre.[20] Eine *deity theory* behauptet, dass das, was möglich oder notwendig ist, letztlich in der Natur Gottes begründet ist. Scholastische Realisten, die behaupten, Gott sei einfach oder nicht zusammengesetzt (eine Idee, die ich im letzten Kapitel erörtert habe und in späteren Kapiteln noch einmal aufgreifen werde), behaupten dies sicherlich. Denn weil Gott einfach oder nicht zusammengesetzt ist, müssen sein Intellekt, seine Kraft, seine Güte und so weiter und tatsächlich alle ein und dasselbe sein, unter verschiedenen Beschreibungen betrachtet. Wenn man also sagt, dass die Möglichkeiten und Notwendigkeiten in den Ideen des göttlichen Intellekts begründet sind, dann bedeutet das, dass sie in der Natur Gottes begründet sind.

Leftow ist einverstanden, dass die notwendigen Wahrheiten reiner Logik und Mathematik auf diese Weise in der göttlichen Natur begründet sind. Aber er denkt, dass es andere notwendige Wahrheiten gibt, die nicht so plausibel begründet sind. Angenommen, es ist eine notwendige Wahrheit, dass Wasser = H_2O ist. Aus einer *deity theory* würde dann folgen: die Tatsache, dass dies eine notwendige Wahrheit ist, folgt aus der Natur Gottes. Wenn also Gott existiert, ist es notwendig, dass Wasser = H_2O ist. Aber es würde auch ein weiteres folgen, so Leftow: Wenn es nicht notwendig

als ein konkretes Individuum, das entweder im Nervensystem oder in einer kartesischen immateriellen Substanz existiert. Für Aristoteliker und Scholastiker bedeutet Denken im Wesentlichen, die Form eines Dinges anzunehmen, ohne seine Materie oder andere individualisierende Merkmale aufzunehmen. Und dieser Ansatz spiegelt eine allgemeinere Reihe von metaphysischen und erkenntnistheoretischen Verpflichtungen wider, die sich auch radikal von denen unterscheiden, mit denen die meisten zeitgenössischen Philosophen vertraut sind. Für einen Überblick über das aristotelische und scholastische Verständnis des Intellekts und die Rolle, die die Abstraktion in ihrer Aktivität spielt, siehe Coffey, *Epistemology*, vol. 1, pt. 3, und Joseph Owens, *Cognition: An Epistemological Inquiry* (Houston: Center for Thomistic Studies, 1992), Kap. 5.

Wie Oderberg bemerkt (Real Essentialism, pp. 83–84), neigen zeitgenössische Philosophen auch dazu, die abstrakt-konkrete Unterscheidung in einer Weise zu zeichnen, die sich sehr von der Art unterscheidet, wie Aristoteliker und Scholastiker sie zeichnen würden. Zum Beispiel charakterisieren sie sie oft als eine Unterscheidung zwischen dem, was außerhalb der raumzeitlichen Ordnung existiert, und dem, was innerhalb der raumzeitlichen Ordnung existiert, und neigen dazu zu denken, dass etwas entweder abstrakt oder konkret ist – Punkt. Aber für Aristoteliker und Scholastiker hat etwas, was etwas abstrakt macht, wesentlich mit der Abstraktionskraft des Intellekts zu tun, und etwas kann konkret oder abstrakt sein, je nachdem, ob der Intellekt diese Macht ausgeübt hat. Daher kann dasselbe eine Ding – sagen wir, das Menschsein oder die Röte – sowohl konkret, in bestimmten Dingen, als auch abstrakt existieren, als vom Intellekt betrachtete Universalien.

[20] Brian Leftow, *God and Necessity* (Oxford: Oxford University Press, 2012), pp. 209ff.

wäre, dass Wasser = H_2O wäre, dann würde Gott nicht existieren. Und dies, schließt Leftow, macht Gottes Existenz von Tatsachen über Wasser abhängig, was kontraintuitiv ist.

Um zu sehen, was an diesem Einwand falsch ist, betrachten Sie das folgende parallele Beispiel. Es ist eine notwendige Wahrheit, dass 2 + 2 = 4 ist, und daraus folgt, dass es notwendig ist, dass, wenn Sie zwei Steine zu zwei anderen Steinen hinzufügen, Sie vier Steine bekommen. Aber dann (so könnte behauptet werden) würde auch folgen, dass für den Fall, dass es *nicht* notwendig wäre, dass Sie, wenn Sie zwei Steine zu zwei anderen Steinen hinzufügen, vier Steine bekommen, es auch nicht notwendig wäre, dass 2 + 2 = 4 ist. Und dies (so könnte das vorgebrachte Argument schließen) macht mathematische Wahrheiten von Fakten über Gesteine abhängig, was kontraintuitiv ist.

Nun ist es wohl offensichtlich, dass dieses Argument nicht feststellt, dass Wahrheiten der Mathematik von Tatsachen über Steine in irgendeinem relevanten Sinne „abhängen". Mathematische Wahrheiten beinhalten sicherlich *notwendige* Wahrheiten über Steine, ebenso wie sie gewisse notwendige Wahrheiten über alles andere beinhalten, aber gerade weil dies notwendige Wahrheiten sind, werden sie niemals durch die Mineralogie umgestürzt werden (eine Konsequenz, die natürlich in höchstem Maße kontraintuitiv sein würde, um es gelinde auszudrücken). Aber ebenso wenig beweist Leftows Argumentation, dass die göttliche Natur in irgendeinem interessanten Sinne von Tatsachen über Wasser „abhängt". Die göttliche Natur bringt gewisse notwendige Wahrheiten über das Wasser mit sich, so wie sie gewisse notwendige Wahrheiten über alles andere mit sich bringt, aber gerade weil es notwendige Wahrheiten sind, werden sie niemals von der Hydrologie umgestürzt werden (eine Konsequenz, die natürlich ebenso höchst kontraintuitiv sein würde).

Gewiss, Leftow behauptet nicht und muss auch nicht behaupten, dass *deity theories* implizit der bizarren These verpflichtet seien, dass Behauptungen über Gottes Existenz und Natur durch die Hydrologie umgestürzt werden könnten. Aber gerade das macht die Gründe für seine Behauptung, dass die *deity theory* kontraintuitive Implikationen hat, extrem schwer fassbar. Wenn wir uns nicht einen Fall vorstellen, in dem die Tatsachen über Wasser sich als falsifizierend für die Existenz Gottes herausstellen könnten – was genau ist dann die angebliche widersinnige „Abhängigkeit" der göttlichen Natur von den Tatsachen über Wasser?

Ferner ist es so, dass Leftow behauptet, dass, wenn es nicht notwendig wäre, dass Wasser = H_2O wäre, Gott (angesichts einer *deity theory* der Notwendigkeit) nicht existieren würde. Aber warum sollte jemand ernsthaft das Antezedens dieses Konditionals unterhalten? Angenommen, jemand sagte: „Betrachten wir ein Szenario, in dem zwei und zwei nicht notwendig vier ergeben; in einem solchen Szenario würde folgen ..." Die richtige Antwort wäre: „Whoa! Was meinst du? ‚Betrachten wir ein Szenario, in dem zwei und zwei nicht notwendig vier ergeben ...' Es *kann kein* solches Szenario geben, also müssen wir es nicht berücksichtigen! „Ähnlich kann der ‚deitiy theorist' Leftow antworten: ‚Was meinst du? *Wenn* Wasser nicht notwendig = H_2O wäre ...' Es *ist* notwendig, und das ist es, und so hat es keinen Sinn darüber nachzudenken, was folgen würde, wenn es nicht so wäre!"[21] Leftow, der denkt, dass die Notwendigkeit einer Wahrheit wie die Proposition, dass Wasser = H_2O ist, durch Gottes Willen feststeht (die Variation einer Sichtweise, die historisch als *Voluntarismus* bekannt ist), könnte darauf antworten, dass wir dies insofern zusammenhängend betrachten können, als der Satz „Wasser = H_2O" nicht notwendig gewesen wäre, wenn Gott es anders gewollt hätte. Aber diese Antwort würde einfach die Frage gegen die *deity theorists* aufwerfen, die diese voluntaristische Position ablehnen.

Ein anderer Einwand gegen das augustinische Argument, das ich vorgestellt habe, könnte genau auf die Idee zielen, die Adams „ein begrifflich allwissendes Seiendes" nennt, „ein Seiendes, das von Ewigkeit her alle Wesenheiten, Möglichkeiten und notwendigen Wahrheiten versteht".[22] Denn es könnte scheinen, dass dieser Begriff voraussetzt, dass es die Menge aller wahren Aussagen gibt. Aber Patrick Grim hat argumentiert, dass es keine solche Menge geben kann; und da es sie nicht geben kann, kann es auch kein allwissendes Wesen geben.[23] Insbesondere fordert Grim uns auf anzunehmen, dass es eine Menge S aller wahren Propositionen gibt. Betrachten wir nun das, was als das „Powerset" von S bezeichnet wird, d. h. die Menge, die aus allen Teilmengen von S besteht. Nach dem Satz von Cantor in der Mengenlehre enthält das Powerset einer Menge mehr Elemente als die Menge selbst. In diesem Fall enthält das Powerset von S mehr Elemente als S. In diesem Fall enthält S nicht wirklich alle Wahrheiten. Die Idee einer solchen Menge ist also inkohärent. Es

[21] Vgl. Welty, "Response to Critics", p. 108

[22] Adams, *Leibniz*, p. 181.

[23] Patrick Grim, "Logic and the Limits of Language", *Noûs* 22 (1988): 341–67.

kann keine Menge aller Wahrheiten geben. Aber Allwissenheit (behauptet Grim) verlangt, dass es eine solche Menge geben muss. Also kann es keine Allwissenheit geben.

Aber mit diesem Einwand gibt es mehrere Probleme.[24] Zum einen beweist das Argument zu viel, wie Alvin Plantinga betont hat.[25] Was Grim über alle *wahren* Propositionen sagt, würde auch von allen *Propositionen* gelten, seien sie wahr oder nicht. Das heißt, wenn Grim recht hat, kann es keine Menge aller Propositionen geben, geschweige denn eine Menge aller wahren Propositionen. Und in diesem Fall sollten wir keine kohärenten Aussagen über alle Propositionen machen können. Aber in der Tat *können* wir solche Behauptungen aufstellen. Zum Beispiel können wir sagen, dass alle Sätze entweder wahr oder falsch sind, und dass kein Satz sowohl wahr als auch falsch ist. Warum können wir also nicht kohärent von allen wahren Propositionen sagen, dass ein allwissendes Wesen sie kennen würde? Wir brauchen es auch nicht im Hinblick auf das Wissen einer *Menge* von Wahrheiten zu denken. Keith Simmons weist darauf hin, dass, selbst wenn es keine Menge aller von Gott gewussten Propositionen gibt, daraus nicht folgt, dass es eine bestimmte Proposition gibt, die Gott nicht kennt.[26] Das reicht für die Allwissenheit aus.

Schließlich scheint, wie William Wainwright nahegelegt hat, Grims Einwand auch ein Modell des göttlichen Wissens anzunehmen, das von denjenigen abgelehnt würde, die (wie scholastische Realisten es tun) behaupten, dass Gott absolut einfach oder nichtzusammengesetzt ist.[27] Insbesondere scheint der Einwand davon auszugehen, dass die Wahrheiten, die Gott kennt, mit diskreten Ideen im göttlichen Intellekt korrespondieren, die zusammen eine Menge bilden. Aber angesichts der göttlichen Einfachheit ist das, was wir in Bezug auf solche diskreten Ideen beschreiben, in Gott ein und dasselbe. Es gibt in Gott etwas *Analoges* zu dem, was wir im Falle unseres eigenen Intellekts ein Begreifen der Proposition nennen, *dass alle Menschen sterblich sind*, etwas *Analoges* zu dem, was wir ein Begreifen der Proposition nennen, dass Sokrates ein Mensch ist, und so weiter.

---

[24] Für eine nützliche Zusammenfassung der Antworten auf Grim siehe William Wainwright William Wainwright, “Omnipotence, Omniscience, and Omnipresence”, in *The Cambridge Companion to Christian Philosophical Theology*, ed. Charles Taliaferro und Chad Meister (Cambridge: Cambridge University Press, 2010), pp. 50–51.

[25] Patrick Grim and Alvin Plantinga, “Truth, Omniscience, and Cantorian Arguments”, *Philosophical Studies* 71 (1993): 267–306.

[26] Keith Simmons, “On an Argument against Omniscience”, *Noûs* 27 (1993): 22–33.

[27] Wainwright, “Omnipotence, Omniscience, and Omnipresence”, p. 50.

Aber das sind verschiedene Arten, das zu beschreiben, was in Gott wirklich ein und dasselbe ist.

Eine letzte Kritik am augustinischen Beweis kommt aus einer unerwarteten Ecke. Verteidiger des Arguments sind scholastische Realisten, aber nicht alle scholastischen Realisten sind Verteidiger des Arguments. Insbesondere sind einige Scholastiker der Auffassung, dass ihr Markenzeichen des Realismus zwar die korrekte Darstellung abstrakter Objekte ist, aber nicht die Grundlage für ein Argument für die Existenz Gottes, sondern eine These, die erst nach dem Beweis für die Existenz Gottes ins Spiel gebracht werden könne, auf der Grundlage von anderen, unabhängigen Gründen.[28] Zum Beispiel wendet Peter Coffey ein, dass das augustinische Argument voraussetze, dass das, was möglich ist, *ewig* und *notwendigerweise* möglich ist – zum Beispiel, dass Pferde und Einhörner (im Gegensatz zu runden Quadraten) vor jeder materiellen Welt und bevor endliche Geister existierten, möglich waren und möglich bleiben würden, selbst wenn die materielle Welt und kein endlicher Geist existieren würden. Aber wie können wir das wissen, wenn wir nicht *schon* wussten, dass es ein notwendig existierendes Wissen gibt, in dem diese Möglichkeiten begründet sind? Das Argument setzt auch voraus, dass es eine Ordnung von abstrakten Objekten gibt, die unabhängig von unserem Verstand sind, aber dies, so Coffey, ergibt sich aus einer Art kognitiver Illusion, zu der der Platonismus neigt.

Aber diese Einwände sind nicht sehr stark, so zumindest will es mir scheinen. Bedenken Sie zuerst, dass sogar ein Atheist zustimmen könnte, dass das, was möglich ist, ewig und notwendigerweise möglich ist. Ein solcher Atheist würde zwar zweifellos diese ewigen und notwendigen Möglichkeiten in Begriffen des platonischen Realismus begreifen – was der scholastische Realist ablehnt –, aber gerade deshalb braucht man, gegen Coffey, nicht *vorauszusetzen*, dass sie in einem notwendigerweise existierenden Intellekt existieren. Man bedenke auch, dass Coffey als scholastischer Realist selbst kaum behaupten kann, dass die Vorstellung einer Ordnung abstrakter, von unserem Bewusstsein unabhängiger Objekte völlig illusorisch sei, da er zustimmen würde, dass eine solche Ordnung im göttlichen Intellekt existiert. Was illusorisch ist, kann nur die platonische realistische Interpretation dieser Ordnung sein.

[28] P. Coffey, *Ontology, or The Theory of Being* (Gloucester, Mass.: Peter Smith, 1970), pp. 89–95; und Cardinal Mercier et al., *A Manual of Modern Scholastic Philosophy*, vol. 2 (St. Louis: B. Herder, 1933), pp. 32–35.

Wohlwollend geht Coffey davon aus, dass, wenn jemand die These akzeptiert, dass es eine Ordnung von abstrakten Objekten gibt, die unabhängig von allen endlichen Bewusstseinen existiert, diese Person entweder (a) diese Ordnung im Sinne eines platonischen Realismus verstehen muss, als einen „dritten Bereich" über die materielle Welt und den endlichen Verstand hinaus, oder (b) sie in scholastisch-realistischen Begriffen verstehen wird, als eine Ordnung von Ideen im göttlichen Intellekt. Aber (so scheint es Coffey zu meinen) wenn die Person (a) denkt, dann nimmt sie etwas Falsches an, während sie, wenn sie (b) denkt, nicht etwas Falsches annimmt, aber *voraussetzt*, dass es einen göttlichen Intellekt gibt, und daher die fragliche These nicht als Grundlage für ein nicht das zu Beweisende voraussetzendes *Arguments* behaupten kann, dass es einen göttlichen Intellekt gibt.

Aber das ist eine falsche Wahl. Jemand könnte stattdessen die These bestätigen, dass es eine Ordnung von abstrakten Objekten gibt, die in gewisser Weise unabhängig von allem endlichen Bewusstsein existiert, während er unbestimmt lässt, was genau das ist. In der Tat ist dies genau die These, die platonische Realisten und scholastische Realisten gemeinsam haben und auf deren Grundlage sie diskutieren können, welche ihrer Ansichten die Wahrheit der These am besten erklären. Da nun der Verteidiger des augustinischen Argumentes diese These annehmen kann, ohne (a) zu bestätigen, setzt er nichts Falsches voraus, und weil er die These ohne die Annahme von (b) akzeptieren kann, setzt er das zu Beweisende nicht voraus. Coffeys Einwand (wie ich ihn interpretiert habe) scheitert daher.

4

Der thomistische Beweis

Informelle Erklärung des Arguments: Stufe 1

In unserer Erfahrungswelt gibt es Steine, Bäume, Hunde, Menschen und eine Vielzahl anderer Dinge. Wir wissen, was diese Dinge sind, und wir wissen, dass sie Teil der Realität außerhalb unserer Gedanken sind. Beachten Sie, dass das, was wir über sie wissen, *zwei* verschiedene Dinge sind. Zuerst wissen wir, *was* sie sind. Sie wissen zum Beispiel, dass ein menschliches Wesen ein vernünftiges Tier ist. Das ist die *Natur* oder das *Wesen* eines Menschen. (Obwohl es für den gegenwärtigen Zweck noch unerheblich ist, ob Sie dieser traditionellen Definition eines Menschen zustimmen oder nicht. Setzen Sie eine andere Definition ein, wenn Sie das bevorzugen.) Zweitens wissen Sie, *dass es wirklich* Menschen gibt. Das heißt, Sie wissen, dass Menschen *existieren*.

So können wir unterscheiden zwischen dem *Wesen* eines Dinges und seiner *Existenz*, zwischen dem, *was* es ist, und der Tatsache, *dass* es ist. Nun, einige Unterscheidungen, die wir machen, sind lediglich Unterschiede in der Art und Weise, in der wir über Dinge denken oder reden können, aber sie reflektieren keinen Unterschied in der Realität. Zum Beispiel sprechen wir über Junggesellen und wir reden über unverheiratete Männer, aber es gibt nichts in den Dingen, über die wir sprechen, was dieser Unterscheidung entspricht. Ein Junggeselle und ein unverheirateter Mann sind in Wirklichkeit genau dasselbe, so dass der Unterschied nur verbal ist. Ist der Unterschied zwischen der Wesenheit eines Dinges und seiner Existenz von dieser Art? Oder spiegelt die Unterscheidung etwas in den Dingen selbst wider, so wie sie wirklich sind, abgesehen von unseren Denkweisen und Gesprächen über sie?

Es gibt mehrere Gründe, warum die Unterscheidung zwischen Wesen und Existenz eine *reale* Unterscheidung sein muss, eine Unterscheidung, die die objektive, verstandesunabhängige Realität selbst widerspiegelt und nicht nur die Art und Weise, wie wir darüber denken.[1] Überlegen Sie zuerst, dass Sie das Wesen einer Sache erkennen können, ohne zu wissen, ob es existiert oder nicht. Angenommen, eine Person hat, aus welchem Grund auch immer, nie von Löwen, Pterodaktylen oder Einhörnern gehört. Angenommen, Sie geben ihr eine detaillierte Beschreibung der jeweiligen Natur dieser Dinge. Dann erzählen Sie ihr, dass von diesen drei Geschöpfen eins existiert, eins existiert hat, aber jetzt ausgestorben ist und das dritte nie existierte; und Sie bitten sie, Ihnen zu sagen, was das ist, was er jetzt über diese Wesenheiten weiß. Das würde er natürlich nicht können. Aber dann muss die Existenz der Lebewesen, die existieren, wirklich von ihren Wesenheiten unterschieden werden, sonst *könnte* man ihre Existenz nur durch das Wissen ihrer Wesenheit erfahren. Denn *was* ein Ding ist, ist Teil seiner objektiven Realität. Die biologischen Fakten über Löwen und Pterodaktylen wären genau gleich, egal ob wir sie studierten oder nicht. Dies würde auch für Einhörner gelten, wenn es Einhörner gäbe. Und wenn ein Ding existiert, dann gehört auch seine Existenz offensichtlich zu seiner objektiven Realität. Wenn also das Wesen und die Existenz eines Dinges keine verschiedenen Merkmale der Wirklichkeit sind, dann sollte das Wissen des ersteren genügen, um das letztere zu erkennen; jedoch trifft das nicht zu.

Man könnte einwenden, dass dieses Argument voraussetzt, dass wir das Wesen eines Dinges vollständig erfassen, was wir normalerweise nicht tun. Würden wir wissen, ob die Existenz Teil des Wesens einer Sache ist oder nicht, wenn wir nicht ein vollständiges Verständnis haben? Aber der Einwand scheitert, denn es gibt eine entscheidende Disanalogie zwischen dem, was einerseits unstrittig ein Teil des Wesens eines Dinges ist, und andererseits der Existenz des Dinges. Angenommen, Sie urteilen, dass ein Löwe eine Art von Tier ist, urteilen aber nicht, dass es sich um eine Art Katze handelt. Während Sie in diesem Fall nur *unvollständig* begriffen haben, was es bedeutet, ein Löwe zu sein, haben Sie nicht *falsch* verstanden, was es bedeutet, ein Löwe zu sein. Im Gegensatz dazu *haben* Sie falsch verstanden, was es bedeutet, ein Löwe zu sein, wenn Sie nicht nur nicht urteilen, dass ein Löwe eine Art von Katze ist, sondern urteilen, dass ein Löwe *keine* Art von Katze ist. Wenn wir nun annehmen, dass Sie urteilen,

[1] Für eine detaillierte Diskussion und Verteidigung der realen Unterscheidung zwischen Wesenheit und Existenz vgl. Edward Feser, *Scholastic Metaphysics: A Contemporary Introduction* (Heusenstamm: Editiones Scholasticae, 2014), pp. 241–56; und David S. Oderberg, *Real Essentialism* (London: Routledge, 2007), pp. 121–25.

dass Löwen nicht existieren – vielleicht denken Sie, dass sie ausgestorben seien wie Pterodaktylen oder dass sie fiktive Kreaturen wie Einhörner seien –, dann haben Sie *nicht* falsch verstanden, *was* es bedeutet ein Löwe zu sein, während Sie falsch geurteilt haben. Wenn jedoch die Existenz eines Löwen nicht von seinem Wesen getrennt wäre, wäre dies nicht der Fall. Den Löwen als nicht existent zu beurteilen, wäre genauso viel wie misszuverstehen, *was* er ist, wie ihn als Nichtkatze zu beurteilen.[2]

Ein zweiter Grund, warum die Wesenheiten der Dinge unserer Erfahrung sich von der Existenz dieser Dinge unterscheiden müssen, hat mit ihrer Kontingenz zu tun – mit der Tatsache, dass sie, obwohl sie existieren, nicht hätten existieren müssen. Es gibt zum Beispiel Löwen, aber wenn die Geschichte des Lebens anders verlaufen wäre, hätten sie nicht existiert; und es ist möglich, dass Löwen eines Tages aussterben. Wenn nun die Existenz eines kontingenten Dinges nicht wirklich von seinem Wesen abweicht, dann würde es nur kraft seines Wesens Existenz haben. Es würde von Natur aus existieren und wäre daher gar nicht kontingent, sondern *notwendig* – das heißt, es wäre etwas, das unmöglich nicht existieren könnte, nicht einmal im Prinzip. Da die Dinge also nicht notwendig, sondern kontingent sind, muss ihre Existenz wirklich von ihrem Wesen unterschieden sein.[3]

Man könnte diesem Argument dergestalt widersprechen, dass wir keine reale Unterscheidung zwischen dem Wesen eines kontingenten Dinges und seiner Existenz vornehmen müssen, um seine Kontingenz zu erklären, sondern stattdessen auf die Tatsache hinweisen können, dass es eine Ursache hat, und die Möglichkeit der Nichtexistenz. Zum Beispiel könnte man sagen, dass ein Löwe kontingent ist, weil Löwen verursacht werden müssen – zum Beispiel durch vorher existierende Löwen –, und wenn diese Ursachen fehlen, dann wird kein neuer Löwe entstehen. Und wir könnten anmerken, dass Löwen aufhören können zu existieren, weil sie die Möglichkeit haben, von Räubern getötet zu werden, zu verhungern oder sich eine Krankheit einzufangen und so weiter. Dieser Einwand verfehlt jedoch schlicht den Punkt. Denn wir müssen wissen, *warum* die Existenz einer kontingenten Sache überhaupt eine Ursache braucht (oder tatsächlich haben könnte), wenn ihre Existenz nicht von ihrem Wesen getrennt ist, und *warum* sie die Möglichkeit der Nichtexistenz hat (oder

[2] Vgl. Oderberg, *Real Essentialism*, p. 123.

[3] Vgl. David S. Oderberg, "How to Win Essence Back from Essentialists", *Philosophical Writings* 18 (2001): 39.

haben könnte), wenn ihre Existenz nicht von ihrem Wesen getrennt ist. Wenn Existenz nur ein Teil dessen wäre, *was sie ist*, dann würde sie nichts anderes brauchen, um verursacht zu werden, und es würde nichts in der Sache enthalten sein, was ihr das Potenzial geben könnte, aus der Existenz zu gehen.

Ein dritter Grund, warum das Wesen und die Existenz jedes der Dinge, die wir durch Erfahrung kennen, verschieden sein muss, ist, dass, wenn es etwas gibt, dessen Wesen und Existenz nicht real verschieden sind – und wir werden jetzt sehen, dass es so etwas gibt –, es prinzipiell *nicht mehr als eine* solche Sache geben kann. Denn wenn man bedenkt, dass das Wesen und die Existenz eines Dinges nicht wirklich verschieden sind, dann sind sie identisch; und wenn sie in diesem Ding identisch sind, dann ist dieses Ding etwas, dessen Wesen nur die Existenz selbst ist. Wenn es nun mehr als eine Sache gibt, die ihre Existenz selbst ist – angenommen, es gibt zwei und wir bezeichnen sie mit A und B –, dann muss es etwas geben, das sie beide unterscheidet. Es muss etwas geben, aufgrund dessen A und B verschiedene Dinge sind und nicht nur ein Ding. Aber was könnte das sein? Es gibt nur zwei Möglichkeiten. A und B können unterschieden werden hinsichtlich der Art, wie zwei Arten der gleichen Gattung unterschieden werden; oder sie unterscheiden sich in der Art, wie zwei Mitglieder derselben Art unterschieden werden. Und das Problem ist, dass sich bei der Analyse herausstellt, dass A und B auf keine dieser Arten und Weisen unterschieden werden können.

Betrachten Sie daher die Art und Weise, wie zwei Arten derselben Gattung unterschieden werden. Eine Gattung ist eine allgemeinere Klasse von Dingen, und eine Art ist eine spezifischere Klasse von Dingen.[4] Wenn wir sagen, dass Menschen rationale Sinneswesen sind, sagen wir, dass sie als eine Art unter die Gattung *Sinneswesen* fallen und dass ihre Rationalität das ist, was sie von anderen Sinneswesen unterscheidet. Um den traditionellen Fachjargon zu verwenden, ist *Rationalität* also die sogenannte „spezifische Differenz“, die den Menschen von anderen Tierarten unterscheidet. Damit unsere imaginierten Dinge A und B sich so unterscheiden, wie es die Spezies tun, müssen wir das *Seiende, das nur die Existenz selbst ist*, als eine Gattung betrachten, und A und B als zwei Arten innerhalb dieser Gattung; und wir müssen dann eine „spezifische Differenz“ identifizieren, die

[4] Natürlich verwende ich die Begriffe „Gattung“ und „Art“ in dem weiten Sinn, in dem sie traditionell in der Logik und Metaphysik verwendet werden, nicht in dem engeren und technischen Sinn, in dem sie in der modernen Biologie verwendet werden.

A hat und die es zu einer anderen Spezies des *Seienden, das nur die Existenz selbst ist*, macht und von der Spezies B unterscheidet. Aber das Problem ist, dass, wenn A eine solche „spezifische Differenz" hat, diese nicht das sein wird, was nur die Existenz selbst ist; sie wird vielmehr das sein, was die Existenz selbst ist, PLUS der spezifischen Differenz. (Vergleiche: Ein Mensch ist nicht Animalität selbst, sondern Animalität PLUS die spezifische Differenz Rationalität). Und das Gleiche wird für B gelten – um von A unterschieden zu werden, muss es auch das sein, was nur die Existenz selbst ist, PLUS seinem eigenen spezifischen Unterschied. Es gibt also keine Möglichkeit, zwei Dinge, die nur die Existenz selbst sind, so zu unterscheiden, wie zwei verschiedene Arten derselben Gattung unterschieden werden.

Betrachten Sie nun die Art und Weise, wie zwei Mitglieder derselben Art unterschieden werden. Sokrates, Platon und Aristoteles sind verschiedene Mitglieder derselben Spezies *Mensch*; Fido, Rover und Spot sind verschiedene Mitglieder derselben Spezies *Hund* und so weiter. Die Art und Weise, wie diese Mitglieder differenziert werden, beruht darauf, dass sie mit verschiedenen Paketen der Materie verbunden sind. Die Materie, aus der Sokrates besteht, unterscheidet sich jeweils von derjenigen, die Platons oder Aristoteles' Körper ausmacht; die Materie, die Fidos Körper ausmacht, unterscheidet sich von der Materie, die Rover oder Spot ausmacht, und so weiter. (Natürlich gibt es andere Unterschiede zwischen diesen Individuen. Das Gehirn von Sokrates wird anders verdrahtet sein als das Gehirn des Aristoteles, Fido könnte eine andere Fellfarbe als Spot haben usw. Aber diese anderen Unterschiede *setzen* verschiedene Pakete von Materie *voraus*, in denen das Gehirnnetzwerk, die Fellfarbe usw. enthalten sind). Obwohl Sokrates und Platon beide Menschen sind, können sie sich unterscheiden, weil Sokrates die *Menschheit* plus *dieses* besondere Stück Materie ist, während Platon die Menschheit plus *dieses andere* besondere Stück Materie ist; und etwas Ähnliches kann für die verschiedenen Mitglieder anderer Arten gesagt werden. Aber dann sollte es offensichtlich sein, warum wir zwei Dinge A und B nicht unterscheiden können, von denen jedes das ist, *was die Existenz selbst ist*, in der Art, wie verschiedene Mitglieder einer Spezies unterschieden werden. Denn auf diese Weise differenziert, sind A und B *nicht* das, *was die Existenz selbst ist*; vielmehr wird A das sein, *was eben die Existenz selbst ist*, PLUS dieses besondere Stück Materie, und B wird das sein, *was nur die Existenz selbst ist*, PLUS dieses andere, besondere Stück Materie. (Vergleiche: Sokrates ist wiederum die Menschheit plus dieses besondere Stück Materie – in diesem Fall ist Sokrates nicht die *Menschheit selbst*).

Im Allgemeinen gilt: Wenn es mehr als ein Ding gibt, das das ist, *was die Existenz selbst ist*, dann müsste es etwas geben, das bewirkt, dass sich *diese* Instanz von dem, *was die Existenz selbst ist*, von *jener* Instanz unterscheidet. Und jede solche Instanz wäre dann nicht wirklich das, *was nur die Existenz selbst ist*, sondern das, *was nur die Existenz selbst ist,* PLUS dem, was auch immer das Unterscheidungsmerkmal ist. Es hat also keinen Sinn, mehr als nur ein Seiendes anzunehmen, das die Existenz *selbst ist.* Und in diesem Fall macht es keinen Sinn, dass es mehr als ein Ding gibt, dessen Wesen und Existenz nicht real verschieden sind. Wenn es so etwas gibt, wird es einzigartig sein. Nun, die Dinge unserer Erfahrung sind nicht auf diese Weise einzigartig. Bei Steinen, Bäumen, Hunden, Menschen und dergleichen gibt es (oder könnte es sicherlich in Fällen geben, in denen die Klasse auf ein einziges Mitglied reduziert wurde) mehr als eines von jeder dieser Arten von Dingen. Daher gibt es in jedem von ihnen eine reale Unterscheidung zwischen ihrem Wesen und ihrer Existenz.

Ein möglicher Einwand gegen dieses dritte Argument ist, dass es eine mittlere Möglichkeit vernachlässigt. Denn warum könnte es nicht etwas geben, dessen Existenz nicht von seinem Wesen unterschieden ist, nicht weil sein Wesen die Existenz *selbst ist*, sondern weil die Existenz *Teil* seines Wesens ist?[5] Aber bei näherer Betrachtung macht dieser Vorschlag keinen Sinn. Bedenken Sie, dass das Wesen des Menschen, die rationale Sinnlichkeit, Rationalität und Sinnlichkeit als Teile hat. Nehmen wir an, die Existenz wäre ein weiterer Teil dieser Wesenheit neben diesen beiden. Dann würde die Existenz des ganzen Menschen von diesem Teil abhängen. Aber das ist nicht plausibler, als wenn man sagen würde, dass das ganze menschliche Wesen, die *rationale Sinnlichkeit*, nur von der *Sinnlichkeit* abhänge. Wenn nun jemand darauf bestehen würde, dass die ganze menschliche Wesenheit wirklich nur von der *Sinnlichkeit* abhänge, dann würde dies die *Sinnlichkeit* selbst zur wahren Wesenheit machen. Ebenso würde, wenn jemand darauf bestehen würde, dass der gesamte Mensch von der *Existenz* abhängig sei, die als Teil des menschlichen Wesens betrachtet wird, dies die *Existenz* zur wahren Wesenheit machen. Aber dann wären wir zurückgelangt zu der These, dass ein Ding, in dem es keinen Unterschied zwischen seinem Wesen und seiner Existenz gibt, ein Ding ist,

[5] Vgl. Peter Weigel, Aquinas on Simplicity (New York: Peter Lang, 2008), p. 86.

dessen Wesen die Existenz selbst *ist* – und genau das versuchte der Kritiker zu vermeiden. Also gibt es wirklich keinen Mittelweg zwischen dem Fall, in dem das Wesen und die Existenz eines Dinges wirklich verschieden sind, und dem Fall, in dem sein Wesen die Existenz selbst ist.[6]

Beachten Sie, dass die Behauptung, dass das Wesen und die Existenz eines Dinges real voneinander verschieden sind, nicht bedeutet, dass sie nicht getrennt voneinander existieren können. Es beinhaltet nicht, dass, sagen wir das Wesen eines Steins eine Art von Objekt ist und seine Existenz ein anderes Objekt, wo jedes Objekt getrennt von dem anderen existiert. Eine reale Unterscheidung zwischen zwei Dingen beinhaltet manchmal Trennbarkeit, aber nicht immer. Zum Beispiel sind zwei Hunde, oder ein Hund und sein Bein, wirklich verschieden, und jeder kann getrennt von dem anderen existieren. Betrachten Sie im Gegensatz dazu

> [...] einen Kreis. Er hat sowohl einen Radius als auch einen Umfang. Es besteht offensichtlich ein realer Unterschied zwischen den Eigenschaften, ein *Radius zu sein* und ein *Umfang zu sein*. Dies liegt nicht daran, dass, wenn wir uns auf Kreise beschränken, ein *Radius* ohne einen *Umfang* existieren kann. [...]
>
> Der Radius eines Kreises ist wirklich von seinem Umfang verschieden, wie die Tatsache beweist, dass letzterer das Doppelte des ersteren ist, multipliziert mit Pi. Weil der Radius ein Teil der Eigenschaft, *ein Radius zu sein*, ist und der Umfang ein Teil der Eigenschaft, *ein Umfang zu sein*, sind die Eigenschaften selbst tatsächlich verschieden, obwohl sie untrennbar sind. [...] Dasselbe gilt für die Dreieckigkeit und die Trilateralität.[7]

In ähnlicher Weise gibt es keine solche Sache in der bewusstseinsunabhängigen Realität wie die Wesenheit eines Dinges ohne seine Existenz (was immer das bedeuten würde) oder die Existenz eines Dinges, die unabhängig von seinem Wesen existiert (was auch immer das bedeuten würde). Die Wesenheit eines Steins oder eines Baumes oder eines Hundes oder eines Menschen ist nicht von seiner Existenz trennbar. Doch wie bei dem Radius und Umfang eines Kreises oder der Triangularität und

---

[6] Ibid., pp. 144f.

[7] David S. Oderberg, "The Non- Identity of the Categorical and the Dispositional", *Analysis* 69 (2009): 677 (Hervorhebung im Original).

Trilateralität eines Dreiecks unterscheidet sich das Wesen jedes dieser Dinge real von seiner Existenz.

Bei jedem der Dinge, die wir durch Erfahrung kennen, gibt es einen realen Unterschied zwischen seinem Wesen und seiner Existenz. Wie aber werden dann diese zwei verschiedenen Aspekte eines Dinges zu einem Ganzen kombiniert? Es mag scheinen, dass ihre Untrennbarkeit eine Antwort liefert: Sie sind zusammen (so könnte behauptet werden), weil das Wesen eines Dinges und seine Existenz so untrennbar sind wie der Radius und der Umfang eines Kreises oder wie Dreieckigkeit und Trilateralität. Aber das ist keine Antwort, denn es stellt sich nun die Frage, warum sie untrennbar sind. Nun, die Antwort im Falle des Radius und des Umfangs eines Kreises ist, dass diese beiden aus dem Wesen oder der Natur eines Kreises folgen. Alles, was diese Wesenheit hat, wird die Eigenschaften haben, einen Radius und einen Umfang zu haben. Ähnlich wird alles, was die Wesenheit eines Dreiecks hat, die Eigenschaft der Trilateralität haben, die aus dieser Wesenheit folgt.[8]

Wir können jedoch nicht in gleicher Weise erklären, wie das Wesen eines Dinges unserer Erfahrung mit seiner Existenz verbunden ist. Insbesondere kann es nicht sein, dass seine Existenz aus seinem Wesen folgt. Der Grund ist implizit in dem enthalten, was bereits gesagt wurde. Wenn Sie die Wesenheit eines Kreises kennen, dann wissen Sie, dass jeder Kreis die Eigenschaften, *einen Radius und einen Umfang zu haben*, aufweist; und wenn Sie die Wesenheit eines Dreiecks kennen, dann wissen Sie, dass es die Eigenschaft der *Triangularität* aufweist. Aber wie wir gesehen haben, können Sie die Wesenheit eines Löwen, eines Pterodaktylus oder eines Einhorns kennen, ohne zu wissen, auf welche Art und Weise eines dieser Tiere existiert. Daher folgt die Existenz eines dieser Dinge nicht aus seinem Wesen in der Art und Weise, wie die Eigenschaften, einen Radius und einen Umfang zu haben, aus der Wesenheit eines Kreises folgen oder wie die Eigenschaft der Triangularität aus der Wesenheit eines Dreiecks folgt. Wir haben auch bemerkt, dass die Dinge unserer Erfahrung in einer nur kontingenten Weise existieren – weshalb sie entstehen und vergehen –, anstatt in einer notwendigen Weise. Auch aus diesem Grund kann ihre Existenz nicht aus ihrem Wesen folgen, denn wenn es so wäre, dann würden sie notwendigerweise existieren. Und während bei etwas, dessen Wesen die Existenz selbst ist, seine Existenz natürlich aus seinem Wesen

[8] Ibid., p. 678.

folgen würde, sahen wir, dass es im Prinzip nur *eine* solche Sache geben kann. Daher kann es bei Dingen, von denen es mehr als eine Instanz gibt (Steine, Bäume, Hunde, Menschen usw.), nicht sein, dass sie Dinge sind, deren Wesen mit ihrer Existenz identisch ist, und daher kann es nicht der Fall sein, dass ihre Existenz aus ihrem Wesen folgt.

Es kann auch nicht sein, dass die Dinge unserer Erfahrung sich selbst irgendwie die Existenz mitteilen, indem sie sie sozusagen ihrer Wesenheit von außen hinzufügen. Der bloße Vorschlag wäre inkohärent. Ein Ding kann nichts mitteilen oder hinzufügen, oder überhaupt etwas tun, es sei denn, es existiert zuerst. Aber ein Ding, dessen Wesen und Existenz verschieden sind, kann nicht existieren, bis die Existenz seinem Wesen hinzugefügt oder mitgeteilt wird. Natürlich kann ein Ding, dessen Wesen und Existenz verschieden sind, seinem eigenen Wesen keine Existenz verleihen, denn in diesem Fall müsste es existieren, *bevor* es existiert, um sich selbst zu verursachen – was keinen Sinn ergibt. Nichts kann die Ursache für seine eigene Existenz sein.

Also kann nichts, worin es eine Unterscheidung zwischen Wesen und Existenz gibt, in irgendeiner Weise die Quelle seiner eigenen Existenz sein. Seine Existenz muss durch etwas außerhalb von ihm verursacht werden – etwas, das seinem Wesen sozusagen Existenz hinzufügt. Die tägliche Erfahrung würde damit insofern übereinstimmen, als sie uns sagt, dass Steine, Bäume, Hunde und Menschen Ursachen haben. Aber die Abhängigkeit dieser Dinge von einer Ursache für ihre Existenz ist radikaler, als die alltägliche Erfahrung andeutet. Denn alles, was bisher gesagt wurde, gilt für ein Ding nicht nur, *bevor* es entsteht, und dafür, *wie* es entsteht, sondern *immer* und auch, *nachdem* es entstanden ist. Betrachten Sie zum Beispiel einen bestimmten Hund: Fido. Fidos Existenz unterscheidet sich von Fidos Wesen, sie folgt nicht aus Fidos Wesen und kann von Fido nicht seinem Wesen mitgeteilt werden. All diese Dinge sind wahr nicht nur, bevor Fido existiert, und zu der Zeit, zu der er gezeugt wird, sondern auch, nachdem er entstanden ist, und tatsächlich in jedem Moment, in dem er lebt. Fidos Existenz *hier und jetzt* unterscheidet sich von seiner Wesenheit und folgt nicht aus seinem Wesen. Es muss also *hier und jetzt* eine Ursache geben, die dieser Wesenheit Existenz verleiht oder vermittelt. Sonst würde Fido *hier und jetzt* nicht mehr existieren als vor seiner Zeugung. Er würde aus der Existenz „verschwinden" oder vernichtet werden. Auch kann *Fido* nicht das sein, was seiner eigenen Wesenheit hier und jetzt Existenz hinzufügt oder verleiht, genauso wenig, wie er es vor seiner Zeugung hätte tun können. Denn Fido kann gar nichts tun, nicht einmal für einen Augenblick, es sei denn, er existiert in diesem Augenblick. Zu den Dingen, die er nicht tun kann, wenn er nicht in diesem Moment existiert, gehört es, Existenz zu geben, entweder sich selbst oder irgendetwas anderem. So *setzt* die *Verursachung* seiner eigenen Existenz in diesem Augenblick seine eigene Existenz in diesem Augenblick *voraus*. Daher ist der Begriff eines Fido oder von irgendetwas anderem, das seinem eigenen Wesen zu einem bestimmten Zeitpunkt Existenz verleiht, inkohärent. Ein Ding kann seine eigene Existenz genauso wenig zu irgendeinem Zeitpunkt verursachen wie über eine Reihe von Momenten, die sich über die Zeit erstrecken.

Alles, dessen Wesen sich von seiner Existenz unterscheidet, muss also in jedem Moment, in dem es existiert, eine Ursache für seine Existenz haben, hier und jetzt und nicht nur irgendwann in der Vergangenheit. Um beim Beispiel von Fido zu bleiben, muss er also eine Ursache haben, die hier und jetzt seinem Wesen Existenz verleiht. Bezeichnen wir diese Ursache, was auch immer sie sein mag, mit C. Angenommen, dass C, wie Fido, etwas ist, dessen eigene Wesenheit sich von seiner Existenz unterscheidet. Dann gilt das, was wir über Fido und über die anderen Dinge unserer Erfahrung gesagt haben, nicht weniger für C. Auch C muss *hier und jetzt* eine Ursache haben, die seiner Wesenheit die Existenz verleiht. Nennen wir diese weitere Ursache B. Nehmen wir an, dass B, wie Fido und C, auch etwas ist, dessen Wesenheit sich von seiner Existenz unterscheidet. Dann benötigt B *hier und jetzt* eine eigene Ursache, die wir A nennen. Und natürlich gilt dann das, was über C und B gesagt wurde, auch für A, wenn A etwas ist, dessen Wesen sich von seiner Existenz unterscheidet.

Beachten Sie, dass das, was wir hier haben, das ist, was ich in Kapitel 1 eine hierarchisch-kausale Reihe genannt habe. Der Grund liegt nicht nur darin, dass die Ursachen und Wirkungen alle gleichzeitig sind – Fido wird durch C verursacht, das gleichzeitig durch B verursacht wird, das gleichzeitig durch A verursacht wird –, sondern grundsätzlicher darin, dass keine der bisher erwähnten Ursachen unabhängig von einer früheren Ursache tätig ist. C kann Fidos Wesen nur insofern Existenz verleihen, als Cs eigenes Wesen von B die Existenz vermittelt bekommt, und B kann diese Existenz nur vermitteln, insofern sein eigenes Wesen von A die Existenz erhalten hat. Wie wir in Kapitel 1 gesehen haben, gehört es zur Natur der Sache, dass Kausalreihen dieser Art nicht unendlich zurückgehen können. Es gäbe überhaupt keine solche Reihe, wenn es nicht eine Ursache gäbe, die „zuerst“ oder „primär“ in dem Sinne ist, dass sie etwas verursachen kann, ohne selbst verursacht zu sein. Im vorliegenden Fall wäre eine solche Ursache diejenige, die Existenz verleihen kann, ohne sie selbst ableiten zu müssen. Nun kann nichts, dessen Wesen sich von seiner Existenz unterscheidet, eine solche Ursache sein, denn wie wir gesehen haben, muss ihm etwas mitgeteilt worden sein. Die erste oder primäre Ursache in der gegenwärtigen Reihe kann also nur etwas sein, dessen Wesen mit der Existenz *identisch* ist, etwas, das die Existenz selbst ist. Denn da es eben *die Existenz selbst ist*, da es mit der Existenz selbst *identisch ist*, braucht und kann es seine Existenz nicht von etwas anderem ableiten. Seine Existenz ist sozusagen „eingebaut". Es ist nicht nur ein existierendes Ding neben anderen, sondern das, was Thomas von Aquin als „subsistierende Existenz selbst" bezeichnet.

Damit Fido hier und jetzt und in jedem Augenblick existieren kann, muss sein Dasein hier und jetzt direkt oder indirekt durch etwas verursacht werden, dessen Wesen mit seiner Existenz identisch ist, etwas, das subsistierende Existenz selbst ist. Und das beinhaltet, dass es von Gott verursacht werden muss.[9]

Informelle Erklärung des Arguments: Stufe 2

Warum sollten wir das, was subsistierende Existenz selbst ist, mit der Existenz Gottes identifizieren? Bedenken wir zunächst, dass das, was wir über Fido gesagt haben, sich auf jedes einzelne der Dinge bezieht, die wir aus Erfahrung kennen – Steine, Bäume, Löwen, Menschen und so weiter –, und tatsächlich auf alles, dessen Wesen sich von seiner Existenz unterscheidet, einschließlich immaterieller Dinge wie Engel und körperloser Seelen. Die Existenz eines solchen Dinges muss in jedem Moment von etwas verursacht werden, dessen Wesen nur die Existenz selbst ist. Bedenken Sie auch, dass es, wie wir gesehen haben, im Prinzip nur ein Ding geben kann, dessen Wesen die Existenz selbst ist. Und bedenken Sie weiter, dass Dinge, deren Wesen sich von ihrer Existenz unterscheidet, und ein Ding, dessen Wesen mit seiner Existenz identisch ist, die möglichen Arten von Dingen sind, die es gibt. Wenn es also nur ein Ding vom letzteren Typ geben kann, dann muss alles andere, was existiert, vom ersteren Typ sein. Und da alles vom ersteren Typ von dem einen Ding des letzteren Typs abhängt, folgt daraus, dass alles, was existiert, *außer dem*, was

[9] Siehe Thomas von Aquin, *De Ente et Essentia / Über das Sein und das Wesen*. Hrsg. und übersetzt von Franz Leo Beeretz (Ditzingen, Reclam Verlag 1987), Kap. 4.

subsistierende Existenz selbst ist, durch das *verursacht* werden muss, was die subsistierende Existenz selbst ist.

Daher ist das, was subsistierende Existenz selbst ist, *einzigartig* und die *Ursache von allem anderen als ihm selbst*. Wir haben auch gesehen, dass etwas, das nur die Existenz selbst ist, in einer *notwendigen* statt in einer kontingenten Weise existieren würde. Denn sein Wesen wäre nur die Existenz selbst, es würde nicht und könnte nicht nicht existieren. Auch könnte es und würde es aus diesem Grund seine Existenz nicht empfangen haben. Es müsste also eine *unverursachte* Ursache für die Existenz aller anderen Dinge sein.

Was bisher gesagt wurde, zeigt also, dass das, was subsistierende Existenz selbst ist, eine *einzigartige, notwendigerweise existierende, unverursachte Ursache für alles andere als es selbst* ist. Betrachten wir nun das Verhältnis der in diesem Kapitel vorgestellten Begriffe zu den in Kapitel 1 vorgestellten Begriffen von *Potenzialität* und *Aktualität*. Wie Thomas von Aquin betonte, sind Wesen und Existenz in einem Ding, dessen Wesen sich von seiner Existenz unterscheidet, wie Potenzialität und Aktualität miteinander verbunden. Zum Beispiel ist Fidos Wesen *als es selbst* nur eine potenzielle Sache, keine aktuale Sache. Nur wenn Fidos Wesen Existenz mitgeteilt bekommen hat, gibt es eine wirkliche Sache – nämlich Fido. Wenn das Wesen für sich genommen eine Art von Potenzialität ist und die Existenz für sich betrachtet eine Art von Aktualität, dann ist das, was *nur* Existenz ist, das, was *nur* subsistierende Existenz selbst ist und nicht nur eine abgeleitete Sache neben anderen, rein aktual. Es kann keine Potenzialität zur Existenz haben, die aktualisiert werden müsste, denn dann wäre es nicht etwas, das nur Existenz ist, sondern nur noch etwas anderes, dem die Existenz vermittelt werden müsste.

So wie es im Prinzip nur ein Ding geben kann, das subsistierende Existenz selbst ist, so kann es auch, wie wir in Kapitel 1 gesehen haben, im Prinzip nur ein Ding geben, das rein aktual ist. Daher sind der rein aktuale Aktualisierer, zu dem der aristotelische Beweis führt, und das, was nur Existenz ist, zu dem der thomistische Beweis führt, wirklich *die gleiche Ursache* aller Dinge, die von verschiedenen Ausgangspunkten erreicht wird. Nun haben wir auch in Kapitel 1 gesehen, dass alles, was rein aktual ist, *unveränderlich, ewig, immateriell, unkörperlich, vollkommen, allmächtig* und *vollkommen gut* sein muss. Wir sahen dort auch, dass, wenn wir das Prinzip der proportionalen Kausalität berücksichtigen, alles, was die

Ursache aller Dinge ist (als das, was die subsistierende Existenz selbst ist), *Intellekt* und *Allwissenheit* haben muss.

Daher muss das, was subsistierende Existenz selbst ist, *eines* sein, das *notwendig existiert, die unverursachte Ursache für alles andere als es selbst ist, rein aktual, unveränderlich, ewig, immateriell, unkörperlich, vollkommen, allmächtig, vollkommen gut, intelligent und allwissend.* Es ist, kurz gesagt, Gott.

Eine formalere Erklärung des Arguments

Wie bei den Argumenten, die in den vorhergehenden Kapiteln verteidigt wurden, habe ich den thomistischen Beweis bisher auf informelle und gemächliche Art und Weise dargelegt, um das Verständnis zu erleichtern, besonders bei Lesern, die mit den philosophischen Begriffen des Beweises nicht vertraut sind. Aber jetzt, wo der Gesamteindruck der Argumentation klar ist, wird es wieder nützlich sein, eine etwas formellere Zusammenfassung zu geben. Diese könnte wie folgt aussehen:

> 1. Bei jedem der Dinge, die wir aus der Erfahrung kennen (Steine, Bäume, Hunde, Menschen usw.), wird zwischen dem Wesen und der Existenz unterschieden.
> 2. Wenn dies keine reale Unterscheidung wäre – eine Unterscheidung zwischen Aspekten der Realität selbst und nicht nur zwischen den Arten zu denken oder über die Realität zu sprechen –, könnten wir wissen, ob ein Ding existiert oder nicht, indem wir einfach sein Wesen kennen.
> 3. Aber wir können nicht wissen, ob ein Ding existiert oder nicht, indem wir nur seine Wesenheit kennen.
> 4. Wenn es keine reale Unterscheidung wäre, dann würden die Dinge, die wir aus der Erfahrung kennen, in einer notwendigen Weise und nicht in einer nur kontingenten Weise existieren.
> 5. Aber tatsächlich existieren sie nur auf kontingente Weise und nicht in notwendiger Weise.
> 6. Wenn es im Prinzip mehr als ein Ding geben könnte, dessen Wesen mit seiner Existenz identisch ist, dann wären zwei oder mehr solcher Dinge unterscheidbar in der Art, wie Arten der gleichen Gattung unterschieden werden oder wie Mitglieder derselben Art unterschieden werden.

7. Aber sie können auf keine dieser Arten unterschieden werden.
8. Also kann es im Prinzip nicht mehr als eine Sache geben, deren Wesen mit ihrer Existenz identisch ist.
9. Wenn also die Unterscheidung zwischen seinem Wesen und seiner Existenz für irgendeines der Dinge, die wir aus Erfahrung kennen, keine reale Unterscheidung ist, dann könnte es im Prinzip nicht mehr als ein Exemplar von ihnen geben.
10. Aber in der Tat gibt es von jedem der Dinge, die wir aus Erfahrung kennen, mehr als ein Exemplar.
11. Also ist für jedes der Dinge, die wir aus Erfahrung kennen, der Unterschied zwischen seinem Wesen und seiner Existenz eine wirkliche Unterscheidung.
12. Für etwas, dessen Wesen sich real von seiner Existenz unterscheidet, muss seine Existenz ihm entweder selbst oder durch eine von ihm verschiedene Ursache mitgeteilt werden.
13. Aber wenn das Wesen sich selbst die Existenz verliehe, wäre es die Ursache seiner selbst.
15. Also kann es sich die Existenz nicht geben.
16. Also muss für etwas, dessen Wesen sich real von seiner Existenz unterscheidet, seine Existenz ihm durch eine von ihm verschiedene Ursache mitgeteilt werden.
17. Da sein Wesen und seine Existenz in jedem Moment, in dem es existiert, wirklich verschieden sind, einschließlich des Momentes hier und jetzt, muss ihm seine Existenz durch irgendeinen, in jedem Augenblick, in dem es existiert, unterschiedenen Grund gegeben werden, einschließlich des Augenblicks hier und jetzt.
18. Also muss für jedes der Dinge, die wir aus Erfahrung kennen, seine Existenz ihm durch irgendeinen, von ihm in jedem Augenblick, in dem es existiert, unterschiedenen Grund, einschließlich des Augenblicks hier und jetzt, vermittelt werden.
19. Entweder ist diese Ursache selbst etwas, dessen Wesen sich von seiner Existenz unterscheidet, oder es ist etwas, dessen Wesen und Existenz identisch sind, etwas, das rein die Existenz selbst ist.
20. Wenn diese Ursache etwas ist, dessen Wesen sich von seiner Existenz unterscheidet, dann muss ihr auch ihre eigene Existenz durch irgendeine von ihr verschiedene Ursache mitgeteilt

werden, die in jedem Augenblick, in dem sie existiert, einschließlich hier und jetzt, wirksam ist.

21. Die kausale Reihe, die dies erzeugen würde, wäre eine hierarchische, die nicht unendlich zurückgehen kann, sondern ein erstes Glied haben muss.

22. Dieses erste Glied könnte nur etwas sein, dessen Wesen und Existenz identisch ist, etwas, das nur die Existenz selbst ist.

23. Also wird jedem der Dinge, die wir aus Erfahrung kennen, entweder direkt oder indirekt in jedem Augenblick, in dem sie existieren, einschließlich dem hier und jetzt, durch irgendeine Ursache die Existenz mitgeteilt, deren Wesen und Existenz identisch ist, etwas, das subsistierende Existenz selbst ist.

24. Da es im Prinzip nicht mehr als ein Ding geben kann, dessen Wesen mit seiner Existenz identisch ist, ist diese Ursache, die subsistierende Existenz selbst ist, einzigartig.

25. Da sie einzigartig ist, muss alles andere als sie selbst, was existiert, etwas sein, dessen Wesen sich von seiner Existenz unterscheidet.

26. Alles, dessen Wesen sich von seiner Existenz unterscheidet, erhält seine Existenz entweder direkt oder indirekt durch eine Ursache, die die Existenz selbst ist, mitgeteilt.

27. Also ist diese einzigartige Ursache, die die subsistierende Existenz selbst ist, die Ursache für alles andere als sie selbst.

28. Da alles, was keinen realen Unterschied zwischen seinem Wesen und seiner Existenz hat, in einer notwendigen statt in einer kontingenten Weise existieren wird, existiert diese einzigartige Ursache, die die subsistierende Existenz selbst ist, in notwendiger Weise.

29. Was immer diese subsistierende Existenz selbst ist, braucht und kann keine Ursache haben.

30. Also ist diese einzigartige Ursache, welche die subsistierende Existenz selbst ist, nicht verursacht.

31. Wenn die subsistierende Existenz selbst eine Potenzialität hätte, die aktualisiert werden müsste, dann wäre ihr die Existenz von irgendeiner Ursache verliehen worden.

32. Deshalb hat die subsistierende Existenz selbst also keine Potenzialität zur Existenz, die aktualisiert werden müsste, sondern sie existiert in einer rein aktualen Weise.

33. Was immer rein aktual ist, muss unveränderlich, ewig, immateriell, unkörperlich, vollkommen, allmächtig, vollkommen gut, intelligent und allwissend sein.
34. Somit wird jedem der Dinge unserer Erfahrung in jedem Augenblick seine Existenz durch eine Ursache vermittelt, die die Existenz selbst ist, die notwendigerweise existiert, die die unverursachte Ursache von allem anderen als ihr selbst ist, die rein aktual, unveränderlich, ewig, immateriell, unkörperlich, vollkommen, allmächtig, vollkommen gut, intelligent und allwissend ist.
35. Aber dass es eine solche Ursache gibt, bedeutet, dass es Gott gibt.
36. Also existiert Gott.

Widerlegung einiger Einwände

Einige der Einwände, die ein Kritiker gegen dieses Argument erheben könnte, sind die gleichen, wie sie gegen den in Kapitel 1 entwickelten aristotelischen Beweis erhoben wurden; auf sie habe ich bereits geantwortet oder ich werde auf sie noch antworten. Zum Beispiel könnte man verschiedene Einwände gegen die Argumente erheben, die hier für die Behauptung angeführt werden, dass eine Ursache, die die Existenz selbst ist, die göttlichen Eigenschaften haben muss. Die göttlichen Eigenschaften werden in einem späteren Kapitel ausführlich besprochen, und solche Einwände werden dort diskutiert werden. Es reicht für den Augenblick aus, zu betonen, dass das, was bisher gesagt wurde, zeigt, dass es nicht gut ist, zu behaupten (wie Kritiker oft tun), dass, selbst wenn es eine erste Ursache der Dinge gibt, dies keine göttliche Ursache sein müsse. Wir haben gerade gesehen, dass es genügend Gründe gibt zu denken, dass es eine göttliche Ursache sein muss.

Man könnte auch einwenden, dass das thomistische Argument davon ausgeht, dass das Universum einen Anfang hat oder offen ist für die Entgegnung: „Wenn alles eine Ursache hat, was hat dann Gott verursacht?“ Wir haben in Kapitel 1 gesehen, warum diese Einwände völlig gegenstandslos sind, wenn sie gegen den aristotelischen Beweis erhoben werden, und sie haben auch keine größere Kraft, wenn sie gegen den thomistischen Beweis erhoben werden. Man beachte zunächst, dass das

Argument einfach nicht mit der Frage, ob das Universum einen zeitlichen Anfang hat, in Zusammenhang steht. Die Behauptung ist *nicht*, dass die Kette der Ursachen in die Vergangenheit zurückgeht, bis sie in einer Ursache endet, die subsistierende Existenz selbst ist. Die Behauptung ist vielmehr, dass das Argument *hier und jetzt* zu einer Ursache führt, die die Existenz selbst ist. Selbst wenn das Universum schon immer existiert hat oder Teil eines Multiversums ist, das schon immer existiert hat, würde dies das Ergebnis des thomistischen Beweises nicht im Geringsten ändern.

Die Argumentation beruht auch nicht auf der Prämisse, dass „*alles* eine Ursache hat". Was es sagt, ist, *dass etwas, dessen Wesen und Existenz real verschieden sind*, eine Ursache erfordert. Und der Grund, warum Gott keine Ursache hat, ist nicht, dass er eine willkürliche Ausnahme von dieser allgemeinen Regel ist, sondern dass es in ihm *keinen* realen Unterschied zwischen Wesen und Existenz gibt. Etwas, das *nur* subsistierende Existenz selbst ist, braucht nicht nur keine Ursache für seine Existenz, sondern *könnte* auch keine Ursache haben. Auch ist dies nicht etwas, das die Verteidiger des Arguments erfunden haben, um zu versuchen, den Einwand „Was verursachte Gott?" zu umgehen. Es war immer das, was die thomistische Tradition von Anfang an im Sinn hatte. Wie im Fall des aristotelischen Beweises ist der Einwand „Was hat Gott verursacht?" weit entfernt davon, die verheerende Widerlegung zu sein, wie viele Atheisten behaupten, sondern in der Tat ist dieser Einwand inkompetent und verfehlt völlig den wesentlichen Punkt der Argumente, auf die er gerichtet ist.

Dem interessierten Leser wird empfohlen, zur Erwiderung auf die verschiedenen anderen Einwände, die in Betracht gezogen wurden, zu überprüfen, was in Kapitel 1 gesagt wurde, denn viele der dort geltend gemachten Punkte sind auch hier relevant. Zum Beispiel könnten einige Kritiker auf Hume oder die Quantenmechanik hinweisen, um die Prämisse in Frage zu stellen, dass etwas, dessen Wesen und Existenz real verschieden sind, eine Ursache erfordert. Diese Einwände sind aus den in Kapitel 1 angegebenen Gründen nicht besser, wenn sie gegen den thomistischen Beweis erhoben werden, als wenn sie gegen den aristotelischen Beweis angeführt werden.

Warum bedarf es einer ersten Ursache?

Ein weiterer Einwand gegen das „Erste-Ursache-Argument", der von Hume erhoben wurde und sich von seiner Kritik des Kausalitätsprinzips in Kapitel 1 unterscheidet, hat auch keine Kraft gegen den thomistischen Beweis. Hume fragt, warum wir eine erste Ursache benötigen, wenn wir jedes Glied einer kausalen Reihe erklärt haben, indem wir auf ein früheres Glied verweisen. Denn selbst wenn wir die Ursachenserie unendlich zurückverfolgen, werden wir nie einen Fall haben, in dem ein einzelnes Ding unerklärt bleibt. Wie wir in Kapitel 1 gesehen haben, können wir, wenn es sich um *lineare* kausale Reihen handelt, mit Hume übereinstimmen, dass keine erste Ursache notwendig ist. Aber es ist eine *hierarchische* kausale Reihe, auf die sich der thomistische Beweis ebenso wie der aristotelische Beweis bezieht, und hier ergibt sich die Notwendigkeit einer ersten Ursache daraus, dass in einer solchen Reihe alle anderen Ursachen als die erste rein instrumentell sind und keine eigene kausale Kraft haben. Die Erweiterung der Reihe ins Unendliche würde dies nicht ändern. Wie in Kapitel 1 erwähnt wird, müsste es selbst dann, wenn eine hierarchische kausale Reihe unendlich *wäre*, solange jedes Glied dieser unendlichen Reihe rein instrumentell und damit kausal unwirksam in sich selbst ist, eine Ursache außerhalb der Reihe geben, die kausal die Kraft allen Gliedern der Reihe vermittelt – eine Ursache, die dann „zuerst" nicht in dem Sinn eines An-der-Spitze-der-Reihe-Stehens wäre, sondern vielmehr in dem Sinne eines Seienden, vom dem die Kraft jedes Glieds der Reihe abhängig wäre.

Die Irrelevanz von Humes Einwand wird noch deutlicher, wenn wir die Schlüsselrolle betrachten, die in der thomistischen Argumentation die Unterscheidung zwischen dem Wesen eines Dinges und seiner Existenz spielt. Die Art von Reihe, die man mit Hume (zu Recht) als prinzipiell unendlich bezeichnen könnte, ist eine Reihe von Dingen, die in der Zeit aus bereits bestehenden Materialien erzeugt wurden. In Anbetracht von Fidos Eltern, der Materie, aus der sie gemacht werden, der kausalen Kraft, die sie besitzen, und so weiter können wir erklären, dass Fido gezeugt wurde; und wir können Fidos Eltern auf die gleiche Weise und deren Eltern wiederum auf die gleiche Weise erklären und so weiter. Aber der thomistische Beweis hängt stattdessen von der Frage ab, was ein vorhandenes Ding in jedem Moment der Zeit in der Existenz bewahrt, im Unterschied zu seiner Vernichtung. Hier stellt sich die Frage, warum Fido oder seine Eltern oder irgendetwas anderes – einschließlich der Materie, aus der sie gemacht sind, und ihrer kausalen Kräfte – selbst für einen einzigen Augenblick bestehen bleiben können, da es nichts in ihrem Wesen gibt, das ihre Existenz mit sich bringt. Selbst wenn jeder Hund in der linearen kausalen Reihe von Hunden, die sich rückwärts in der Zeit erstreckt, von einem früheren Hund erzeugt wurde, wobei die Reihe unendlich zurückgeht, muss jeder Hund in jedem Augenblick seiner Existenz in der Existenz bewahrt werden, solange die Existenz jedes Hundes von seinem Wesen verschieden ist. Ohne eine erhaltende Ursache wären Fido oder seine Eltern nichts, und dasselbe gilt für jede erhaltende Ursache, deren eigenes Wesen sich von ihrer Existenz unterscheidet. Eine unendliche Reihe solcher Erhaltungsursachen beschert Ihnen genauso wenig einen richtigen Hund, wie eine unendliche Reihe von Schuldscheinen Ihnen echtes Geld geben kann. So wie Schuldscheine irgendwann mit echtem Geld eingelöst werden müssen, so muss auch jede hierarchische Reihe von Ursachen, die Fido in jedem Moment die Existenz verleihen, in etwas terminieren, das, da es subsistierende Existenz selbst ist, seine Existenz von etwas anderem verliehen bekommt.

Barry Miller hat vorgeschlagen, dass die logische Form einer Erklärung, die an einen notwendigerweise terminierenden Regress von Ursachen appelliert, etwa so aussähe:

> A wird zu G verursacht durch [B insoweit, als es zu G verursacht wird durch (C insoweit, als es zu G verursacht wird durch {M})][10]

In Anbetracht seiner Form, mit wie vielen Iterationen von „___, insofern es zu G verursacht wird durch ___" wir diesen Satz ergänzen könnten, um eine noch längere Reihe zu beschreiben, könnte der Satz nicht in einer Weise vervollständigt werden, die die Möglichkeit offenlässt, dass es eine unendliche Anzahl solcher Iterationen gebe. Der einzige Weg, um ihn zu vervollständigen, wird irgendwann ein Begriff wie „M" (oder was auch immer) sein, der ein erstes Glied nennt.[11] Im vorliegenden Fall, wenn wir „Fido" für „A" und „existiert" für „G" verwenden, gilt: Wie viele Zwischenursachen für Fidos Existenz wir zum Zweck der Argumentation auch immer einsetzen, wir sind logisch gezwungen, den Regress mit einer

[10] Barry Miller, "Necessarily Terminating Causal Series and the Contingency Argument", *Mind* 91 (1982): 24.

[11] Siehe ibid., 201–215; und Miller's *From Existence to God: A Contemporary Philosophical Argument* (London: Routledge, 1992), Kap. 6.

ersten Ursache M zu beenden. Und da Ms Existenz genauso sehr einer Ursache bedürfen würde wie Fido, B oder C, wenn es etwas wäre, dessen Wesen und Existenz real verschieden wären, ist der einzige Weg, nicht willkürlich mit M aufzuhören, wenn M das ist, was eine subsistierende Existenz selbst ist.

Ein weiterer Vorwurf, der oft gegen das Erste-Ursache-Argument erhoben wird, ist, dass es den „Fehlschluss der Komposition" begehe. Wenn jeder Ziegelstein in einer bestimmten Wand ein Pfund wiegt, folgt daraus nicht, dass die Wand als Ganzes ein Pfund wiegt; ähnlich (so geht der Einwand weiter) folgt, wenn jedes Ding im Universum eine Ursache erfordert, daraus nicht, dass das Universum als Ganzes eine Ursache haben muss. Aber es gibt zwei Probleme mit diesem Einwand, zumindest wenn er als eine Kritik am thomistischen Beweis betrachtet wird. Erstens ist, wie den Logikern bekannt ist, die Teil-Ganzes-Argumentation der fraglichen Art nicht immer ein Trugschluss. Wenn zum Beispiel jeder Baustein in einer Wand, die aus den Legosteinen eines Kindes gebaut wurde, rot ist, dann folgt daraus, dass die Wand als Ganzes rot ist. Da die Unterscheidung zwischen der Wesenheit eines materiellen Dinges und seiner Existenz ausreicht, um zu zeigen, dass es eine Ursache erfordert, ist es sicherlich richtig zu sagen, dass das Raum-Zeit-Universum als Ganzes, das aus materiellen Dingen besteht und selbst eine von seiner Existenz getrennte Wesenheit hat, auch eine Ursache haben muss.

Aber zweitens ist noch viel wichtiger, dass der thomistische Beweis in keinem Fall eine Argumentation dieser Art von Teil-Ganzes-Relation beinhaltet. Um den Beweis zu führen, muss man nicht das Universum als Ganzes betrachten, sondern jedes einzelne Ding, dessen Wesen sich von seiner Existenz unterscheidet – Fido oder einen bestimmten Stein oder einen Baum oder ein menschliches Wesen oder was auch immer. Um auch *nur dieses eine Ding* zu erklären, bedarf es eines Hinweises auf eine erhaltende Ursache, die die subsistierende Existenz selbst ist. Weil, wie ich zuvor gesagt habe, alles, dessen Wesen sich von seiner Existenz unterscheidet, durch die subsistierende Existenz selbst verursacht sein muss und da das, was subsistierende Existenz selbst ist, einzigartig ist, folgt, dass alles, was subsistierende Existenz selbst ist, die Ursache für alles andere als es selbst ist – in diesem Fall auch die Ursache für das gesamte Universum. Aber diese Behauptung in Bezug auf das Universum als Ganzes ist eine *Konsequenz* des Arguments; keine Behauptung über das Universum als Ganzes fungiert als *Prämisse* des Arguments.

Kennys Einwand

Anthony Kenny hat die thomistische Lehre der realen Unterscheidung zwischen dem Wesen eines Dinges und seiner Existenz sehr kritisch betrachtet.[12] Er unterscheidet zwei Existenzbegriffe.[13] Der erste ist die „spezifische Existenz", die durch den Existenzquantor der modernen Logik ausgedrückt wird. Die spezifische Existenz ist das, was in Aussagen der Form „Es gibt ein x, so dass ..." ausgedrückt wird. Sie hängt damit zusammen, ob es eine bestimmte Instanz einer gewissen Spezies gibt oder nicht. Die spezifische Existenz dieser Sichtweise ist also ein Prädikat zweiter Ordnung von Begriffen – und nicht ein Prädikat erster Ordnung für einzelne Objekte – und „Es gibt ein x, so dass x F ist" gilt für einen Begriff F, wenn F exemplifiziert ist. Kennys zweite Vorstellung von Existenz ist die „individuelle Existenz", die in Aussagen wie „Die Große Pyramide existiert noch, aber die Bibliothek von Alexandria nicht" ausgedrückt wird. Die individuelle Existenz ist genau das, was die Bibliothek von Alexandria verloren hat, als sie zerstört wurde, aber was die Große Pyramide noch hat. Es hängt damit zusammen, was für ein *Individuum* – und nicht, was für eine Spezies – gilt.[14]

Der thomistische Beweis behauptet nun, dass Wesen und Existenz in Gott identisch, aber in allem anderen real unterschieden sind. Aber nach Kennys Ansicht kann das auf beide Begriffe der Existenz nicht zutreffen. Nehmen wir an, wir lesen die thomistische Behauptung in Bezug auf die spezifische Existenz. In diesem Fall argumentiert Kenny, dass Wesenheit und Existenz in Gott so verschieden seien wie in allem anderen, oder dass die thomistische Position einfach unsinnig sei. Denn was verständlich zu sagen vermag, dass das Wesen eines Dinges sich von seiner spezifischen Existenz unterscheidet, ist nur etwas, was in der Aussage erfasst ist: „Wir können wissen, was ein Einhorn ist, ohne zu wissen, ob es ein x gibt, das

[12] Vgl. Anthony Kenny, *Aquinas* (Oxford: Oxford University Press, 1980), Kap. 2; und Kenny's *Aquinas on Being* (Oxford: Clarendon Press, 2002).
[13] Kenny, *Aquinas on Being*, p. 42.
[14] Der Begriff der Existenz als Prädikat zweiter Ordnung von Begriffen (was Kenny „spezifische Existenz" nennt) wird bekanntermaßen mit dem modernen Logiker Gottlob Frege in Verbindung gebracht. Was Kenny „individuelle Existenz" nennt, entspricht Freges Vorstellung von *Wirklichkeit* [im Originaltext auf Deutsch].

ein Einhorn ist.“ Aber aus dem gleichen Grund können wir wissen, was *Gott* ist, ohne zu wissen, ob es ein x gibt, so dass x Gott ist.[15] Wenn der Thomist jedoch darauf besteht, dass Wesenheit und spezifische Existenz in Gott nicht verschieden sind, dann ist seine Position nicht einmal verständlich. Sie läuft darauf hinaus, etwas zu sagen wie „Gottes Wesenheit ist da, ist ein x, so dass ...“.[16]

Angenommen, das, was der Thomist im Sinn hat, ist keine spezifische Existenz, sondern individuelle Existenz. Im Gegensatz zur spezifischen Existenz kann die individuelle Existenz in verständlicher Weise einer Sache prädiziert werden. Es macht Sinn, von der Großen Pyramide zu sagen, dass sie noch existiert, oder von Fido, dass er noch existiert. Was das nun bedeutet, so Kenny, ist nur, dass Fido weiterhin das ist, was er ist – nämlich ein Hund. Wenn wir darauf bestehen, zu sagen, dass Gottes Wesen und Existenz identisch sind, dann ist dies nach Kennys Ansicht verständlich, wenn wir damit meinen, dass, wenn Gott existiert, er das bleibt, was er ist – nämlich Gott. Aber in diesem Fall wären Wesen und Existenz nicht nur in Gott identisch, sondern auch in Fido und in allem anderen. Indem sie individuelle Existenz haben, bleiben sie alle so, wie sie sind.[17]

Aber mit Kennys Kritik gibt es mehrere Probleme, die von Gyula Klima treffend aufgedeckt wurden.[18] Zum einen geht Kenny davon aus, dass eine reale Unterscheidung die Trennbarkeit mit sich bringt, wenn er argumentiert, dass der Begriff der individuellen Existenz die Position des Thomisten nicht retten könne. Er schreibt: „Können wir sagen, dass Fidos Wesen und Fidos Existenz verschieden sind? Wenn eine reale Unterscheidung zwischen A und B bedeutet, dass wir eins ohne das andere haben können, dann scheint es, dass die Antwort negativ sein muss.“[19] Aber wie Klima betont und aus den oben dargelegten Gründen deutlich wurde, bedeutet eine reale Unterscheidung *nicht* Trennbarkeit; wenn man bloß etwas anderes annehmen will, kann man nicht das voraussetzen, was gegen den Thomisten bewiesen werden soll.[20] Das, *was* Fidos ist – sein Wesen –,

[15] Kenny, *Aquinas on Being*, p. 37.
[16] Ibid., pp. 41, 43f.
[17] Ibid., p. 45.
[18] Vgl. Gyula Klima, “On Kenny on Aquinas on Being”, *International Philosophical Quarterly* 44 (2004): 567–80, und Klima’s “Aquinas vs. Buridan on Essence and Existence”, in *Later Medieval Metaphysics: Ontology, Language, and Logic*, ed. Charles Bolyard and Rondo Keele (New York: Fordham University Press, 2013), pp. 30–44.
[19] Kenny, *Aquinas on Being*, p. 45.
[20] Klima, “Aquinas vs. Buridan on Essence and Existence”, p. 33.

muss nicht identisch sein mit seiner individuellen Existenz, auch wenn wir das eine nicht ohne das andere haben können. Und bei allem, was Kenny gezeigt hat, zeigen die Argumente für die reale Unterscheidung, die wir in Betracht gezogen haben, dass Wesen und Existenz nicht identisch sind.

Kenny setzt das gegen den Thomisten zu Beweisende auf eine viel tiefere Art und Weise bereits voraus, indem er annimmt, dass die Vorstellungen von der Existenz, die er vertritt, die einzig respektablen seien. Denn der Thomist würde einer solchen Annahme überhaupt nicht zustimmen. Ein Standardargument für die Ansicht, dass der Begriff der spezifischen Existenz der einzig legitime sei, ist, dass, wenn die Existenz ein Prädikat von Objekten erster Ordnung wäre, negative existentielle Aussagen (so wird behauptet) wie „Marsmenschen existieren nicht" selbstwidersprüchlich wären, was sie offensichtlich nicht sind. Denn wenn wir diese Behauptung so verstehen, dass die Marsmenschen nicht das Attribut der Existenz haben, dann scheint das zu bedeuten, dass es bestimmte Kreaturen gibt (d. h., es gibt sie), nämlich Marsmenschen, denen es an Existenz mangelt. Da das absurd ist, kann die Aussage „Marsmenschen existieren nicht" nicht dahingehend interpretiert werden, dass man einem Objekt oder Objekten das Attribut der Existenz verweigert. Vielmehr sollte man es im Sinne des Begriffs der spezifischen Existenz interpretieren, indem man so etwas sagt wie „Es ist nicht der Fall, dass es mindestens ein x gibt, von dem gilt: x ist ein Marsmensch". Das bedeutet, der Satz besagt, dass der Begriff, *ein Marsmensch zu sein*, nicht etwas ist, das auf irgendetwas zutrifft.

Wie jedoch John Knasas argumentiert hat, muss die Existenz als Prädikat erster Ordnung nicht die absurde Implikation haben, dass die Aussage „Marsmenschen existieren nicht" selbstwidersprüchlich ist.[21] Denn dies würde nur dann folgen, wenn wir den Begriff des *Marsmenschen* in dem Sinne begreifen, dass wir ihn notwendigerweise bereits als etwas auf etwas in der Realität Existierendes Anwendbares begreifen, so dass „Marsmenschen existieren nicht" gleichbedeutend ist mit „Die existierenden Marsmenschen existieren nicht", was natürlich selbstwidersprüchlich ist. Aber Aussagen, die einer Sache Existenz oder

[21] John F. X. Knasas, *Being and Some Twentieth-Century Thomists* (New York: Fordham University Press, 2003), pp. 202–3. Vgl. John F. X. Knasas, "Haldane's Analytic Thomism and Aquinas's *Actus Essendi*", in *Analytical Thomism: Traditions in Dialogue*, ed. C. Paterson and M. S. Pugh (Aldershot: Ashgate, 2006), pp. 233–51.

Nichtexistenz zuschreiben, funktionieren logisch nicht, wie Knasas sagt, auf die gleiche Weise wie andere attributive Aussagen. Insbesondere werden ihre Subjekte existenzneutral begriffen. Im vorliegenden Fall führt unser bloßes Verständnis des Begriffs „Marsmenschen" für sich genommen weder zu einem Urteil, dass es sie gibt, noch zu einem Urteil, dass es sie nicht gibt, sondern lässt die Frage offen. „Marsianer existieren nicht" sagt also nicht „Die existierenden Marsianer existieren nicht", sondern eher so etwas wie „Marsianer, die als solche existentiell neutral sind, existieren gar nicht." Im Allgemeinen gilt für den Thomisten, dass, wenn der Verstand das Wesen eines Dinges erfasst, er es als etwas erfasst, das von seiner Existenz (oder dem Fehlen derselben) verschieden ist, selbst wenn das, von dem die Existenz letztlich behauptet wird, das Ding selbst ist und nicht ein bloßer Begriff.[22]

Jedenfalls gibt es reichlich Grund zu bezweifeln, dass der Begriff der „spezifischen Existenz" alles erfasst, was durch eine Analyse der Existenz erfasst werden muss. Bedenken Sie, dass, wenn uns gesagt wird, dass „Katzen existieren", und wenn dies bedeutet, dass „es mindestens ein x gibt, so dass x eine Katze ist" oder dass etwas unter den Begriff *Katze* fällt, immer noch die Frage bleibt, *warum dies der Fall ist*, oder was es genau ist, *aufgrund dessen* etwas unter diesen Begriff fällt. Und die Antwort auf diese weitere Frage ist es, wie Knasas und andere gezeigt haben, was der Thomist meint, wenn er behauptet, dass die Existenz eines Dinges von seinem Wesen (in diesem Fall vom Wesen einer Katze) verschieden ist und ihm mitgeteilt werden muss, um das, was sonst nur potenziell ist, zu verwirklichen, wenn das Ding real sein soll.[23]

---

[22] Dass wir die Existenz einer Sache prädizieren können, bedeutet jedoch nicht, dass es sich bei ihr um eine Eigenschaft oder um anderes Attribut handelt. Sie ist aus der Sicht des Thomisten keine Eigenschaft oder kein Attribut, denn eine Sache kann nur dann Eigenschaften oder andere Attribute haben, wenn sie zuvor existiert. Die Behandlung der Existenz weder in Freges Begriffen noch als Eigenschaft oder Attribut mag für einige zeitgenössische Philosophen seltsam klingen, aber dies zeigt aus Sicht des Thomisten nur, wie verarmt und unnachgiebig die begriffliche Maschinerie ist, die sie auf metaphysische Fragen anwenden. Siehe Oderberg, *Real Essentialism*, pp. 124–25.

[23] Siehe David Braine, "Aquinas, God, and Being", in Paterson and Pugh, *Analytical Thomism*, pp. 1–24; Gaven Kerr, *Aquinas's Way to God: The Proof in* De Ente et Essentia (Oxford: Oxford University Press, 2015), pp. 72–73; und William F. Vallicella, "A Critique of the Quantificational View of Existence", *The Thomist* 47 (1983): 253–54.

Eine reale oder eine bloß begriffliche Unterscheidung?

Eines der oben erwähnten Argumente für die reale Unterscheidung zwischen dem Wesen und der Existenz eines Dinges beruhte auf der Prämisse, dass wir die Wesenheit eines Dinges erkennen können, ohne zu wissen, ob es existiert oder nicht. Aber ein Kritiker könnte einwenden, dass die Schlussfolgerung auf eine reale Unterscheidung ungültig ist, und zwar mit der Begründung, dass das, was Logiker die „Substituierbarkeit des Identischen" nennen, in intentionalen Kontexten scheitert. Aspirin ist Acetylsalicylsäure, aber wenn ich weiß, dass Aspirin ein Schmerzmittel ist, folgt daraus nicht, dass ich weiß, dass Acetylsalicylsäure ein Schmerzmittel ist. Der *Begriff* Aspirin unterscheidet sich vom Begriff Acetylsalicylsäure, weshalb ich möglicherweise das Erste kenne, ohne das Zweite zu kennen, aber das bedeutet nicht, dass Aspirin und Acetylsalicylsäure verschieden sind. Ähnlich könnte der Kritiker argumentieren, dass ich wissen könnte, was ein Löwe oder ein Einhorn ist, ohne zu wissen, ob sie existieren, aber daraus folgt nicht, dass die Wesenheit eines Löwen oder eines Einhorns sich von seiner Existenz unterscheidet. Wahr ist lediglich, dass der Begriff eines Löwen sich von dem Begriff seiner Existenz unterscheidet und der Begriff eines Einhorns sich von dem Begriff seiner Existenz unterscheidet.[24]

Als Antwort auf diese Art von Einwänden weist Klima jedoch darauf hin, dass die Lehre, die wir aus einem Versagen der Substituierbarkeit des Identischen in einem intentionalen Kontext ziehen sollten, davon abhängt, ob die beteiligten Begriffe *logisch unabhängig* sind oder nicht. Selbst wenn ich den Begriff von Aspirin klar und vollständig verstehe, weiß ich vielleicht, dass etwas Aspirin ist, ohne zu wissen, dass es derzeit ein Analgetikum ist, das weniger populär ist als Paracetamol. Das ist nicht überraschend, da der Begriff von Aspirin logisch unabhängig von dem Begriff ist, ein Analgetikum zu sein, das weniger populär ist als Paracetamol. Aber angenommen, ich habe nur ein vages und verwirrtes Wissen darüber, was Aspirin ist. Zum Beispiel weiß ich vielleicht nur, dass es sich um eine Art von chemischer Substanz handelt, die im Handel zur Schmerzlinderung

[24] Klima betrachtet und beantwortet diesen Einwand in "Aquinas vs. Buridan on Essence and Existence". Siehe die Diskussion über Klimas Artikel in meiner Rezension von Bolyards und Keeles Anthologie *Later Medieval Metaphysics* (in der Klimas Artikel erschien) in *Metaphysica* 16 (2015): 131–37.

verkauft wird, aber ich weiß nichts über die Chemie von Aspirin. In diesem Fall kann ich sicher wissen, dass etwas Aspirin ist, ohne zu wissen, dass es Acetylsalicylsäure ist. Wenn ich jedoch die chemische Wesenheit von Aspirin vollständig kenne, kann ich nicht umhin, auch zu wissen, dass es Acetylsalicylsäure ist. Denn der Begriff Aspirin ist, wenn er klar und vollständig verstanden wird, *nicht* logisch unabhängig vom Begriff der Acetylsalicylsäure.

Wenn nun das Wesen eines Dinges – sagen wir eines Löwen – wirklich identisch mit seiner Existenz wäre, dann wäre die Situation wie die des letzteren Falls. Das heißt, eine klare und vollständige Kenntnis der Wesenheit eines Löwen sollte die Kenntnis seiner Existenz beinhalten. Für einen Löwen oder einen Stein oder einen Baum oder für eines der anderen Dinge unserer Erfahrung ist es aber nicht wahr, dass wir, wenn wir ein klares und vollständiges Wissen über sein Wesen hätten, auch dessen Existenz kennen würden.

Der Kritiker könnte antworten, dass dies das zu Beweisende als feststehend betrachtet in der Annahme, dass selbst eine vollständige Kenntnis der Wesenheit eines Dinges das Wissen über seine Existenz nicht ergibt. Aber wie Klima gezeigt hat, kann die Anklage der Zirkularität gegen ein Argument widerlegt werden, wenn wir einen unabhängigen Grund haben, die Prämissen zu glauben. In diesem Fall gilt, wie Klima feststellt, dass, wenn ich die Wesenheit eines Dinges kenne, das von einer bestimmten Art ist, ich *a priori* von irgendeinem anderem Ding derselben Art, das existiert, existiert hat, existieren wird oder existieren könnte, wissen werde, dass es die Attribute haben wird, die damit verbunden sind, dass es so etwas ist. Aber ich weiß nicht *a priori*, ob ein anderes Ding dieser Art tatsächlich existiert, existiert hat oder existieren wird. Ich könnte das nur *a posteriori* wissen. Nun, dies gibt uns einen Grund zu der Annahme, dass das Wissen über die Wesenheit einer Sache nicht die Kenntnis ihrer Existenz beinhaltet, und es ist ein Grund, warum ich überhaupt fragen kann, ob Wesenheit und Existenz identisch sind. Daher könnte ich das thomistische Argument für die reale Unterscheidung akzeptieren, ohne das zu Beweisende als feststehend zu betrachten.

Ein bereits früher erwähnter Punkt ist auch relevant für die kritische Behauptung der Zirkularität. Angenommen, ich weiß, dass Aspirin ein Schmerzmittel ist, aber ich weiß nicht, dass es Acetylsalicylsäure ist. Dann habe ich eine unvollständige Vorstellung davon, was Aspirin ist, aber ich habe nicht *falsch* verstanden, was Aspirin ist. Wenn ich jedoch urteile, dass Aspirin *nicht* Acetylsalicylsäure ist, dann *habe* ich falsch verstanden, was es ist. Wenn ich im Gegensatz dazu urteile, dass Aspirin nicht existiert, dann habe ich falsch geurteilt, aber ich habe nicht falsch verstanden, *was* Aspirin ist. Dieses Beispiel gibt Grund zu der Annahme, dass das richtige Verständnis der Wesenheit eines Dinges sich davon unterscheidet, zu wissen, ob es existiert, und dies ist so, ob es einem einfällt zu fragen, ob Wesen und Existenz identisch sind, oder nicht. Daher haben wir einen weiteren, nicht das zu Beweisende voraussetzenden Grund, dass die vollständige Kenntnis des Wesens eines Dinges nicht die Kenntnis seiner Existenz beinhaltet.

Haben Dinge wirklich Wesenheiten?

So wie einige Fragen nach der „existenziellen" Seite der Unterscheidung zwischen Wesen und Existenz gestellt haben, so könnten auch einige Kritiker Fragen zur „essenziellen" Seite vorbringen. Erinnern Sie sich daran, dass das Wesen eines Dinges seine Natur ist, dass es das ist, *was* es ist. Für den Thomisten ist die Wesenheit das, was wir intellektuell erfassen, wenn wir die *Gattung* und den *spezifischen Unterschied* eines Dinges identifizieren. Die traditionelle Definition des Menschen als ein vernünftiges Sinneswesen gibt *Sinneswesen* als Gattung an, unter die Menschen fallen, und *Rationalität* als das, was Menschen als die Art unterscheidet, die sie innerhalb dieser Gattung sind (daher „spezifischer Unterschied"). Wenn die Definition richtig ist, gibt sie uns die Wesenheit eines Menschen.

Dass wir Dinge so beschreiben, als ob sie Wesenheiten hätten, liegt auf der Hand. Es ist auch offensichtlich, dass die Wesenheiten einiger Dinge zumindest teilweise das Produkt von Konventionen sind. Was zum Beispiel einen Vergaser oder einen Dosenöffner ausmacht, hängt von den Zwecken ab, für die wir solche Artefakte herstellen. Für Thomisten und viele andere Philosophen jedoch sind die Wesenheiten zumindest einiger Dinge, insbesondere von natürlichen Objekten oder Substanzen, real oder bewusstseinsunabhängig und nicht nur das Produkt von Konventionen. Der Essenzialismus ist die These, dass es solche realen Wesenheiten gibt.[25]

[25] Die Leser des thomistischen Denkers Etienne Gilson sollten das nicht mit dem „Essenzialismus" verwechseln, für den er bekannt war. Gilsons Ziel war die rationalistische Tendenz, die versuchte, die Realität aus den abstrakt betrachteten Wesenheiten abzulesen, als bloße Gedankenobjekte. Dem stellte er den „Existenzialismus" Thomas von Aquins gegenüber, für

Kann aber nachgewiesen werden, dass natürliche Objekte reale, bewusstseinsunabhängige Wesenheiten oder Naturen haben? Könnte ein Kritiker nicht stattdessen festhalten, dass alle Wesenheiten konventionell sind? Eine Möglichkeit, dieses Problem anzugehen, wäre, Aristoteles' Ansicht zu folgen, die im Buch 2 der *Physik* ausgedrückt wird, dass es absurd wäre zu versuchen, zu beweisen, dass die Dinge Naturen haben. Die Idee ist nicht, dass es *zweifelhaft* ist, dass Dinge Naturen oder Wesenheiten haben, sondern dass es offensichtlich ist, dass sie sie tatsächlich haben, und dass der Glaube, dass Dinge Wesenheiten haben, offensichtlicher ist als jedes Argument, das dafür oder dagegen gegeben werden kann. Wie bei Humes Auseinandersetzung mit dem Prinzip der Kausalität ist es (so argumentiert der Thomist) nur mit Hilfe hochkontroverser und in der Tat zweifelhafter philosophischer Annahmen möglich, die Realität der Wesenheiten ernsthaft anzuzweifeln.

Da es jedoch diejenigen gibt, die daran zweifeln, muss noch mehr gesagt werden.[26] Zunächst einmal können wir feststellen, dass die Welt genau so ist, wie wir es erwarten würden, wenn die Dinge reale Wesenheiten hätten. Insbesondere zeigen die Dinge eine *Einheit*, die wir von ihnen erwarten würden, wenn sie in zweierlei Hinsicht reale Essenzen hätten.[27] Zum einen sind sie miteinander in einer Weise verbunden, die *Einheit* zeigt. Diese Eiche, jene Eiche und die anderen Eichen sind so miteinander vereinigt, wie sie nicht mit Steinen, Hunden oder Menschen vereint sind; dieser Eisbär, jener und der andere sind auf ähnliche Weise miteinander verbunden; dieses Stück Kupfer, jenes Stück Kupfer und ein drittes Stück sind in ähnlicher Weise miteinander verbunden und so weiter. Diese Gruppen von Dingen manifestieren gemeinsame kausale Kräfte und andere Eigenschaften genau so, wie wir es erwarten würden, wenn es eine gemeinsame reale Wesenheit oder Natur gäbe, die sie alle instanziieren, die aber mysteriös wäre – tatsächlich wäre es ein Wunder –, wenn ihre Gruppierung nur eine Frage menschlicher Konventionen wäre. Zum anderen weist jedes einzelne Ding eine eigene Einheit auf. Eine Eiche, ein Eisbär und ein Stück Kupfer werden sich im Laufe der Zeit in einer

---

den das Wissen um konkrete Existenzen durch Erfahrung zustande kommen muss. Es gibt nichts im Essenzialismus, wie ich ihn charakterisiert habe, das einen solchen Rationalismus mit sich bringt, und Thomas von Aquin war eindeutig in meinem Sinne ein „Essenzialist", wie er in Gilsons Sinne ein „Existenzialist" war.

[26] Für eine detaillierte Verteidigung des Essenzialismus siehe Feser, *Scholastic Metaphysics*, Kap. 4, und Oderberg, *Real Essentialism*.

[27] Oderberg, *Real Essentialism*, pp. 44–47.

gleichmäßigen und vorhersehbaren Weise verhalten, sie werden charakteristische Eigenschaften und Muster der Tätigkeit aufweisen, trotz Änderungen der oberflächlichen Merkmale weiter bestehen und Teile haben, die in einer integrierenden Art und Weise funktionieren. Auch das ist genau das, was wir erwarten würden, wenn jedes dieser Dinge eine reale Wesenheit oder Natur hätte, und es wäre mystisch, wenn das, was wir für ihre Wesenheiten hielten, nur eine Frage menschlicher Konventionen wäre.

Natürlich ist es manchmal schwierig zu entscheiden, ob bestimmte natürliche Objekte wirklich in dieselbe Klasse eingeteilt werden sollen oder nicht und welche Eigenschaften und Tätigkeiten genau ein bestimmtes Objekt dauerhaft aufweist. *Was* genau das Wesen eines Dinges ist, ist keineswegs immer leicht zu bestimmen. Aber diese Überlegungen als solche stellen die Realität des Wesens nicht in Frage. Abgesehen von den üblichen Karikaturen glaubt kein ernsthafter Essenzialist, dass die Natur der Dinge immer leicht zu finden wäre – sozusagen vom Sessel aus, oder aus der alltäglichen Erfahrung. Im Moment geht es jedenfalls nicht darum, *was* die Wesenheiten verschiedener Dinge sind, oder ob wir sie immer entdecken können, sondern darum, ob es sie dennoch *gibt*, auch wenn wir nicht immer entdecken können, was sie sind. Und der springende Punkt ist, dass die Einheit und Ordnung der Dinge mystisch würde, wenn das Wesen nicht ein allgegenwärtiges Merkmal der verstandesunabhängigen Realität wäre.

So viel ist jedenfalls mit dem gesunden Menschenverstand ersichtlich. Aber sowohl die Praxis als auch die Ergebnisse der modernen Wissenschaft verstärken diesen Gesichtspunkt. Was die Praxis betrifft, so haben die Wissenschaftsphilosophen der Schule, die manchmal als „New Essentialism" bezeichnet wird, argumentiert, dass es für die Naturwissenschaft darum geht, die Wesenheiten und die kausalen Kräfte der Dinge zu entdecken, sofern die Kräfte, die die Wissenschaft aufdecken will, die Kräfte sind, die die Dinge *wesentlich* haben. Wie Nancy Cartwright betont, werden die Arten von Regularitäten, die die harten Wissenschaften entdecken, selten beobachtet und sind unter normalen Umständen unmöglich zu beobachten.[28] Anfänger im Studium der Physik lernen schnell

[28] Siehe Nancy Cartwright, "Aristotelian Natures and the Modern Experimental Method", in *Inference, Explanation, and Other Frustrations: Essays in the Philosophy of Science*, ed. John Earman (Berkeley and Los Angeles: University of California Press, 1992); and Nancy Cartwright, *The*

Idealisierungen kennen, wie die Idee einer reibungsfreien Oberfläche und die Tatsache, dass Gesetze wie das Newton'sche Gravitationsgesetz das Verhalten von Körpern genau genommen nur dann richtig beschreiben, wenn keine störenden Kräfte auf sie einwirken – ein Umstand, der niemals wirklich zutrifft. Überdies nehmen die Physiker die Regularitäten als Naturgesetz nicht erst nach vielen Versuchen an, nach der Art und Weise populärer Präsentationen induktiver Argumentation. Sie ziehen vielmehr ihre Schlussfolgerungen aus einigen hochspezialisierten Experimenten, die unter künstlichen Bedingungen durchgeführt wurden. Dies ist genau das, was wir erwarten sollten, wenn es in der Wissenschaft darum geht, die verborgenen Naturen der Dinge zu entdecken. Die tatsächliche experimentelle Praxis zeigt, dass die Physiker wirklich nach den Kräften suchen, die sich zeigen, wenn störende Bedingungen beseitigt werden, und die Tatsache, dass einige wenige Experimente – oder sogar nur ein einziges kontrolliertes Experiment – zur Feststellung der fraglichen Ergebnisse herangezogen werden, zeigt, dass diese Kräfte genommen werden, um eine für solche Dinge universelle Natur widerzuspiegeln. So schreibt Cartwright: „Die moderne Experimentalphysik betrachtet die Welt unter genau kontrollierten oder höchst konstruierten Umständen; und in den besten Fällen genügt ein Blick. Das ist, wie ich behaupte, genau das, wie man nach den Naturen sucht."[29]

Der Wissenschaftstheoretiker Brian Ellis vertritt die Ansicht (die ich in Kapitel 1 kurz diskutiert habe), dass Wesenheiten notwendig sind, um Naturgesetze zu begründen.[30] Und wie Ellis auch bemerkt, unterstützen die tatsächlichen Ergebnisse der modernen Wissenschaft (und erst recht deren Praxis oder Methode) die Behauptung, dass es *natürliche Arten* von Dingen gibt, jede mit ihrer eigenen Wesenheit:

> Jede Art von chemischer Substanz scheint ein Beispiel für eine natürliche Art zu sein, da die bekannten Arten chemischer Substanzen alle unabhängig von menschlichem Wissen und Verständnis existieren und die Unterschiede zwischen ihnen alle real und absolut sind. Natürlich hätten wir die Unterschiede zwischen den Arten

---

Dappled World: A Study of the Boundaries of Science (Cambridge: Cambridge University Press, 1999), Kap. 4.

[29] Cartwright, *Dappled World*, p. 102.

[30] Siehe Brian Ellis, *Scientific Essentialism* (Cambridge: Cambridge University Press, 2001), und Brian Ellis, *The Philosophy of Nature: A Guide to the New Essentialism* (Chesham: Acumen, 2002).

> chemischer Substanzen ohne viele wissenschaftliche Untersuchungen nicht entdecken können. Aber diese Unterschiede wurden nicht von uns erfunden oder pragmatisch gewählt, um einer ansonsten amorphen Masse von Daten Ordnung zu geben. Es gibt kein kontinuierliches Spektrum chemischer Vielfalt, das wir kategorisieren könnten. Die chemische Welt ist einfach nicht so. Im Gegenteil, es hat den Anschein, als wäre sie eine Welt aus chemisch getrennten Substanzen, jede mit ihren eigenen charakteristischen chemischen Eigenschaften. Etwas anderes anzunehmen bedeutet, die ganze Geschichte der Chemie seit Antoine Lavoisier zu Nonsens zu machen.[31]

Die Ansicht, dass *alle* Wesenheiten konventionell seien, ist in jedem Fall letztlich inkohärent, wie der Philosoph Crawford Elder gezeigt hat.[32] Der Konventionalist hält das Wesen eines Dinges für das, was es ist, für ein Produkt unserer Denkweisen, unserer sprachlichen Gewohnheiten und so weiter. Es ist, kurz gesagt, bewusstseinsabhängig. Aber für den konsequenten Konventionalisten müsste das genauso für das menschliche Bewusstsein selbst gelten (ob wir das Bewusstsein mit dem Gehirn identifizieren oder es für etwas Immaterielles halten) wie für alles andere. Das heißt, was das Bewusstsein zu dem macht, was es ist, müsste bewusstseinsabhängig sein – abhängig von unseren Denkweisen, sprachlichen Konventionen und so weiter. Aber dass etwas bewusstseinsabhängig ist, bedeutet, dass es *vorausgesetzt* wird und somit (ontologisch, wenn nicht zeitlich) *nach* der Existenz des Bewusstseins kommt. Aber das Bewusstsein geht notwendigerweise dem voraus, was von ihm abhängig ist, dem, was nur im Verhältnis zu seinen Denkweisen und Sprachgewohnheiten existiert. Daher muss der konsequente Konventionalist sagen, dass das Bewusstsein sowohl vor ihm selbst als auch nach ihm selbst ist. Aber das ergibt keinen Sinn.

Wir können also nicht konsequent eine konventionalistische Sichtweise auf unser *eigenes* Wesen oder zumindest nicht auf die Wesenheit unseres Bewusstseins einnehmen. Dass es mindestens *eine* echte Wesenheit,

---

[31] Brian Ellis, *The Metaphysics of Scientific Realism* (Montreal and Kingston: McGill – Queen's University Press, 2009), p. 59. Zwar findet Ellis reichlich Wasser, um es auf die Mühlen der Essenzialisten in Physik und Chemie zu geben, aber er würde den Essenzialismus nicht auf biologische Arten ausdehnen. Aber andere zeitgenössische Essenzialisten würden dies tun. Siehe z.B. Oderberg, *Real Essentialism*, Chaps. 8 und 9.

[32] Crawford L. Elder, *Real Natures and Familiar Objects* (Cambridge, Mass.: MIT Press, 2004), Kap. 1.

unsere Wesenheit, gibt, kann nicht bestritten werden. Und der Gesichtspunkt von Elder kann wie folgt ergänzt werden. Die Argumente für den Konventionalismus würden, wenn sie überhaupt eine Kraft hätten, für uns ebenso gelten wie für alles andere. Aber wir wissen, dass sie falsch sind, wenn sie auf uns angewendet werden. Welchen Grund können wir haben, sie ernst zu nehmen, wenn wir sie auf andere Dinge anwenden?

Auf jeden Fall reicht es für den Zweck des thomistischen Gottesbeweises aus, dass die Wesenheiten von zumindest *einigen* natürlichen Gegenständen bewusstseinsunabhängig und nicht konventionell sind. Selbst wenn sich herausstellen sollte, dass die Wesenheiten anderer Naturobjekte konventionell sind, wäre das für den Beweis kein größeres Problem als die Tatsache, dass die Wesenheiten eines Vergasers oder Dosenöffners konventionell sind. Nehmen Sie zum Beispiel an, dass sich herausstellte, dass das Wesen eines Hundes eine Frage der Konvention ist. Was wirklich objektiv existiert (so könnte behauptet werden), sind nur physische Teilchen bestimmter Art, und wenn die Teilchen auf diese Weise arrangiert sind, wendet der menschliche Geist den Begriff *Hund* auf sie an. Selbst in diesem Fall würden die physikalischen Teilchen *selbst* eine nichtkonventionelle Wesenheit haben, und so würde (wie wir gesehen haben) der menschliche Verstand den Begriff *Hund* auf die Anordnungen dieser Teilchen anwenden. Und das Wesen jedes dieser Dinge würde sich wirklich von seiner Existenz unterscheiden, was die Tür zu den Überlegungen des thomistischen Beweises öffnet.

Die Einwände gegen das thomistische Argument versagen alle und geben uns die Bahn frei für einen vierten Beweis für die Existenz Gottes.

5

Der rationalistische Beweis

Informelle Erklärung des Arguments: Stufe 1

Der gesunde Menschenverstand und die Wissenschaft nehmen an, dass es Erklärungen für die Existenz von Dingen gibt, denen wir begegnen, für die Eigenschaften, die die Dinge aufweisen, und für die Ereignisse, die eintreten. Und typischerweise finden wir, dass dies tatsächlich der Fall ist. Sie finden eine unbekannte Sonnenbrille auf Ihrem Sofa, und nachdem Sie herumgefragt haben, stellen Sie fest, dass sie versehentlich von einem Freund vergessen wurde. Sie bemerken einen Ausschlag an Ihrem Arm und erkennen beim Nachdenken, dass Sie sich wahrscheinlich während einer kürzlich unternommenen Wanderung an eine Gifteiche gelehnt haben. Sie hören eine Reihe von Kratzgeräuschen, die vom Dach kommen, und bei der Untersuchung stellen Sie fest, dass sie von der Nachbarskatze oder von einer Waschbärenfamilie herrühren. Biologen erklären den Ursprung neuer Lebensformen mit Hilfe von Mutation und natürlicher Selektion. Physiker erklären die Temperatur von Wasser durch die mittlere molekulare kinetische Energie, und die Umlaufbahnen der Planeten werden mit Bezug auf Keplers Gesetze der Planetenbewegung beschrieben. Selbst wenn wir keine Erklärung finden, bezweifeln wir nicht, dass es eine gibt, und wir haben oft zumindest eine Erklärung dafür, dass wir keine Erklärung für das haben, was wir untersuchen. Wenn zum Beispiel ein Mord ungelöst bleibt, wissen wir, dass der Mörder sehr vorsichtig war, keine Fingerabdrücke hinterließ und sicherstellte, dass es keine Zeugen gab, als er den Körper versteckte, so dass es lange dauern würde, ihn zu finden, und so weiter.

Aber *hat* tatsächlich *alles* eine Erklärung, selbst wenn es eine Erklärung ist, die wir nicht entdeckt haben und niemals entdecken werden? Die These, dass dies der Fall ist, ist bekannt als das *Prinzip des zureichenden Grundes,* kurz PZG. Dieses Prinzip wird vor allem mit dem frühen rationalistischen Philosophen G.W. Leibniz verbunden, wurde aber von Schriftstellern verschiedener philosophischer Strömungen in unterschiedlicher Weise formuliert. Zwei charakteristische thomistische Formulierungen wären „Alles, was ist, hat einen hinreichenden Grund seiner Existenz“[1] und „Alles ist intelligibel“. Eine dritte Formulierung lautet, dass „es eine zureichende Begründung oder angemessene, notwendig objektive Erklärung für alles Sein gibt und für alle Attribute eines beliebigen Seienden“.[2]

Das PZG erinnert an das *Prinzip der Kausalität*, das wir in den vorherigen Kapiteln betrachtet haben, aber es ist wichtig zu betonen, dass es sich um unterschiedliche Prinzipien handelt. Ein Unterschied besteht darin, dass, während eine Ursache von ihrer Wirkung verschieden sein muss, es nicht zwischen einem zureichenden Grund und dem, für den es ein ausreichender Grund ist, einen Unterschied geben muss. Das heißt, obwohl nichts die Ursache für sich selbst sein kann, könnte es im Prinzip etwas geben, was selbsterklärend ist. (Ob es tatsächlich so etwas gibt, ist eine Frage, auf die wir jetzt eingehen werden.) Ein verwandter Unterschied ist der, dass wir beim Kausalprinzip gesehen haben, dass nicht alles eine Ursache hat, während das PZG bedeutet, dass alles einen zureichenden Grund hat. Alles, was eine Ursache hat, hat seinen hinreichenden Grund in etwas, das von ihm verschieden ist, während, wenn es etwas gibt, das keine Ursache hat, es einen hinreichenden Grund in sich hätte. Alle Ursachen sind Gründe in dem Sinn, dass sie ihre Wirkungen verständlich machen, aber nicht alle Gründe sind Ursachen.

Warum sollten wir an das PZG glauben? Ein wichtiges Argument dafür ist eine Variation des empirischen Arguments für das Kausalitätsprinzip, das wir in Kapitel 1 betrachtet haben. Als eine induktive Verallgemeinerung betrachtet, wird das PZG ebenso unterstützt wie jedes andere. Zum einen (und wie bereits erwähnt) neigen wir dazu, Erklärungen zu finden, wenn wir nach ihnen suchen, und selbst wenn wir das nicht tun, haben wir oft Grund zu der Annahme, dass es eine Erklärung gibt, zu der wir aber, aus welchem Grund auch immer (z.B. fehlende Beweise), keinen Zugang haben. Zum anderen verhält sich die Welt einfach nicht so, wie wir

---

[1] Reginald Garrigou-Lagrange, *God: His Existence and His Nature; A Thomistic Solution of Certain Agnostic Antinomies*, vol. 1 (St. Louis: B. Herder, 1939), p. 181.

[2] Bernard Wuellner, *Summary of Scholastic Principles* (Heusenstamm: Editiones Scholasticae 2011, Neuauflage der 1. Auflage 1956), p. 15.

es erwarten würden, wenn das PZG falsch wäre.[3] Ereignisse ohne jede evidente Erklärung würden sicherlich ständig auftreten, und die Welt hätte einfach nicht die Intelligibilität, die die Wissenschaft und den alltäglichen gesunden Menschenverstand so erfolgreich machen, wie sie es sind. Dass die Welt so geordnet und verständlich ist, wäre ein Wunder, wenn das PZG nicht wahr wäre.

Aber das PZG ist viel gewisser, als eine bloß empirische Hypothese es sein kann. Wenn es schwierig erscheint, dies zu beweisen, liegt das nicht daran, dass es zweifelhaft wäre, sondern im Gegenteil daran, dass es offensichtlicher wahr ist als alles, was man dafür oder dagegen sagen kann. So schreibt Reginald Garrigou-Lagrange: „Obwohl es nicht direkt demonstriert werden kann, kann es indirekt durch die Methode des Beweises, die als *reductio ad absurdum* bekannt ist, demonstriert werden."[4] Eine Möglichkeit, wie dies gehen könnte, wird durch einige Bemerkungen nahegelegt, die Alexander Pruss gemacht hat, der seinerseits einen Aspekt von Robert Koons weiterentwickelt hat.[5] Die Leugnung des PZG, so Pruss, bringt eine radikale Skepsis gegenüber der Wahrnehmung mit sich. Denn wenn das PZG falsch ist, dann kann es keinen Grund für die Wahrnehmungserfahrungen geben, die wir haben. Insbesondere kann es überhaupt keine Relation zwischen unseren Wahrnehmungserfahrungen und den äußeren Objekten und Ereignissen geben, von denen wir annehmen, dass sie sie verursachen. Wir haben auch keinen Grund zu behaupten, dass eine solche radikale Trennung zwischen unseren Wahrnehmungen und der äußeren Realität unwahrscheinlich sei. Objektive Wahrscheinlichkeiten hängen von den objektiven Tendenzen der Dinge ab, und wenn das PZG falsch ist, dann können Ereignisse auf eine Weise auftreten, die nichts mit den objektiven Tendenzen der Dinge zu tun hat. Daher kann man das PZG nicht konsequent leugnen und zugleich berechtigt sein, den Beweisen der sinnlichen Wahrnehmung oder der empirischen Wissenschaft, die in der Wahrnehmung begründet ist, zu trauen.

Natürlich könnte eine entschlossene Kritik des PZG annehmen, sie könne in den sauren Apfel beißen und die Wahrnehmungsskepsis

---

[3] Alexander R. Pruss, "The Leibnizian Cosmological Argument", in *The Blackwell Companion to Natural Theology*, ed. William Lane Craig and J. P. Moreland (Oxford: Wiley-Blackwell, 2009), p. 32.

[4] Garrigou- Lagrange, *God*, p. 181.

[5] Pruss, "Leibnizian Cosmological Argument", p. 28; siehe auch Robert C. Koons, *Realism Regained: An Exact Theory of Causation, Teleology, and the Mind* (Oxford: Oxford University Press, 2000), p. 110.

akzeptieren, aber die Argumentation von Pruss und Koons kann noch weiter vorangetrieben werden, als sie es tun. Wenn wir eine Behauptung akzeptieren, die wir für rational gerechtfertigt halten, nehmen wir nicht nur an, dass wir einen Grund haben, sie zu akzeptieren (im Sinne einer rationalen Rechtfertigung), sondern auch, dass dieser Grund der Grund dafür ist, *warum* wir sie akzeptieren (in dem Sinne, dass er die Ursache oder Erklärung unserer Akzeptanz ist). Wir nehmen etwas an, *weil* die rationalen Erwägungen zugunsten der Behauptung gut sind, sodass wir dazu gebracht werden, der Behauptung zuzustimmen. Wir gehen auch davon aus, dass unsere kognitiven Fähigkeiten die Wahrheit und die Standards rationaler Argumentation verfolgen, anstatt uns dazu zu verleiten, Schlussfolgerungen in einer Weise anzunehmen, die keine Verbindung zur Wahrheit oder Logik hat. Aber wenn das PZG falsch ist, haben wir keinen Grund zu glauben, dass dies wirklich der Fall ist. Denn alles, was wir wissen und was uns bewegt oder uns dazu veranlasst, einer Behauptung zuzustimmen, könnte absolut nichts mit den Übermittlungen unserer kognitiven Fähigkeiten zu tun haben, und unsere kognitiven Fähigkeiten selbst könnten wiederum die Übermittlungen, die sie haben, auf eine Weise haben, die nichts mit der Wahrheit oder den Standards der Logik zu tun hat. Wir können glauben, dass wir tun, was wir tun, ohne irgendeinen Grund, und doch könnte es fälschlich so *scheinen*, auch ohne jeden Grund, als ob wir glaubten, dass wir das, was wir tun, aus vernünftigen Gründen tun. Nun, dies würde für alle Gründe gelten, die wir haben könnten, um am PZG zu zweifeln, genauso wie für jede andere Schlussfolgerung, die wir ziehen könnten. Wenn wir also das PZG bezweifeln oder leugnen, untergräbt dies jegliche Gründe, die wir haben können, um am PZG zu zweifeln oder dieses zu leugnen. Die Ablehnung des PZG untergräbt sich daher selbst. Selbst der PZG-Kritiker, der bereit ist, einen Skeptizismus der Wahrnehmung zu akzeptieren, und sich in einen Schutzwall des *a priori*-Wissens zurückzieht, wird dort keinen Zufluchtsort finden. Die Ablehnung des PZG würde die Möglichkeit *jeglicher* rationalen Untersuchung untergraben.

Es gibt eine andere Art und Weise, in der die Wissenschaft das PZG implizit voraussetzt. Einige Philosophen sind der Ansicht, dass man selbst dann, wenn das PZG falsch ist, echte Erklärungen, einschließlich wissenschaftlicher Erklärungen, geben kann. Eine solche Ansicht findet sich bei

J.L. Mackie und Bertrand Russell.[6] Die Idee ist, dass wir zumindest einige Phänomene in Bezug auf Naturgesetze erklären können, diese Gesetze in Bezug auf fundamentalere Gesetze, und vielleicht diese wiederum durch die fundamentalste Ebene der Gesetze. Den fundamentalsten Gesetzen fehlt jedoch jede Erklärung. Dass die Welt von ihnen regiert wird, wäre nur eine unauslöschliche „nackte Tatsache".

Aber das ist inkohärent. Angenommen, ich habe Ihnen gesagt, dass die Tatsache, dass ein bestimmtes Buch nicht auf den Boden gefallen ist, durch die Tatsache erklärt wird, dass es auf einem bestimmten Regal ruht, dass aber die Tatsache, dass das Regal nicht auf den Boden gefallen ist, keine Erklärung hat, sondern eine unerklärbare nackte Tatsache ist. Habe ich wirklich die Position des Buches erklärt? Es ist kaum zu sehen, wie. Denn das Regal hat in sich selbst keine Neigung, in der Höhe zu bleiben – es ist, nach der Hypothese, nur eine nackte Tatsache, dass es dies tut. Aber wenn es keine solche Tendenz hat, kann es dem Buch keine solche Tendenz mitteilen. Die „Erklärung", die das Regal in einem solchen Fall bietet, wäre völlig illusorisch. (Es hilft auch nicht, dem Buch eine solche Tendenz zuzuschreiben, wenn das Vorhandensein der Tendenz *selbst* nur eine unverständliche nackte Tatsache ist. Die Illusion wird nur verlagert, nicht beseitigt.)

Aus dem gleichen Grunde ist es nicht gut zu sagen: „Das Wirken des Naturgesetzes C erklärt sich durch das Wirken des Naturgesetzes B, und das Wirken von B durch das Wirken des Naturgesetzes A, aber das Wirken von A hat überhaupt keine Erklärung und ist nur eine unverständliche nackte Tatsache." Das scheinbare Resultat, C und B „erklärt" zu haben, ist völlig illusorisch, wenn A eine nackte Tatsache ist, denn wenn es nichts gibt, das A selbst erklären kann, haben A, B oder C nichts zu sagen, was ihre Funktionsweise erklären könnte. Die Vorstellung eines erklärenden nomologischen Regresses, der in einer nackten Tatsache endet, ist, wenn er sorgfältig untersucht wird, nicht schlüssiger als die Vorstellung, dass eine Wirkung von einem Instrument erzeugt wird, das nicht das Instrument von irgendetwas ist. (Eine Reihe immer grundlegenderer „Naturgesetze" ist in dieser Hinsicht wie eine hierarchische kausale Reihe, wie sie in früheren Kapiteln besprochen wurde.)

---

[6] J. L. Mackie, *The Miracle of Theism* (Oxford: Clarendon Press, 1982), pp. 84–87; Bertrand Russell and F. C. Copleston, "A Debate on the Existence of God", in *The Existence of God*, ed. John Hick (New York: Macmillan, 1964), pp. 168–78.

Daher setzen rationale Forschung im Allgemeinen und wissenschaftliche Untersuchung im Besonderen das PZG voraus. Ein weiteres Argument, das dieses Urteil stützt, wurde von dem Philosophen Michael Della Rocca vorgebracht.[7] Della Rocca stellt fest, dass selbst Philosophen, die die das PZG ablehnen, ihre philosophischen Thesen oft durch den Rückgriff auf das, was er das „Explizierbarkeitsargument" nennt, verteidigen. Ein Erklärbarkeitsargument (ich werde von nun an die Abkürzung EA verwenden) ist ein Argument dafür, dass wir Grund haben zu leugnen, dass ein bestimmter Sachverhalt vorliegt, wenn er unerklärlich oder eine „nackte Tatsache" ist. Della Rocca liefert eine Reihe von Beispielen für diese Strategie. Wenn materialistische Philosophen des Geistes einen reduktionistischen Ansatz des Bewusstseins mit der Begründung verteidigen, dass das Bewusstsein (wie sie sagen) ansonsten unerklärlich sei, setzen sie ein EA ein. Als frühneuzeitliche Philosophen den aristotelischen Begriff der substanziellen Form ablehnten (oder was Aristoteliker ohnehin als eine Karikatur dieses Begriffs ansehen würden), taten sie dies mit der Begründung, dass der Begriff nicht ausreichend erklärbar sei. Wenn Philosophen induktives Denken anwenden, lehnen sie im Wesentlichen die Behauptung ab, dass die Zukunft nicht relevanter sein wird als die Vergangenheit oder dass das Unbeobachtete nicht relevanter als das Beobachtete ist, mit der Begründung, dass dies künftige und andere unbeobachtete Phänomene unerklärlich machen würde. Und so weiter.

Nun konzediert Della Rocca, dass ein Hinweis auf das EA nicht durch sich selbst zum PZG verpflichtet. Aber nehmen wir an, wir wenden den Ansatz des EA auf die Frage an, *warum Dinge existieren*. Was wir auch immer am Ende denken mögen, was die richtige Antwort auf diese Frage ist – für Della Roccas Argument ist das gleichgültig – wenn wir das EA zur Verteidigung einsetzen, werden wir uns implizit zum PZG verpflichten, sagt Della Rocca, weil das PZG einfach die Behauptung ist, dass die Existenz von irgendetwas eine Erklärung haben muss.

In Bezug auf diese verschiedenen Beispiele des EA könne man, so Della Rocca, eine von drei Optionen wählen:

1. Man behauptet, dass einige EA legitime Arten von Argumenten sind, während andere – insbesondere jedes EA für einige Behauptungen darüber, warum Dinge überhaupt existieren – nicht legitim sind.

[7] Michael Della Rocca, "PSR", *Philosophers' Imprint* 10 (2010): 1–13.

2. Man behauptet, dass kein EA für irgendeine Schlussfolgerung legitim ist.
3. Man behauptet, dass alle EA, einschließlich aller EA für eine Behauptung über die bloße Existenz von Dingen, legitime Arten von Argumenten sind.

Nun kann der Kritiker des PZG Option Nr. 3 nicht annehmen, weil das die Akzeptanz des PZG bedeuten würde. Auch könnte kein Kritiker des PZG, der das EA zur Verteidigung anderer Behauptungen anwendet – und der Ansatz des EA ist, wie Della Rocca feststellt, ein Standardeinwand in der zeitgenössischen Philosophie (und tatsächlich auch in der Wissenschaft) –, die Option Nr. 2 wählen.

Also bleibt nur Option Nr. 1. Das Problem ist jedoch, dass es für den PZG-Kritiker offensichtlich keine das zu Beweisende als feststehend betrachtende Verteidigung für die Option Nr. 1 zu geben scheint. Warum sollten wir glauben, dass das EA in anderen Fällen legitim ist, aber nicht, wenn man einen Ansatz zur Erklärung der bloßen Existenz von Dingen gibt? Es scheint willkürlich, die eine Art des EA zuzulassen, die andere hingegen nicht. Der PZG-Kritiker kann nicht damit antworten, dass es nur eine grobe Tatsache sei, dass einige Arten des EA legitim seien und andere nicht, weil dies das gegen das PZG zu Beweisende als feststehend betrachten würde, denn das PZG leugnet, dass es nackte Fakten gibt. Ebenso wenig würde es dem Kritiker gelingen zu sagen, dass es nur *intuitiv* plausibel sei, dass das EA im Fall der Erklärung der bloßen Existenz der Dinge illegitim ist, da der Punkt von Della Rocca der ist, dass die Akzeptanz des EA durch den Kritiker in anderen Bereichen Zweifel aufkommen lässt an der Zuverlässigkeit dieser besonderen Intuition. Wenn man also an Intuitionen appelliert, würde dies auch bedeuten, das zu Beweisende als feststehend zu betrachten.

Della Roccas Argumentation kann meines Erachtens noch weiter vorangetrieben werden, als er es tut. Er räumt ein, dass es „extrem problematisch" wäre, wenn jemand in den sauren Apfel bisse und die Option Nr. 2 wählte, es aber nicht im strengen Sinne „logisch inkohärent" sei, wenn er dies tue. Ich denke jedoch, dass dies für den PZG-Kritiker zu großzügig ist. Selbst wenn der Kritiker beschließt, die verschiedenen spezifischen Beispiele des EA zurückzuweisen, die von Della Rocca zitiert werden – EA-Beispiele, die verschiedene Behauptungen über das Bewusstsein, die substanziellen Formen und dergleichen betreffen –, wird der Kritiker immer noch verschiedene Argumentationsmuster verwenden, die er formal für gültig oder induktiv stark hält, und er wird Muster zurückweisen, die er für falsch hält, und so weiter. Und er wird dies tun, gerade weil diese Prinzipien der Logik Standards der Intelligibilität oder der erklärenden Angemessenheit verkörpern.

Natürlich ist es in der Logik ein Gemeinplatz, dass nicht alle Erklärungen Argumente sind, und manchmal wird auch behauptet (weniger plausibel, denke ich), dass nicht alle Argumente Erklärungen sind. Aber sicherlich sind *viele* Argumente Erklärungen. Was aristotelische Philosophen „erklärende Demonstrationen" nennen (z. B. ein Syllogismus wie *Alle rationalen Sinneswesen sind sprachfähig, alle Menschen sind rationale Sinneswesen, also sind alle Menschen sprachfähig*), sind Erklärungen. Argumente für die beste Erklärung sind (offensichtlich) Erklärungen, und wie Della Rocca bemerkt, scheint induktives Denken im Allgemeinen vorauszusetzen, dass die Dinge Erklärungen haben.

Jede Art des EA aufzugeben (Option Nr. 2) würde bedeuten, die Praxis der Argumentation selbst oder zumindest einen Großteil davon aufzugeben. Unnötig zu sagen, dass es schwierig ist, zu sehen, wie dies logisch nicht inkohärent sein könnte, zumindest wenn man versucht, seine Ablehnung des PZG mit Argumenten zu verteidigen. Daher würde die Akzeptanz der allgemeinen Praxis, Argumente zu geben und trotzdem EA der besonderen Art abzulehnen, die Della Rocca als Beispiele nennt, wirklich Della Roccas Option Nr. 1 statt Option Nr. 2 annehmen. Und wie wir gesehen haben, gibt es keinen nicht das zu Beweisende als feststehend voraussetzenden Grund, Nr. 1 zu akzeptieren.

Wir haben also die besten Gründe, das Prinzip des zureichenden Grundes zu bestätigen. Nun wird die Erklärung von irgendetwas entweder in der eigenen Natur des Dinges selbst oder in etwas außerhalb gefunden werden. Im letzteren Fall können wir sagen, dass die Sache *kontingent* ist – dass sie von Umständen außerhalb ihrer selbst abhängt und daher nicht existieren wird, wenn diese Umstände nicht bestehen. Im ersten Fall können wir sagen, dass das Ding *notwendig* ist – dass es etwas in seiner eigenen Natur gibt, das beinhaltet, dass es nicht nicht existieren kann, so dass es auf nichts außerhalb seiner selbst ankommt. Es gibt keine dritte Möglichkeit. Wenn ein Ding weder durch seine eigene Natur noch durch irgendetwas außerhalb von ihm selbst erklärt würde, dann würde es durch nichts erklärt werden. Aber etwas, das überhaupt nicht erklärbar ist, wird vom PZG ausgeschlossen.

Nun wissen wir, dass es kontingente Dinge gibt, da sie überall um uns herum sind – Steine, Bäume, Hunde, Menschen und so weiter. Könnte alles kontingent sein? Angenommen, für jede zufällige Sache gibt es eine andere kontingente Sache, die sie verursacht hat. Angenommen, diese Reihe von zufälligen Dingen geht unendlich zurück. Es gibt verschiedene Möglichkeiten, wie die Details dieses Szenarios beschrieben werden können. Wir könnten in Begriffen eines anfangslosen Universums denken, in dem das kontingente Ding A durch ein vorher existierendes kontingentes Ding B verursacht wurde, das wiederum durch ein vorher existierendes kontingentes Ding C verursacht wurde und so weiter, für immer in die Vergangenheit zurück, ohne dass es irgendwie einen Anfang in dieser Reihe geben würde. Oder wir können an eine Serie denken, die wie diese ist, mit der Ausnahme, dass dieses besondere Universum der kontingenten Dinge einen Anfang hat, einen Urknall – wobei aber der Urknall wiederum das Ergebnis eines vorher existierenden Universums war, das in einem großen Crunch implodierte. Wir können uns dann vorstellen, dass das vorher existierende Universum mit einem eigenen Urknall entstanden ist, der das Ergebnis der Implosion eines noch früheren Universums war. Und wir können annehmen, dass es eine unendliche Reihe von Universen gegeben hat, die jeweils mit einem Urknall entstanden sind und mit einem großen Crunch endeten, der den nächsten Urknall erzeugte. Wir können auch annehmen, dass während der Lebensspanne eines Universums andere Universen davon abzweigen und weitermachen, nachdem es in sich zusammenfällt. Wir können uns vorstellen, dass dieser Prozess zu einem „Multiversum" führt, einer Reihe paralleler Universen, denen andere Paralleluniversen vorausgehen, denen wiederum andere vorausgehen, ohne Anfang.

Wie genau diese Details aussehen, spielt für die gegenwärtigen Zwecke jedoch keine Rolle. Was zählt, ist, dass wir in jedem Fall eine Variation einer unendlichen Reihe von zufälligen Dingen haben. Lassen Sie uns der Argumentation folgen, dass eine solche Reihe möglich ist. Es mag scheinen, dass, wenn es eine solche Reihe gibt, wir eine Erklärung für alles haben würden, so wie das PZG es erfordert und ohne dass wir die Existenz eines notwendigen Wesens bestätigen müssen. Denn jedes kontingente Ding wird durch ein vorher existierendes kontingentes Ding erklärt. Daher wird es nicht nötig sein, etwas Notwendiges zu setzen. David Hume umreißt diese Schlussfolgerung sehr treffend in seinen *Dialogen über die natürliche Religion*.

Aber das ist eine Illusion. Nicht *alles*, was erklärt werden muss, wird in diesem Szenario erklärt. Es gibt mehrere Möglichkeiten, dies zu sehen, beginnend mit einer Überlegung, die von den rationalistischen Philosophen Leibniz und Samuel Clarke hervorgehoben wurde. Auch wenn es eine unendliche Reihe von kontingenten Dingen gibt, von denen jede durch eine vorherige verursacht wurde, gibt es immer noch die Frage, warum die Reihe *überhaupt* existiert. Denn die Reihe ist genauso kontingent wie die einzelnen kontingenten Dinge, die sie ausmachen. Sie hätte auch nicht existieren können; warum also existiert sie?[8]

Es wird manchmal behauptet, dass diese Frage etwas Illegitimes habe, aber die Gründe für dieses Urteil sind nicht gut. Zum Beispiel wird manchmal behauptet, dass die Frage auf einem Fehlschluss der Komposition beruhe. Wenn jeder Stein in einer bestimmten Ansammlung von Steinen weniger als eine Unze wiegt, folgt daraus nicht, dass die gesamte Ansammlung weniger als eine Unze wiegt. Wenn also jede einzelne Sache in einer Reihe kontingent ist, dann folgt (so wird behauptet) nicht, dass die Reihe als Ganzes kontingent ist. Aber wie wir im vorigen Kapitel gesehen haben, ist dieses Argument schlecht. Nicht jede Schlussfolgerung von einem Teil zum Ganzen begeht einen Trugschluss der Komposition. Ob ein solcher Trugschluss begangen wird, hängt davon ab, um welche Art von Merkmal der Teile es sich handelt. Wo es um das Gewicht geht, können wir nicht rational von dem, was auf die Teile zutrifft, auf das, was für das Ganze gilt, schließen. Aber wo (zum Beispiel) die Farbe betroffen ist, können wir rational von den Teilen zum Ganzen übergehen. Wenn jeder Legostein in einem Stapel von Legosteinen rot ist, wird jedes Objekt, das wir aus diesen Blöcken machen, ebenfalls rot sein.

Nun entspricht die Kontingenz in dem für das vorliegende Problem relevanten Sinne mehr der Farbe als dem Gewicht. Nehmen wir irgendein zufälliges Ding – einen Stein, einen Legostein, einen Baum, einen

[8] Es wurde bekanntermaßen manchmal gefragt, warum es überhaupt etwas gibt und nicht vielmehr nichts? Dies ist jedoch ein potenziell irreführender Weg, das Thema zu umreißen, da einige diese Frage so interpretieren, als ob es zumindest theoretisch überhaupt nichts geben könnte. Und die Argumente der vorhergehenden Kapitel sowie das Argument für diese Annahme implizieren, dass es nicht der Fall sein kann, dass nichts existiert. Was rein aktual ist, was absolut einfach oder nichtzusammengesetzt ist, was alles Notwendige und Mögliche begründet, was Existenz selbst ist und was absolut notwendig existiert, hätte unmöglich nicht existieren können – wenn es wirklich etwas gibt, das zu diesen Beschreibungen passt, dann ist es nicht wahr, dass es überhaupt nichts hätte geben können. Der bessere Weg, die Frage zu stellen, ist zu fragen, warum es überhaupt irgendwelche kontingenten Dinge gibt.

Menschen oder was auch immer. Eine Ansammlung von drei Steinen ist offensichtlich nicht weniger kontingent als ein einzelner Stein, und eine Ansammlung von dreihundert oder drei Millionen Steinen ist offensichtlich nicht weniger kontingent als die Ansammlung von drei Steinen. In der Tat sind die Ansammlungen, wenn überhaupt, *mehr* kontingent, als der einzelne Stein es ist. Der einzelne Stein setzt voraus, dass die Gesetze der Physik so fortwirken, dass die Atome, aus denen der Stein besteht, nicht auseinanderfallen. Aber die Ansammlung hängt *sowohl* von allen ihren Bausteinen ab – dass sie so zusammengesetzt sind, wie sie es sind – *als auch* von jedem einzelnen Stein in der Ansammlung, und zwar insofern, als die Gesetze der Physik weiterhin so funktionieren müssen, dass die Atome, aus denen sie bestehen, den Stein zum Beispiel nicht auseinanderfallen lassen. Die Ansammlung ist somit doppelt kontingent. Es ist ziemlich albern, so zu tun, als ob wir durch Ansammlung aller Steine, die es gibt, oder aller kontingenten Dinge, die es gibt, plötzlich zu etwas gelangen würden, das *nicht* kontingent ist.

Außerdem ist es einfach falsch anzunehmen (wie Hume es tut), dass, wenn wir für jedes einzelne kontingente Ding ein weiteres kontingentes Ding als seine unmittelbare Ursache identifiziert haben, wir alles erklärt hätten, was es zu erklären gibt. Um ein Beispiel von Leibniz zu nehmen, nehmen wir an, es gäbe eine unendliche Reihe von Geometriebüchern, von denen jedes von einem bereits vorhandenen kopiert wurde. Wir hätten einen unmittelbaren Grund für jedes Buch, aber offensichtlich hätten wir nicht alles erklärt. Warum zum Beispiel hat die Reihe der Bücher den spezifischen Inhalt, den sie hat, anstatt irgendeines anderen Inhalts? Warum ist Geometrie das Thema eines jeden Buches? Warum ist es nicht stattdessen ein Buch mit Shakespeare-Stücken oder ein Malbuch oder ein Reparaturhandbuch für Kraftfahrzeuge, das unendlich oft kopiert wird? Aus dem gleichen Grund haben wir immer noch nicht alles erklärt, auch wenn wir annehmen, dass die Reihe der kontingenten Dinge, die unser Universum auf die eine oder andere Weise ausmachen, unendlich weit nach hinten zurückreicht. Warum zum Beispiel besteht die Reihe nur aus den spezifischen Arten kontingenter Dinge, wie sie es tut, und nicht aus anderen Arten? Warum sind es Steine, Bäume, Hunde, Menschen, Planeten, Sterne, Sonnensysteme, Galaxien und so weiter, die die unendliche Reihe kontingenter Dinge ausmachen, die wir haben? Warum nicht irgendwelche anderen Arten von zufälligen Dingen? Warum wird unser unendlich altes Universum (vorausgesetzt, es ist unendlich alt) oder die unendliche Reihe von Universen (wenn wir stattdessen annehmen, dass es eine solche Reihe gibt) oder das Multiversum (wenn wir annehmen, dass dies das richtige Szenario ist) durch genau die Gesetze der Natur regiert, die es tatsächlich regieren, anstatt durch einige andere Gesetze?

Um solche Fragen zu beantworten, müssen wir an etwas appellieren, das über die Reihe der kontingenten Dinge hinausgeht, selbst wenn wir annehmen, dass sich die Reihe unendlich zurückentwickelt. Nun, jemand könnte dies anerkennen, aber immer noch denken, dass wir die Existenz eines notwendigen Wesens nicht bestätigen müssen. Er könnte sagen, dass es für die gesamte unendliche kontingente Reihe, die wir haben, eine Ursache gibt, die außerhalb dieser Reihe liegt, aber selbst kontingent ist. Aber das Problem mit diesem Vorschlag ist natürlich, dass, da solch eine Ursache kontingent ist, sie eine eigene Ursache benötigen würde. Und wenn diese Ursache auch kontingent ist, dann wird sie wieder eine eigene Ursache erfordern, und dasselbe gilt für jede weitere Ursache, die kontingent ist. Und wenn wir eine unendliche Reihe solcher kontingenten Ursachen höherer Ordnung postulieren, dann haben wir das Problem, das wir lösen wollten, einfach verlagert, anstatt es zu lösen. Wir erklären eine unendliche Reihe von kontingenten Ursachen durch eine zweite unendliche Reihe von kontingenten Ursachen höherer Ordnung. Und die Gründe, warum wir von der ersten zur zweiten Serie übergehen mussten, werden auch für die zweite Serie gelten – was bedeutet, dass wir, wenn wir immer noch vermeiden wollen, ein notwendiges Wesen anzuerkennen, eine *dritte* unendliche Serie von kontingenten Ursachen benötigen, um die zweite zu erklären, und eine *vierte*, um die dritte zu erklären, und so weiter *ad infinitum*. Und jedes Mal geben wir nur den Schwarzen Peter weiter, anstatt etwas zu erklären. Der gleiche Grund, der die erste unendliche Reihe von kontingenten Ursachen als ungenügend erwiesen hat, wird auch die zweite, die dritte, die vierte und sogar eine *unendliche Reihe von unendlichen Reihen* kontingenter Ursachen als ungenügend erweisen.

Wie rationalistische Philosophen wie Leibniz und Clarke deshalb unter Voraussetzung des PZG geschlossen haben, gibt es keinen Weg, die Schlussfolgerung zu vermeiden, dass es eine Ursache außerhalb der Reihe kontingenter Dinge gibt, die nicht kontingent, sondern *notwendig* ist – etwas, was seiner Natur nach unmöglich nicht existiert und was daher hinsichtlich seiner Existenz von nichts anderem abhängt. Nichts weniger als ein solches notwendiges Wesen kann den Regress der Erklärung beenden.

Man muss nicht genauso vorgehen, wie Leibniz und Clarke es tun, indem man nämlich nach einer Ursache für die Ansammlung von kontingenten Dingen als Ganzes fragt. Man könnte stattdessen wie folgt vorgehen. Nehmen wir einmal zum Zweck der Argumentation an, dass sich die Reihe der kontingenten Dinge unendlich weit nach hinten erstreckt – ob wir dies in Begriffen eines anfangslosen Universums oder einer Reihe von Universen oder eines Multiversums oder von was auch immer ausdrücken. Wir müssen immer noch für jede einzelne kontingente Sache fragen, warum sie in jedem Moment, in dem sie existiert, bestehen bleibt, anstatt vernichtet zu werden. Das ist keine Frage, die dadurch beantwortet wird, dass man dasjenige kontingente Ding identifiziert, das es irgendwann in der Vergangenheit hervorgebracht hat. Da es ein kontingentes Ding ist, gibt es nichts in seiner Natur, das seine Existenz mit sich bringt, und das ist wahr, sowohl jetzt als auch in jedem anderen Moment, und auch als es zum ersten Mal erzeugt wurde. Da es also nichts in seiner Natur gibt, das erklären kann, warum es hier und jetzt existiert – warum existiert es?

Um zu erklären, warum es hier und jetzt existiert, müssen wir angesichts des PZG auf etwas verweisen, das es hier und jetzt gibt. Und wenn diese Ursache kontingent ist, müssen wir dieselbe Frage für diese Ursache stellen. Der Regress der *simultanen* Ursachen bringt die gleichen Probleme mit sich wie der Regress der zeitlich geordneten Ursachen, die wir bei der Diskussion von Leibniz und Clarke in Betracht gezogen haben. Das heißt, solange wir uns auf kontingente Ursachen beschränken, werden wir in einen unendlichen Regress solcher Ursachen geführt und damit auf etwas – die simultane kausale Reihe, die als Ganzes betrachtet wird –, das nicht weniger eine Erklärung außerhalb seiner selbst erfordert als das besondere kontingente Ding, mit dem wir angefangen haben. Der einzige Weg, den Regress der Erklärungen zu beenden und damit dem PZG zu genügen, besteht darin, die Existenz einer Ursache zu bestätigen, die *notwendigerweise* existiert, und zwar aus ihrer eigenen Natur und nicht durch etwas anderes. Und in diesem Fall werden wir zu dieser Schlussfolgerung gelangen, nicht indem wir nach einer Erklärung des Universums als Ganzes oder einer Reihe von Universen oder eines Multiversum oder von irgendetwas anderem fragen, das so phantastisch ist wie diese. Wir werden die Schlussfolgerung vielmehr nur durch die Betrachtung der Frage erhalten, was die Existenz einer bestimmten kontingenten Sache hier und jetzt erklärt.

Unnötig zu sagen, dass diese Art, das Argument zu formulieren, an die aristotelischen, neuplatonischen und thomistischen Argumente erinnert, die wir in früheren Kapiteln betrachtet haben. Und man kann das Argument dieses Kapitels und die Argumente dieser früheren Kapitel als wechselseitige Ergänzung betrachten. Der tiefere Grund, warum die Dinge unserer Erfahrung kontingent sind und somit eine Erklärung außerhalb ihrer selbst erfordern – sowohl für ihre Entstehung durch vorhergehende Ursachen als auch für ihre fortdauernde Existenz zu einem bestimmten Moment –, ist, dass sie Mischungen aus Aktualität und Potenzialität sind, dass sie aus Teilen zusammengesetzt sind und Wesenheiten haben, die von ihrer Existenz verschieden sind. Und der tiefere Grund, warum all diese Dinge Ursachen erfordern, ist, dass sie sonst nicht verständlich wären, und im Lichte des PZG wissen wir, dass alle Dinge intelligibel sind.

Es gibt also mehrere Wege, auf denen die grundlegende Stoßkraft des rationalen Beweises entwickelt werden kann. Wir können damit fortfahren, zu argumentieren, dass die Ansammlung kontingenter Dinge, die das Universum (oder Multiversum oder was auch immer) ausmachen, eine Erklärung in Bezug auf eine von ihr verschiedene Ursache erfordert. Oder wir können damit fortfahren, zu argumentieren, dass das Vorhandensein einer bestimmten kontingenten Sache zu jedem Zeitpunkt eine von ihr verschiedene Ursache erfordert. Oder (indem wir einige andere Beweise, die wir in Betracht gezogen haben, entlehnen) wir können argumentieren, dass alles, was eine Mischung aus Aktualität und Potenzialität ist, oder was aus Teilen besteht, oder was eine von seiner Existenz verschiedene Wesenheit hat, zu jedem Zeitpunkt eine Ursache erfordert, die davon verschieden ist. Wie auch immer wir das Argument entwickeln, der rationalistische Beweis beginnt mit einer Verteidigung des PZG und zeigt – über eine oder mehrere der eben beschriebenen Wege –, dass wir über das PZG unumgänglich zur Existenz eines absolut notwendigen Wesens geführt werden. Das heißt, wir werden unweigerlich zur Existenz Gottes geführt.

Informelle Erklärung des Arguments: Stufe 2

Warum sollen wir das notwendige Sein als Gott denken? Betrachten Sie zunächst, dass aus der Tatsache, dass es notwendig ist, folgt, dass es auf rein aktuale Weise existiert und nicht aufgrund von Potenzialen, die aktualisiert werden müssen. Denn wenn es solche Möglichkeiten hätte, dann wäre seine Existenz von der Existenz von etwas abhängig, das diese Möglichkeiten verwirklicht – in diesem Fall würde es nicht wirklich in notwendiger Weise existieren. Aus demselben Grund kann ein notwendiges Wesen nicht aus irgendwelchen Teilen bestehen, denn wenn das der Fall wäre, dann wäre seine Existenz von etwas abhängig, das seine Teile kombiniert, in welchem Fall es wiederum nicht wirklich notwendig wäre. Es kann auch nicht etwas sein, das eine von seiner Existenz verschiedene Wesenheit hat, da es in diesem Fall eine Ursache erfordern würde, die seinem Wesen Existenz verliehe, und somit wieder nicht wirklich notwendig wäre. Ein notwendiges Wesen im engsten Sinne muss also ein rein aktuales, absolut einfaches oder nichtzusammengesetztes Seiendes sein, und etwas, was die subsistierende Existenz selbst ist.[9]

Nun haben wir in den früheren Kapiteln gesehen, dass es nicht einmal im Prinzip mehr als eine Sache geben kann, die rein aktual, absolut einfach oder subsistierende Existenz selbst ist. Wenn wir also mit der Existenz der Ansammlung von kontingenten Dingen beginnen und für ein notwendiges Wesen als Ursache argumentieren, wissen wir, dass es nur *ein* solches notwendiges Wesen gibt. Oder wenn wir mit der Frage beginnen, was irgendein bestimmtes kontingentes Ding in jedem Augenblick bestehen lässt, und für ein notwendiges Wesen als Ursache argumentieren – und weil es nur ein notwendiges Seiendes geben kann –, wissen wir, dass es dasselbe notwendige Seiende ist, das die Ursache aller kontingenten Dinge ist. Da dieses notwendige Sein auf diese Weise einzigartig ist und das einzige andere, was es noch gibt, kontingente Dinge sind, die wiederum durch das notwendige Sein verursacht werden, können wir folgern, dass dieses notwendige Seiende die Ursache von allem anderen als ihm selbst ist.

Da wir in den vorhergehenden Kapiteln gesehen haben, dass das, was rein aktual ist, absolut einfach oder nichtzusammengesetzt, ein

[9] Ich sage „im engeren Sinne“, weil der Aquinate und einige andere Schriftsteller den Ausdruck „notwendiges Sein“ im weiteren Sinne verwenden, um etwas zu konnotieren, das keine natürliche Tendenz zur Korruption hat. Daher wären Engel, wie Gott, in diesem Sinne „notwendig“, da sie von Natur aus unsterblich sind. Aber sie wären nach Ansicht von Thomas von Aquin nicht im engeren Sinne notwendig, da sie – als Mischungen von Aktualität und Potenzialität – aus Teilen zusammengesetzt sind und eine von ihrer Existenz getrennte Wesenheit haben – weil sie eine Ursache benötigen, wie Gott es nicht tut. Daher haben sie für Thomas ihre Notwendigkeit nur in abgeleiteter oder sekundärer Weise. Siehe Thomas von Aquins dritten Weg in der *Summa Theologiae* I.2.3 und meine Diskussion zur Argumentation in *Aquinas* (Oxford: Oneworld Publications, 2009), pp. 90–99.

notwendigerweise existierender Intellekt und die subsistierende Existenz selbst, alles ein und dasselbe Ding ist, das wir von einen anderen Ausgangspunkt erreicht haben, wissen wir, dass das notwendige Seiende, das die Ursache aller kontingenten Dinge ist – vorausgesetzt, es ist etwas rein Aktuales, Nichtzusammengesetztes usw. (wovon es wiederum im Prinzip nicht mehr als eins geben kann) –, dieselbe göttliche Wirklichkeit ist, zu der wir durch einen anderen Ausgangspunkt gelangt sind.

Daher ist alles, was wir bereits in früheren Kapiteln über diese eine göttliche Wirklichkeit gesagt haben – zum Beispiel, dass sie unveränderlich, ewig, unsterblich, unkörperlich, vollkommen, allmächtig, vollkommen gut, intelligent und allwissend ist –, auch wahr für das notwendige Sein, zu dem wir durch den rationalistischen Beweis gelangt sind. Aber da es etwas absolut Notwendiges gibt – die eine, unverursachte Ursache für alles andere als sie selbst – rein aktual, einfach oder nichtzusammengesetzt, subsistierende Existenz selbst, unveränderlich, ewig, immateriell, unkörperlich, vollkommen, allmächtig, vollkommen gut, intelligent und allwissend –, ist es genau das, was es bedeutet, dass Gott existiert. Der rationalistische Beweis führt uns also, wie die anderen Beweise, die wir in Betracht gezogen haben, zur Existenz Gottes.

Eine formalere Erklärung des Arguments

Mit dem Anstoß dieses fünften Arguments für Gottes Existenz ist nun deutlich gemacht worden, dass es nützlich ist, eine Zusammenfassung in etwas formalerer Art zu geben. Sie könnte wie folgt aufgebaut werden:

1. Das Prinzip vom zureichenden Grund (PZG) besagt, dass es eine Erklärung für die Existenz von allem gibt, was existiert, und für die Attribute, die es hat.
2. Wenn das PZG nicht wahr wäre, dann wären Dinge und Ereignisse ohne offensichtliche Erklärung oder Intelligibilität extrem verbreitet.
3. Aber das ist das Gegenteil von dem, was der gesunde Menschenverstand und die Wissenschaften gleichermaßen finden. 4. Wenn das PZG nicht wahr wäre, wären wir nicht in der Lage, unseren eigenen kognitiven Fähigkeiten zu vertrauen.

5. Aber wir können diesen Fähigkeiten tatsächlich vertrauen.
6. Darüber hinaus gibt es keinen prinzipiellen Weg, die Wahrheit des PZG zu leugnen, während man allgemein akzeptiert, dass es echte Erklärungen in den Wissenschaften und der Philosophie gibt.
7. Aber es gibt viele echte Erklärungen in der Wissenschaft und der Philosophie.
8. Das PZG ist also wahr.
9. Die Erklärung der Existenz von etwas ist entweder in etwas anderem zu finden, das es verursacht, in welchem Fall es kontingent ist, oder in seiner eigenen Natur, in welchem Fall es notwendig ist; das PZG schließt jede angebliche dritte Alternative aus, durch die die Existenz eines Dings durch nichts erklärt wird.
10. Es gibt kontingente Dinge.
11. Selbst wenn die Existenz eines einzelnen kontingenten Dinges durch Bezugnahme auf ein vorher vorhandenes kontingentes Ding erklärt werden könnte, das wiederum durch ein vorheriges Glied erklärt werden könnte, und so weiter bis zur Unendlichkeit, müsste immer noch erklärt werden, dass die unendliche Reihe als Ganzes überhaupt existiert.
12. Diese Reihe durch Bezugnahme auf eine weitere kontingente Ursache außerhalb der Reihe zu erklären, und dann diese Ursache in Bezug auf noch ein weiteres zufälliges Ding und so weiter bis zur Unendlichkeit, würde nur eine andere Reihe ergeben, deren Existenz erklärt werden müsste; und ein weiteres zufälliges Ding außerhalb dieser zweiten Reihe zu setzen, würde nur das gleiche Problem noch einmal erzeugen.
13. Also kann kein zufälliges Ding oder eine Reihe von kontingenten Dingen erklären, warum es irgendwelche kontingenten Dinge überhaupt gibt.
14. Aber dass es irgendwelche kontingenten Dinge überhaupt geben muss, bedarf einer Erklärung, wenn das PZG gilt; und die einzige verbleibende Erklärung ist der Bezug zu einem notwendigen Seienden als Ursache.
15. Darüber hinaus bedarf es einer Erklärung dafür, dass ein einzelnes zufälliges Ding zu jedem Zeitpunkt in der Existenz bleibt; und da es kontingent ist, muss diese Erklärung in einer gleichzeitigen Ursache liegen, die sich von ihm unterscheidet.

16. Wenn diese Ursache selbst kontingent ist, dann gilt: selbst wenn sie noch ein anderes kontingentes Ding als ihre eigene gleichzeitige Ursache hat, und diese Ursache wieder ein anderes kontingentes Ding als ihre gleichzeitige Ursache, und so weiter bis zur Unendlichkeit, so haben wir doch wieder eine unendliche Reihe von kontingenten Dingen, deren Existenz noch zu erklären ist.
17. Keine kontingente Sache oder Reihe von kontingenten Dingen kann also erklären, warum eine bestimmte kontingente Sache in jedem Moment in der Existenz bleibt; und die einzige verbleibende Erklärung ist die Bezugnahme auf ein notwendiges Wesen als seine gleichzeitige Ursache.
18. Also muss es mindestens ein notwendiges Wesen geben, um zu erklären, warum irgendwelche kontingenten Dinge überhaupt existieren und wie ein bestimmtes kontingentes Ding in jedem Moment in der Existenz bleibt.
19. Ein notwendiges Seiendes müsste rein aktual sein, absolut einfach oder nichtzusammengesetzt und etwas, das subsistente Existenz selbst ist.
20. Aber es kann im Prinzip nur ein Ding geben, das rein aktual ist, absolut einfach oder nichtzusammengesetzt und etwas, das subsistente Existenz selbst ist.
21. Somit gibt es also nur ein notwendiges Seiendes.
22. Somit ist es das gleiche notwendige Seiende, das die Erklärung dafür ist, warum irgendwelche kontingenten Dinge überhaupt existieren, und das die Ursache dafür ist, dass jedes bestimmte kontingente Ding in jedem Moment existiert.
23. Also ist dieses notwendige Seiende die Ursache für alles andere als für es selbst.
24. Etwas, was rein aktual ist, absolut einfach oder nichtzusammengesetzt, und etwas, das subsistierende Existenz selbst ist, muss auch unveränderlich, ewig, immateriell, unkörperlich, vollkommen, allmächtig, vollkommen gut, intelligent und allwissend sein.
25. Es gibt also ein notwendiges Seiendes, das eine einzige, rein aktuale, absolut einfache, subsistierende Existenz selbst ist, die die Ursache für alles andere als es selbst ist, die unveränderlich,

ewig, immateriell, unkörperlich, vollkommen, allmächtig, vollkommen gut, intelligent und allwissend ist.
26. Aber dass es so etwas gibt, bedeutet, dass Gott existiert.
27. Also existiert Gott.

Widerlegung einiger Einwände

Manche lehnen dieses Argument gerade deswegen ab, weil es als rationalistisches Argument dargestellt wird und die rationalistische Denkweise – am berühmtesten vertreten durch Denker wie Descartes, Spinoza und Leibniz – mit kontroversen Thesen wie der Lehre von angeborenen Ideen und der Behauptung verbunden ist, dass alles Wissen auf *a priori* erkennbaren Wahrheiten basiere oder unabhängig von der Sinneserfahrung sei. Das Argument dieses Kapitels erfordert jedoch keineswegs die Akzeptanz von allem, was historisch unter dem Begriff „Rationalismus" verteidigt wurde, und setzt gewiss keine Lehren wie die eben genannten voraus. Es ist „rationalistisch" nur in dem Sinne, dass es die Idee, dass es irgendwelche unerklärlichen „nackten Tatsachen" gibt oder geben könnte, ablehnt und stattdessen die Auffassung verteidigt, dass die Realität durch und durch intelligibel ist. Das heißt, der Rationalismus des Arguments besteht nur in seiner Verpflichtung auf das Prinzip vom zureichenden Grund.

Es ist jedoch wichtig zu betonen, dass auch hier das Argument keineswegs die Akzeptanz von allem erfordert, was im Namen des PZG verteidigt wurde. Zum Beispiel nehmen einige zeitgenössische Philosophen an, dass *Propositionen* zu den Dingen gehören, die, unter der Voraussetzung des PZG, eine Erklärung erfordern. Einige haben auch angenommen, dass das PZG erfordere, dass ein Explanans *logisch* das Explanandum *beinhalte.*[10] Aber nicht alle Befürworter des PZG treffen diese Annahmen; thomistische Philosophen zum Beispiel würden sie ablehnen.[11] Aus diesem

[10] In einer Erklärung ist das *Explanandum* das, was erklärungsbedürftig ist, und das *Explanans* ist das, was es erklärt. Zum Beispiel könnte die Tatsache, dass der Boden am Morgen nass ist, ein *Explanandum* sein für das Explanans, das in der Tatsache besteht, dass es in der vergangenen Nacht geregnet hat.

[11] Siehe Peter Weigel, *Aquinas on Simplicity* (New York: Peter Lang, 2008), pp. 127–30. Für eine detailliertere Diskussion der Unterschiede zwischen dem thomistischen Verständnis des PZG und dem der Rationalisten und anderen Nicht-Thomisten siehe Edward Feser, *Scholastic Metaphysics: A Contemporary Introduction* (Heusenstamm: Editiones Scholasticae, 2014), pp. 137–42.

Grund beziehen sich einige Einwände gegen andere Versionen des PZG und nicht auf diese Auslegung des Prinzips.

Betrachten wir daher einen allgemeinen Einwand gegen das PZG, der uns auffordert, die Proposition zu betrachten, die die Konjunktion aller wahren kontingenten Propositionen umfasst. Da jede ihrer Komponenten kontingent ist, ist auch diese einzelne große Proposition kontingent. In diesem Fall, so der Einwand, kann die Erklärung dieser großen Proposition keine notwendige Proposition sein, denn alles, was logisch in einer notwendigen Proposition enthalten ist, ist selbst notwendig. Aber ihre Erklärung kann auch keine kontingente Proposition sein. Denn wenn sie es wäre, dann wäre diese kontingente Proposition selbst eine unter anderen in der großen Konjunktion der kontingenten Propositionen. Das würde bedeuten, dass sich die große konjunktive Proposition selbst erklärt. Aber keine zusammenhängende Proposition kann sich selbst erklären. Also (so schlussfolgert der Einwand) kann die große konjunktive Proposition keine Erklärung haben. In diesem Fall gibt es etwas ohne Erklärung und das PZG ist falsch.[12]

Es ist leicht einzusehen, warum dieser Einwand Kraft zu haben scheint, wenn wir an Propositionen als platonische Objekte denken, die „draußen" in der objektiven Welt neben Steinen, Bäumen, Hunden und Menschen existieren. So wie wir wissen wollen, wie die Steine, Bäume, Hunde und Menschen dort hingekommen sind, wollen wir wissen, wie die Propositionen dorthin gekommen sind, einschließlich der großen konjunktiven Proposition. Aber Propositionen sind abstrakte Objekte, und wie wir in Kapitel 3 gesehen haben, bedeutet dies für den scholastischen Realisten, dass sie nur im Bewusstsein existieren, das sie abstrahiert. Sie existieren ebenso wenig in irgendeinem platonischen Bereich wie die Dreieckigkeit, die Röte oder andere Universalien. Nun, für den Thomisten als einen scholastischen Realisten sind konkrete Objekte und ihre Attribute erklärungsbedürftig. Wenn es beispielsweise um die Dreieckigkeit geht, gibt es, nachdem wir einmal die einzelnen konkreten Dreiecke und die einzelnen konkreten Bewusstseine (einschließlich des göttlichen Geistes) erklärt haben, in denen die begriffliche Dreieckigkeit unterhalten wird, nichts mehr zu erklären. Triangularität ist keine dritte Art von

[12] Siehe James F. Ross, *Philosophical Theology* (Indianapolis: Bobbs-Merrill, 1969), pp. 295–304; Peter van Inwagen, *An Essay on Free Will* (Oxford: Oxford University Press, 1983) pp. 202–4; und William L. Rowe, "Cosmological Arguments", in *A Companion to Philosophy of Religion*, ed. Philip L. Quinn and Charles Taliaferro (Oxford: Blackwell, 1997), pp. 331–37.

Objekten, die über die einzelnen Dreiecke und die betreffenden Gedanken hinaus existieren würde und die nach deren Erklärung auch noch erklärt werden müsste. Propositionen sind so. Wenn wir die konkreten Objekte und Sachverhalte erklären, die in den Propositionen beschrieben sind, und die Bewusstseine (einschließlich des göttlichen Geistes), in denen die Propositionen enthalten sind, haben wir alles erklärt, was erklärt werden muss. Propositionen sind nicht eine dritte Art von Objekten, die über diese hinausgehen und noch erklärt werden müssten.

Es ist auch leicht einzusehen, warum der fragliche Einwand gewichtig zu sein scheint, wenn wir eine Erklärung im Wesentlichen als eine Frage des logischen Enthalten-Seins betrachten. Aber der Thomist nimmt weder an, dass alle Erklärungen so sind, noch ist eine solche Annahme plausibel. Wie Alexander Pruss bemerkt hat, „geben kausale wissenschaftliche Erklärungen im Allgemeinen einfach keine Bedingungen an, die das Explanandum *enthalten*".[13] Dies ist offensichtlich wahr für statistische Erklärungen, trifft aber auch auf nichtstatistische wissenschaftliche Erklärungen zu. Wenn wir zum Beispiel die elliptischen Bahnen der Planeten anhand des Gravitationseinflusses der Sonne erklären, meinen wir nicht, dass die Existenz dieses Gravitationseinflusses strikt beinhaltet, dass sich die Planeten auf elliptischen Bahnen bewegen, da sie immer noch darin versagen könnten dies zu tun, wenn gravitative Einflüsse störten. Was das PZG erfordert, ist, dass ein Explanans ein Explanandum verständlich macht, und es gibt keinen Grund zu der Annahme, dass dies logisches Enthalten-Sein erfordert.

Andere häufige Einwände gegen das PZG sind Variationen der Argumente, die sich gegen das Prinzip der Kausalität richten (z. B. Einwände auf der Grundlage von David Hume gegen die Wirkung, dass es denkbar ist, dass etwas ohne Erklärung entsteht), und sie scheitern aus den bereits in Kapitel 1 erwähnten Gründen. Einwände, die sich auf die Quantenmechanik berufen, sind gegen das PZG noch plausibler als gegen das Prinzip der Kausalität. Denn ob wir nun sagen wollen, dass exzentrische Quantenphänomene eine *Ursache* haben oder nicht, so kann man doch sicherlich sagen, dass sie eine *Erklärung* haben, weil sie die Gesetze der Quantenmechanik, die sie verständlich machen, voraussetzen.[14]

---

[13] Siehe ibid., p. 58; und J. J. C. Smart und J. J. Haldane, *Atheism and Theism*, 2nd ed. (Oxford: Blackwell, 2003), pp. 125–26.
[14] Siehe ibid., p. 58; und J. J. C. Smart und J. J. Haldane, *Atheism and Theism*, 2nd ed. (Oxford: Blackwell, 2003), pp. 125–26.

Auf jeden Fall wird es dem Kritiker ohnehin nicht gelingen, nur zu versuchen, seltsame Rätsel (wie etwa das Rätsel um die große Konjunktion kontingenter Propositionen) für bestimmte Formulierungen des PZG aufzuwerfen (wie Formulierungen, dass die Propositionen unter die Dinge fallen, die erklärungsbedürftig sind). Zum einen gibt es Formulierungen des PZG, die keine Voraussetzungen machen, die die Tür zu den Rätseln öffnen. Zum anderen gibt es, wie wir oben gesehen haben, Argumente für die Schlussfolgerung, dass eine bestimmte Version des PZG wahr ist, und es gibt tatsächlich Grund zu der Annahme, dass selbst die Kritiker des PZG dies implizit voraussetzen müssen. Diese Argumente werden nicht bloß durch das Aufwerfen von Rätseln der fraglichen Art beantwortet. (Della Rocca weist darauf hin, dass jemand, der versucht, die Quantenmechanik gegen das PZG zu benutzen, uns immer noch eine Antwort schuldig bleibt auf seine, Della Roccas, Frage, wo wir die Grenze ziehen sollen zwischen legitimen „explikatorischen Argumenten" und illegitimen Argumenten und warum wir sie dort ziehen sollen, wo der Kritiker sagt, dass wir es tun sollen). Die Beweislast liegt also nicht bei dem Befürworter des PZG, um zu zeigen, dass es wahr ist (obwohl dies, wie ich vorgeschlagen habe, eine Beweislast ist, die erfüllt werden kann), sondern bei den Kritikern des PZG, um zu zeigen, wie es kohärent zurückgewiesen werden kann.

Andere Einwände gegen rationalistische Argumente für die Existenz Gottes, wie sie in diesem Kapitel vertreten werden, lassen das PZG zumindest zum Zweck der Argumentation zu, leugnen aber, dass Gottes Existenz wirklich daraus folgt. Denn selbst wenn das PZG verlangt, dass es etwas gibt, das auf eine notwendige statt bloß kontingente Weise existiert – warum, so fragt die Kritik, muss dieses notwendige Seiende Gott sein? Warum soll man nicht stattdessen annehmen, dass es nur das Universum selbst sei? Aber was bereits gesagt wurde, sollte zeigen, was an diesem Einwand falsch ist. Wie wir gesehen haben, muss das notwendig existierende Seiende rein aktual sein, einfach oder nichtzusammengesetzt und so weiter. Aber das Universum verändert sich, was zur Folge hat, dass es Potenziale hat, die aktualisiert werden, und somit nicht rein aktual ist; und es hat verschiedene Teile, was dazu führt, dass es nicht einfach oder nichtzusammengesetzt ist. Daher kann es kein notwendiges Seiendes sein. Und wir haben auch gesehen, warum das notwendig existierende

Ding, das die ultimative Erklärung für die Existenz kontingenter Dinge ist, verschiedene andere göttliche Eigenschaften haben muss.[15]

Andere Einwände, die gegen den rationalistischen Beweis erhoben wurden, sind Variationen über Einwände gegen den aristotelischen, den neoplatonischen und den thomistischen Beweis. Wir haben bereits in früheren Kapiteln gesehen, wie solche Einwände beantwortet werden können. Beachten Sie, dass das Argument: „Wenn alles eine Ursache hat, was hat Gott verursacht?" ein populärer oberflächlicher Einwand gegen diese anderen Argumente ist, der, wenn überhaupt, noch weniger wirksam ist, wenn er gegen den rationalistischen Beweis gerichtet wird, als wenn er gegen diese anderen gerichtet ist. Zum einen behauptet der rationalistische Beweis, wie auch diese anderen Argumente, nicht, dass *alles* eine Ursache hat. Zum anderen macht er im Falle Gottes keine Ausnahme, weil der rationalistische Beweis behauptet, dass alles eine *Erklärung* hat. Daher steht es dem Kritiker nicht offen, Einwände der Art zu erheben wie: „Wenn der Existenz Gottes eine Erklärung fehlt, warum können wir dann nicht sagen, dass der Existenz des Universums eine Erklärung fehlt?" Der Existenz Gottes fehlt keine Erklärung. Die Erklärung liegt in seiner eigenen Natur als dem Seienden, das rein aktual, einfach oder nichtzusammengesetzt ist und das subsistierende Existenz selbst ist. Die Existenz des Universums kann nicht in Bezug auf seine eigene Natur erklärt werden, weil es nicht rein aktual ist (da es Potenziale hat), nicht einfach (da es Teile hat) und nicht subsistierend existiert (da es ebenso kontingent ist, wie seine Teile es sind). Seine Erklärung muss daher in etwas gefunden werden, das verschieden ist von ihm selbst. Der Unterschied zwischen Gott und der Welt besteht also nicht darin, dass das eine eine Erklärung hat, die dem anderen fehlt, sondern darin, dass das eine selbsterklärend ist, während das andere es nicht ist.[16] Und die Unterscheidung ist nicht

---

[15] Beachten Sie, dass es nicht gut ist, an Zahlen, Universalien, Propositionen usw. als Beispiele für notwendigerweise existierende Dinge zu appellieren, die nicht göttlich sind. Denn wie ich in Kapitel 3 argumentiert habe, haben wir, unabhängig von jeglichem Argument für Gottes Existenz, einen Grund zu der Schlussfolgerung, dass solche abstrakten Objekte nicht existieren können, abgesehen von allen Köpfen, in denen sie vorkommen. Wenn sie daher notwendig sind – und wir haben auch einen unabhängigen Grund, dies zu denken –, dann muss ihre Notwendigkeit eher abgeleitet als absolut sein, d.h. die Folge der Notwendigkeit eines unendlichen Geistes, der sie unterhält.

[16] Beachten Sie, dass selbsterklärend zu sein nicht bedeutet, selbstverursacht zu sein, denn der Begriff der Erklärung ist nicht gleichbedeutend mit dem Begriff der Ursache. Eine Ursache zu haben, bedeutet, ein Potenzial zu haben, das verwirklicht wird. Aber eine Erklärung zu haben, bedeutet nicht, ein Potenzial zu haben, das verwirklicht wird. Während also alle

willkürlich, sondern begründet in dem unabhängig motivierten Unterscheidungsmerkmal zwischen dem, was rein aktual ist, und dem, was eine Mischung aus Aktualität und Potenzialität ist, was einfach ist im Vergleich zu dem, was zusammengesetzt ist, und was subsistierende Existenz selbst ist gegenüber dem, was eine Unterscheidung zwischen seinem Wesen und seiner Existenz hat.

Wie die Einwände gegen die anderen Argumente, die wir in Betracht gezogen haben, scheitern auch die Einwände gegen den rationalistischen Beweis, so dass wir ein fünftes erfolgreiches Argument für die Existenz Gottes haben.

Ursachen Erklärungen dessen sind, was sie verursachen, sind nicht alle Erklärungen Ursachen.

6

Die Natur Gottes und seine Beziehung zur Welt

Wir haben nun fünf Argumente für die Existenz Gottes untersucht, die wir kurz wie folgt zusammenfassen können. Der aristotelische Beweis beginnt mit der Tatsache, dass es Potenzialitäten gibt, die aktualisiert werden, und er argumentiert, dass wir keinen Sinn daraus gewinnen können, außer wenn wir die Existenz von etwas bestätigen, das die potenzielle Existenz von Dingen aktualisieren kann, ohne selbst aktualisiert werden zu müssen – *einem rein aktualen Aktualisierer*. Der neoplatonische Beweis beginnt mit der Tatsache, dass die Dinge unserer Erfahrung aus Teilen bestehen, und argumentiert, dass solche Dinge nicht existieren könnten, wenn sie nicht eine *absolut einfache oder nichtzusammengesetzte Ursache* haben. Der augustinische Beweis beginnt mit der Tatsache, dass es abstrakte Objekte wie Universalien, Propositionen, Zahlen und mögliche Welten gibt, und argumentiert, dass diese als Ideen in einem *göttlichen Intellekt* existieren müssen. Der thomistische Beweis beginnt mit der realen Unterscheidung in jedem der Dinge unserer Erfahrung zwischen seinem Wesen und seiner Existenz und argumentiert, dass die letztendliche Ursache für solche Dinge etwas sein muss, was *subsistierende Existenz selbst* ist. Der rationalistische Beweis beginnt mit dem Prinzip vom zureichenden Grund und argumentiert, dass die letztendliche Erklärung der Dinge nur in einem absolut notwendigen Wesen liegen kann.

Unser Fokus lag bisher auf der Existenz Gottes, obwohl wir auch etwas über seine Natur und über die Natur seiner kausalen Beziehung zur Welt gesagt haben. In diesem Kapitel werden die beiden letztgenannten Themen ausführlicher behandelt. Um diese speziellen Probleme zu untersuchen, müssen einige allgemeinere philosophische Prinzipien angewandt werden. Lassen Sie uns diese zuerst anführen. Nachdem wir dies getan haben, können wir sie aufstellen, um aus der Natur der Welt, die als eine Wirkung betrachtet wird, auf die Natur Gottes als Ursache zu schließen.

Einige Hintergrundprinzipien

Das Prinzip der proportionalen Kausalität

In Kapitel 1 haben wir das Prinzip der proportionalen Kausalität (PPK) eingeführt, das besagt, dass alles, was in einer Wirkung enthalten ist, in seiner Ursache sein muss, insofern eine Ursache nichts geben kann, was sie nicht hat. Sehen wir uns nun dieses Prinzip genauer an. Erinnern Sie sich zunächst daran, dass das PPK, genauer formuliert, feststellt, dass alles, was eine Wirkung hat, in irgendeiner Form in seiner Gesamtursache enthalten sein muss, sei es *formal*, *virtuell* oder *eminent*. Ein einfaches Beispiel wird die Idee veranschaulichen. Angenommen, ich gebe Ihnen eine 20-Dollar-Note. Die Wirkung ist, dass Sie diese Banknote jetzt haben. Eine Möglichkeit, wie ich verursachen könnte, dass Sie die 20 Dollar haben, ist, einen 20-Dollar-Schein in meiner Brieftasche zu haben und Ihnen diesen zu geben. Ich habe die „Form", eine *20-Dollar-Note zu besitzen*, und ich verursache, dass Sie die gleiche Form haben. Das wäre ein Fall von dem, was in der Wirkung der Ursache „formal" ist. Aber vielleicht habe ich keine 20-Dollar-Note zur Hand, habe jedoch mindestens 20 Dollar auf der Bank und kann das Geld von meinem Konto auf Ihr Konto überweisen, damit Sie es von einem Geldautomaten abheben können. In diesem Fall war das, was in der Wirkung ist, in der Gesamtursache enthalten – ich plus mein Bankkonto – „virtuell" und nicht formal. Oder es könnte sein, dass ich nicht einmal 20 US-Dollar auf meinem Konto habe, aber irgendwie habe ich Zugang zu einer Druckerei der US Federal Reserve Bank und kann einen echten 20-Dollar-Schein auf Nachfrage für Sie ausdrucken lassen. In diesem Fall ist das, was in der Wirkung ist, in der Gesamtursache – ich, die Druckerpresse und so weiter – „eminent" enthalten. Denn während ich in diesem Fall keine 20-Dollar-Note oder gar 20 Dollar auf der Bank habe, hätte ich etwas Grundlegenderes, nämlich die Macht, 20-Dollar-Scheine zu machen.

Das PPK folgt direkt aus dem Prinzip der Kausalität (PK) und dem Prinzip vom zureichenden Grund (PZG), die beide in früheren Kapiteln ausführlich verteidigt wurden. Wenn es einen Aspekt einer Wirkung gäbe, der nicht von seiner Gesamtursache herrührte, dann würde dies eine Potenzialität beinhalten, die aktualisiert wurde, ohne dass es etwas gibt, was sie aktualisiert – was gegen das PK verstoßen würde. Es wäre ein Aspekt der Wirkung, dem jegliche Erklärung fehlte, was das PZG verletzen würde. Es wird jedoch manchmal behauptet, dass das PPK leicht widerlegt werden könne. John Cottingham charakterisiert es als „eine Art von ‚Erbstück-Ansicht' der Verursachung", insofern es Eigenschaften von Ursachen zu Wirkungen weitergebe, und er meint, dass dies für Gegenbeispiele offen sei.[1] Zum Beispiel hat „Helium Eigenschaften, die nicht in dem Wasserstoff vorhanden waren, aus dem es durch Fusion entstanden ist", und „ein Biskuitkuchen [...] hat viele Eigenschaften – z.B. seine charakteristische Weichheit –, die in keiner der wesentlichen Zutaten (Eier, Mehl, Butter) vorhanden waren".[2]

Aber es gibt mehrere Probleme mit dieser Art von Einwänden. Zunächst beziehen sich Cottinghams Beispiele seiner eigenen Aussage zufolge nur auf die Materialien, aus denen die fraglichen Wirkungen bestehen. Doch das PPK beschäftigt sich nicht nur mit den materiellen Faktoren, die an der Hervorbringung einer Ursache beteiligt sind. Es besagt, dass alles, was eine Wirkung beinhaltet, in irgendeiner Weise in seiner *Gesamtursache* gefunden werden kann, nicht nur in den materiellen Faktoren. Es wäre daher absurd, das PPK auf eine Weise zu qualifizieren, die ihre Verteidiger ablehnen würden (indem sie seine Anwendung auf materielle Faktoren beschränken), dann diese so qualifizierte Version anzugreifen und so vorzutäuschen, dass man gegen das PPK selbst einen Schlag geführt habe. Dies wäre ein klares Beispiel für einen Strohmann-Trugschluss.

Zweitens bedeutet auch die Zuschreibung einer „Erbstück-Ansicht" der Verursachung zu den Verteidigern des PPK, einen Strohmann anzugreifen und ihnen eine These zuzuschreiben, die sie manchmal ausdrücklich ablehnen. So schreibt ein thomistischer Autor:

> Wir dürfen das PPK nicht im engeren und wörtlichen Sinn der Wörter *Geben* und *Haben* interpretieren, damit wir nicht mit dem offensichtlichen Einwand konfrontiert werden, dass es für einen

[1] John Cottingham, *Descartes* (Oxford: Basil Blackwell, 1986), p. 50. Cottingham kritisiert hier die von Descartes vertretene Variante des PPK, die von Descartes-Forschern allgemein als „kausales Angemessenheitsprinzip" bezeichnet wird.
[2] Ibid., p. 51.

> Jungen keineswegs notwendig ist, selbst ein blaues Auge zu haben, um es seinem Nachbarn geben zu können![3]

Und Thomas von Aquin schreibt:

> Von einem heißen Körper wird nicht gesagt, dass er in dem Sinne Wärme abgibt, dass numerisch die gleiche Wärme, die sich im heißen Körper befindet, in den erwärmten Körper übergeht. Vielmehr wird durch die Kraft der Wärme, die sich im heißen Körper befindet, eine numerisch unterschiedliche Wärme im aktual erhitzten Körper erzeugt, eine Wärme, die vorher in ihm [potenziell] war. Denn ein natürlich Tätiges übergibt seine eigene Form nicht an ein anderes Subjekt, sondern reduziert das empfangende Subjekt von [Potenzialität] zur Aktualität.[4]

Die „Erbstück-Interpretation" des PPK setzt im Wesentlichen voraus, dass das Prinzip besagt, dass das, was in der Wirkung ist, *formal* in der Ursache sein muss. Aber das ist nicht der Fall. Es könnte stattdessen *virtuell* oder *eminent* in der Gesamtursache sein.

Nun stimmt Cottingham zu, dass „die Weichheit nicht *ex nihilo* entsteht; sie entsteht aus den komplexen chemischen Veränderungen, die beim Mischen und Backen entstehen".[5] Aber er glaubt nicht, dass dies dem PPK hilft:

> Aber diese Tatsache unterstützt einfach nicht die Schlussfolgerung, dass die Weichheit irgendwie in irgendeiner Form in den Materialien vorhanden war, aus denen sie hervorging. (Man könnte versucht sein zu sagen, dass die Weichheit „potenziell" in den Materialien vorhanden gewesen sein muss, aber dies scheint das [PPK] auf Kosten der Trivialität zu verteidigen.)

Wie die zitierte Passage von Thomas von Aquin andeutet, würde der Verteidiger des PPK in der Tat sagen, dass die Eigenschaften, die in der Wirkung enden, potenziell darin enthalten waren. In meinem obigen

---

[3] P. Coffey, *Ontology, or The Theory of Being* (Gloucester, Mass.: Peter Smith, 1970), p. 60.
[4] Thomas von Aquin, Summa contra Gentiles, Buch 3, Kap. 69, Abschnitt 28 (eigene Übersetzung).
[5] Cottingham, *Descartes*, p. 51.

Beispiel hat die Gesamtursache virtuell oder eminent, was in der Wirkung ist, was beinhaltet, dass sie verschiedene Potenzialitäten hat – zum Beispiel die Potenzialität meines Bankkontos, 20 Dollar von ihm abzuheben, und das Potenzial der Druckerpresse der Federal Reserve Bank, eine neue 20-Dollar-Note zu produzieren. Aber dies macht die Erklärung für das Erhalten von 20 Dollar schwerlich nur „trivialerweise" wahr. Erklärungen in Bezug auf Potenzialitäten sind oft nur minimal informativ, aber sie sind deshalb nicht *nicht* informativ oder trivial.

Dass das PPK nicht trivial ist, zeigt die Tatsache, dass naturalistische Philosophen, die im Allgemeinen nichts mit der thomistischen Metaphysik zu tun haben, implizit das Prinzip in ihrer eigenen Argumentation verwenden. Der materialistische Philosoph Paul Churchland zum Beispiel argumentiert, dass sowohl der einzelne Mensch als auch die menschliche Spezies als Ganzes rein materielle Anfänge haben und sich von diesen Anfängen über rein materielle Prozesse entwickeln. Das Endergebnis, so schließt er, müsse daher rein materiell sein.[6] Das setzt natürlich voraus, dass, wenn die Gesamtursache materiell ist, auch die Wirkung materiell sein muss. Der Geist-Körper-Dualist würde mit Churchland darin übereinstimmen, aber argumentieren, dass, da ein Teil der Wirkung (der menschliche Intellekt) nicht materiell ist, die gesamte Ursache auch nicht rein materiell sein könne. Das PPK selbst wird von beiden Seiten als selbstverständlich vorausgesetzt.

Dies führt uns natürlich zu der Frage der Evolution, die manchmal auch als Gegenbeispiel zum PPK angesehen wird.[7] Die Idee ist, dass, wenn einfachere Lebensformen zu komplexeren führen, etwas in der Wirkung ist, das nicht in der Ursache ist. Aber das ist selbst bei dem naturalistischen Standard-ansatz zur Evolution (im Gegensatz zu theistischen Evolutionstheorien) nicht der Fall. Nach diesem Ansatz ist jede Art im Wesentlichen nur eine Variation des gleichen genetischen Grundmaterials, das seit dem Beginn des Lebens vor Milliarden von Jahren existierte. Eine neue Variation entsteht dann, wenn es im vorhandenen genetischen Material eine Mutation gibt, die eine Eigenschaft erzeugt, die angesichts der Umstände der Umwelt einer Kreatur vorteilhaft ist. Die Mutation kann wiederum durch einen Kopierfehler verursacht werden, der während des DNA-Replikationsprozesses oder durch einen externen Faktor wie

[6] Paul M. Churchland, *Matter and Consciousness*, 3rd ed. (Cambridge, Mass.: MIT Press, 2013), pp. 43–44.
[7] Siehe Cottingham, *Descartes*, pp. 51–52.

Strahlung oder einen chemischen Schaden verursacht wird. Es ist also nicht so, dass ein einfacheres Leben sich einfach aufbaut und zu einem komplexeren Ganzen führt. Vielmehr arbeiten das vorhandene genetische Material, die Mutation und die Umweltbedingungen zusammen, um eine neue biologische Variation zu erzeugen, bei der keiner dieser Faktoren allein ausreichen würde, dies zu tun. So respektiert die Evolution selbst beim naturalistischen Standardansatz den Grundsatz, dass eine Gesamtursache enthalten muss, was in irgendeiner Form wirksam ist, ob formal, virtuell oder eminent. In der Tat hat der Physiker Paul Davies darauf hingewiesen, dass die Leugnung, dass die Information, die in einer neuen Art von Lebensform enthalten ist, aus einer Kombination bereits existierender Faktoren stammt, nämlich teilweise aus der Umwelt des Organismus, nicht nur aus seiner genetischen Vererbung, den zweiten Hauptsatz der Thermodynamik widerlegen würde, der besagt, dass die Ordnung und damit der Informationsgehalt innerhalb eines geschlossenen Systems unweigerlich abnimmt.[8]

Das PPK ist also wohlbegründet, völlig unabhängig von der natürlichen Theologie. Aber wie wir gesehen haben und noch genauer sehen werden, ist es sehr nützlich, aus der Natur der Welt auf die Natur ihrer göttlichen Ursache zu schließen.

Agere sequitur esse

Thomas von Aquin und andere scholastische Philosophen verwenden oft das Prinzip *agere sequitur esse* (lateinisch für „die Tätigkeit folgt aus dem Sein“). Die Grundidee ist, dass das, was ein Ding *tut*, notwendigerweise das widerspiegelt, was es *ist*. Augen und Ohren funktionieren anders, weil sie anders strukturiert sind. Pflanzen nehmen Nährstoffe auf, wachsen und vermehren sich, während Steine keines dieser Dinge tun, weil erstere Lebewesen sind und letztere unbelebt sind, und so weiter. Die These, dass *agere sequitur esse* als eine Anwendung dessen verstanden werden kann, was aristotelische Philosophen als *formale* Ursachen bezeichnen, ist der Grundgedanke, den das PPK in Bezug auf effiziente Ursachen ausdrückt. Eine effiziente Ursache ist das, was etwas in die Existenz bringt oder etwas

---

[8] Paul Davies, *The Fifth Miracle: The Search for the Origin and Meaning of Life* (New York: Simon and Schuster, 1999), Kap. 2.

verändert. Das PPK sagt uns wiederum, dass alles, was sich in einem Ding befindet, das sich verändert oder zu existieren beginnt, in irgendeiner Weise in der Gesamtheit der Faktoren enthalten war, die diese Veränderung oder Existenz verursacht haben. In diesem Sinne kann die Wirkung nicht über die Ursache hinausgehen. Eine formale Ursache ist die Natur eines Dinges, das, was es zu dem macht, *was* es ist.[9] Zum Beispiel ist ein *vernünftiges Sinneswesen* zu sein die Natur eines Menschen. Die charakteristischen Eigenschaften und Aktivitäten eines Dinges fließen oder folgen aus seiner Natur – wie zum Beispiel der Gebrauch von Sprache, der aus unserer Natur eines rationalen Sinneswesens erfließt. Der Grundsatz *agere sequitur esse* sagt grundsätzlich, dass diese Attribute und Aktivitäten nicht über diese Natur hinausgehen können, genauso wenig wie eine Wirkung über seine effiziente Ursache hinausgehen kann. Daher kann ein Stein keine Eigenschaften und Aktivitäten wie Ernährung, Wachstum und Fortpflanzung aufweisen, da diese über die Natur eines Steins hinausgehen. Alles, was diese Dinge *tun* könnte, wäre überhaupt kein Stein.

Das Prinzip *agere sequitur esse* folgt, wie das PPK, aus dem PZG. Wenn eine Wirkung über ihre gesamte effiziente Ursache hinausgehen könnte, hätte der Teil der Wirkung, der darüber hinausginge, keine Erklärung und wäre nicht intelligibel. Wenn die Tätigkeiten eines Dinges über seine Natur hinausgehen könnten – wenn zum Beispiel ein Stein Nährstoffe aufnehmen oder Sprache verwenden könnte –, dann hätte diese Aktivität keine Erklärung und wäre unverständlich.[10]

Ich habe oben bemerkt, dass das PPK sogar in der Argumentation einiger naturalistischer Philosophen enthalten ist, die sonst mit den metaphysischen Ansichten, die von Denkern wie Thomas von Aquin verteidigt werden, nicht einverstanden sind. Das Gleiche gilt für den Grundsatz, *agere sequitur esse*. Thomas von Aquin selbst verwendet diesen Grundsatz bekanntermaßen, wenn er argumentiert, dass die menschliche Seele über

[9] Um genauer zu sein, ist es in einer materiellen Substanz die *substanzielle* Form (im Gegensatz zu einer *akzidentellen* Form), die ihre Natur ist. Die formale Kausalität im weiteren Sinne umfasst beide Arten von Formen. Für eine detaillierte Diskussion der formalen Kausalität siehe Edward Feser, *Scholastic Metaphysics: A Contemporary Introduction* (Heusenstamm: Editiones Scholasticae, 2014), Kap. 3.

[10] Natürlich kann ein Ding *in gewisser Weise* „über seine Natur hinausgehen“, wenn jemand es dazu bringt. Zum Beispiel können sich die Holzstücke, die eine Puppe bilden, bewegen, wenn der Puppenspieler sie dazu bringt, obwohl sie sich nicht selbständig bewegen können. Aber der springende Punkt ist gerade, dass sie das nicht alleine können. Es ist *ihr eigenes Tun*, das gegen den Grundsatz *agere sequitur esse* verstoßen würde.

den Tod des Körpers hinaus bestehen kann.[11] Seine Argumentation lautet: Die intellektuelle Aktivität, die zu den Aktivitäten der menschlichen Seele gehört, ist (was Thomas aus unabhängigen Gründen vertritt) wesentlich immateriell. Aber wenn eine materielle Sache eine immaterielle Tätigkeit ausführen würde, würde dies das Prinzip *agere sequitur esse* verletzen. Also muss die menschliche Seele etwas Immaterielles sein. Und da immaterielle Dinge, im Gegensatz zu materiellen Dingen, keine natürliche Neigung zum Verfall haben, hört die Seele nicht auf zu existieren, wenn der materielle Körper stirbt.

Natürlich würde ein Materialist der Behauptung widersprechen, dass intellektuelle Aktivität immateriell ist, aber das spielt für die gegenwärtigen Zwecke keine Rolle. Der springende Punkt ist, dass sogar ein Materialist zustimmen könnte, dass, *wenn* intellektuelle Aktivität immateriell *wäre*, das Ding, das diese Aktivität ausführt, selbst immateriell sein müsste. Und tatsächlich vertritt der naturalistische Philosoph John Searle genau diese Ansicht, indem er eine Theorie kritisiert, die als Eigenschaftsdualismus bekannt ist. Der Eigenschaftsdualismus behauptet, dass mentale Eigenschaften immateriell sind, aber dennoch Eigenschaften einer materiellen Sache, nämlich des Gehirns. Die Theorie ist im Wesentlichen ein Versuch, die Probleme mit materialistischen Theorien des Geistes anzuerkennen, ohne die dualistische Sichtweise akzeptieren zu müssen, dass der Geist ein immaterielles Ding ist. Searles Kritik ist, dass die Theorie instabil ist. Wenn der Eigenschaftsdualist behauptet, dass eine geistige Eigenschaft etwas „über und außerhalb" *des* Gehirns ist, dann besteht das Problem nach Searles Ansicht darin, dass eine solche Eigenschaft keine Eigenschaft des Gehirns sein kann, sondern „ein getrenntes Ding, ein Objekt, oder ein nicht-eigenschaftlicher Typ von Entität" ist.[12] Wenn andererseits eine geistige Eigenschaft wirklich eine Eigenschaft des Gehirns ist, dann kann sie nicht etwas sein, das „über und außerhalb" des Gehirns liegt. Andere Kritiker des Eigenschaftsdualismus haben sich darüber beklagt, dass es rätselhaft sei, wie ein rein materielles Ding wie das Gehirn immaterielle Eigenschaften hervorbringen könne.

Unnötig zu sagen, dass dieser Streit weit über den Gegenstand dieses Buches hinausgeht und ich hier nicht darauf aufmerksam mache, um ihn zu behandeln. Es geht nur darum, die Tatsache zu illustrieren, dass, wie

[11] Siehe *Summa Theologiae*, I.75.2.

[12] John R. Searle, "Why I Am Not a Property Dualist", in *Philosophy in a New Century: Selected Essays* (Cambridge: Cambridge University Press, 2008), p. 160.

beim PPK, so auch beim Prinzip *agere sequitur esse*, auf den ersten Blick ein Relikt der scholastischen Tradition erscheint, das zeitgenössische säkulare Philosophen ablehnen würden, obwohl es etwas ist, zu dem sich viele dieser Philosophen zumindest implizit verpflichten. In jedem Fall ist das Prinzip *agere sequitur esse*, wie das PPK, das PK und das PZG, was auch immer viele zeitgenössische Philosophen denken mögen, wohlbegründet und in Fragen der natürlichen Theologie anwendbar.

Die Analogie des Seins

In Kapitel 2 haben wir kurz den Begriff der *analogen* Verwendung von Begriffen eingeführt, im Gegensatz zu den *univoken* und *äquivoken* Verwendungen. Wenn ich sage „Fido ist ein Hund" und „Rover ist ein Hund", verwende ich den Begriff „Hund" univok oder im selben Sinne. Wenn ich sage „Ich saß auf der Bank im Park" und „Ich habe Geld von der Bank geholt", verwende ich den Begriffs „Bank" äquivok oder in völlig unterschiedlichen und unzusammenhängenden Bedeutungen. Die *analoge* Verwendung von Begriffen ist etwas zwischen diesen beiden Verwendungsweisen. Wenn ich sage „Dieser Wein ist noch immer gut" und „George ist ein guter Mensch", verwende ich den Begriff „gut" nicht im gleichen Sinne, denn die Güte des Weines ist eine ganz andere Sache als die Güte eines Menschen, aber die beiden Verwendungen sind auch nicht völlig verschieden und nicht unzusammenhängend. Die Güte des Einen ist analog zu der des Anderen, auch wenn es nicht genau dasselbe ist.

Wenn wir über das Sein oder die Realität verschiedener Dinge sprechen, verwenden wir wieder Begriffe analog. Betrachten Sie zum Beispiel eine Substanz und ihre Attribute, wie einen Stein und die Farbe und Form des Steins. Sowohl der Stein einerseits als auch seine Farbe und Form andererseits sind real, aber die Realität der Letzteren ist nicht dieselbe wie die des Ersteren. Die Farbe, die Form und andere Attribute gibt es nur *in* dem Stein, der sie hat, während der Stein selbst nicht in demselben Sinne in einer anderen Sache existiert. Attribute modifizieren Substanzen und hängen von diesen in einer bestimmten Weise ab, während die Substanzen sich nicht verändern oder von etwas anderem abhängen. Aber die Realität einer Substanz und die ihrer Eigenschaften sind nicht völlig unabhängig voneinander. Es ist nicht so, als wären Substanzen real und Attribute nicht real (in der Art, wie etwas eine Bank ist, im Sinne von etwas, worauf man sitzt, und eine Bank im Sinne eines Kreditinstituts). Daher haben sie das Sein oder die Wirklichkeit nicht in einem univoken oder äquivoken Sinne, sondern in einem analogen Sinn.

Die Dinge sind jedoch komplexer, als diese Zusammenfassung erwarten lässt. Die erste zu beachtende Komplikation ist die Unterscheidung zwischen zwei Hauptarten der Analogie, der *Analogie der Zuschreibung* und der *Analogie der Proportionalität*. Ein klassisches Beispiel für die Analogie der Zuschreibung würde Sätze beinhalten wie „George ist gesund“, „Das ist ein gesundes Essen“ und „Georges Teint ist gesund“. George wäre in diesem Fall das, was man „primäres Analogat“ nennt, und das Essen und Georges Teint wären „sekundäre Analogate“. Was die hier in Betracht kommende Analyse zu einer der Zuschreibung macht, ist, dass die Gesundheit nur intrinsisch in George existiert und nur aufgrund ihrer Beziehung zum primären Analogat die sekundären Analogate zugeschrieben werden – im Fall der Nahrung, weil sie ein Grund ist für die Gesundheit in Lebewesen wie George, und im Fall des Teints, weil er durch George verursacht wird und ein Zeichen seiner Gesundheit ist.

Die Analogie der Proportionalität ist selbst in zwei Arten unterteilt: *eigentliche Proportionalität* und *uneigentliche oder metaphorische Proportionalität*. Ein Beispiel für die Analogie der eigentlichen Proportionalität wäre die Prädikation von Leben zu Pflanzen, Tieren, Menschen und Engeln. Was die hier in Frage stehende Analogie zur eigentlichen Proportionalität macht, ist erstens, dass das Leben in jedem der Analogate intrinsisch existiert (im Gegensatz zur Analogie der Attribution), und zweitens, dass es *formal* in jedem von ihnen existiert – das heißt, jedes hat die *Form* oder die Natur, lebendig zu sein. Dieser letztere Aspekt unterscheidet einen solchen Fall von einer Analogie von uneigentlicher oder metaphorischer Proportionalität, wie wenn wir (von einem Tier, das wir im Zoo sehen) sagen: „Das ist ein Löwe“, und (von einem bestimmten Mann): „George ist ein Löwe“. In diesem Fall existiert das, was wir von jedem Analogat prädizieren, in jedem intrinsisch (weshalb dies keine Analogie der Attribution ist), aber formal nur im Tier im Zoo und nur im *übertragenen* Sinne im Mann George. Denn es gibt etwas in George (seinen Mut zum Beispiel), das uns dazu bringt, ihn einen Löwen zu nennen, aber natürlich ist die Form oder Natur, ein Löwe zu sein, nicht buchstäblich in ihm. Im Gegensatz dazu ist die Form oder Natur, am Leben zu sein bzw. lebendig zu sein, buchstäblich in Pflanzen, Tieren, Menschen und Engeln, trotz ihrer Unterschiede. (Denken Sie daran, dass, obwohl das Metaphorische eine Art von Analogie ist – nämlich die Analogie der uneigentlichen oder metaphorischen Proportionalität –, nicht jede Analogie metaphorisch ist).

Die Analogie der eigentlichen (d.h. *nicht*-metaphorischen) Proportionalität ist entscheidend für das Verständnis metaphysischer Begriffe wie des Seins oder der Realität. Denn „Sein" wird verstanden als ein Begriff, der angewandt wird auf Substanzen, auf Attribute, auf Dinge, in denen Wesen und Existenz verschieden sind, auf etwas, in dem das Wesen die Existenz ist und so weiter, durch eine Analogie der eigentlichen Proportionalität. Nun, die Analogie der eigentlichen Proportionalität unterscheidet sich von der univoken Verwendung von Begriffen dadurch, dass der ausgedrückte Begriff nicht auf *genau* die gleiche Weise auf jedes Analogat angewendet wird, auch wenn wir nicht (wie wir es bei der äquivoken Verwendung von Begriffen tun) den Ausdruck, in jeder Anwendung des Begriffes, in völlig *verschiedener* Weise verwenden. Vielmehr wird der Begriff auf alle Analogate in einer unklaren und unbestimmten Weise angewendet, auf der Grundlage einer realen Ähnlichkeit, die sie miteinander haben.

Natürlich kann ein univoker Begriff auf sehr unterschiedliche Dinge angewendet werden, aber es gibt einen entscheidenden Unterschied im Falle eines analogen Begriffs wie „Sein". Ein univoker Begriff wie „Tier" wird auf so unterschiedliche Dinge wie Fische, Vögel, Reptilien usw. angewandt, weil dies alles *Arten* von Tieren sind. „Tier" wird in gleicher Weise auf alle angewendet, um eine Gattung zu nennen, unter die sie fallen, und was sich von dem anderen unterscheidet, wird durch seinen *spezifischen Unterschied* erfasst. (Erinnern Sie sich daran, dass wir diese logischen Begriffe in Kapitel 4 eingeführt haben.) Aber „Sein" bezeichnet *keine* Gattung, so dass Substanzen, Attribute usw. nicht als verschiedene Arten von Sein zu verstehen sind. Menschen fallen unter die Gattung Tier und haben den spezifischen Unterschied der Rationalität; Gold fällt unter die Gattung Metall und hat den spezifischen Unterschied der Ordnungszahl 79 und so weiter. Wir können *Rationalität* begreifen, ohne die *Animalität* zu erfassen, und wir können die *Ordnungszahl 79* verstehen, ohne zu begreifen, dass es sich um ein Metall handelt. In diesem Sinne ist jeder dieser spezifischen Unterschiede zu der Gattung, unter die die von ihm spezifizierte Sache fällt, extrinsisch. Im Gegensatz dazu können wir nicht begreifen, was es ist, eine Substanz oder ein Attribut zu sein, ohne sie als Sein zu begreifen. In diesem Sinne sind sie nicht extrinsisch zum Sein. Es gibt nichts, das als spezifischer Unterschied dienen *könnte*, um etwas als eine Art innerhalb des Seins zu markieren, verstanden als Gattung, weil das Einzige, was dem Sein extrinsisch ist, das Nichtsein oder Nichts ist, und Nichtsein oder Nichts kann nichts differenzieren, gerade *weil* es nichts ist.

Obwohl Sein in seiner Beziehung zu Substanz, Attribut usw. vordergründig der Beziehung zwischen Gattung und Art ähnelt, ist es in der Tat nicht verwandt, und somit kann das Sein nicht univok den Dingen prädiziert werden. Es ist aber wiederum auch nicht äquivok. Es wird den Dingen eher auf der Grundlage einer „proportionalen Ähnlichkeit", die zwischen ihnen besteht, prädiziert. Die Vorstellung einer proportionalen Ähnlichkeit kann durch den analogen Gebrauch eines Ausdrucks wie „sehen" veranschaulicht werden, wie wenn man sagt „Ich sehe den Baum vor mir" und „Ich sehe, dass der Satz des Pythagoras wahr ist". Dies sind offensichtlich keine univoken Verwendungen, da die Art, wie man mit seinem Intellekt sieht, radikal anders ist als die, in der man mit seinen Augen sieht. Aber sie sind nicht völlig unabhängig voneinander, wie es die Bedeutungen äquivoker Begriffe sind. Denn die Augen sind für einen Baum wie der Intellekt für den Satz des Pythagoras. Es ist die *Ähnlichkeit der Beziehungen* zwischen den Augen und dem Baum einerseits und dem Intellekt und dem Satz des Pythagoras andererseits, die die Anwendung des gleichen Begriffs „sehen", angewandt auf eine undeutliche oder unbestimmte Weise, auf jede von ihnen begründet. Und wenn wir das „Sehen", das mit dem Sehen des Baumes (was beinhaltet, dass das Licht von einem materiellen Objekt die Augen trifft), und das „Sehen", das beim Sehen des Theorems involviert ist (was das Verstehen der logischen Beziehungen zwischen Begriffen beinhaltet), deutlicher oder bestimmter konzeptualisieren, werden sie nicht als Arten der gleichen Gattung gedacht, als Dinge, die univok beschrieben werden.

Wir wenden auf diese Weise „Sein" und verwandte Begriffe auf verschiedene Dinge an. Die Existenz eines Menschen steht im Verhältnis zu seinem Wesen, wie die Existenz eines Engels zu *seinem* Wesen steht und wie die Existenz Gottes zu *seinem* Wesen steht. Die Existenz eines jeden steht in einer anderen Beziehung zu seinem Wesen: Im Falle Gottes ist seine Existenz *identisch* mit seiner Wesenheit; im Falle eines Engels aktualisiert seine Existenz eine potenzielle Wesenheit, mit der er *nicht* identisch ist, wo das, was aktualisiert wird, die Wesenheit von etwas ist, das wesentlich immateriell ist. Im Falle eines Menschen verwirklicht seine Existenz die potenzielle Wesenheit von etwas mit materiellen und immateriellen Tätigkeiten (wie Denker wie Thomas von Aquin argumentieren würden) und so weiter. Da die Relationen nicht absolut identisch sind, ist die Prädikation nicht univok. Da es aber gleichwohl eine *Ähnlichkeit* zwischen den Beziehungen gibt, sind die Prädikationen nicht äquivok. Sie sind Prädikationen einer Art, die zwischen äquivoken und univoken Prädikationen liegt – insbesondere Prädikationen durch eine Analogie der eigentlichen Proportionalität.[13]

Dieses „Sein" ist in analoger Weise zu verstehen, wenn man die Unterscheidung zwischen Potenzialität und Aktualität betrachtet, die (wie wir in Kapitel 1 gesehen haben) durch die Realität der Veränderung bedingt ist. Denn das *potenzielle Sein* ist nicht dasselbe wie das *aktuale Sein*, aber gerade, weil es auch nicht nichts ist, ist es immer noch wirklich eine Art von Sein. Genauer gesagt, kann die Begründung wie folgt dargestellt werden:

1. Aktualität ist real; das heißt, sie hat Sein.
2. Potenzialität ist real; das heißt, sie hat Sein.
3. Potenzialität unterscheidet sich real von Aktualität.
4. Wenn die Potenzialität im selben, univoken Sinn Sein hätte wie Aktualität, dann wäre sie nicht real verschieden.
5. Wenn die Potenzialität nur Sein in einem äquivoken Sinne hätte, dann hätte sie überhaupt kein Sein.
6. Der einzige verbleibende Sinn ist ein analoger Sinn.
7. Potenzialität hat also Sein in einem Sinn, der analog zu dem ist, in dem die Aktualität Sein hat.

Dies bedeutet, Prämisse 2 dieser Argumentation zu bestreiten, würde implizit die Realität der Veränderung leugnen – was, wie wir in Kapitel 1 gesehen haben, der präsokratische Philosoph Parmenides tat. Aber wir haben auch gesehen, dass die Realität der Veränderung nicht kohärent abgelehnt werden kann. Daher kann Prämisse 2 des Arguments auch nicht kohärent abgelehnt werden.

[13] Dies schließt nicht aus, dass das „Sein" *auch* durch eine Analogie der Attribution (im Unterschied zu einer Analogie der eigentlichen Proportionalität) prädiziert wird. Angesichts des thomistischen Arguments für Gottes Existenz, das in Kapitel 4 verteidigt wird, ist klar: wenn wir das „Sein" auf Dinge prädizieren, ist Gott das primäre Analogon in einer solchen Prädikation, insofern sein Wesen *gerade* seine Existenz *ist*, während alle anderen Dinge sekundäre Analoga sind, insofern sie Seiende sind, weil sie von Gott zur Existenz *verursacht* wurden.

Auch kann Prämisse 1 nicht kohärent bestritten werden. Ein anderer vorsokratischer Philosoph, Heraklit, nahm (in einer traditionellen Interpretation) die entgegengesetzte extreme Sichtweise zu Parmenides ein, mit dem Ergebnis, dass Veränderung und *nur* Veränderung real sei – was beinhaltet, dass es keine Stabilität oder Beharrlichkeit auch nur einer temporären Art gibt, nichts, das der Aktualität entspricht, in welchem Fall Prämisse 1 falsch ist. Aber die Konsequenzen dieser Position sind nicht weniger inkohärent als die der Position des Parmenides. Zum einen: wenn es überhaupt *keine* Stabilität gibt, wie könnte der herakliteische Philosoph die Schritte seiner eigenen Argumentation durchdenken, um davon selbst überzeugt zu sein? Denn nach der herakliteischen Anschauung gibt es kein persistierendes Selbst, so dass die Person, die zu dem Schluss kommt, nicht dieselbe sein wird wie die Person, die die Prämissen erwogen hat. Es wird auch kein „Argument" für seine Schlussfolgerung geben – ein einzelnes, stabiles Argumentationsmuster, das der Heraklitianer bei seinen Versuchen, seine Kritiker zu überzeugen oder um es für sich selbst bei zukünftigen Gelegenheiten zu wiederholen, einüben könnte.

Es kann auch kein Sinn aus der Veränderung gemacht werden, außer als Veränderung in Richtung auf ein Ergebnis, selbst wenn es nur ein vorübergehendes Ergebnis ist. Wenn ein Eiswürfel auf dem Gehsteig schmilzt, ist dies nicht nur eine Veränderung der Festigkeit und der quadratischen Form; es ist eine Bewegung in Richtung Liquidität und Flachheit und damit in Richtung neuer Aktualitäten. Darüber hinaus ändert sich ein Ding genau in der Art, wie es dies tut, weil es *aktual* ein Ding einer bestimmten Art ist. Zum Beispiel schmilzt der Eiswürfel, weil er *aktual* aus Wasser gemacht ist – und nicht aus Holz oder Glas –, an einem heißen Tag in der Sonne. Daher kann Prämisse 1 nicht kohärent abgelehnt werden.

Auch die Prämisse 3 kann nicht kohärent bestritten werden, behaupten thomistische Philosophen. Zum einen ist, wie ich in Kapitel 4 argumentiert habe, die Unterscheidung zwischen dem Wesen eines Dinges und seiner Existenz eine reale Unterscheidung und Wesen und Existenz sind miteinander verbunden wie Potenzialität und Aktualität. Daher haben wir mindestens eine Instanz, in der Potenzialität real von Aktualität getrennt ist. Wenn wir zum anderen sagen würden, dass die Unterscheidung zwischen Potenzialität und Aktualität keine reale Unterscheidung sei, sondern nur eine Unterscheidung im Denken oder in der Sprache über etwas, was in Wirklichkeit nur ein und dasselbe sei, dann würden wir implizit auch sagen, dass nur die Aktualität real sei und die Potenzialität nicht, oder dass nur die Potenzialität real sei und die Wirklichkeit nicht. Das heißt, wir würden implizit entweder Prämisse 1 oder Prämisse 2 leugnen – was wir, wie gerade gesehen, nicht kohärent tun können. Daher können wir auch Prämisse 3 nicht leugnen.

Nun erweist sich die Prämisse 4 nach kurzer Überlegung auch als wahr. Denn wenn Potenzialität und Aktualität in *genau demselben Sinne* Sein oder Wirklichkeit hätten, was könnte das dann anderes bedeuten, als dass Potenzialität wirklich eine Art Aktualität ist oder die Aktualität wirklich eine Art von Potenzialität? Auch Prämisse 5 ist nach einigem Nachdenken eindeutig wahr. Denn was könnte es bedeuten, „Sein" nur in einem Sinne zu nehmen, der *überhaupt nichts* mit dem gewöhnlichen Sinn zu tun hat, außer es ist völlig unwirklich? Schließlich ist auch Prämisse 6 insofern wahr, als der univoke Gebrauch, der äquivoke Gebrauch und der analoge Gebrauch von Begriffen als Mittelweg zwischen den beiden ersteren den wörtlichen Gebrauch von Begriffen erschöpfen.

Daher haben wir jetzt unsere Schlussfolgerung. Und so gibt uns die Unterscheidung zwischen Aktualität und Potenzialität Anlass, zu bestätigen, dass es einen analogen Gebrauch von Begriffen neben dem univoken und äquivoken Gebrauch gibt – Gründe, die unabhängig von Argumenten für Gottes Existenz sind (weil jemand die Theorie von Aktualität und Potenzialität akzeptieren kann, auch wenn er sie nicht für den aristotelischen Beweis aus Kapitel 1 anwenden will). Sie gibt uns auch Gründe, die bestätigen, dass „Sein" im Besonderen ein Begriff ist, dessen Verwendung in analoger Weise verstanden werden muss. Die Bedeutung dieser Ergebnisse für die natürliche Theologie kann nicht genug betont werden. Denn wie wir gesehen haben, führen uns die Beweise für die Existenz Gottes dazu, die Existenz von etwas zu bestätigen, das von den Seienden oder Realitäten, die wir erleben oder erfahren können, radikal verschieden ist – etwas rein Aktuales, absolut Einfaches oder Nichtzusammengesetzes, Immaterielles, Unwandelbares, Ewiges und so weiter. Es ist daher schwierig zu sehen, wie die Sprache, mit der wir die Dinge beschreiben, die wir kennen – Dinge, die sowohl Potenzialität als auch Aktualitäten haben, die aus Teilen zusammengesetzt sind, die materiell sind, die veränderbar sind und in der Zeit existieren –, auf Gott in univoker Art und Weise angewandt werden könnte. Wenn zum Beispiel das Seiende von der Art ist, die wir aus der Erfahrung kennen, so ist es ein materielles und veränderliches Ding – dann kann Gott in diesem Sinne kein Sein oder keine Realität haben.

Wenn wir uns auf eine univoke Sprache beschränken müssten, dann scheint es, dass wir höchstens sagen könnten, was Gott *nicht* ist – dass er in keiner Weise potenziell ist, nicht materiell und so weiter – was nur eine rein apophatische oder negative Theologie übriglässt (wie dieser Ansatz traditionell bezeichnet wird). Aber wie könnten wir dann sagen, dass Gott *existiert*, was ja eher eine positive als eine negative Aussage ist? Wie könnten wir sagen, dass er Dinge *verursacht*, oder *erklären*, warum es überhaupt eine Welt gibt, was auch eher positive als negative Behauptungen sind? Obgleich die negative Theologie Teil der Geschichte von Gottes Natur ist, kann sie (da Attribute wie Immaterialität und Unveränderlichkeit offensichtlich sagen, was Gott nicht ist) nicht die *ganze* Geschichte sein, oder sie würde die Argumente, die uns dazu brachten, dass Gott existiert, unterminieren.

Eine *äquivoke* Sprache bietet aber auch keine Alternative. Nehmen wir an, wir sagen, dass Gott existiert und Ursache der Welt ist, dass er Macht hat und so weiter, dass aber diese Begriffe *einen ganz anderen Sinn* haben als den, den wir normalerweise den Begriffen „existieren", „Ursache" oder „Macht" zuordnen, und zwar so verschieden wie sich der Sinn, den das Wort „Bank" in Bezug auf den Park hat, von dem Sinn unterscheidet, den das Wort Bank in Bezug auf ein Geldinstitut hat. Natürlich würde dies die Frage aufwerfen, welchen Sinn diese Begriffe haben, wenn es nicht der übliche Sinn ist. Und darauf gibt es keine Antwort. Zum Beispiel hat niemand jemals genau erklärt, was es bedeutet, zu sagen, dass Gott Macht hat, wenn seine „Macht" überhaupt nichts mit der Macht im üblichen Sinn zu tun hat. Aber angenommen, jemand hat eine Antwort gefunden. Angenommen, jemand sagte, „Gott hat ‚Macht' in dem Sinne, dass er _____ ist". Wenn das Leerzeichen mit einem Begriff gefüllt ist, der univok verwendet wird, dann erscheint das Problem erneut, das wir haben, wenn wir Begriffe univok sowohl auf Gott als auch auf die Dinge anwenden, die wir aus der Erfahrung kennen. Wenn das Leerzeichen stattdessen mit einem Begriff gefüllt wird, der in einer äquivoken Weise verwendet wird, dann haben wir das Problem der Erklärung der neuen Bedeutung der äquivoken Ausdrücke, die wir auf Gott anwenden, nicht gelöst, sondern schlicht verschärft.

Sollten wir uns also auf univoke und äquivoke Begriffe beschränken, würde es unmöglich werden, dem, was wir über Gott sagen, irgendeinen positiven Inhalt zuzuordnen. Wir würden mit Agnostizismus oder (wenn wir nicht einmal erklären können, was wir mit der Behauptung, dass Gott existiert, meinen) sogar Atheismus zurückgelassen. In der Tat wäre es nicht klar, dass wir überhaupt etwas mit irgendeiner Bedeutung sagen. Doch die Beweise für die Existenz Gottes, die wir in Betracht gezogen haben, scheinen vollkommen verständlich zu sein und geben uns ein positives Wissen über Gottes Existenz und seine Natur. Der Ausweg aus dieser Sackgasse besteht darin, zu sehen, dass es einen dritten Gebrauch von Sprache gibt, den *analogen Gebrauch*, der unabhängig vom Problem der theologischen Sprache motiviert ist, aber für dieses Problem leicht anwendbar ist. Wir können wörtliche, positive Aussagen über Gott und seine Natur machen, indem wir die *Analogie der Attribution* und die *Analogie der echten Proportionalität* anwenden.

Es lohnt sich, nochmals auf einen Punkt aus Kapitel 2 hinzuweisen, nämlich dass diese Art von Situation für die Theologie keineswegs einzigartig ist. Auch die moderne Physik verlangt von uns, die Sprache weit über ihre gewöhnliche Anwendung hinaus zu gebrauchen, um die seltsamen, von der physikalischen Theorie gesetzten Entitäten zu beschreiben. Der gesunde Menschenverstand denkt von Partikeln als diskreten, lokalisierten Entitäten und Wellen als nicht lokalisierten und ausgebreiteten Entitäten, aber die Physik sagt uns, dass es Dinge gibt, die Eigenschaften sowohl von Wellen als auch von Partikeln aufweisen. Der gesunde Menschenverstand denkt bei der Krümmung an eine Eigenschaft materieller Objekte, die den Raum einnehmen, aber die Relativitätstheorie sagt uns, dass der Raum selbst gekrümmt ist. Es ist schwer zu sehen, wie diese Art eines Gesprächs Sinn ergibt, wenn wir es nicht als analog verstehen. Es ist also nur zu erwarten, dass wir uns auf eine analoge Sprache verlassen müssen, wenn wir von Realitätsebenen sprechen, die noch fundamentaler sind als die von der Physik beschriebenen, und genau das tun wir, wenn wir versuchen, die Ursache des Seins der gesamten materiellen Welt zu beschreiben.

Die göttlichen Attribute

Einheit

Vor diesem Hintergrund – dem des Prinzips der proportionalen Kausalität, des *agere sequitur esse* und der Analogie des Seins – wenden wir uns nun der Frage zu, was wir aus der Natur Gottes ableiten können, für dessen Existenz wir in den ersten Kapiteln dieses Buches argumentiert haben. Was sind die *Attribute* Gottes? Was können wir über ihn wissen, außer dass er die Ursache der Welt ist? Beginnen wir mit der *Einheit* Gottes – der Tatsache, dass es nur einen Gott gibt und im Prinzip auch nur einen geben kann.

Erinnern wir uns daran, dass in Kapitel 1 argumentiert wurde, dass die Dinge unserer Erfahrung, die eine Mischung aus Aktualität und Potenzialität sind, nicht einmal für einen Moment existieren könnten, ohne eine Ursache zu haben, die *reine Aktualität* ist. Nur etwas, dessen Existenz immer schon aktual ist und daher nicht durch etwas anderes aktualisiert werden muss oder aktualisiert werden könnte, kann das beenden, was anderenfalls in einen vitiösen Erklärungsregress münden würde. Nun könnte sich ein Kritiker fragen, ob sich ein Sinn ergeben könnte, in dem selbst eine Ursache, die diesen Regress beenden könnte, dennoch Potenzialität haben könnte. Nehmen wir an, wir sind uns einig, dass die *Existenz* des angenommenen Etwas keine Aktualisierung von Potenzialität beinhaltet. Können wir nicht immer noch sagen, dass seine *Tätigkeit* die Verwirklichung von Potenzialität beinhaltet? Können wir also nicht sagen, dass es, obwohl es in Bezug auf seine Existenz *keine* Potenzialität hat, Potenziale in Bezug auf seine Aktivität hat (wie seine Aktivität, die Existenz anderer Dinge zu aktualisieren)?

Es gibt jedoch einige Probleme mit diesem Vorschlag, von denen eines offensichtlich sein mag, nachdem wir das Prinzip *agere sequitur esse* dargelegt haben, wonach das, was ein Ding *tut*, das widerspiegelt, was es *ist*. Wenn die erste Ursache der Dinge rein aktual *existiert*, wie könnte sie dann weniger als rein aktual *wirken*? Wie könnte ihre Tätigkeit Potenzialität beinhalten, obwohl ihre Existenz dies nicht tut? Die Existenz eines Dinges ist schließlich metaphysisch am grundlegendsten; alles andere ergibt sich daraus. In diesem Fall sprechen wir von etwas, dessen Existenz rein aktual und ohne Potenzialität ist. Woher kommen also in seiner Natur die (metaphysisch weniger fundamentalen) Potenziale für die Tätigkeit, die der Kritiker abzuleiten vorschlägt?

Ein anderes Problem mit dem fraglichen Ansinnen besteht darin, dass Gott *Teile* hat, wenn man von Gott sagt, dass er Potenzialität in Bezug auf seine Tätigkeit, aber nicht in Bezug auf seine Existenz hat – einen rein aktualen Teil und einen Teil, der seine Potenzialität ist. Nun, wie wir in Kapitel 2 gesehen haben, benötigt alles, was Teile hat, eine Ursache. Der Grund ist, dass das Ganze, aus dem die Teile bestehen, nur potenziell ist, bis es durch ein Prinzip aktualisiert wird, das die Teile verbindet. Dieses Prinzip kann nicht etwas sein, das der Sache innewohnt, denn in diesem Fall wäre es die Ursache seiner selbst, was inkohärent ist. Also muss es etwas dem Ding Äußeres sein. Erinnern Sie sich, dass dies auch dann gilt, wenn wir daran denken, dass die betreffende Sache schon immer existiert hat, da wir immer noch eine Erklärung brauchen, warum die Teile überhaupt kombiniert werden, unabhängig davon, wie lange sie kombiniert wurden. Selbst wenn das Ding keine *zeitlich* vorausgehende Ursache hätte, würde es immer noch eine *ontologisch* vorausgehende Ursache erfordern. Aber von der ersten Ursache aller Dinge zu sagen, dass sie eine eigene Ursache habe, ist auch inkohärent, denn wenn sie eine Ursache hat, ist sie *nicht* wirklich die *erste* Ursache und sie ist auch nicht das, was den Regress einer hierarchischen Reihe der Ursachen der Existenz von Dingen beendet. Auch aus diesem Grund ist der Gedanke, dass Gott als erste Ursache Potenzialitäten in Bezug auf seine Tätigkeit hat, nicht sinnvoll.

Somit ist Gott rein aktual, ohne Potenzialität. Und das beinhaltet seine Einheit, denn es kann, selbst prinzipiell nicht, mehr als ein Ding geben, das reine Aktualität ist. Denn damit es mehr als eine Sache einer bestimmten Art gibt, muss zwischen der Sache und der Art, der sie angehört, oder (wenn es sich um eine Art handelt) zwischen der Art und der Gattung, der sie angehört, unterschieden werden. Und es kann keine solche Unterscheidung geben, ohne dass es auch eine Unterscheidung zwischen den Potenzialitäten eines Dinges und seinen Aktualitäten gibt.

Betrachten wir die Spezies *Mensch*, deren Wesen darin besteht, ein *rationales Sinneswesen* zu sein.[14] Das heißt, ein Mensch zu sein, bedeutet, Glied derjenigen Spezies zu sein, die unter die Gattung *Sinneswesen* (bzw. *Tier*) fällt und die sich von anderen Spezies dieser Gattung durch die spezifische Differenz der Rationalität unterscheidet. Nun, Animalität und Rationalität sind verschiedene metaphysische *Teile* dieser Spezieswesenheit. Rational zu sein ist eine Weise, ein Sinneswesen zu sein, aber offensichtlich nicht die einzige, da die meisten Sinneswesen nicht rational sind. Also muss die Rationalität der Sinnlichkeit hinzugefügt werden, um die Spezies *Mensch* zu bilden. Die Zugehörigkeit zu dieser Spezies beinhaltet einen weiteren metaphysischen Teil, nämlich die Materie, die den Körper

[14] Um es noch einmal zu wiederholen, es spielt keine Rolle, ob man mit dieser Charakterisierung des Wesens des Menschen einverstanden ist; der Leser kann ein anderes Beispiel einsetzen, wenn er es vorzieht.

eines einzelnen Menschen ausmacht und ihn von anderen individuellen Menschen unterscheidet.[15]

Aber um solche Teile zu haben, muss man Potenzialität haben. Zum Beispiel ist die Materie, aus der ein Körper besteht, potenziell ein menschliches Wesen, aber auch potenziell eine andere Art von Ding, so dass seine Fähigkeit, ein menschliches Wesen zu sein, aktualisiert werden muss, damit ein Glied dieser Spezies existieren kann. Die Gattung Sinneswesen ist für sich selbst potenziell entweder ein rationales Sinneswesen oder ein nichtrationales Sinneswesen, so dass die erstgenannte Potenzialität aktualisiert werden muss, damit die Spezies Mensch existieren kann. Und etwas Ähnliches kann für jedes einzelne Glied jeder Art und jede bestimmte Art innerhalb einer Gattung gesagt werden. Sie alle beinhalten eine Mischung aus Potenzialität und Aktualität. In der Tat ist alles, wie wir in Kapitel 2 gesehen haben, mit irgendwelchen Teilen eine Mischung aus Aktualität und Potenzialität, da die Teile als solche lediglich potenziell das Ganze bilden, bis dieses Potenzial aktualisiert wird.[16] (Und wie wir gesehen haben, bleibt dies auch dann wahr, wenn es keinen zeitlich ersten Punkt gibt, an dem diese Aktualisierung begann.)

Um also mehr als nur ein Ding zu haben, muss dieses Ding metaphysische Teile wie Gattung und spezifische Differenz haben, oder Materie zusammen mit der Wesenheit der Spezies, die die Materie instanziiert, und das wiederum beinhaltet, dass es Potenzialität hat. Aber Gott ist, da er rein aktual ist, ohne Potenzialität. Daher kann er solche Teile nicht haben und gehört daher nicht zu einer Art, von der es mehr als eine Instanz geben könnte. Er ist demnach *einzig*, so dass der Theismus, zu dem die in den Kapiteln 1 bis 5 verteidigten Argumente uns führten, ein *Mono*theismus ist.

Ich habe auch in diesen früheren Kapiteln darauf hingewiesen, warum es *derselbe* Gott ist, zu dem jedes dieser Argumente führt. Wie wir in Kapitel 2 gesehen und gerade oben wiederholt haben, ist alles, was zusammengesetzt oder aus Teilen besteht, eine Mischung aus Potenzialität und Aktualität. Daher muss das, was rein aktual ist, einfach oder

---

[15] Zur weiteren Diskussion über die Individuation von Mitgliedern einer Spezies siehe Feser, *Scholastic Metaphysics*, pp. 198–201, und David S. Oderberg, *Real Essentialism* (London: Routledge, 2007), pp. 108–17.

[16] Daher wird es nicht ausreichen, auf Teile anderer Art – wie z.B. Substanzen und Akzidenzien – zurückzugreifen, um zu versuchen, eine rein aktuale Ursache von einer anderen zu unterscheiden. Denn alles, was sich aus Teilen jeglicher Art zusammensetzt, wird eine Mischung aus Potenzialität und Aktualität sein und somit nicht rein aktual sein.

nichtzusammengesetzt sein. Und der Rückschluss verläuft auch in die andere Richtung. Das heißt, was absolut einfach ist oder nichtzusammengesetzt, obwohl es aktual ist – wenn es überhaupt keine Aktualität hätte, würde es nicht existieren –, kann auch in keiner Weise Potenzialität sein, denn dann hätte es einen aktualen Teil und einen Teil, der eine Potenzialität ist und daher *nicht* einfach oder nichtzusammengesetzt. Also ist etwas genau dann rein aktual, wenn es absolut einfach ist. Daraus folgt, dass der rein aktuale Aktualisierer aus Kapitel 1 und der Eine von Kapitel 2 ein und derselbe Gott sind.

Es wurde auch in Kapitel 4 argumentiert, dass in allem, dessen Wesen sich von seiner Existenz unterscheidet, Wesen und Existenz so wie Potenzialität und Aktualität miteinander in Beziehung stehen. Daher kann alles, was rein aktual ist, keine Wesenheit haben, die sich von seiner Existenz unterscheidet, sondern es muss subsistierende Existenz selbst sein. Auch hier geht der Rückschluss in die andere Richtung. Das heißt, alles, was subsistierende Existenz selbst ist, muss auf eine rein aktuale Weise existieren. Denn wenn seine Existenz von der Verwirklichung eines Potenzials abhinge, so würde sie in einer abgeleiteten Weise existieren und somit wäre es nicht die subsistierende Existenz selbst, sondern nur noch eine weitere Sache, die von einer Ursache abhinge, die subsistente Existenz selbst wäre. Also ist etwas genau dann und nur dann rein aktual, wenn es subsistierende Existenz selbst ist. Daraus folgt, dass der rein aktuale Aktualisierer des ersten Kapitels und die erste Ursache für die Existenz der Dinge des vierten Kapitels ein und derselbe Gott sind.

Da gerade argumentiert wurde, dass das, was rein aktual ist, auch absolut einfach sein muss, folgt daraus, dass die erste Ursache der Existenz aller Dinge aus Kapitel 4 und das Eine aus Kapitel 2 auch ein und derselbe Gott sind. Aber es kann mehr darüber gesagt werden, warum dies der Fall sein muss. Bedenken Sie, dass das, was absolut einfach oder nichtzusammengesetzt ist, keine Wesenheit haben kann, die sich von seiner Existenz unterscheidet, denn dann hätte es metaphysische Teile und wäre daher nicht einfach. So kann es nur als das subsistierende Sein selbst existieren. Bedenken Sie auch, dass das, was nur subsistierende Existenz selbst ist, nicht nur keine von seiner Existenz unterschiedene Wesenheit haben kann, sondern auch keine Teile irgendeiner anderen Art. Denn wenn es so wäre, wäre es eine Mischung aus Potenzialität und Aktualität (da Teile, wie wir gesehen haben, immer mit Potenzialität verbunden sind) und daher nicht rein aktual. Aber wir haben gerade gesehen, dass es rein aktual sein muss. Es kann also keine Teile haben, sondern muss absolut einfach sein. Wiederum sind die Argumente der Kapitel 2 und 4 Argumente für ein und denselben Gott, die von verschiedenen Standpunkten betrachtet wurden.

Denken Sie schließlich daran, dass das, was rein aktual, einfach oder nichtzusammengesetzt oder subsistierende Existenz selbst ist, in absolut notwendiger Weise existieren muss. Denn wenn es nicht notwendig, sondern kontingent wäre, dann würde das bedeuten, dass es eine gewisse Potenzialität hätte, deren Realisierung erforderlich wäre, um existieren zu können. Und in diesem Fall wäre es nicht wirklich aktual. Wenn es nicht notwendig, sondern kontingent wäre, würde das auch bedeuten, dass es Teile hätte – zumindest eine von seiner Existenz verschiedene Wesenheit –, deren Verbindung erforderlich wäre, um zu existieren. Und in diesem Fall wäre es nicht einfach oder nichtzusammengesetzt. Da es eine Wesenheit hätte, die sich von seiner Existenz unterschiede, würde es auch nicht die subsistierende Existenz selbst sein.

Auch hier geht der Rückschluss in die andere Richtung. Das heißt, etwas, das in absolut notwendiger Weise existiert, muss rein aktual, einfach oder nichtzusammengesetzt und subsistierende Existenz selbst sein. Wenn es Potenzial hätte, würde seine Existenz von der Verwirklichung dieses Potenzials abhängen, in welchem Fall es kontingent und nicht notwendig wäre. Hätte es Teile irgendwelcher Art, so würde seine Existenz davon abhängen, dass diese Teile verbunden würden, und wenn es insbesondere eine von seiner Existenz verschiedene Wesenheit hätte, so würde es darauf ankommen, dass diese Teile verbunden würden. Und in diesem Fall wäre es wiederum kontingent und nicht notwendig.

Somit kann etwas nur dann rein aktual, einfach oder nichtzusammengesetzt sein, wenn es in absolut notwendiger Weise existiert. Daraus folgt, dass die absolut notwendige Ursache von Kapitel 5 und der notwendigerweise existierende Intellekt aus Kapitel 3 ein und dasselbe sind wie der rein aktuale Aktualisierer aus Kapitel 1, der Eine aus Kapitel 2 und die Ursache der Existenz aller Dinge aus Kapitel 4. Die fünf Beweise, die wir untersucht haben, sind also keine Beweise für verschiedene Gottheiten, sondern unterschiedliche Wege zu ein und demselben Gott.

Einfachheit

Es kann nicht deutlich genug betont werden, dass die Einheit Gottes untrennbar mit seiner Einfachheit verbunden ist. Gäbe es in Gott eine Unterscheidung zwischen Gattung und spezifischer Differenz oder zwischen seinem Wesen und seiner Existenz, dann könnte es im Prinzip mehr als einen Gott geben. Gottes Status als erste Ursache ist auch untrennbar von seiner Einfachheit. Gäbe es in Gott einen Unterschied zwischen Aktualität und Potenzialität, oder seinem Wesen und seiner Existenz oder irgendwelchen anderen Teilen, dann würde er, wie alles andere auch, eine eigene Ursache benötigen. Wenn man also bestreitet, dass Gott einfach oder nichtzusammengesetzt ist, impliziert dies, dass man seine Einzigkeit und seine Endgültigkeit leugnet. Insofern eine solche Bestreitung Gott zu einer bloßen Instanz einer Gattung macht, reduziert man ihn auf den Status eines Mitglieds des Pantheons der Götter, und zwar auch dann, wenn wir ihn als das einzigartige Mitglied betrachten. (Schließlich würde sich die Natur eines Zeus oder Odin auch dann nicht ändern, wenn sie als Einzige den Olymp oder den Asgard bewohnen würden). Insofern eine solche Leugnung Gott zu etwas macht, das einer Ursache bedarf, reduziert man ihn auf die Ebene einer Kreatur, und zwar auch dann, wenn wir ihn für die einzige Kreatur halten, der eine Ursache fehlt. (Darüber hinaus würde dies zulassen, dass es ein zusammengesetztes Ding geben könnte, das keine Ursache hat, was auch die Argumente untergraben würde, die uns überhaupt erst zu Gott geführt haben.) Es würde sich auch nichts dadurch ändern, dass wir weiterhin darauf bestehen, dass Gott immateriell und unkörperlich ist (wie Zeus, Odin und die Geschöpfe, die uns in der täglichen Erfahrung vertraut sind). Wir hätten Gott immer noch auf etwas reduziert, was im Grunde nichts anderes wäre als eine Art Superengel. Ihn anzubeten würde daher eine Art Götzenverehrung darstellen. In der Tat, zu leugnen, dass es etwas Einfaches oder Nichtzusammengesetztes gibt, würde den Atheismus mit sich bringen, weil dies implizit leugnet, dass es wirklich irgendetwas gibt, das die Endgültigkeit Gottes hat.

Aus solchen Gründen hat der Hauptstrom der abendländischen Tradition in der philosophischen Theologie – ob im Denken von Heiden wie Aristoteles und Plotin, Juden wie Maimonides, Muslimen wie Avicenna und Averroes oder Christen wie Athanasius, Augustinus, Anselm und Thomas – stets auf die göttliche Einfachheit als ein nicht verhandelbares Element jeder rationalen Vorstellung von Gott bestanden. Auch die katholische Kirche hat darauf als eine Schlüsselkomponente der grundlegenden Orthodoxie bestanden, die als verbindliche Lehre beim Vierten Lateranrat (1215) und beim Ersten Vatikanischen Konzil (1869–1870) festgelegt wurde. Es wird auch von protestantischen Denkern wie Luther und Calvin bestätigt. Die Lehre von der göttlichen Einfachheit wird demnach als Kern des klassischen Theismus angesehen.

Nichtsdestotrotz gab es in den letzten Jahrzehnten Widerstand gegen diese Lehre vonseiten bestimmter Theologen und Philosophen einer weitgehend theistischen Neigung. Diese Autoren wurden als „Neo-Theisten" und „theistische Personalisten" charakterisiert, um sie von der klassischen theistischen Tradition zu unterscheiden, auf die sie reagieren. Die Sichtweise wird „theistischer *Personalismus*" genannt, weil sie Gott im Wesentlichen als das einzigartige Mitglied einer Spezies behandelt, die unter die Gattung *Person* fällt, neben anderen Arten von Personen wie Menschen und Engeln, und sich von ihnen dadurch unterscheidet, dass ihm die Begrenzung der Macht, des Wissens, der Güte usw. fehlt.[17] (Was den Neotheismus oder den theistischen Personalismus vom klassischen Theismus unterscheidet, ist *nicht*, dass er Gott als personal im Unterschied zu nichtpersonal betrachtet. Da die meisten klassischen Theisten Gott Intellekt und Willen zusprechen, betrachten sie Gott ebenso als eine Person. Was ihre Ansichten unterscheidet, ist, dass die theistischen Personalisten das persönliche Sein Gottes so betrachten, dass er unter eine *Gattung* fällt und dass er auf die eine und andere Weise nicht einfach oder nichtzusammengesetzt ist.)[18]

Alvin Plantinga ist ein prominenter neotheistischer oder theistisch-personalistischer Kritiker der Lehre von der göttlichen Einfachheit.[19] In

[17] Die Kennzeichnung als „Neo-Theisten" wird auf Denker wie Norman Geisler in *Creation God in the Image of Man?* (Minneapolis: Bethany House Publishers, 1997), und Norman Geisler, H. Wayne House, and Max Herrera in *The Battle for God* (Grand Rapids: Kregel Publications, 2001) angewendet. Die Kennzeichnung „theistischer Personalismus" wird von Brian Davies angewendet in *An Introduction to the Philosophy of Religion*, 3rd ed. (Oxford: Oxford University Press, 2004), Kap. 1. Zu den bekannten zeitgenössischen theistischen Philosophen, die Davies als theistische Personalisten einstuft, gehören Alvin Plantinga, Richard Swinburne und Charles Hartshorne.

[18] Zum Beispiel bestreiten einige theistische Personalisten, wie z.B. Prozesstheologen wie Hartshorne, dass Gott unwandelbar oder unveränderlich ist. Sie behaupten, dass, so wie sich Menschen verändern, auch Gott sich verändert. Veränderbar zu sein bedeutet aber, sowohl Potenzialität als auch Aktualität zu haben, und damit zugleich, dass Gott nicht einfach, sondern zusammengesetzt ist.

[19] Siehe Alvin Plantinga, *Does God Have a Nature?* (Milwaukee: Marquette University Press, 1980), v. a. pp. 26–61.

Bezug auf Thomas von Aquins Verteidigung der Doktrin kommentiert Plantinga, dass die Lehre besage, dass „Gott mit jeder seiner Eigenschaften identisch ist", was beinhalte, dass „jede seiner Eigenschaften mit jeder anderen seiner Eigenschaften identisch ist, so dass Gott nur eine Eigenschaft hat".[20] Aber dies, so beschwert sich Plantinga, „scheint völlig unvereinbar mit der offensichtlichen Tatsache, dass Gott verschiedene Eigenschaften hat [...] [wie] Macht und Barmherzigkeit", und es beinhalte auch absurderweise, dass „Gott [...] eine Eigenschaft ist" und daher „bloß ein abstraktes Objekt" sei.[21]

Aber Plantinga missversteht die Lehre sehr schwerwiegend, weil er sie im Licht seiner eigenen Metaphysik interpretiert, die Thomas von Aquin und andere Verteidiger der göttlichen Einfachheit für völlig falsch halten würden. Zunächst wendet Plantinga den Begriff „Eigenschaft" extrem ausgedehnt auf fast alles an, was wir von etwas behaupten könnten. Wir sagen, dass Sokrates ein Mensch war, dass er weise war, dass er barfuß herumlief, dass er mit Xanthippe verheiratet war, dass er Platons Lehrer war und so weiter. Daher sind es für Plantinga „Eigenschaften" von Sokrates, *menschlich zu sein, weise zu sein, barfuß zu sein, mit Xanthippe verheiratet zu sein* und *Platons Lehrer zu sein*. In der Tat ist *Sokrates zu sein* eine „Eigenschaft" von Sokrates, und „unter den Eigenschaften eines Dinges ist es seine Natur oder Wesenheit".[22] Zweitens spricht Plantinga von diesen „Eigenschaften", als ob sie in einem platonischen „dritten Bereich" von abstrakten Objekten existierten, wie die Formen, an denen für Platon konkrete einzelne Dinge teilhaben oder die sie exemplifizieren. Drittens interpretiert Plantinga Prädikationen von Eigenschaften zu Gott und zu geschaffenen Dingen auf univoke Weise. Wenn wir sagen, dass Sokrates weise ist und dass Gott weise ist, ist „weise" nach Plantingas Ansicht in jedem Fall in demselben Sinne zu verstehen.

Angesichts dieser Annahmen ist es nicht verwunderlich, dass die Lehre von der göttlichen Einfachheit für Plantinga höchst problematisch ist. Macht und Wissen (zum Beispiel) sind unterschiedliche Dinge in uns. Wenn also Gott Macht und Wissen in genau der gleichen Weise wie wir hat, wie könnten dann *seine* Macht und sein Wissen nicht verschieden sein, im Gegensatz zu der Lehre von der göttlichen Einfachheit? Wenn Gott mit seiner Macht identisch ist und Macht in Plantingas Sinn eine

---

[20] Ibid., p. 47.
[21] Ibid.
[22] Ibid., p. 30.

„Eigenschaft" ist, wie könnte dann Gott keine „Eigenschaft" sein? Und wenn „Eigenschaften" platonische abstrakte Objekte sind, wie könnte Gott dann kein abstraktes Objekt sein?

Aber der Aquinate und die meisten anderen klassischen Theisten würden jede der metaphysischen Annahmen von Plantinga ablehnen. Zunächst kann man – wie wir bereits gesehen haben – sagen, dass wir dann, wenn wir Gott Wissen oder Macht zusprechen, wie die meisten klassischen Theisten die Begriffe „Wissen" und „Macht" *nicht* im univoken Sinne verwenden, wie wenn wir Wissen oder Macht Menschen oder anderen geschaffenen Dingen prädizieren. Wir sagen vielmehr, dass es in Gott etwas gibt, das dem entspricht, was wir Wissen in uns nennen, und etwas, das dem entspricht, was wir Macht in uns nennen. Obwohl das, was wir „Wissen", und das, was wir „Macht" *in uns* nennen, sicherlich verschieden ist, folgt daraus nicht, dass das, was wir „Wissen" und „Macht" *in Gott* nennen, verschieden sein muss, weil die letzteren nicht genau dasselbe sind wie das erste, auch wenn sie verwandt sind. Allerdings diskutiert Plantinga kurz die Idee, dass die Sprache über Gott analog und nicht univok zu verstehen ist, aber leider missversteht er *diese* Behauptung auch recht eindeutig. Zum einen charakterisiert er die Sichtweise von Thomas von Aquin als die These, dass „unsere Sprache über Gott eher analog als wörtlich ist".[23] Aber wie ich oben betont habe, sind die Analogie der Attribution und die Analogie der echten Proportionalität *wörtliche* Verwendungen der Sprache, nicht metaphorische. „Nicht univok" beinhaltet nicht „nicht wörtlich". Zum anderen geht Plantinga davon aus, dass der analoge Gebrauch der Sprache dazu gedacht ist, die Behauptung zu verstehen, dass Gott eine „Eigenschaft" sei, und er findet diese Behauptung sogar unplausibel, wenn sie so verstanden wird. Aber weder Thomas von Aquin noch irgendein anderer klassischer Theist würden sagen, Gott sei in erster Linie eine „Eigenschaft", ob nun „Eigenschaft" univok oder analog verstanden wird. Die These ist einfach ein Strohmann von Plantingas eigener Ausarbeitung, so dass seine Unfähigkeit, eine plausible Lesart zu finden, weder hier noch dort zu finden ist.

Das bringt uns zu einem zweiten Punkt, nämlich dass Thomas und andere klassische Theisten Plantingas Annahmen über das, was eine Wesenheit ist oder was eine Eigenschaft ist, einfach nicht akzeptieren würden. Zum einen ist es einfach viel zu grob, wenn man all die verschiedenen

---

[23] Ibid., p. 58.

Arten von Prädikationen, die wir dem Ding zusprechen können, zusammenfasst und unterschiedslos dieselben Bezeichnungen (nämlich „Eigenschaften") auf sie anwendet und sie dann so behandelt, als ob sie den gleichen metaphysischen Nennwert hätten. Vielmehr müssen wir das *Wesen* eines Dinges von seinen Eigenschaften unterscheiden, seine *Eigenschaften* von seinen bloß *kontingenten Akzidenzien*, seine *intrinsischen Akzidenzien* von den bloßen *Relationen*, die es zu anderen Dingen hat, und so weiter. Zum Beispiel ist das Wesen eines Menschen seine *rationale Sinnlichkeit*. Die Fähigkeit, Dinge amüsant zu finden, ist demgegenüber nicht das Wesen oder Teil des Wesens eines Menschen, aber dennoch eine *Eigenschaft* des Menschen in dem Sinne, dass es für den Menschen „richtig" ist, dass er die Dinge amüsant finden kann, insofern diese Fähigkeit daraus „erfließt" oder daraus folgt, dass er ein rationales Sinneswesen ist. Eine bestimmte Hautfarbe zu besitzen, ist jedoch in diesem Sinne *keine* „Eigenschaft" des Menschen, weil es nicht aus seinem Wesen als rationales Sinneswesen erfließt. Eine bestimmte Hautfarbe zu haben, ist vielmehr ein *kontingentes Akzidens* des Menschen. Es ist jedoch ein *intrinsisches Akzidens*, da eine bestimmte Hautfarbe zu haben etwas ist, das einem Menschen selbst innewohnt, und nicht nur etwas, das ihn auf eine bestimmte Weise mit etwas anderem verbindet. Das „Lehrer von Platon zu sein" des Sokrates ist jedoch nur eine Frage seiner Relation zu etwas, das von ihm verschieden ist, anstatt dass es etwas wäre, das ihm innewohnte.[24]

Zum anderen sind das Wesen eines Dinges, seine Eigenschaften und seine intrinsischen Akzidenzien (kontingente und andere), wie Thomas von Aquin und viele andere klassische Theisten sie verstehen, keine Entitäten, die extrinsisch sind. Insbesondere sind sie keine abstrakten platonischen Formen, die das Ding „instanziiert" oder an denen es „teilhat". Sie sind vielmehr *konkrete, intrinsische* Konstituenzien des Dinges selbst. Zum Beispiel ist Sokrates' rationale Sinnlichkeit ein Bestandteil von Sokrates selbst, ebenso wie sein Vermögen, Dinge amüsant zu finden, und sein kontingentes Akzidens, eine bestimmte Hautfarbe zu haben.[25]

[24] Für eine detailliertere Diskussion und Verteidigung des thomistischen Verständnisses der Wesenheit, der Akzidenzien, Eigenschaften etc. siehe Feser, *Scholastic Metaphysics*, pp. 189–93, 230–35, und Oderberg, *Real Essentialism*, pp., 152–66.

[25] Aus diesem Grund hat Nicholas Wolterstorff angedeutet, dass die Lehre von der göttlichen Einfachheit nicht richtig verstanden werden kann, wenn man nicht anerkennt, dass ihre Befürworter sich zu dem bekennen, was er eine „konstitutionelle Ontologie" nennt. Siehe Nicholas Wolterstorff, "Divine Simplicity", in *Philosophical Perspectives* 5: *Philosophy of Religion*, ed. J. Tomberlin (Atascadero, Calif.: Ridgeview, 1991), pp. 531–52.

Da nun Plantinga dazu neigt, diese sehr unterschiedlichen Aspekte eines Dinges unter dem einzigen umfassenden Etikett „Eigenschaften" zu assimilieren (in seinem Verständnis des Wortes „Eigenschaft" statt der Bedeutung bei Thomas von Aquin), und er diese „Eigenschaften" behandelt, als ob sie platonische abstrakte Objekte wären, lässt seine Interpretation der Lehre von der göttlichen Einfachheit diese tatsächlich sehr merkwürdig erscheinen. Zum Beispiel klingt es so, als ob der Verteidiger der göttlichen Einfachheit Gottes die Erschaffung des Menschen als ebenso wesentlich für Gott betrachte wie seine Weisheit, was seltsam ist, wenn man bedenkt, dass Gott von der Erschaffung Adams hätte absehen können, aber nicht von seiner Weisheit. Und es hört sich an wie die Lehre von der göttlichen Einfachheit, insofern sie Gott mit seiner Weisheit, seiner Macht und so weiter identifiziert und Gott zu einem abstrakten Objekt macht. Aber diese seltsamen Ergebnisse folgen tatsächlich nicht aus der Lehre von der göttlichen Einfachheit selbst, sondern nur aus den metaphysischen Annahmen, die Plantinga in die Lehre hineingelesen hat, Annahmen, die die Befürworter der Lehre ablehnen würden.[26]

Plantinga scheint auch nicht zu begreifen, worum es bei der Lehre von der göttlichen Einfachheit geht. Freilich ist er sich bewusst, dass die Verteidiger der Lehre behaupten, dass, wenn Gott nicht einfach oder nichtzusammengesetzt wäre, er auf etwas Äußeres angewiesen sein würde.[27] Aber er scheint die fragliche Abhängigkeit nur in platonischen Begriffen in Betracht zu ziehen, als eine Angelegenheit von Gottes „Teilhabe" an verschiedenen platonischen „Eigenschaften". Das wäre für den klassischen Theisten bereits schlimm genug, aber das Problem geht weit darüber hinaus. Das Problem besteht, wie wir gesehen haben, darin, dass das, was zusammengesetzt oder nicht einfach ist, *kausal* von etwas anderem abhängig ist und daher nicht die erste Ursache sein kann; und was

---

[26] Plantinga räumt ein, dass Thomas den Begriff „Eigenschaft" nicht so allgemein verwenden würde wie er selbst (Plantinga, *Does God Have a Nature?*, pp. 40–43). Aber er beharrt darauf, dass es darauf ankommt, dass Prädikate der verschiedenen Arten, über die wir diskutiert haben, allesamt die Identifizierung von „Eigenschaften" Gottes beinhalten, unabhängig davon, ob wir den Begriff „Eigenschaft" für alle von ihnen verwenden wollen oder nicht. Aber das verfehlt den Sinn der Sache völlig. Thomas' Anliegen ist nicht nur *semantisch*, eine exzentrische Beharrlichkeit im Gebrauch des Wortes „Eigenschaft" in einer bestimmten, eingeschränkten Weise. Vielmehr geht es ihm darum, dass es *einen objektiven, extralinguistischen metaphysischen Unterschied* gibt zwischen dem Wesen einer Sache, ihren Eigenschaften (im Sinne des Begriffs „Eigenschaft"), ihren kontingenten Akzidenzien, ihren intrinsischen Akzidenzien, ihren Relationen und so weiter.

[27] Ibid., pp. 31–35.

eine Wesenheit hat, die sich von seiner Existenz unterscheidet, oder unter eine Gattung fällt, die sich von ihrem spezifischen Unterschied unterscheidet, kann nicht *einzigartig* sein. Rationalität und Sinnlichkeit, die den Menschen definieren, können grundsätzlich getrennt voneinander existieren. Daher muss es eine Ursache geben, die sie verbindet, so dass Menschen existieren. Ähnliches gilt, wenn Gottes Weisheit und Macht (zum Beispiel) verschieden wären – es müsste dann eine Ursache geben, die *sie* verbindet, so dass *Gott* existiert. Wenn Gott nur ein existierendes Ding wäre, das an der göttlichen Wesenheit *teilhat*, oder ein einziges Glied einer Gattung wäre, dann könnte es zumindest im Prinzip mehr als einen Gott geben. Der Monotheismus wäre im Prinzip nicht wahr, sondern nur eine kontingente Tatsache. Unter beiden dieser Aspekte würde Gott die *Endgültigkeit* fehlen, die für ihn bestimmend ist. Das heißt, er würde nicht *wirklich* existieren. Was stattdessen existieren würde, wäre vielmehr ein quasi-göttlicher Ersatz, ein „Gott" im Sinne eines sehr kraftvollen, aber doch wesentlich kreatürlichen Seienden.

Aber tatsächlich wären wir nicht berechtigt zu sagen, dass diese Art von „Gott" existiert. Zumindest würde nichts in den Argumenten, die in diesem Buch verteidigt werden, die Schlussfolgerung rechtfertigen, dass ein solcher theistisch-personalistischer oder neotheistischer „Gott" existiert. Denn wie wir gesehen haben, führen diese Argumente alle dazu, dass es eine Ursache geben muss, die in keiner Weise eine Mischung aus Aktualität und Potenzialität oder aus Wesenheit und Existenz ist oder in irgendeiner anderen Form zusammengesetzt ist. Als Argumente für eine *erste* Ursache sind sie *ipso facto* Argumente für eine absolut *einfache* oder *nichtzusammengesetzte* Ursache. Kurz gesagt, *der klassische Theismus und die Lehre von der göttlichen Einfachheit gehören notwendigerweise zusammen*. Das eine zu leugnen bedeutet implizit das andere zu leugnen. Vom klassischen Theismus aus betrachtet ist also die Bestreitung der Einfachheit implizit Atheismus. Aber wie die ersten fünf Kapitel dieses Buches gezeigt haben, ist der Atheismus falsch. Daher muss die Lehre von der göttlichen Einfachheit wahr sein.

Die Einwände gegen die Lehre, die von anderen Philosophen in jüngerer Zeit erhoben wurden, sind nicht besser als die von Plantinga. Es wird manchmal behauptet, dass die göttliche Einfachheit mit der These unvereinbar sei, dass, während einige Dinge von Gott notwendigerweise wahr seien, andere nur kontingent wahr seien. Zum Beispiel sei es notwendigerweise wahr, dass Gott allmächtig ist, aber nur kontingent wahr, dass er die Welt erschaffen hat, da er davon hätte absehen können, sie zu erschaffen. Aber Thomas Morris urteilt: „[E]s scheint keinen anderen guten Weg zu geben, diese Wahrheit festzuhalten, als zu sagen, dass Gott sowohl notwendige (essenzielle) als auch kontingente Eigenschaften hat.“[28] Und da eine notwendige Eigenschaft auch keine kontingente Eigenschaft sein kann, folgt, dass nicht alle Eigenschaften Gottes identisch sein können.

Lassen Sie den bereits hervorgehobenen Punkt außer Acht, dass der Begriff „Eigenschaft“ hier so gebraucht wird, wie Thomas von Aquin und andere Befürworter der göttlichen Einfachheit ihn nicht benutzen würden. Es gibt ein anderes Problem mit diesem Einwand, wie von Barry Miller gezeigt wurde.[29] Miller baut auf einer von Peter Geach vorgenommenen Unterscheidung auf und differenziert zwischen realen Eigenschaften und bloßen „Cambridge-Eigenschaften“ (momentan übernehmen wir dies zur Vereinfachung der Darstellung für die breite Bedeutung, die Plantinga und Morris dem Begriff „Eigenschaft“ geben). Zum Beispiel ist das Wachsen der Haare für Sokrates eine reale Veränderung in ihm, der Erwerb einer realen Eigenschaft durch ihn. Aber wenn Sokrates kleiner wird als Platon, nicht weil die Größe des Sokrates sich verändert hat, sondern weil Platon größer geworden ist, ist das keine reale Veränderung in Sokrates, sondern etwas, das Geach eine bloße „Cambridge-Veränderung“ nannte und das daher den Erwerb einer bloßen „Cambridge-Eigenschaft“ beinhaltet.[30]

Nun, die Lehre von der göttlichen Einfachheit hat nicht zur Folge, dass Gott keine kontingenten Eigenschaften *irgendeiner* Art hat, sondern nur, dass er keine kontingenten *realen* Eigenschaften hat. Er kann bestimmte *Cambridge*-Eigenschaften haben. Und so wie das Kleiner-Sein des Sokrates in Bezug auf Platon nur eine Cambridge-Eigenschaft ist (weil es das Wachstum von Platon beinhaltet und keine Veränderung in Sokrates selbst), ebenso ist die Erschaffung der Welt durch Gott eine bloße

---

[28] Thomas V. Morris, *Our Idea of God: An Introduction to Philosophical Theology* (Downers Grove, Ill.: InterVarsity Press, 1991), p. 117. Siehe auch Christopher Hughes, *On a Complex Theory of a Simple God* (Ithaca, N.Y.: Cornell University Press, 1989), Kap. 4.

[29] Barry Miller, A Most Unlikely God: A Philosophical Enquiry (Notre Dame, Ind.: University of Notre Dame Press, 1996), pp. 106–12.

[30] Vgl. P. T. Geach, *God and the Soul* (London: Routledge and Kegan Paul, 1969), pp. 71–72. Geach nennt Veränderungen der fraglichen Art "Cambridge changes", wegen des Gebrauchs, den Cambridge-Philosophen wie Bertrand Russell und J. M. E. McTaggart von dem Begriff machten.

Cambridge-Eigenschaft (weil es das In-die-Existenz-Kommen der Welt beinhaltet und nicht irgendeine Veränderung in Gott). In ähnlicher Weise beinhaltet die richtig verstandene göttliche Einfachheit nicht, dass alle Eigenschaften Gottes identisch sind (um den Begriff „Eigenschaft" zum Zweck des Arguments wieder im Sinne von Morris zu verwenden), sondern nur, dass alle seine *realen* Eigenschaften identisch sind. Nun ist Allmacht eine der realen Eigenschaften Gottes, die er notwendigerweise hat, während die Erschaffung der Welt eine Cambridge-Eigenschaft ist, die er nur kontingent hat, so dass, wie Morris sagt, Gottes Allmacht und seine Erschaffung der Welt nicht identisch sein können. Aber das ist kein Problem für die Theorie von der göttlichen Einfachheit, denn es bedeutet nicht in erster Linie, dass diese Eigenschaften identisch sind.[31]

Unveränderlichkeit

Veränderung ist, wie wir in Kapitel 1 gesehen haben, die Aktualisierung des Potenzials. Wir haben auch gesehen, dass Gott reine Aktualität ist, ohne Potenzialität. Wenn er nun kein Potenzial hat, das aktualisiert werden muss oder könnte, dann kann er sich nicht ändern. Er ist daher unveränderlich oder unwandelbar. Sicher mag es so scheinen, als ob er sich insofern verändert, als er die Welt erschafft. Denn beinhaltet das nicht einen Übergang von Gott, der die Welt nicht erschafft, zu Gott, der die Welt erschafft? Aber Gott als Schöpfer der Welt ist, wie ich gerade argumentiert habe, eine Cambridge-Eigenschaft und nicht eine reale Eigenschaft, und sein Schöpfer-Werden ist somit bloß eine Cambridge-Veränderung. So wie in unserem Beispiel das Kleiner-als-Platon-Werden des Sokrates eine reale Veränderung nur bei Platon ist und nicht bei Sokrates, so beinhaltet Gottes Schöpfer-der-Welt-Werden nur eine reale Veränderung im Status der Welt, nicht in Gott. Zu sagen, dass Gott unveränderlich

[31] Man könnte einwenden, dass die Schöpfung analog zu dem ist, dass Sokrates die Veränderung in Platon *verursacht*, und dass, wenn wir die Schöpfung nach diesem Modell denken, es eine reale Veränderung in Gott geben müsste, wenn er erschafft. Aber das wäre nur so unter der Annahme, dass Veränderungen wie die, die Sokrates erfährt, wenn er andere Dinge ändert, sich in *allem* manifestieren müssten, was Veränderungen in einer anderen Sache verursacht. Und wie wir in den folgenden Abschnitten über Unveränderlichkeit, Ewigkeit und Freiheit sehen werden, bedeutet diese Annahme zu machen einen Trugschluss der Akzidenz zu begehen.

ist, bedeutet zu sagen, dass es keine reale Veränderung in ihm gibt, obwohl es natürlich Cambridge-Veränderungen geben könnte.

Die göttliche Unveränderlichkeit folgt ebenso aus der göttlichen Einfachheit. Wenn ein Ding eine wirkliche Veränderung erfährt (im Gegensatz zu einer bloßen Cambridge-Veränderung), verändert es sich in gewisser Hinsicht, bleibt aber in anderer Hinsicht gleich. Zum Beispiel verliert eine Substanz eines ihrer Attribute, während sie dieselbe Substanz bleibt und ihre anderen Attribute beibehält. Aber das setzt voraus, dass das sich verändernde Ding aus Teilen besteht, von denen einige übrig bleiben, während andere verloren gehen. Da Gott einfach oder nichtzusammengesetzt ist, kann er sich nicht ändern.

Man könnte einwenden, dass Gott bei der Erschaffung der Welt handelt und dass das Handeln immer eine Veränderung im Handelnden mit sich bringt und nicht nur in der Sache, auf die es einwirkt. Wenn ich zum Beispiel diese Wörter eintippe, ändert sich nicht nur der Computerbildschirm vor mir. Es gibt auch verschiedene Veränderungen in den Positionen meiner Finger, im Zustand meines Nervensystems, in den Gedanken, die durch meinen Geist gehen, und so weiter.

Es stimmt zwar, dass sich *die Dinge unserer Erfahrung* im Verlauf des Handelns in Bezug auf andere Dinge selbst verändern, aber es folgt schlicht nicht, dass absolut alles, was handelt, notwendigerweise sich selbst verändern müsse. Eine solche Schlussfolgerung zu ziehen bedeutet, einen sogenannten Fehlschluss der Akzidenz zu begehen. Solch ein Trugschluss würde zum Beispiel begangen, wenn man von der Voraussetzung, *dass jeder Universitätsprofessor, der jemals gelebt hat, unter 2,70 Meter groß ist*, zu der Schlussfolgerung käme, *dass jeder mögliche Universitätsprofessor unter 2,70 Meter groß sein muss*. Denn obwohl es in der Vergangenheit tatsächlich eine Korrelation gab zwischen einem College-Professor und einer Körpergröße von weniger als 2,70 Meter, ist die Korrelation lediglich kontingent (oder „zufällig“) und nicht notwendig oder wesentlich. Es gibt nichts in der Vorstellung, ein Universitätsprofessor zu sein, das es im strengen Sinne mit sich bringt, dass man unter 2,70 Meter groß sein muss. Zumindest in der Theorie könnte es eines Tages einen College-Professor geben, der über 2,70 Meter groß ist. Selbst wenn sich die Dinge unserer Erfahrung im Laufe des Handelns immer verändern, so folgt daraus nicht, dass *jedes mögliche Ding*, das tätig ist, notwendigerweise einer Veränderung unterliegen muss, wenn es tätig ist.

Wie Brian Davies in Bezug auf diesen Einwand sagt, ist es für das Handeln essenziell, eine Wirkung in einer anderen Sache hervorzubringen, aber nicht sich selbst zu verändern, wenn es dies tut.[32] Für die Lehre ist zum Beispiel von Bedeutung, dass man jemanden dazu bringt, etwas zu lernen, und nicht, dass man es tut, indem man speziell Vorträge hält oder Bücher schreibt oder was auch immer. In ähnlicher Weise ist das, was für das Erschaffen von Bedeutung ist, dass Gott die Existenz der Welt verursacht. Es gibt darin nichts, das erfordert, dass dies aufgrund einer sich selbst vollziehenden Veränderung im Schöpfer getan werde.

Ein Trugschluss der Akzidenz wird auch von denen begangen, die behaupten, dass, wenn Gott unveränderlich sei, man nicht sagen könne, dass er Leben habe. Denn während sich die Lebewesen unserer Erfahrung tatsächlich auf verschiedene Weise verändern (indem sie wachsen, Nährstoffe aufnehmen, sich bewegen, lernen usw.), folgt daraus nicht, dass irgendein mögliches Lebewesen Veränderungen erfahren muss. Was für die Existenz eines Dinges wesentlich ist, zumindest nach der traditionellen aristotelischen Auffassung des Lebens, ist, dass das Ding auf der Grundlage eines inneren Prinzips tätig ist, im Gegensatz dazu, dass es vollständig von äußeren Kräften abhängig ist.[33] Daher kann man von einem Tier sagen, dass es am Leben ist, insofern zumindest vieles von dem, was es tut, aus seiner eigenen Natur erfließt, während ein Stein nicht lebt, weil er ganz passiv ist und Dinge nur insofern tun kann (wie ein Fenster zerbrechen), indem andere Dinge mit ihm handeln, z.B. den Stein ins Fenster werfen. Als die unverursachte Ursache aller Dinge handelt Gott gewiss nicht auf eine Weise, die verlangt, dass er von etwas anderem zum Handeln bewegt wird. Daher kann man mit Sicherheit sagen, dass er Leben hat. Im Gegensatz zu anderen Lebewesen (die alle in gewissem Maße, wenn auch nicht vollständig, von anderen Dingen beeinflusst werden müssen, insofern sie essen, atmen usw. müssen), handelt Gott in einer Weise, die völlig unabhängig ist von irgendetwas anderem. Daher kann gesagt werden, dass er das Leben in der vollkommensten Weise hat.

---

[32] Davies, *Introduction to the Philosophy of Religion*, pp. 165–67.

[33] Zur Verteidigung der aristotelischen Sichtweise der materiellen Substanz siehe Feser, *Scholastic Metaphysics*, Kap. 3.

Immaterialität und Körperlosigkeit

Dass Gott keinen Körper hat und tatsächlich ganz immateriell ist, folgt unmittelbar aus seiner reinen Aktualität und absoluten Einfachheit. Das ist klar, ob wir nun an Materie und materielle Objekte in aristotelischen Begriffen denken, die von klassischen Theisten wie Thomas von Aquin bevorzugt werden, oder in philosophisch weniger kontroversen Begriffen. Aus aristotelischer Sicht ist jedes materielle Objekt eine Zusammensetzung aus substanzieller Form und *prima materia*. Da Gott absolut einfach oder nichtzusammengesetzt ist und ihm daher Teile wie substanzielle Form und *prima materia* fehlen, kann er keinen Körper haben, sondern muss unkörperlich sein. Auch aus aristotelischer Sicht ist die Materie im Wesentlichen die Potenzialität, eine Form anzunehmen. Materie für sich selbst (*prima materia*, um den Fachjargon zu verwenden) ist reine Potenzialität. Was also reine *Aktualität* ist und völlig ohne jede Potenzialität, kann natürlich in keiner Weise materiell sein.[34]

Aber auch abgesehen von einer spezifisch aristotelischen Sichtweise der Materie ist es offensichtlich, dass das, was reine Aktualität und absolut einfach ist, nicht körperlich oder materiell sein kann. Nach jenem Ansatz haben materielle Dinge Teile – nicht nur Teile der Art, die für unsere Sinne offensichtlich sind (die Holz-, Kunststoff- oder Metallteile, aus denen ein Möbelstück besteht, die Körperteile eines Tieres und so weiter), sondern auch mikroskopische Teile wie Moleküle, Atome und subatomare Teilchen. Diese Teile können auf verschiedene Art arrangiert und neu arrangiert werden, was bedeutet, dass alles, was aus ihnen besteht, potenziell ist. Selbst die fundamentalen Teilchen – Fermionen und Bosonen – haben, obwohl sie nicht aus anderen Teilchen bestehen, noch Teile in dem Sinne, dass sie charakteristische Eigenschaften haben. Darüber hinaus weisen sie Potenzialität insofern auf, als sie entstehen und vergehen. Daher kann Gott, da er frei von Potenzialität und ohne Teile ist, nicht materiell sein.

---

[34] Für eine Verteidigung der aristotelischen Auffassung der materiellen Substanz siehe Feser, *Scholastic Metaphysics*, Kap. 3.

Ewigkeit

Aus dem, was in den vorangegangenen Kapiteln gesagt wurde, geht hervor, dass Gott weder entsteht noch vergeht. Was entsteht, hat Teile, die kombiniert werden müssen – am fundamentalsten ihr Wesen und ihre Existenz – und die nur potenziell sind, bis sie kombiniert sind, und sie existieren eher kontingent als notwendigerweise. Dementsprechend braucht das, was entsteht, eine Ursache. Aber wie wir gesehen haben, ist Gott ohne Teile, ohne Potenzialität, absolut notwendig und nur die Existenz selbst, und nicht etwas, das von etwas anderem abgeleitet werden muss. Dementsprechend braucht er nicht nur keine Ursache, sondern kann auch keine haben. Daher entsteht er nicht, sondern hat immer existiert. Was vergeht, hat Teile, die getrennt werden können – am fundamentalsten kann die Wesenheit nicht mit der Existenz verbunden sein –, und ist potenziell nicht existent und dementsprechend kontingent und nicht notwendig. Da Gott ohne Teile, ohne Potenzialität, absolut notwendig und nur die Existenz selbst *ist* (und somit die Existenz nicht verlieren kann), kann er nicht vergehen. Was weder entsteht noch vergeht, ist ewig. Daher ist Gott ewig.

Aber die Ewigkeit Gottes ist mehr als das. Sie ist keine bloße Langlebigkeit, sondern strenge Zeitlosigkeit. Das heißt, sie bedeutet nicht nur, dass Gott in der ganzen vergangenen Zeit existiert hat und in der ganzen kommenden Zukunft existieren wird. Vielmehr existiert er überhaupt außerhalb der Zeit. Dies ergibt sich sowohl aus seiner Unwandelbarkeit als auch aus seiner Einfachheit. Wenn Gott in der Zeit existierte, würde er ständig neue Sekunden, Tage und Jahre in sein Leben aufnehmen, würde in einem Moment auf eine Weise handeln, die sich von der Art unterschiede, in der er in einem anderen Moment handelte; und (vorausgesetzt, dass von Gott gesagt werden kann, dass er Wissen hat, wie wir weiter unten sehen werden) er würde ständig neue Teile von Wissen erwerben, wie das Wissen, *dass es jetzt Zeit t_1 ist*, das Wissen, *dass es jetzt Zeit t_2 ist*, und so weiter. Aber all dies würde Veränderungen mit sich bringen, und Gott ist unveränderlich. Daher existiert er nicht in der Zeit, sondern vielmehr zeitlos.[35] Wenn Gott in der Zeit wäre, würde es verschiedene Stadien

[35] Siehe William Lane Craig, *Time and Eternity* (Wheaton, Ill.: Crossway Books, 2001), pp. 30–31. Craig, der die göttliche Unveränderlichkeit ablehnt, lehnt auch die Ansicht ab, dass Gott zeitlos ist. Aber er argumentiert, dass er aus den zuvor genannten Gründen zeitlos ist, *wenn* Gott unveränderlich ist.

seines Lebens geben, von denen sich jedes von den anderen unterscheiden würde. In diesem Fall würde er verschiedene Teile haben. Aber Gott ist einfach oder nichtzusammengesetzt und daher ohne Teile. Daher ist er zeitlos.

Nun habe ich in früheren Kapiteln argumentiert, dass die Existenz von irgendetwas in jedem Moment letztendlich von Gott verursacht wird. Es scheint, dass diese Behauptung mit der Behauptung unvereinbar sei, dass Gott zeitlos ist. Denn wenn die Existenz von etwas zur Zeit t_1 von Gott verursacht wird und die Existenz von etwas anderem zur Zeit t_2 von Gott verursacht wird, bedeutet dies dann nicht, dass Gott zur Zeit t_1 handelt und auch zur späteren Zeit t_2 handelt? Und führt das nicht dazu, dass Gott in der Zeit ist?[36]

Dies folgt jedoch nicht. Insbesondere aus der Proposition, *dass Gott den Fall verursacht, dass das und das zum Zeitpunkt t_1 existiert*, folgt nicht, *dass Gott zum Zeitpunkt t_1 verursacht, dass es der Fall ist, dass das und das existiert.*[37] Es ist nicht so, dass zur Zeit t_1 Gott ein Objekt zum Existieren bringt, er dann zu einem späteren Zeitpunkt t_2 eine zweite Aktion durchführt, die bewirkt, dass das Ding bestehen bleibt, dann zu einem späteren Zeitpunkt t_3 eine dritte Aktion durchführt, durch die er verursacht, dass es noch länger existiert, und so weiter. Es ist vielmehr so, dass Gott von außerhalb der Zeit in einem einzigen Akt eine zeitliche Welt entstehen lässt, in der das Objekt zu den Zeiten t_1, t_2, t_3 usw. existiert. Man könnte seine Handlung mit der eines Autors vergleichen, der eine ganze Geschickte mit einem einzigen Blick übersieht. Er bestimmt im selben Augenblick, was Anfang, Mitte und Ende der Geschichte sein wird. Aus der Sicht der Charaktere in der Geschichte folgt, was in der Mitte der Geschichte passiert, was am Anfang passiert ist und was am Ende passiert. Aber der Autor selbst hat nicht zuerst den Anfang, dann später die Mitte und später noch das Ende gefunden. Vielmehr hat er alles auf einmal erfasst.[38]

Aber das bringt uns zu einem anderen Einwand, der manchmal gegen die Behauptung erhoben wird, Gott sei zeitlos. Wenn Gott im Jahre 469 v. Chr. verursacht, dass Sokrates existiert, dann muss Sokrates' Existenz gleichzeitig mit Gottes Ewigkeit sein. Und wenn Gott verursacht, dass

[36] Siehe See Richard Swinburne, *The Coherence of Theism* (Oxford: Clarendon Press, 1977), p. 221; und Nelson Pike, *God and Timelessness* (New York: Schocken Books, 1970), pp. 106–7.
[37] Siehe Brian Davies, *Thinking about God* (London: Geoffrey Chapman, 1985), p. 154.
[38] Siehe Stephen M. Barr, *Modern Physics and Ancient Faith* (Notre Dame, Ind.: University of Notre Dame Press, 2003), p. 262.

Barack Obama 1961 existiert, dann muss Obamas Existenz gleichzeitig mit der Ewigkeit Gottes sein. Aber wenn eine Zeit t_1 gleichzeitig mit einer Zeit t_2 ist und t_2 gleichzeitig mit t_3, dann muss t_1 gleichzeitig mit t_3 sein. Und in diesem Fall würde folgen, dass die Existenz von Sokrates gleichzeitig mit Obamas Existenz ist. Aber das ist natürlich absurd. Die Behauptung, Gott sei zeitlos, führt also (so schließt der Einwand) zur Absurdität.[39]

Das Problem mit diesem Einwand ist jedoch, dass er den entscheidenden Punkt verfehlt. Er behandelt die zeitlose Ewigkeit wie einen Zeitpunkt, denn nur wenn sie ein Zeitpunkt wäre, könnte sie gleichzeitig mit einem anderen Zeitpunkt sein. Aber die ganze Idee, dass Gott zeitlos existiert, ist genau dies, dass er nicht irgendwann existiert, sondern *außerhalb der Zeit* im Ganzen.[40]

Notwendigkeit

Der rationalistische Beweis in Kapitel 5 argumentiert direkt für die Existenz eines absolut notwendigen Wesens, und wir haben erörtert, wie auch die anderen Beweise beinhalten, dass Gott notwendigerweise existiert. Aber einige haben gegen die Idee eines notwendigen Wesens Einspruch erhoben. Ein solcher Einwand beruht auf der Behauptung, dass die Notwendigkeit ausschließlich auf sprachlichen Konventionen beruhe und nichts mit der extralinguistischen Wirklichkeit zu tun habe. Zum Beispiel ist die Proposition, *dass alle Junggesellen unverheiratet sind*, notwendigerweise wahr, aber dies spiegele nichts anderes wider als ihren Status als eine *analytische* Aussage, d.h. eine Aussage, die aufgrund der Bedeutungen ihrer Begriffe wahr ist. Sie sage uns nur, wie wir aus sprachlichen Konventionen den Ausdruck „Junggeselle" verwenden sollen, und nichts über die Realität. Extralinguistische Realität selbst könne nicht als notwendig bezeichnet werden. Aber Gott soll Teil der extralinguistischen Realität sein. Daher, so schließt der Einwand, sei es nicht sinnvoll, Gott als notwendiges Wesen zu charakterisieren.[41]

---

[39] Siehe Swinburne, *Coherence of Theism*, pp. 220–21; und Anthony Kenny, *The God of the Philosophers* (Oxford: Clarendon Press, 1979), pp. 38–39.

[40] Siehe Davies, *Thinking about God*, pp. 165–66; und Paul Helm, "Divine Timeless Eternity", in *God and Time*, ed. Gregory E. Ganssle (Downers Grove, Ill.: InterVarsity Press, 2001), p. 35.

[41] J. N. Findlay, "Can God's Existence Be Disproved?", in *New Essays in Philosophical Theology*, ed. Antony Flew and Alasdair MacIntyre (London: SCM Press, 1955). Bertrand Russell bringt einen ähnlichen Einwand in seiner berühmten BBC-Debatte mit Pater Frederick Copleston.

Ein Problem mit diesem Einwand ist, dass die These, dass alle Notwendigkeit ein Produkt sprachlicher Konvention sei, auch unabhängig von Erwägungen aus der natürlichen Theologie als falsch erwiesen werden kann. Zum einen verwechselt der Konventionalismus *Sätze*, die linguistische Gegenstände sind, mit *Propositionen*, die keine linguistischen Gegenstände sind.[42] Die Proposition, dass *Schnee weiß ist*, ist nicht dasselbe wie der deutsche Satz „Schnee ist weiß", da derselbe Satz vermittelt werden kann durch den englischen Satz "snow is white". Außerdem wäre diese Proposition selbst dann wahr, wenn es weder Englisch noch Deutsch oder irgendeine andere Sprache jemals gegeben hätte. Die Tatsache, dass Sätze Produkte der Konvention sind, bedeutet nicht, dass die Propositionen, die durch Sätze ausgedrückt werden, Konventionen sind. Daraus folgt nicht, dass die Notwendigkeit einer Proposition immer ein Produkt der Konvention ist.

Die Proposition, dass Schnee weiß ist, ist natürlich nicht ein notwendigerweise wahrer Satz. Aber Propositionen der Mathematik und Logik – zum Beispiel die Proposition, dass 2 + 2 = 4, und die Proposition, dass alles mit sich identisch ist – sind notwendigerweise wahr, und es ist notorisch schwierig, plausibel zu argumentieren, dass die Wahrheiten der Mathematik und Logik nur konventionell seien (siehe die Diskussion dieser Fragen in Kapitel 3). Wir haben also Gründe, und zwar völlig unabhängig von den Erwägungen des rationalistischen Arguments für Gottes Existenz, die konventionalistische Sicht der Notwendigkeit abzulehnen.

Aber diese Überlegungen geben uns tatsächlich einen weiteren Grund, den Konventionalismus abzulehnen, der uns zu einem tieferen Problem mit dem in Frage stehenden Einwand führt. Die Behauptung, dass Gott nicht notwendig sein könne, weil alle notwendigen Wahrheiten konventionell seien, wirft schlicht die Frage gegen die Argumente auf, die in diesem Buch verteidigt werden. Denn der Argumentationszweck besteht darin, zu zeigen, dass es eine extralinguistische Realität geben muss, nämlich eine Ursache der Existenz von Dingen, die notwendigerweise existiert, und die Argumente geben auch einen Überblick über die Natur dieser Notwendigkeit, die nichts mit sprachlichen Konventionen zu tun hat. Insbesondere behaupten die Argumente, dass die notwendige

Siehe Bertrand Russell und Frederick Copleston, "A Debate on the Existence of God", in *The Existence of God*, ed. John Hick (New York: Macmillan, 1964), pp. 167–91.

[42] Siehe Alvin Plantinga, "Self-Profile", in *Alvin Plantinga*, ed. James E. Tomberlin and Peter van Inwagen (Dordrecht: D. Reidel, 1985), pp. 71–73.

Existenz dieser Ursache darin besteht, dass sie rein aktual und ohne Potenzialität ist, dass sie absolut einfach ist und dass ihr Wesen mit ihrer Existenz identisch ist. Auf diese Argumente mit der bloßen Behauptung zu antworten, dass Notwendigkeit eine Frage der Konvention sei, *setzt voraus*, dass die Argumente falsch sind, unternimmt aber nichts, um zu zeigen, dass sie es sind.

Ein anderer Einwand gegen die göttliche Notwendigkeit stammt von David Schrader, der vorschlägt, dass wir uns eine mögliche Welt vorstellen können, in der nichts existiert, nicht einmal Gott. Daher existiert Gott nicht in jeder möglichen Welt, in welchem Fall er nicht notwendigerweise existiert.[43] Aber dieser Einwand schlägt aus mehreren Gründen fehl. Schraders Vorgehensweise besteht zum einen darin, dass er sich ein Szenario vorstellen kann, in dem nur ein einziger grüner Marmor existiert, und zum anderen ein weiteres Szenario, in dem selbst dieser grüne Marmor fehlt. Um sich das vorzustellen, vermutet er, solle man sich ein Szenario vorstellen, in dem nichts existiert, nicht einmal Gott. Aber das wäre nur wahr, wenn alles, was existiert oder existieren könnte, einschließlich Gott, eine Sache wäre, von deren Vorhandensein oder Fehlen man sich ein geistiges Bild machen könnte. Und das ist einfach nicht der Fall.[44] Es wäre lächerlich anzunehmen, dass 2 + 2 = 4 nicht wirklich eine notwendige Wahrheit darstellen würde, indem man sich zuerst ein Szenario vorstellt, in dem nur der Satz „2 + 2 = 4“ auf einer Tafel geschrieben existiert, und sich dann ein weiteres Szenario vorstellt, in dem dieser Satz ausgelöscht wird. Der Grund dafür ist, dass Zahlen keine materiellen Objekte sind, deren An- oder Abwesenheit man sich überhaupt vorstellen könnte. Man kann natürlich mentale Bilder von Zahlen wie „2“ und „4“ bilden, aber das ist nicht dasselbe wie sich die Zahlen selbst vorzustellen, genauso wenig wie mentale Bilder der römischen Ziffern "II" und "IV" bedeuten, dass man sich Bilder der Zahlen selbst vorstellt. Zahlen sind eher abstrakte Objekte und nicht materielle Dinge, und Zahlen sind nur Etiketten, auf die wir uns beziehen. Daher werden Sie nicht in der Lage sein, irgendetwas über Zahlen oder andere abstrakte Objekte zu bestimmen, indem Sie versuchen, sich vorzustellen, ob dieses oder jenes vorhanden ist oder nicht.

---

[43] David Schrader, “The Antinomy of Divine Necessity”, *International Journal for Philosophy of Religion* 30 (1991): 51–52.

[44] Siehe Brian Leftow, “Necessity”, in *The Cambridge Companion to Christian Philosophical Theology*, ed. Charles Taliaferro und Chad Meister (Cambridge: Cambridge University Press, 2010), pp. 28–29.

Wovon wir uns ein geistiges Bild machen können, ist in diesem Fall einfach irrelevant für das, was wir uns strikt vorstellen können.

Aber das Gleiche gilt für Gott. Wie wir oben gesehen haben, ist Gott kein materieller Gegenstand. Daher kann man sich kein *geistiges Bild* von Gottes *Existenz* vorstellen, geschweige denn von ihm als nichtexistierend. Mentale Bilder sind also völlig irrelevant für das, was von Gott in verschiedenen „möglichen Welten" zutrifft oder nicht, und haben nichts mit dem zu tun, was wir im Kontext der natürlichen Theologie kohärent begreifen kön-nen, ebenso wenig wie im Zusammenhang mit der Mathematik.

Aber selbst, wenn Schrader den Irrtum vermeiden würde, anzunehmen, dass die Vorstellung von Gottes Existenz die Bildung von mentalen Bildern beinhaltet, gibt es ein anderes ernsthaftes Problem mit seiner Argumentation. Die methodologische Annahme, wir könnten die Notwendigkeit und andere modale Begriffe untersuchen, indem wir versuchen zu verstehen, was in verschiedenen möglichen Welten der Fall sein würde, wird in der zeitgenössischen Philosophie sehr häufig gemacht. Aber aus der aristotelisch-thomistischen Sichtweise verkehrt dies die Dinge. Wir untersuchen nicht zuerst, was in verschiedenen möglichen Welten wahr ist, und bestimmen dann von dort aus, was für eine Sache möglich ist, was notwendigerweise für sie gilt und so weiter. Wir fangen vielmehr mit den tatsächlichen Dingen an, bestimmen ihre Wesenheiten und ziehen dann von da aus Rückschlüsse darauf, was für sie möglich ist, was notwendigerweise für sie gilt usw.[45]

In diesem konkreten Fall geht es also nicht darum, zunächst einmal zu versuchen, sich vorzustellen, ob Gott in jeder möglichen Welt existiert, und dann daraus zu bestimmen, ob er ein notwendiges Wesen ist. Vielmehr ist es das richtige Verfahren, zunächst zu bestimmen, ob Gott existiert, und dann zu bestimmen, was sein Wesen ist, und dann wiederum zu bestimmen, was für ihn möglich ist, was notwendigerweise für ihn gilt und so weiter. Genau das haben wir in den vorherigen Kapiteln getan. Was wir bestimmt haben, ist, dass Gott wirklich existiert, dass es zu den Aspekten seiner Natur gehört, dass er rein aktual ist und ohne jede Potenzialität, dass er absolut einfach oder nichtzusammengesetzt ist, dass er subsistierende Existenz selbst ist und somit seine Existenz von nichts anderem abhängt und so weiter. Daraus folgt wiederum, wie wir sahen, dass er

[45] Siehe Feser, *Scholastic Metaphysics*, pp. 239–41, und Oderberg, *Real Essentialism*, pp. 1–6.

notwendigerweise und nicht nur kontingent existiert. Und das beinhaltet, dass er in jeder möglichen Welt existiert (wenn wir der Rede von den „möglichen Welten“ folgen, die in der zeitgenössischen Metaphysik populär ist).

Schrader wäre mit all dem nicht einverstanden, aber sein Einwand zeigt nicht, dass irgendetwas daran falsch wäre. Vielmehr geht sein Einwand implizit davon aus, dass etwas nicht in Ordnung ist, und daher setzt er das zu Beweisende als feststehend voraus.

Allmacht

Macht ist die Fähigkeit zu handeln oder zu etwas zu tun. Nun, die meisten der Argumente für Gottes Existenz, die wir untersucht haben, sind Argumente für eine Ursache der Existenz von Dingen, und das Hervorbringen von Dingen ist eine Art von Handeln und eine Art von Machen. Natürlich gibt es Macht in Gott. Aber Gott hat nicht nur Macht. Er hat *alle* Macht, er ist allmächtig. Es gibt mehrere Möglichkeiten, dies zu sehen.

Betrachten wir zuerst, dass wir gesehen haben, dass alles, was existiert oder existieren könnte, außer Gott, Potenziale hat, die aktualisiert werden müssen, Teile, die kombiniert werden müssen, und eine Wesenheit, die sich von ihrer Existenz unterscheidet und daher kontingent ist. Wir haben auch gesehen, dass Dinge selbst für einen kurzen Augenblick nur existieren können, insofern sie von etwas, das die rein aktuale, absolut einfache, subsistierende Existenz selbst und absolut notwendig ist, verursacht werden; und wir haben gesehen, dass es im Prinzip nicht mehr als eine solche Ursache geben kann. Daraus folgt, dass alles, was außer Gott existiert oder existieren könnte, in jedem Augenblick von Gott abhängt.

Erinnern wir uns auch an das Prinzip *agere sequitur esse*, nach dem die Attribute und Tätigkeiten eines Dinges nicht über seine Natur hinausgehen können. Wenn wir dieses Prinzip mit der These verbinden, dass die bloße Existenz von irgendetwas in jedem Moment davon abhängt, dass Gott es verursacht, haben wir das Ergebnis, dass die Tätigkeit oder Aktivität von irgend-etwas in jedem Moment auch von Gott abhängt. Denn wenn ein Ding nicht einmal für einen Augenblick getrennt von Gott existieren könnte, wie könnte es dann in einem Augenblick unabhängig von Gott handeln? Wenn das Ding keine unabhängige Existenzfähigkeit hat, wo könnte dann eine unabhängige Handlungsfähigkeit herkommen? Existieren ist schließlich fundamentaler als Handeln, da es durch das Handeln vorausgesetzt wird. Wenn also die Wesenheit eines Dinges ihm nicht die Fähigkeit gibt, getrennt von Gott zu existieren, kann sie ihm klarerweise nicht die Macht geben, getrennt von Gott zu handeln.

Alles, was außerhalb von Gott existiert oder existieren könnte, hängt in jedem Moment nicht nur von seiner Existenz ab, sondern auch von seiner Fähigkeit, etwas zu tun. Nichts, was existiert oder existieren könnte, ist außerhalb der Reichweite seiner Macht oder hat irgendeine Macht, die nicht von ihm stammt. Aber dasjenige, von dem alle Macht herrührt und das nichts außerhalb seiner Macht hat, hat alle Macht oder ist allmächtig. Daher ist Gott allmächtig.

Erinnern wir uns auch daran, dass Gott von seiner Natur oder seinem Wesen her in vollkommen aktualer Weise existiert, als das, was nur die subsistierende Existenz selbst ist, anstatt als etwas, das in irgendeiner Weise die Existenz von etwas anderem herleitet. Bedenken wir noch einmal das Prinzip *agere sequitur esse*, dass die Attribute und Aktivitäten eines Dinges das widerspiegeln, was es ist. Und bedenken Sie auch, dass etwas zu tun oder etwas zu machen bedeutet, ein Potenzial zu aktualisieren, so dass Macht die Fähigkeit haben muss, Potenziale zu aktualisieren. Daraus folgt, dass, da Gott in der vollkommensten Weise *existiert*, er in der Lage sein muss, auf die vollkommenste Weise zu *handeln*. Daher gibt es kein Potenzial, das er nicht verwirklichen kann, und somit nichts außerhalb seiner Macht. Denn angenommen, es gäbe ein Potenzial, das sich verwirklichen ließe, aber Gott könnte es nicht verwirklichen – was könnte ihn daran hindern? Was könnte ihn davon abhalten, auf diese bestimmte Weise zu handeln, wenn er in der vollkommensten Weise existiert, angesichts des *agere sequitur esse*?

Ob wir also mit Gottes Wirkungen beginnen und zu seiner Natur zurückkehren oder mit seiner Natur selbst beginnen und uns zu seinen Attributen vorarbeiten, wir kommen zum selben Ergebnis – nämlich, dass Gott alle Macht hat oder allmächtig ist.

Kann Gott dann wirklich alles tun? Das hängt davon ab, was wir unter „alles" verstehen. Wenn die Frage ist, ob Gott etwas, das prinzipiell existieren oder geschehen könnte, verursachen kann, dann lautet die Antwort, dass er es tatsächlich tun kann. Aber wenn die Frage ist, ob er Dinge wie runde Quadrate machen kann oder ob er machen kann, dass 2 und 2 zu 5 wird, oder Ähnliches, dann lautet die Antwort, dass er das nicht tun kann. Der Grund liegt jedoch nicht darin, dass seine Macht eingeschränkt ist. Es ist nicht so, dass es die Fähigkeit gäbe, runde Quadrate zu aktualisieren, und dass Gott diese Fähigkeit fehlen würde. Es ist vielmehr so, dass die Fähigkeit, runde Quadrate überhaupt zu aktualisieren, nicht vorhanden ist oder vorhanden sein könnte, weil die Idee selbstwidersprüchlich ist.

In diesem Licht sollten wir Rätsel wie das berühmte „Paradoxon des Steins" verstehen. Kann Gott einen Stein machen, der zu schwer für ihn ist? Wenn wir sagen, dass er es kann, dann scheint es, dass es etwas gibt, was er nicht tun kann – nämlich den Stein zu heben. Wenn wir sagen, dass er das nicht kann, dann scheint es erneut so, dass es etwas gibt, was er nicht tun kann – nämlich den Stein zu erschaffen. So scheint es, als ob es etwas gibt, was Gott nicht tun kann. Und wenn es etwas gibt, was er nicht tun kann, wie kann er dann allmächtig sein? Das Problem mit dieser angeblichen Schwierigkeit der Allmacht besteht darin, dass die Vorstellung eines *Steins, der für Gott zu schwer ist*, ebenso widersprüchlich ist wie die Idee eines runden Quadrats. Denn da das Heben eines Steins sicherlich etwas ist, was geschehen könnte, ist es etwas, das Gott verursachen könnte. Daher kann Gott keinen Stein machen, der zu schwer ist, um ihn zu heben, wie er kein rundes Quadrat machen kann – und der Grund dafür ist, dass es überhaupt keine solche Fähigkeit gibt wie die, einen Stein zu machen, der zu schwer für Gott ist.[46]

Aus demselben Grund sind auch andere Schwierigkeiten illusorisch, die der Behauptung, Gott sei allmächtig, gegenübergestellt werden könnten. Wie wir weiter unten sehen werden, besitzt Gott vollkommene Güte und kann daher nicht sündigen. Aber das ist nicht inkonsistenter, als dass er allmächtig ist oder dass er kein rundes Quadrat schaffen kann. Denn die Vorstellung von etwas, das vollkommen gut ist, aber sündigt, ist wie die Vorstellung eines runden Quadrats selbstwidersprüchlich.

[46] Siehe George I. Mavrodes, "Some Puzzles concerning Omnipotence", *Philosophical Review* 72 (1963): 221–23. Harry Frankfurt weist darauf hin, dass, selbst wenn wir annehmen, dass Gott selbst widersprüchliche Dinge oder Ereignisse hervorrufen könnte, das Paradoxon des Steins die Behauptung, dass Gott allmächtig ist, nicht widerlegen würde. Denn wenn Gott selbstwidersprüchliche Dinge und Ereignisse verursachen kann, dann kann er nicht nur einen Stein herstellen, der zu schwer ist, um ihn zu heben, sondern er kann auch einen Stein heben, der zu schwer ist, um ihn zu heben. Siehe Harry Frankfurt, "The Logic of Omnipotence", *Philosophical Review* 73 (1964): 262–63.

Allwissenheit

Wie bei der Allmacht, so können wir auch bei der Allwissenheit zeigen, dass Gott sie besitzt, indem wir entweder von den Wirkungen auf die Natur der Ursache zurückgehen oder indem wir von der Natur Gottes ausgehen und seine Allwissenheit nach vorne hin ausarbeiten. Wiederum hängt alles, was existiert oder existieren könnte, und alles, was etwas tut oder tun könnte, in jedem Moment von Gottes kausalem Handeln ab. Nun erinnern wir uns an das Prinzip der proportionalen Kausalität, wonach alles, was in einer Wirkung ist, irgendwie in seiner Ursache sein muss. Aus diesen beiden Propositionen ergibt sich, dass alles, was in etwas ist, was existiert oder existieren könnte, in irgendeiner Weise in Gott als der Ursache sein muss.

Also muss alles *auf die eine oder andere Weise* in Gott existieren, ob Farben, Töne, Formen, Größen, räumliche Orte, atomare Strukturen, chemische Zusammensetzungen, Oberflächenreflexionseigenschaften, Nährkräfte, Bewegungsfähigkeiten und jede andere Eigenschaft von allem, was existiert oder existieren könnte – ob mineralisch, vegetativ, tierisch, ob Mensch oder Engel. Offensichtlich können diese Eigenschaften in Gott nicht in der gleichen Weise existieren, wie sie in all diesen Wirkungen existieren. Zum Beispiel kann Gott nicht eine bestimmte Farbe, eine Form oder eine chemische Zusammensetzung haben, weil dies alles wesentliche Merkmale materieller Objekte sind und Gott immateriell ist. Aber die Immaterialität Gottes ist nicht der einzige Grund, warum diese Merkmale nicht in ihm existieren können, wie sie es in anderen Dingen tun. Selbst wenn Gott materiell wäre, wenn er zum Beispiel nur Rötung und Rundheit instanziieren würde, wäre er nicht die letzte Ursache aller roten und runden Dinge. Denn in diesem Fall würden seine eigene Rötung und Rundheit, als bloße Instanzen universaler Formen oder Muster, selbst ebenso eine Erklärung erfordern wie andere Fälle. Und das Gleiche gilt für alle Eigenschaften, die Engel, die immateriell sind, besitzen können. Wenn Gott diese Eigenschaften nur so instanziieren würde, wie es Engel tun, dann könnte er nicht die ultimative Ursache für alle Dinge sein, die diese Eigenschaften haben.

Wie wir in Kapitel 3 gesehen haben, sind Rötung, Rundheit und andere Universalien real; Nominalismus und Konzeptualismus, die Alternativen zum Realismus, sind falsch. Wir sahen auch, dass, wo Universalien nicht in den konkreten individuellen Dingen existieren, die sie instanziieren, die einzigen anderen Weisen, wie sie existieren können, entweder Begriffe oder Ideen in einem Intellekt sind, oder sie existieren als Bewohner eines platonischen „dritten Bereichs". Aber wir haben auch gesehen, dass es keinen solchen „dritten Bereich" gibt, denn auch der Platonismus ist falsch. Wenn also Rötung, Rundheit und all die anderen universalen Formen oder Muster, wie alles, was existiert oder existieren könnte, in Gott nicht in der Art und Weise existieren, wie sie in den konkreten individuellen Dingen, die sie instanziieren, existieren, dann ist die einzige andere Art und Weise, in der sie in ihm existieren können, die von Begriffen oder Ideen in einem Intellekt. Aber sie müssen in gewisser Weise in ihm existieren, wenn man den Grundsatz der proportionalen Kausalität bedenkt. Daraus folgt, dass sie in ihm als Begriffe oder Ideen in seinem Intellekt existieren. Und so müssen wir sie dem Intellekt Gott zuschreiben.

Aber es sind nicht nur Begriffe, die in diesem Intellekt existieren. Betrachten Sie eine Katze, die auf einer Matte liegt. Dass die Katze und die Matte in jedem Moment existieren, in dem sie existieren, liegt an der kausalen Aktivität Gottes. Dass aber der Sachverhalt der Katze, die auf der Matte liegt, in jedem Augenblick Bestand hat, liegt auch an der kausalen Tätigkeit Gottes. So wie unter der Voraussetzung des Prinzips der proportionalen Kausalität die „Katzenheit" der Katze in Gott als Begriff „Katze" enthalten sein muss, so muss auch der Sachverhalt der auf der Matte liegenden Katze in gewisser Weise in Gott existieren. Insbesondere muss er als die Proposition existieren, *dass die Katze auf der Matte liegt*. Denn so wie der Begriff der Katze das Korrelat innerhalb eines Intellekts der universalen Form oder des Musters *Katzenheit* ist, die in tatsächlichen Katzen existiert, ist die Proposition, *dass die Katze auf der Matte liegt*, als der Inhalt eines Gedankens zu betrachten, der das Korrelat innerhalb eines Intellekts vom Sachverhalt der auf der Matte liegenden Katze ist. Und so wie der Begriff von allem, was existieren könnte, im Verstande Gottes sein muss, so müssen auch die Propositionen, die einem jeden möglichen Sachverhalt entsprechen, als Gedanken im göttlichen Intellekt existieren, da diese Sachverhalte nur insofern erhalten werden können, als Gott sie dazu veranlasst.

Natürlich ist unter den bestehenden Sachverhalten der Sachverhalt, der der Proposition entspricht, *dass die Katze auf der Matte liegt*, eine wahre Proposition und der Sachverhalt, der der Proposition entspricht, *dass Einhörner existieren*, eine falsche Proposition. Die Gedanken, die diesen

Sachverhalten entsprechen, gehören zu denen im göttlichen Intellekt. Das heißt, es gibt im göttlichen Intellekt den Gedanken, *dass es wahr ist, dass die Katze auf der Matte liegt*, den Gedanken, *dass es falsch ist, dass Einhörner existieren*, und so weiter. Da alles, was außer Gott existiert oder existieren könnte, und jeder Sachverhalt, der außer Gott existiert oder existieren könnte, von Gottes kausaler Tätigkeit abhängt, werden alle Propositionen über solche Dinge wahr oder falsch sein, nur weil Gott die Welt so verursacht, dass diese Propositionen entweder wahr oder falsch sind. Gott ist wie ein Autor, der in einem einzigen, blitzschnellen Lichtblick eine Geschichte entwirft. Solch ein Autor kann schwerlich irren, ob ein bestimmter Charakter in der Geschichte existiert oder ob eine solche Situation in der Geschichte vorkommt. Ebenso wenig könnte sich der Autor in diesem Augenblick irren, ob er in diesem Augenblick die Geschichte genau so gestaltet hat. Gleichermaßen kann Gott kaum darüber im Irrtum sein, ob er dies oder jenes Ding zur Existenz verursacht hat und ob er diesen und jenen Sachverhalt dazu verursacht hat, dass er besteht, und daher kann er sich nicht irren, ob dies und das wirklich existiert oder ob dieser oder jener Sachverhalte wirklich besteht.

Natürlich ist die Analogie nicht perfekt. Ein menschlicher Autor könnte fortfahren, einige der Details der Geschichte zu vergessen, die er erfunden hat. Das liegt aber daran, dass der menschliche Autor in der Zeit existiert, dass er Übergänge von einem kognitiven Zustand zu einen anderen durchmacht, dass er das weiß, was er weiß, aufgrund von Gehirnprozessen, die Fehlfunktionen haben können, und er auch ansonsten Kräften ausgesetzt ist, die ihn etwas vergessen lassen können. Keines dieser Dinge trifft auf Gott zu, der, wie oben gezeigt wurde, ewig, unveränderlich, unkörperlich und allmächtig ist.

Nun, nach Auffassung des philosophischen Standardansatzes zur Erkenntnis kann man eine Proposition *p* wissen, wenn man (a) denkt, dass *p* wahr ist, (b) *p* tatsächlich wahr ist und wenn man (c) denkt, dass *p* wahr ist –aufgrund eines zuverlässigen Prozesses der Gedankenbildung. Nun gilt jede dieser Bedingungen (oder vielmehr, wenn wir die Lehre von der Analogie im Bewusstsein behalten, etwas, das jeder von ihnen analog ist) für Gott. Betrachten wir erneut die Proposition, *dass die Katze auf der Matte liegt*. Wir haben gesehen, dass es im göttlichen Verstand den Gedanken geben muss, *dass es wahr ist, dass die Katze auf der Matte liegt*. Also ist Bedingung (a) erfüllt. Und es ist tatsächlich wahr, dass die Katze auf der Matte liegt, gerade weil Gott dies verursacht. So besteht auch Bedingung (b).

Darüber hinaus kann es keinen zuverlässigeren Weg geben, zu bestimmen, ob eine Proposition *p* wahr ist, als in der Lage zu sein, *zu bewirken*, dass es der Fall ist, dass es wahr ist. (Der Autor in unserem Beispiel hat sicherlich eine zuverlässige Möglichkeit, herauszufinden, ob ein bestimmter Charakter in seiner Geschichte existiert, insofern er derjenige ist, der sich dafür entschieden hat, den Charakter in die Geschichte zu stellen!) Weil also die Katze nur auf der Matte liegt, insofern Gott es verursacht, dass die Katze auf der Matte liegt, hat Gott sicher eine zuverlässige Möglichkeit, „herauszufinden", ob eine solche Proposition wahr ist. Somit besteht auch Bedingung (c). Also hat Gott *Wissen.*

Was für die Proposition gilt, dass die Katze auf der Matte liegt, gilt auch für jede andere Proposition darüber, welche Dinge existieren oder existieren könnten und welche Sachverhalte bestehen oder bestehen könnten. Gott kennt alle diese Propositionen. Überdies kann er kaum weniger Wissen über sich selbst haben als über andere Dinge als sich selbst, genauso wenig wie ein Autor weniger über seinen eigenen kreativen Akt der Erzählung wissen kann, als er über die Geschichte selbst weiß. Natürlich kann ein menschlicher Autor bestimmte andere Dinge über sich selbst nicht wissen, wie zum Beispiel was im Inneren seines Körpers vor sich geht. Aber das liegt daran, dass ein menschlicher Autor aus *Teilen* besteht. Sein Intellekt ist verschieden von seinem Verdauungssystem oder von seinem Kreislaufsystem oder den Muskeln oder Knochen oder was auch immer. Nichts dergleichen trifft auf Gott zu, der absolut einfach oder nichtzusammengesetzt ist. Sein Intellekt *ist* seine Macht, die seine Existenz *ist* und so weiter. (Mehr zur Einfachheit in Kürze.)

Wenn nun Gott Kenntnis von allen Propositionen über sich selbst und alles andere hat, dann hat er *alles* Wissen. Er ist *allwissend.* Wir sind zu diesem Ergebnis gekommen, indem wir mit der Welt als Gottes Wirkung begonnen haben und uns dann rückwärts gearbeitet haben, um die Natur ihrer Ursache zu bestimmen, aber wiederum können wir auch mit Gott selbst beginnen und weitergehen, um festzustellen, ob Allwissenheit zu seinen Attributen gehört. Das ist im Grunde genommen das Argument für die Allwissenheit, das in Kapitel 3 entwickelt wurde, insofern es mit der These begann, dass Gott eine unendliche Intelligenz ist, und dann argumentierte, dass ein solcher Intellekt alles Wissen haben muss. Ich habe in diesem Kapitel auch auf einen Einwand gegen die von Patrick Grim aufgeworfene Idee der Allwissenheit geantwortet.

Es gibt jedoch noch mehr zu sagen, angefangen bei einigen Bemerkungen über die Art, wie Gott die Welt erkennt. Erinnern Sie sich daran, dass ich betont habe, dass Gott sich kaum darüber irren kann, dass die Katze auf der Matte liegt, insofern er die Ursache dafür ist, dass die Katze auf der Matte liegt. Ich habe das mit dem Wissen eines Autors über die Charaktere und Ereignisse seiner Geschichte verglichen. Die Art und Weise, wie ein Autor diese Charaktere und Ereignisse kennt, besteht nicht darin, sie zu *beobachten*. Es ist keine Art von Wahrnehmungswissen. Vielmehr kennt der Autor sie, indem er sich selbst erkennt, indem er seine eigenen Gedanken und Absichten als Autor kennt. Und genau auf diese Weise erkennt Gott die Welt. Sein Wissen ist nicht das Ergebnis einer Art von Beobachtung dessen, was im Verlauf der Geschichte geschieht. Gott ist schließlich nicht in der Zeit, und deshalb braucht er nicht zu warten, bis etwas passiert, um zu wissen, dass es geschieht. Er hat auch keine Wahrnehmungsorgane, durch die er die Dinge erkennt, da er unkörperlich ist. Er lernt auch nicht irgendetwas, denn Lernen ist eine Art von Veränderung und Gott ist unveränderlich. Wie ich oben sagte, geschieht es in einem einzigen, zeitlosen Akt, dass Gott bewirkt, dass alles existiert, was war und sein wird. Und wenn er *sich selbst* als so handelnd erkennt, weiß Gott alles, was ist, war und sein wird. Seine Kenntnis der Welt ist eine Konsequenz seiner Selbsterkenntnis.[47]

Dies zu verstehen ist nicht nur wichtig, um Missverständnisse über Gottes Natur zu vermeiden, sondern auch, um Missverständnisse über die Natur der Welt zu vermeiden. Da Gott die Vergangenheit, Gegenwart und Zukunft der Welt in einem einzigen Akt erkennt, könnte es scheinen, dass Vergangenheit, Gegenwart und Zukunft in einem gewissen Sinne alle gleichzeitig existieren müssten. Das heißt, dass dies scheinbar eine so genannte „vierdimensionale" Sichtweise beinhaltet, in der die Zeit als vierte, raumartige Dimension interpretiert wird.[48] Aber das folgt einfach nicht. Es würde folgen, wenn Gottes Wissen über die Welt eine Art Beobachtungswissen wäre, denn in diesem Fall, wenn Gott die Welt in einer einzigen beobachtenden Handlung kennen würde, müssten Vergangenheit, Gegenwart und Zukunft alle gleichzeitig da sein, damit Gott sie alle gleichzeitig beobachten könnte. Aber dies ist nicht die Art, wie Gott die

---

[47] Siehe Davies, *Introduction to the Philosophy of Religion*, pp. 194–97.
[48] Siehe Nelson Pike, "Divine Omniscience and Voluntary Action", *Philosophical Review* 74 (1965): 27–46.

Welt erkennt.[49] Es folgt auch kein Vierdimensionalismus aus der Tatsache, dass Gott sich selbst als Ursache der Welt in einem einzigen zeitlosen Akt erkennt. Er weiß von außerhalb der Zeit, dass er eine Welt außerhalb der Zeit verursacht, in der diese und jene Dinge existieren und vorkommen. Aber es ist ein Irrtum, daraus zu schließen, dass die Welt, die er dadurch erkennt, selbst außerhalb der Zeit sei, eine Welt, in der so genannte vergangene, gegenwärtige und zukünftige Ereignisse und Objekte irgendwie zusammen anwesend seien. Das würde bedeuten, aus der Tatsache, dass ein bewegungsloser Jäger in einem einzigen Augenblick weiß, dass er eine Kugel aus seinem Gewehr abgefeuert hat, die Schlussfolgerung zu ziehen, dass die Kugel selbst bewegungslos sein müsse und dass sie irgendwie an jedem Punkt ihrer Reise gegenwärtig sei, vom Gewehr bis zum anvisierten Ziel auf einmal.

Manchmal wird auch behauptet, dass Gottes Wissen über die Zukunft nicht mit unserem freien Willen vereinbar sei.[50] Wenn Gott unfehlbar weiß, dass ich morgen zur Arbeit gehen werde, wie könnte ich dann morgen *nicht* zur Arbeit gehen? Denn wenn ich morgen nicht zur Arbeit gehe, würde das bedeuten, dass Gott falsch gelegen hat, als er dies dachte, und er kann sich nicht irren. Aber wenn es nicht möglich ist, dass ich morgen nicht zur Arbeit gehe, wie kann ich frei wählen, ob ich morgen zur Arbeit gehe? Daher beinhaltet Gottes Wissen darüber, was ich tun werde (so der Einwand), dass ich keine freie Wahl darüber habe, was ich tue.

Aber dieser Schluss folgt nicht. Nehmen wir an, ich wüsste irgendwie, dass Sie im nächsten Raum sitzen – durch Beobachtung oder das Zeugnis einer anderen Person oder durch Telepathie oder was auch immer. Offensichtlich ist mein Wissen nicht unvereinbar damit, dass Sie sich freiwillig dafür entschieden haben, dort zu sitzen. Und das ist wahr, egal wie sicher ich bin, dass Sie wirklich dort sitzen. Aus demselben Grund gilt: wenn ich irgendwie mit Sicherheit weiß, dass Sie *morgen* dort sitzen werden – weil Sie es mir versprochen haben, dass Sie dort sein werden, oder weil ich in eine Kristallkugel in die Zukunft schaue –, wie könnte das unvereinbar mit Ihrer freien Entscheidung sein, dies zu tun? Wenn Sie wissen, dass Sie etwas tun, ist das nicht unvereinbar mit Ihrer freien Wahl,

---

[49] Siehe Brian J. Shanley, "Eternal Knowledge of the Temporal in Aquinas", *American Catholic Philosophical Quarterly* 71 (1997): 197–224; und Kevin M. Staley, "Omniscience, Time, and Eternity: Is Aquinas Inconsistent?", *Saint Anselm Journal* 3 (2006): 9–16.

[50] Siehe Nelson Pike, "Divine Omniscience and Voluntary Action", *Philosophical Review* 74 (1965): 27–46.

es auszuführen; wenn die Handlung in der *Gegenwart* ist, warum sollte es unvereinbar mit Ihrer freien Wahl sein, sie auszuführen, wenn die Handlung in der *Zukunft* liegt? Und wenn es keine Unvereinbarkeit gäbe, wenn *ich* derjenige bin, der über Ihre zukünftigen Handlungen Bescheid weiß, warum sollte es dann inkonsistent sein, wenn Gott derjenige ist, der es weiß?

Natürlich könnte der Kritiker darauf antworten, dass Gott im Gegensatz zu mir auch der Grund für die Existenz der Zukunft ist und nicht nur jemand, der darüber Bescheid weiß. Und er ist auch der Grund dafür, dass die Gegenwart existiert. Und wie ich gesagt habe, weiß er alles, auch die Gegenwart und die Zukunft, genau deshalb, weil er die Ursache ist. Wäre das nicht unvereinbar mit meiner freien Wahl meiner Handlungen (tatsächlich auch meiner gegenwärtigen frei gewählten Handlungen und nicht nur meiner zukünftigen Handlungen)?

Um es zu wiederholen, diese Schlussfolgerung folgt nicht. Betrachten Sie noch einmal die Analogie mit dem Autor einer Geschichte. Angenommen, es handelt sich um einen Kriminalroman und einer der Charaktere zeichnet den Mord an einem anderen aus finanziellen Gründen sorgfältig auf. Wir würden natürlich sagen, dass er den Mord aus freien Stücken begeht und daher zu Recht bestraft wird, nachdem er am Ende des Romans erwischt wurde. Es wäre albern zu sagen: „Nun, er hat den Mord nicht wirklich freiwillig begangen. Denn er hat ihn nur begangen, weil der Autor die Geschichte so geschrieben hat." Dass der Autor die Geschichte so schreibt, wie er es getan hat, ist nicht unvereinbar damit, dass der Charakter den Mord frei begangen hat. Es ist nicht vergleichbar mit (sagen wir) einem weiteren Charakter in der Geschichte, der den Mörder *hypnotisiert* und ihn dadurch dazu bringt, das Verbrechen zu begehen – etwas, das mit dem frei verübten Mord *unvereinbar* wäre. Wenn wir zu einem Punkt in dem Buch gelangen, wo eine solche Hypnose offenbar würde, würden wir sagen: „Ah, also war es doch kein Akt des freien Willens." Aber das sagen wir *nicht*, wenn wir darüber nachdenken, dass die Geschichte einen Autor hatte. Es ist vollkommen kohärent zu sagen, dass der Autor eine Geschichte geschrieben hat, in der jemand frei entscheidet, einen Mord zu begehen.

In ähnlicher Weise ist es vollkommen kohärent zu sagen, dass Gott eine Welt verursacht, in der jemand frei entscheidet, einen Mord zu begehen oder eine andere Handlung auszuführen. Gottes kausale Handlung ist so wenig widersprüchlich mit unserem freien Willen, wie die Handlung des Autors nicht inkonsistent ist damit, dass seine Charaktere einen freien Willen haben. Gottes Handeln widerspräche unserem freien Willen, wenn er mit dem Hypnotiseur vergleichbar wäre, der ein Charakter neben den anderen wäre und sich in die Handlung einmischte, um die Figuren dazu zu bringen, das zu tun, was sie sonst nicht tun würden. Aber Gott ist nicht so, ebenso wenig, wie ein Autor ein Charakter neben den anderen Charakteren in dem Roman ist, oder so wenig, wie der Autor mit seinen Charakteren „interveniert“, um sie dazu zu bringen, das zu tun, was sie sonst nicht tun würden. Die kausale Beziehung des Autors zur Geschichte ist radikal verschieden von den Beziehungen, die die Charaktere in der Geschichte zueinander haben, und Gottes kausale Beziehung zur Welt ist radikal anders als die Beziehung, die wir und andere Elemente der Welt zueinander haben. Gottes Handeln scheint nur dann mit dem freien Willen unvereinbar zu sein, wenn wir dies nicht im Hinterkopf behalten. Wir müssen daran denken, dass wir über das Wissen und Handeln Gottes eher in analoger als in univoker Weise sprechen.

Der analoge Gebrauch von Begriffen ist entscheidend, um Gottes Wissen in anderer Hinsicht richtig zu verstehen. Ich habe über verschiedene Begriffe und Propositionen gesprochen, die im göttlichen Intellekt existieren, aber sie können dort nicht genau in demselben Sinne existieren, in dem sie in unserem Intellekt existieren. Denn in unserem Intellekt existieren sie als verschiedene Gedanken, und es kann keine solche Unterscheidung in Gott geben, die mit seiner Einfachheit übereinstimmt. In einer ersten Annäherung können wir stattdessen von einer *Konjunktion* aller Propositionen ausgehen und sagen, dass es im göttlichen Intellekt so etwas wie einen einzigen Gedanken mit dieser einen großen konjunktiven Proposition als Inhalt gibt. Aber auch das kann nicht ganz stimmen, denn dieser einzelne konjunktive Satz wird selbst Bestandteile haben.

Ein besserer, wenn auch immer noch unvollkommener Weg, die Natur von Gottes Wissen zu verstehen, wäre, in Analogien wie den folgenden zu denken. Aus einem Strahl weißen Lichts können verschiedene Strahlen farbigen Lichts abgeleitet werden, indem sie durch ein Prisma geleitet werden. Obwohl die Farben nicht getrennt werden, bis der Strahl das Prisma erreicht, sind sie immer noch in einer einheitlichen Weise im weißen Licht. Aus einem Teigklumpen können Plätzchen verschiedener Formen mittels Ausstechformen hergestellt werden. Obwohl die verschiedenen Kekse mit ihren besonderen Formen nicht ausgesondert werden, bis der Ausschneider sie auf den Teig anwendet, sind sie virtuell im noch ungeschnittenen Teig. Nun, Gott ist reine Aktualität, während jede Art von erschaffenem Ding eine andere Art darstellt, in der die Wirklichkeit durch Potenzialität begrenzt sein kann. Das heißt, jedes geschaffene Ding ist vergleichbar mit einer der verschiedenen spezifischen Farben, die aus dem weißen Licht, das alle Farben enthält, abgeleitet werden können, oder es ist wie eine der vielen Keksformen, die von dem Teig abgeleitet werden können, der alle von ihnen enthält. Gottes Schöpfung der Welt ist also wie das Passieren von weißem Licht durch ein Prisma oder das Ausstechen der Formen aus dem Teig. Das Prisma zieht aus dem Farbspektrum, das in vereinheitlichter Weise im weißen Licht enthalten ist, einen bestimmten Strahl *dieser* Farbe und einen bestimmten Strahl *jener* Farbe hervor; und die Ausstechformen ziehen aus der Vielzahl möglicher Kekse, die in einer einheitlichen Weise in dem Teigklumpen enthalten sind, einen Keks *dieser* besonderen Form und einen Keks *jener* besonderen Form hervor. In ähnlicher Weise beinhaltet die Schöpfung, dass aus der unbegrenzten Wirklichkeit, die Gott ist, verschiedene *begrenzte* Möglichkeiten hervorgehen, die aktual sind. Ein Stein oder ein Baum oder ein Hund zu sein bedeutet, aktual zu sein, aber es bedeutet, aktual zu sein nur *als* ein Stein oder *als* ein Baum oder *als* ein Hund und *nicht* als eine andere Art von Aktualität – so wie grün zu sein bedeutet, eine Farbe zu haben, aber diese spezifische Farbe anstatt (sagen wir) Rot oder irgendeine der anderen Farben des Spektrums, und ein Plätzchen mit einer runden Form wird rund sein und nicht etwa quadratisch oder irgendeine der anderen Formen haben, die man aus dem Teig hätte machen können. (Diese Analogien sind nicht perfekt, sondern sollen nur suggestiv sein. Zum einen sind die geschaffenen Dinge nicht aus Gott gemacht, so wie Kekse aus Teig gemacht werden, da Gott, weil er keine Möglichkeiten hat, keine Art von Material ist, das verschiedene Muster annehmen könnte.)

Genauso, wie Sie das weiße Licht genau kennen würden, würden Sie alle Farben kennen, die daraus abgeleitet werden könnten, und wenn Sie den Teigklumpen vollkommen kennen würden, würden Sie alle Formen kennen, die aus ihm gemacht werden könnten, und wenn Sie vollkommen verstehen würden, was reine Aktualität ist, würde dies bedeuten, alle verschiedenen begrenzten Arten des Seins zu kennen, die daraus abgeleitet werden könnten. Und so kennt Gott all die verschiedenen Arten von endlich aktualen Dingen, die existieren oder existieren könnten, indem er sich selbst vollkommen als das, was reine oder unbegrenzte Wirklichkeit ist, erkennt. Das heißt nicht, dass sein Wissen genau so ist wie das eines

Menschen, der die Natur des weißen Lichts oder des Teiges erfasst, aber es ist *analog* dazu. Und selbst wenn die Analogie unvollkommen ist – das ist, wie ich gesagt habe, nur zu erwarten, da sich die Vernunft weit über ihre gewöhnliche Tätigkeitssphäre hinausbewegen muss, wenn sie nach letzten Erklärungen sucht. (Mehr dazu unten.)

Vollkommene Güte

Um zu sehen, dass Gott vollkommen gut sein muss, müssen wir zuerst verstehen, was Güte und Schlechtigkeit sind. Viele Menschen nehmen heutzutage an, dass Urteile, dass etwas gut oder schlecht ist, letztlich nur Ausdruck einer subjektiven Präferenz seien. Aber es ist nicht schwer zu zeigen, dass das nicht der Fall ist. Man betrachte ein euklidisches Dreieck, dessen Natur oder Wesen eine geschlossene ebene Figur mit drei geraden Seiten sein soll. Alles, was mit dieser Wesenheit zu tun hat, muss eine Reihe von Eigenschaften haben, wie beispielsweise Winkel, die sich zu 180 Grad addieren. Dies sind, wie wir in Kapitel 3 gesehen haben, objektive Tatsachen, die wir entdecken und nicht erfinden. Dennoch gibt es offensichtlich Dreiecke, die dieser Definition nicht gerecht werden. Ein Dreieck, das hastig auf den gebrochenen Plastiksitz eines fahrenden Busses gezeichnet wird, kann nicht vollständig geschlossen sein oder vollkommen gerade Seiten haben, und daher werden sich seine Winkel auf etwas anderes als 180 Grad addieren. Selbst ein Dreieck, das langsam und sorgfältig mit einem Kunststift und einem Lineal auf Papier gezogen wird, wird kleinste Fehler enthalten. Dieses Dreieck wird jedoch dem Wesen der Dreiecksform viel näher kommen als das frühere. Es wird dementsprechend ein besseres Dreieck als jenes sein. Wir würden das letztere natürlich als ein gutes Dreieck und das erstere als ein schlechtes Dreieck bezeichnen. Dieses Urteil wäre völlig objektiv; es wäre albern zu behaupten, dass wir lediglich eine persönliche Präferenz für die Geradlinigkeit oder für die Winkel von 180 Grad ausdrückten. Das Urteil folgt einfach aus den objektiven Tatsachen über die Natur der Dreiecke.

Oder betrachten Sie ein Lebewesen und seine charakteristischen Eigenschaften und Funktionen, wie z. B. einen Baum und die Art und Weise, wie seine Wurzeln in den Boden eindringen, wie er Wasser und Nährstoffe durch die Wurzeln zieht, wie die Blätter wachsen, wie er die

Photosynthese ausführt und so weiter. Dies sind die Möglichkeiten, die der Baum als Baum hat und die er aktualisieren muss, um als Baum zu gedeihen. Das heißt, diese Möglichkeiten und die Notwendigkeit, sie zu verwirklichen, ergeben sich aus der Natur des Wesens, ein Baum zu sein. Ein Baum, der aufgrund von Schädigungen oder Krankheiten keine tiefen Wurzeln oder gesunden Blätter bildet, ist insofern ein schlechter Baum, während ein Baum, der diese Potenziale verwirklicht, insofern gut ist. Wiederum wäre es albern, so zu tun, als ob dieses Urteil nur eine persönliche subjektive Präferenz für gesunde Bäume widerspiegele. Es basiert vielmehr auf den objektiven Fakten darüber, was es bedeutet, ein Baum zu sein.

Der Sinn von „gut“ und „schlecht“, der hier wirksam ist, ist der, wenn wir von einem guten oder schlechten Muster sprechen, einer guten oder schlechten Instanz einer Art von Ding. Es hat mit dem Erfolg oder Misserfolg eines Dinges zu tun, dem Standard zu genügen, der dem innewohnt, was es ist. Und dieser Begriff von Gut und Schlecht gilt für alles, da alles ein Ding einer bestimmten Art ist. Güte und Schlechtigkeit können dann objektiv in Bezug auf die Natur oder Wesenheit der Dinge definiert werden.[51] Natürlich sind die bisher gegebenen Beispiele keine solchen für *moralische* Güte oder Schlechtigkeit, denn ein schlecht gezeichnetes Dreieck ist nicht moralisch tadelnswert und ein gesunder Baum ist nicht moralisch lobenswert. Moralische Güte und Schlechtigkeit können als Sonderfälle dieser allgemeineren Begriffe verstanden werden. Moralische Güte und Schlechtigkeit treten mit Geschöpfen, die *frei wählen* können, in das Bild ein, Geschöpfen, die auf eine Weise handeln können, die die Verwirklichung der Potenziale, die sie aufgrund ihrer Natur oder ihres Wesens verwirklichen müssen, um zu gedeihen, entweder erleichtert oder vereitelt. Der Mensch ist ein rationales Sinneswesen und deshalb zu einer solchen freien Handlung fähig. Moralische Güte oder Schlechtigkeit beim Menschen beinhaltet die bewusste Entscheidung, entweder so zu handeln, dass die Aktualisierung der Potenziale erleichtert wird, die wir

[51] Für eine detailliertere Diskussion siehe Edward Feser, “Being, the Good, and the Guise of the Good”, in *Neo-Aristotelian Perspectives in Metaphysics*, ed. Daniel D. Novotny and Lukas Novak (London: Routledge, 2014), pp. 84–103, wiederabgedruckt in Feser, *Neo-Scholastic Essays*, pp. 297–320. Siehe auch Eleonore Stump and Norman Kretzmann, “Being and Goodness”, in *Being and Goodness: The Concept of the Good in Metaphysics and Philosophical Theology*, ed. Scott MacDonald (Ithaca, N.Y.: Cornell University Press, 1991), pp. 98–128; Philippa Foot, *Natural Goodness* (Oxford: Clarendon Press, 2001), Kap. 2; und David E. Alexander, *Goodness, God, and Evil* (London: Bloomsbury, 2012).

realisieren müssen, um als Menschen zu gedeihen, oder so zu handeln, dass die Realisierung dieser Potenziale vereitelt wird.[52]

Nun beachte man, dass das Gute darin besteht, auf eine bestimmte Weise *aktual* zu sein – auf eine Weise, die die Realisierung dessen beinhaltet, was in der Natur oder dem Wesen eines Dinges enthalten ist. Ein Dreieck ist insofern gut, als seine Seiten tatsächlich gerade sind; ein Baum ist in dem Maße gut, wie er tatsächlich Wurzeln in den Boden senkt und die Photosynthese ausführt, und so weiter. Schlechtigkeit beinhaltet indes ein *Versagen* in irgendeiner Weise, aktual zu sein – wiederum in einer Art und Weise, die einen *Fehler* beinhaltet, das zu realisieren, was in der Natur oder Wesenheit einer Sache enthalten ist. Ein Dreieck ist insofern schlecht, als seine Seiten nicht vollkommen gerade sind; ein Baum ist schlecht, wenn seine Wurzeln schwach sind oder er die Photosynthese nicht ausführt, und so weiter. Schlechtigkeit ist daher eine *Privation*, das heißt, die *Abwesenheit* von etwas, das ein voll aktualisiertes Exemplar einer Art von Ding wegen seiner Natur besitzen würde. Das Fehlen einer vierten Seite ist keine Privation eines Dreiecks, denn ein vollständig aktualisiertes Exemplar der Art von Ding, das wir ein Dreieck nennen, würde nicht vier Seiten haben. Aber eine krumme oder wellige Seite zu haben, ist eine Privation des Dreiecks, denn ein vollständig aktualisiertes Exemplar der Art von Ding, das wir Dreieck nennen, würde gerade Seiten haben. Das Fehlen von Flügeln ist keine Privation eines Baumes, weil ein vollständig aktualisiertes Exemplar der Art von Ding, das wir einen Baum nennen, überhaupt keine Flügel haben würde. Ein Mangel an starken Wurzeln ist jedoch eine Privation eines Baumes, weil ein vollständig aktualisiertes Exemplar der Art von Dingen, die wir Bäume nennen, starke Wurzeln haben würde.

Güte und Schlechtigkeit stehen also nicht auf der gleichen metaphysischen Stufe. Das Gutsein ist primär, da es in Bezug auf die *Gegenwart* eines Merkmals zu verstehen ist. Schlechtigkeit ist abgeleitet, weil sie nichts anderes ist als das *Fehlen* eines Merkmals und insbesondere das Fehlen irgendeiner Art von Güte. Güte ist eine Art von *Aktualität* und Schlechtigkeit eine Art von unrealisierter *Potenzialität*. In einer bestimmten Hinsicht schlecht zu sein bedeutet letztlich, etwas zu *vermissen*, statt

[52] Offensichtlich könnte noch viel mehr gesagt werden, aber Ethik ist nicht Gegenstand dieses Buches. Für weitere Diskussionen siehe Edward Feser, *Aquinas* (Oxford: Oneworld Publications, 2009), Kap. 5, und die Artikel über Themen der Moralphilosophie in Feser, *Neo-Scholastic Essays.*

etwas zu haben, genauso wie blind zu sein bedeutet, einfach nicht sehen zu können, und nicht, ein positives Merkmal zu haben.

Dieser „Privations-Ansatz" zur Schlechtigkeit, der in der klassischen Philosophie üblich ist (ob platonisch, aristotelisch oder scholastisch), wird von vielen zeitgenössischen Philosophen abgelehnt, aber letztlich nicht aus guten Gründen.[53] Zum Beispiel wird manchmal behauptet, dass der Privationsansatz die Realität des Bösen leugne, da er alles Schlechte als die Abwesenheit des Guten betrachte. Aber das ist nicht der Fall. Wenn man zeigt, dass die Blindheit die Abwesenheit der Sehkraft ist, bedeutet dies nicht, die Realität der Blindheit zu leugnen. In ähnlicher Weise bedeutet, wenn man das Böse als eine Art von Schlechtigkeit, als Abwesenheit des Guten charakterisiert, dies nicht, die Realität des Bösen zu leugnen. Es gibt nur einen Ansatz hinsichtlich der *Natur* dieser Realität, ebenso wie, wenn man darauf hinweist, dass die Blindheit ein Versagen der Augen, der Sehnerven oder dergleichen beinhaltet, um richtig zu funktionieren, dies einen Ansatz bezüglich der Natur der Blindheit gibt.[54]

Es wird auch manchmal behauptet, dass *Schmerz* schlecht ist, aber dass er keine Art von Privation sei, nicht die *Abwesenheit* von etwas, sondern gerade die *Anwesenheit* von etwas. Aber mit diesem Einwand gibt es mehrere Probleme.[55] Zunächst einmal ist es nicht richtig, unqualifiziert zu sagen, dass der Schmerz schlecht ist. Denn der Schmerz dient dazu, dem Organismus zu zeigen, dass etwas nicht stimmt, dass Gefahr besteht, dass etwas vermieden werden muss und so weiter. In diesem Sinne kann der Schmerz manchmal gut und seine Abwesenheit schlecht sein. Zum Beispiel wäre es für einen Organismus schlecht, wenn er keinen Schmerz empfände, wenn er mit etwas in Kontakt käme, das ihn verbrennen könnte, denn in diesem Fall würde der Organismus nicht sofort handeln, um sich von diesem Ding zu entfernen. Darüber hinaus gibt es Fälle, in denen Schmerzen nicht einmal als schlecht erlebt werden. Zum Beispiel kann der Schmerz, den man nach einem anstrengenden Training empfindet, als befriedigend empfunden werden. Was schlecht ist, ist nicht der Schmerz selbst, sondern etwas, das damit verbunden ist – zum Beispiel die körperliche Dysfunktion oder Schädigung, deren Ursache der Schmerz ist, oder der Verlust der Ruhe des Geistes, der seine Konsequenz

[53] Siehe Alexander, *Goodness, God, and Evil*, pp. 95–110.
[54] Siehe Brian Davies, *The Reality of God and the Problem of Evil* (London: Continuum, 2006), pp. 147–48.
[55] Siehe Alexander, *Goodness, God, and Evil*, pp. 100–8.

ist. (Tatsächlich gibt es neurologische Beweise dafür. Bestimmte Arten von Schädigungen des Gehirns können zu einem seltsamen Zustand führen, der als Schmerzasymbolie bekannt ist und in dem Schmerz ohne die gewöhnlich damit verbundenen Unannehmlichkeiten erfahren wird.)

Dann gibt es den Einwand, dass bestimmte Arten von moralischem Bösen nicht in Bezug auf Privationen analysiert werden können. Mord, so sagt der Privationsansatz, beinhaltet die Missachtung der Pflicht, einen Unschuldigen nicht zu töten. Aber dies, so wurde eingewandt, ist nicht das Ende der Geschichte, da wir dem Mörder die Absicht zuschreiben müssen, ungerechtfertigterweise das Leben eines Unschuldigen zu nehmen, und seine Absicht ist eine positive Tatsache über ihn und nicht eine Privation. Und selbst wenn wir die Unrechtfertigbarkeit des Tötens als Privation analysieren, müssen wir uns immer noch auf andere positive Eigenschaften des Mörders beziehen, wie zum Beispiel das Vorhandensein bestimmter Überzeugungen und Wünsche.[56]

Aber wie David Alexander betont, beruht dieser Einwand auf einem Missverständnis der Privationstheorie.[57] Diese behauptet nicht, dass eine Analyse einer moralisch bösen Handlung sich nicht auf positive Merkmale bezieht. Sie besagt nur, dass gerade die *Schlechtigkeit* der Tat im Hinblick auf die Privation analysierbar werden muss, auch wenn *andere* Aspekte der Handlung eher positive Merkmale als Privationen sind. Daher wird ein Mörder in der Tat bestimmte Überzeugungen und Wünsche haben, und einen Glauben oder einen Wunsch zu haben bedeutet *per se*, wirklich etwas zu *haben* anstatt etwas zu vermissen. Der Glaube oder Wunsch kann an sich sogar gut sein. Wenn der Mord zum Beispiel durch den Wunsch motiviert ist, etwas Geld zu erwerben, ist dieser Wunsch *an sich* gut. Schlecht ist das Fehlen einer Absicht, Geld nur in Übereinstimmung mit den Rechten der Unschuldigen zu erstreben.

Aber ist der Sadismus nicht ein Beispiel für ein moralisches Übel, das man nicht in Begriffen der Privation analysieren kann? Denn ein sadistischer Mörder versäumt es nicht nur, die Rechte der Unschuldigen zu respektieren; es macht ihm sogar Freude, ihnen Schaden zuzufügen. Und ist das nicht gerade die Präsenz von etwas (nämlich der sadistischen Begierde) und nicht die Abwesenheit von etwas? Aber das sadistische Begehren ist analysierbar als ein *fehl*geleitetes Verlangen, das auf ein Ziel

[56] Todd C. Calder, "Is the Privation Theory of Evil Dead?", *American Philosophical Quarterly* 44 (2007): 371–81.

[57] Alexander, *Goodness, God, and Evil*, pp. 109–10.

gerichtet ist, das der Sorge um andere entgegensteht, die wir kultivieren müssen, um als soziale Sinneswesen zu gedeihen. Es handelt sich um eine psychische Deformität oder einen Defekt, ebenso wie Blindheit eine physiologische Deformität oder einen Defekt beinhaltet. Um diese Analyse zu rechtfertigen, bedarf es natürlich eines Exkurses in die Ethik, der den Rahmen dieses Buches sprengen würde. Aber für die gegenwärtigen Zwecke genügt es zu zeigen, dass der Sadismus einer Privationsanalyse nicht mehr widersteht als jede andere Art von Schlechtem oder Bösem.

Die Einwände gegen den Privationsansatz versagen also allesamt.[58] Und so haben wir wieder einmal einen Ansatz, nach dem gut zu sein so viel bedeutet wie in einer bestimmten Weise aktual zu sein, während schlecht zu sein bedeutet, ein Potenzial *nicht* zu aktualisieren. Nun haben wir gesehen, dass Gott rein aktual ist, ohne Potenzialität. Aber wenn die Aktualität mit der Güte korrespondiert und die Schlechtigkeit mit der nicht verwirklichten Potenzialität, dann müssen wir Gott reine Güte und die völlige Abwesenheit jeglicher Art von Schlechtigkeit oder Bösem zuschreiben. So zu argumentieren heißt, die Implikationen der Natur Gottes als reiner Aktualität mit dem von uns skizzierten Ansatz der Güte zusammenzunehmen; aber wir können zu einem ähnlichen Ergebnis kommen, indem wir stattdessen argumentativ von dem ausgehen, was über die Welt wahr ist, und zu dem gelangen, was über die Ursache derselben wahr sein muss. Wenn das Prinzip der proportionalen Kausalität gegeben ist, muss das, was in der Welt gut ist oder sein könnte, irgendwie in Gott sein. Aber wenn etwas die Quelle alles möglichen Guten ist, dann gibt es einen offensichtlichen Sinn, in dem es das All-Gute ist.

Aber wenn das, was in irgendeiner Weise wirkt, irgendwie in seiner Ursache sein muss, wie das Prinzip der proportionalen Kausalität besagt, würde daraus nicht folgen, dass auch alles Schlechte oder Böse in Gott sein muss? Das folgt daraus nicht. Der Grund ist, dass, wie wir gesehen haben, Schlechtigkeit jeglicher Art die *Abwesenheit* von etwas ist, anstatt eine positive Realität für sich zu sein. Daher ist es zwar vollkommen richtig zu sagen, dass es auf der Welt etwas Böses gibt, was jedoch auf die Analyse hinausläuft, dass bestimmte gute Dinge von der Welt abwesend sind. Eine Welt mit Bösem darin zu machen, bedeutet also nicht, zwei Arten von Dingen zu machen, gute und schlechte Dinge. Es geht nur darum, gute

[58] Für mehr zur Natur der Privation siehe David S. Oderberg, "The Metaphysics of Privation", in *New Scholasticism Meets Analytic Philosophy*, ed. Rafael Hüntelmann and Johannes Hattler (Heusenstamm: Editiones Scholasticae, 2014), pp. 63–88.

Dinge zu machen, aber auch davon abzusehen, einige der guten Dinge zu machen, die dort hätten sein können. Angenommen, ich fange an, ein Dreieck auf ein Blatt Papier zu zeichnen, aber nachdem ich zwei Seiten gezeichnet und begonnen habe, die dritte zu zeichnen, höre ich auf, bevor die Seite fertig ist. Das Dreieck, das fehlerhaft ist, manifestiert eine gewisse Art von Schlechtigkeit. Aber die Schlechtigkeit ist nicht ein Extra, das ich nach dem Zeichnen des Dreiecks hinzugefügt habe. Die Schlechtigkeit ist vielmehr die Abwesenheit von etwas, auf das ich mich nicht eingelassen habe. In diesem Sinne erschafft Gott eine Welt mit Bösem darin. Das Böse ist nicht *etwas*, was Gott neben all den guten Dingen, die er erschaffen hat, zusätzlich in die Welt gebracht hat. Eher ist das Böse die Abwesenheit von bestimmten guten Dingen, die er davon abhält, dort zu sein. Nun, was der Grundsatz der proportionalen Kausalität mit sich bringt, ist, dass alles, was auch immer *positive* Eigenschaften bewirkt, in irgendeiner Weise in seiner Gesamtursache sein muss. Aber da das Böse nicht etwas ist, beinhaltet das Prinzip nicht, dass das Böse in irgendeiner Weise in Gott sein muss.

Aber wäre es nicht ein Fehler, wenn Gott versäumt, all das Gute zu erschaffen, das er hätte erschaffen können? Nein. Würde mein Versagen, das Dreieck in meinem Beispiel zu zeichnen, das Vorhandensein eines Defekts in mir anzeigen? Überhaupt nicht, da ich vielleicht einen sehr guten Grund habe, es nicht zu Ende zu bringen. Zum Beispiel ist mir vielleicht aufgefallen, dass es keinen wirkungsvolleren Weg gab, während eines Vortrags einen bestimmten philosophischen Aspekt zu formulieren, als ein unvollständiges Dreieck zu zeichnen und es dann als Beispiel zu verwenden. Die gute Wirkung, bei meinen Zuhörern philosophisches Verständnis zu erzeugen, würde die triviale Instanz der Schlechtigkeit, die das unvollkommene Dreieck darstellt, überwiegen. Für sich betrachtet ist das unvollständige Dreieck schlecht, aber für die Gesamtsituation, bestehend aus dem Dreieck zusammen mit dem Vortrag, den Zuhörern, die einen bestimmten philosophischen Aspekt verstehen, und so weiter, ist es gut, und es ist ein Gutes, das nicht möglich wäre, ohne dieses Element der Schlechtigkeit zuzulassen.

Ebenso steht Gottes Verzicht darauf, all die besonderen guten Dinge zu verursachen, die er hätte verursachen können, im Einklang mit seinem vollkommenen Gutsein, insofern die gesamte Schöpfung in einer Weise gut ist, wie sie nicht hätte sein können, wenn bestimmte lokalisierte Fälle von Schlechtigkeit nicht zugelassen worden wären. Um nur ein Beispiel zu nennen: Mut kann es nicht geben, wenn die Menschen nicht wirklich Gefahr laufen, Schaden zu erleiden, und trotzdem das Richtige tun. Aber Mut ist gut und Leid ist schlecht. Daher könnte eine Welt mit diesem besonderen Gut nicht existieren, es sei denn, dass diese besondere Art von Schlechtigkeit in ihr existierte. So wie auch Gott nicht ein rundes Quadrat erschaffen kann, so kann er auch nicht eine Welt erschaffen, in der es Mut gibt, in der aber niemand wirklich Gefahr läuft, Schaden zu erleiden.[59] So steht Gottes vollkommene Güte im Einklang mit der Welt, die er verursacht, indem sie Schlechtes und Gutes in sich trägt. (Mehr dazu im nächsten Kapitel, wenn es um das Problem des Bösen geht.)

Wille

Zu den charakteristischen Tätigkeiten eines Baumes gehören das Einsenken der Wurzeln in den Boden und die Durchführung der Photosynthese. Der Baum *neigt von seiner Natur her* zu diesen Tätigkeiten und er wird sie ausführen, wenn er nicht irgendwie behindert wird (etwa durch Krankheit oder Beschädigung). Natürlich verfolgt er diese Aktivitäten nicht *bewusst*. Die Neigung oder Inklination ist völlig unbewusst und beinhaltet überhaupt kein mentales Leben. Tiere haben auch natürliche Neigungen oder Inklinationen. Ein Hund sucht zum Beispiel nach Nahrung, Wasser und Paarungsmöglichkeiten. Da Tiere empfindungsfähig sind, ist ihr Streben nach solchen Aktivitäten bewusst. Sie besitzen das, was im traditionellen Jargon *sensorisches Streben* genannt wird. Dann gibt es rationale Kreaturen, wie Menschen. Wie andere Tiere können wir unsere verschiedenen charakteristischen Aktivitäten bewusst verfolgen, aber im Gegensatz zu anderen Tieren verfügen wir über einen Intellekt und können die Objekte, die wir verfolgen, *konzeptualisieren*. Wir neigen zu etwas, weil wir es *rational* als erstrebenswert betrachten, oder wir wenden uns von etwas ab, weil wir es *rational* als nicht lohnend begreifen. Wir besitzen *rationales Streben* oder *Willen*.

---

[59] Würde daraus folgen, dass es keinen Mut im Himmel gibt, da die Seligen im Himmel vor jeglicher Gefahr sicher sind? Nein, denn während sie noch auf der Erde waren, waren die Seligen in Gefahr und entwickelten dadurch den Mut, den sie im Himmel behalten. Sie verlieren diese Tugend nicht mehr, wie ein achtzigjähriger Kriegsveteran den Mut verliert, den er Jahrzehnte zuvor in der Schlacht gewonnen hat.

Nun haben wir gesehen, dass es in Gott etwas gibt, das analog ist zu dem, was wir Intellekt in uns nennen. Und dementsprechend muss auch etwas in Gott sein, analog zu dem, was wir in uns Willen nennen. Zum einen muss so, wie ein Baum oder ein Hund zur Verwirklichung seines Wesens neigt (auf nichtrationale Weise) und ein Mensch zur Verwirklichung seiner Natur neigt (auf rationale Weise), auch Gott zur Verwirklichung seiner Natur (auf rationale Weise) neigen. Natürlich muss Gott im Gegensatz zu diesen anderen Dingen nichts *tun*, um sein Wesen zu realisieren, da er immer schon vollkommen aktual ist. Aber darin ist er mehr wie etwas, das die Verwirklichung seiner Natur vollendet hat, als wie etwas, das zu einer solchen Verwirklichung überhaupt nicht geneigt ist. Wir könnten sagen, dass es in ihm so etwas wie den Grenzfall des rationalen Strebens gibt.[60] Zum anderen erfasst Gott *all* die Dinge, die existieren könnten, und *verursacht*, dass einige dieser Dinge tatsächlich existieren, während er davon absieht, andere von ihnen zur Existenz zu verursachen. Daher muss es in ihm etwas dem Wollen Analoges geben, wenn er das Erstere will und das Letztere nicht will.

Gottes Wille muss auch *frei* sein. Zum einen (und wie wir gesehen haben) hängt alles andere von Gott ab, was dessen Existenz und Wirken in jedem Augenblick, in dem es existiert oder tätig ist, betrifft. Es kann also nichts außerhalb Gottes geben, was ihn irgendwie dazu zwingt, so zu handeln, wie er es tut. Zum anderen (und wie wir auch gesehen haben) sind alle Möglichkeiten im göttlichen Intellekt begründet, und das, was aktual existiert, existierte in Gott als Idee oder Vorstellung von etwas, das er erschaffen konnte. Zum Beispiel existieren der Begriff eines Löwen und der Begriff eines Einhorns beide im göttlichen Intellekt, und Gott wollte Dinge erschaffen, die unter den ersten Begriff fallen, aber er war nicht willens, Dinge zu erschaffen, die unter den zweiten Begriff fallen. Nun, es gibt nichts im Begriff eines Löwen, das es notwendig macht, dass Löwen

---

[60] Die Idee, dass ein göttliches Attribut als Grenzfall verstanden werden kann, wird von Barry Miller in *A Most Unlikely God* entwickelt. Wie Miller bemerkt (pp. 7–10), ist ein Grenzfall nicht dasselbe wie eine einfache Grenze, die sich nur im Grad von dem unterscheidet, von dem sie eine Grenze ist. Die Lichtgeschwindigkeit ist eine einfache Grenze, die sich im Grad von niedrigeren Geschwindigkeiten unterscheidet. Aber eine Geschwindigkeit von 0 km/s ist keine niedrigste Geschwindigkeit, weil sie überhaupt keine Geschwindigkeit ist. Sie unterscheidet sich absolut und nicht nur im Grad von den Geschwindigkeiten, bei denen es sich um einen Grenzfall handelt. Die Art und Weise, wie die unterschiedlichen Geschwindigkeitsgrade geordnet werden, weist jedoch auf diesen Grenzfall hin. Ähnlich könnte man sich den göttlichen Willen als Grenzfall vorstellen, auf den das Streben, das wir in Pflanzen, Tieren und Menschen sehen, hinweist.

existieren, noch gibt es etwas im Begriff eines Einhorns, das es notwendig macht, dass es keine Einhörner gibt. Es gibt auch keinen anderen Begriff, der es erforderlich macht, dass erstere existieren und letztere nicht. Vor der Schöpfung war also eine Welt mit Einhörnern ebenso möglich wie eine Welt mit Löwen. In Anbetracht seiner Kenntnis der möglichen Dinge, die er erschaffen konnte, hätte Gott beides erschaffen können. Es gab also nichts, was ihn innerlich dazu zwang, Löwen und keine Einhörner zu erschaffen. Wenn es aber nichts gibt, was in Bezug auf Gott äußerlich oder innerlich ist und ihn zwingt, so zu handeln, wie er es tut, dann ist sein Wille frei.[61]

Manchmal wird behauptet, dass der Wille Gottes angesichts der Lehre von der göttlichen Einfachheit nicht frei sein könne. Denn frei zu handeln bedeutet (so der Einwand), dass man das *Potenzial* hat, auf die eine oder andere Art und Weise zu handeln, und dass man dann eines dieser Potenziale verwirklicht und nicht das andere. Aber nach der Lehre von der göttlichen Einfachheit ist Gott rein aktual und hat keinerlei Potenzial. Deshalb kann er nicht frei sein. Oder wenn er frei ist, muss er doch sowohl Potenzialität als auch Aktualität haben, und deshalb kann er nicht einfach oder nichtzusammengesetzt sein.[62]

Es ist aber einfach nicht so, dass freies Handeln als solches mit dem Vorhandensein und der Verwirklichung von Potenzialen verbunden ist. Es ist wahr, dass wir, wenn wir freiwillig das eine und nicht das andere tun wollen, verschiedene Potenziale verwirklichen (z.B. das Potenzial, ein Glied in diese Richtung zu bewegen anstatt in jene). Aber zu dem Schluss zu kommen, dass jede freie Handlung als solche die Verwirklichung von Potenzialen mit sich bringen müsse, hieße, einen Fehlschluss der Akzidenz zu begehen, genauso wie (wie wir oben gesehen haben) zu vermuten,

---

[61] Siehe Brian Davies, "Simplicity", in Taliaferro and Meister, *Cambridge Companion to Christian Philosophical Theology*, pp. 42–44.

[62] Siehe Norman Kretzmann, *The Metaphysics of Theism* (Oxford: Clarendon Press, 1997), pp. 213–17, und Jay Wesley Richards, *The Untamed God* (Downers Grove, Ill.: InterVarsity Press, 2003), pp. 234–40. Kretzmann und Richards betrachten die göttliche Einfachheit und die göttliche Freiheit als in Spannung zueinander stehend, lösen diese Spannung aber auf unterschiedliche Weise auf. Kretzmann tut dies, indem er behauptet, dass Gott einfach oder nichtzusammengesetzt im starken Sinne ist und frei nur in einem schwächeren Sinne. Richards tut dies, indem er behauptet, dass Gott in einem starken Sinn frei ist und einfach oder nichtzusammengesetzt nur in einem schwächeren Sinn. Siehe Dolezals Vergleich ihrer Positionen in James E. Dolezal, *God without Parts: Divine Simplicity and the Metaphysics of God's Absoluteness* (Eugene, Ore.: Pickwick Publications, 2011), pp. 191–97.

dass jede Handlung mit Veränderbarkeit verbunden sei, einen Fehlschluss der Akzidenz mit sich bringt.

Sicherlich ist es schwierig, die Idee zu erfassen, dass etwas frei ist, obwohl es an Möglichkeiten fehlt, genauso wie es schwierig ist, die Idee zu erfassen, dass etwas tätig ist, sich aber nicht ändert. Wie Brian Davies bemerkt, ist es einfacher, die Behauptung zu verstehen, dass Gottes Wille frei ist, als eine Behauptung der negativen Theologie – mit dem Ergebnis, dass Gott *nicht* gezwungen ist, durch irgendetwas Äußeres oder Inneres zu handeln.[63] Aber all dies ist nur zu erwarten, denn, wie ich bereits betont habe, bewegen wir uns, wenn wir bei der Vorstellung einer unverursachten Ursache aller Dinge angelangt sind, so weit wie möglich über die Welt der alltäglichen Erfahrung hinaus. Wir wissen aus den oben angeführten Erwägungen, dass Gott sowohl absolut einfach als auch frei sein muss, und wir wissen auch, dass wir erwarten sollten, dass sein Wesen für uns äußerst schwer zu erfassen sein wird. Dass die Freiheit des göttlichen Willens für uns geheimnisvoll ist, ist kaum verwunderlich und kaum ein ernsthafter Einwand gegen die Behauptung, dass Gott sowohl einfach als auch frei ist. (Und schließlich ist die Freiheit *unseres* Willens auch bekanntermaßen geheimnisvoll.)

Schließlich könnte man meinen, dass es Gründe gibt, die nichts mit dem Mysterium oder der göttlichen Einfachheit zu tun haben, um zu bestreiten, dass der göttliche Wille frei ist. Leibniz vertrat bekanntermaßen die Auffassung, dass Gott angesichts seiner Allmacht, Allwissenheit und vollkommenen Güte die beste aller möglichen Welten erschaffen musste. Etwas anderes getan zu haben würde für ihn bedeuten, dass er entweder nicht die bestmögliche Welt erschaffen konnte (was mit seiner Allmacht kollidieren würde), oder dass er nicht wusste, was die beste Welt sein würde (was mit seiner Allwissenheit kollidieren würde), oder dass er nicht gewillt war, die beste Welt zu erschaffen (was mit seiner vollkommenen Güte kollidieren würde). Doch wenn er nichts anderes hätte tun können, als die bestmögliche Welt zu erschaffen, würde das nicht bedeuten, dass er nicht *frei* wäre, dies nicht zu tun?[64]

Aber zu den Annahmen, die dieses Argument macht, gehören (a), dass man immer verpflichtet ist, den bestmöglichen Zustand herbeizuführen, den man erreichen kann, und (b), dass es so etwas wie die

[63] Davies, "Simplicity", p. 44.

[64] Für eine aktuelle Darstellung dieses Einwands gegen die göttliche Freiheit siehe William L. Rowe, *Can God Be Free?* (Oxford: Clarendon Press, 2004).

bestmögliche Welt gibt.[65] Und keine der beiden Annahmen ist richtig. Nehmen wir an, dass eine Welt mit Bäumen eine bessere Welt ist als eine Welt, die nur anorganische Objekte wie Steine und Wasser hat. Ist Gott verpflichtet, die erste Welt zu erschaffen und nicht die zweite? Warum? Wer wird einen Schaden oder eine Ungerechtigkeit erleiden, wenn er es unterlässt? Er kann sich nicht selbst schaden, indem er sich so zurückhält. Er ist bereits vollkommen gut, völlig aktual und so weiter. Es gibt nichts, was er benötigt, nichts, was er tun muss, um als ein Ding einer Art zu gedeihen, das er ist. Daher braucht er überhaupt keine Welt zu erschaffen, geschweige denn eine Welt mit Bäumen darin. Würde er den Bäumen selbst irgendwie schaden, wenn er sie nicht erschaffen würde? Aber wie kann man etwas schaden, was gar nicht existiert? Sicherlich, wenn er Bäume schüfe, ohne auch die Dinge zu schaffen, die Bäume benötigen, um zu blühen – Wasser, Sonnenschein und so weiter –, dann könnte man sagen, dass er ihnen schaden würde. Aber das liegt daran, dass sie in diesem Fall existieren würden. Wenn er davon absieht, sie überhaupt zu erschaffen, dann bewirkt er damit keinen Schaden, ob er nun Wasser, Sonnenschein und so weiter erschafft oder nicht, denn was gar nicht existiert, dem kann man nicht schaden.[66]

Zudem gibt es überhaupt nicht so etwas wie die bestmögliche Welt.[67] Stellen wir uns einmal vor, eine Welt mit Bäumen sei besser als eine Welt ohne. Ein Wald von Bäumen wäre in diesem Fall sicherlich besser als ein einzelner Baum und eine Welt mit mehreren Wäldern wäre besser als eine Welt mit nur einem Wald. Aber es gibt keine obere Grenze für die Anzahl der Wälder, die existieren könnten, so dass es für jede mögliche Welt mit x Wäldern darin eine mögliche Welt mit x + 1 Wäldern gibt, die dadurch noch besser wäre. Daher gibt es keine bestmögliche Welt, und daher kann Gott nicht verpflichtet werden, eine solche Welt zu erschaffen, genauso wenig wie er verpflichtet sein kann, ein rundes Quadrat zu erschaffen.

Ein Einwand, der gegen die Behauptung, es gäbe keine bestmögliche Welt, erhoben wurde, lautet, dass Gott das vollkommenste Wesen ist, das möglich ist.[68] Angenommen, Gott schafft eine Welt mit einem der unendlich vielen Grade von Güte, die eine Welt möglicherweise haben könnte. Gott erschafft zum Beispiel eine Welt mit x Wäldern. Dann wird es

---

[65] Siehe Gerard J. Hughes, *The Nature of God* (London: Routledge, 1995), p. 173.
[66] Siehe Robert Adams, "Must God Create the Best?", *Philosophical Review* 81 (1972): 317–32.
[67] Siehe Thomas von Aquin, *Summa Theologiae* I.25.6.
[68] Rowe, *Can God be Free?*, pp. 110–11.

möglich sein, dass es noch ein vollkommeneres Wesen gibt, nämlich eines, das eine Welt mit x + 1 Wäldern schafft. Und ein Wesen, das eine Welt mit x + 2 Wäldern schafft, wird noch perfekter sein, und so weiter *ad infinitum.* Aber dann können wir nicht sagen, dass Gott das vollkommenste Wesen ist. Genauer gesagt, können wir nicht sagen, dass es ein vollkommenes Wesen gibt, so dass wir (wenn etwas perfekt sein muss, um Gott zu sein) auch nicht sagen können, dass es einen Gott gibt.

Aber dieser Einwand setzt voraus, dass Gottes Vollkommenheit davon abhängt, was er tut. Und das ist einfach nicht der Fall. Gottes Vollkommenheit folgt aus dem, was er ist. Sie folgt insbesondere aus seiner reinen Aktualität und allem, was dazu gehört. Er hat also die Vollkommenheit, ganz gleich, was er erschafft oder ob er überhaupt etwas erschafft – so wie ein vollkommener Diamant ein vollkommener Diamant ist, ob er nun Glas schneidet, das einen Viertelzoll dick ist, oder ob er Glas schneidet, das einen Achtelzoll dick ist, oder ob er überhaupt irgendein Glas schneidet. Natürlich würden wir erwarten, dass ein vollkommenes Wesen die Fähigkeit hat, aus der unendlichen Anzahl möglicher Welten eine zu erschaffen. Das bedeutet aber nicht, dass es diese Fähigkeit tatsächlich ausübt oder überhaupt ausüben muss – so wie ein Diamant in der Lage sein wird, eine große Bandbreite von Glasarten zu schneiden, ob er nun diese besondere Art schneidet oder nicht, oder ob er überhaupt Glas schneidet. Entgegen dem Einwand, der darauf abstellt, ob Gott eine Welt mit x Wäldern oder x + 1 oder einer anderen Anzahl von Wäldern erschafft, ist es völlig irrelevant für die Frage, ob er das vollkommenste mögliche Seiende ist.

Liebe

Es wird manchmal behauptet, dass, wenn Gott unveränderlich ist, man nicht sagen könne, dass er seine Schöpfung liebt. Denn Liebe (so die Argumentation) beinhaltet die Fähigkeit, von dem Geliebten *betroffen* zu werden. Denken Sie daran, wie sich ein Elternteil Sorgen macht, wenn ein Kind in Not ist, oder ein romantischer Liebhaber nicht aufhören kann, über das Objekt seiner Zuneigung nachzudenken. Nun, auf solcher Weise betroffen zu werden, bedeutet sich zu verändern. Wenn daher (so schließt das Argument) Gott unveränderlich ist, liebt er seine Geschöpfe nicht.

Aber wieder einmal haben wir es hier mit einem Argument zu tun, das einen Trugschluss der Akzidenz begeht. Es ist wahr, dass wir, wenn wir etwas lieben, auch dazu neigen, davon berührt oder verändert zu werden, wie zuvor beschrieben. Aber es folgt daraus nicht, dass Liebe *als solche* Veränderlichkeit mit sich bringt. Denn das Wesentliche an der Liebe ist, dass der Liebende *das Gute für den Geliebten* will. Deshalb betrachten wir die Liebe als oberflächlich, wenn es sich dabei *lediglich* um Gefühle handelt, die durch die Gegenwart oder den Gedanken des Geliebten erzeugt werden, die aber zunehmen und abnehmen. Dass der Liebende das will, was für den Geliebten gut ist, auch in den Zeiten, in denen er die Liebe nicht besonders fühlt, ist es, was seine Liebe zu einer ernsten macht. Deshalb gibt es auch so etwas wie „robuste Liebe" und die Liebe zu den Feinden. Wenn man dem Geliebten zu seinem eigenen Besten etwas tun muss, das die Gefühle der Zuneigung eher nicht tun würden, oder wenn man etwas Gutes für eine Person tun muss, die man zutiefst ablehnt, dann genügt der *Wille*, diese Dinge zu tun, trotz des Konflikts mit den Gefühlen. Liebe ist im Wesentlichen eine Frage des *Willens*, der aktiv ist, und nicht der Gefühle, die passiv sind.

Wie wir gesehen haben, gibt es in Gott einen Willen, und sein Wille ist auf die Erschaffung der Welt gerichtet. Wir haben auch gesehen, dass es gut ist, in irgendeiner Weise aktual zu sein. Aber Dinge zu erschaffen heißt, sie zu aktualisieren und so all die Güte hervorzubringen, die aus dieser Aktualität folgt. Um zum Beispiel Bäume zu schaffen, muss man wollen, dass Bäume existieren, und somit auch wollen, dass das, was gut für Bäume ist – ihre Wurzeln, das Wasser und die Nährstoffe, die sie aufnehmen, die Photosynthese usw. –, auch existiert. In diesem Sinne bedeutet, dass Gott Dinge schafft, dass er sie liebt. Also müssen wir Gott Liebe zuschreiben.[69]

Unbegreiflichkeit

Können wir Gott verstehen? Im weitesten Sinne können wir das durchaus, und die Argumente dieses Kapitels und der vorangegangenen Kapitel zeigen, dass wir das können. In den ersten fünf Kapiteln werden Argumente

[69] Thomas von Aquin, *Summa Theologiae* I.20. Für eine neuere Behandlung des Themas in Buchlänge siehe Michael J. Dodds, *The Unchanging God of Love*, 2nd ed. (Washington, D.C.: Catholic University of America Press, 2008).

für die Existenz Gottes dargelegt und im vorliegenden Kapitel (zusammen mit den früheren Kapiteln, weniger detailliert) werden Argumente dafür angeführt, dass Gott verschiedene Attribute haben muss. Solche Argumente zu verstehen und zu sehen, dass sie richtig sind, bedeutet, Gott zu verstehen, zumindest bis zu einem gewissen Grad.

Natürlich ist vieles von dem, was wir über Gottes Natur wissen, negativ oder apophatisch. Wir wissen, dass er nicht zusammengesetzt, nicht veränderbar, nicht materiell, nicht in Zeit und Raum ist. Aber das ist ein reales Wissen, und es wirklich zu haben, bedeutet, wenigstens etwas von Gottes Natur zu verstehen. Wir haben auch gesehen, dass die Begriffe, die wir verwenden, um Gottes positive Eigenschaften zu benennen, analog und nicht univok verstanden werden müssen. Aber auch das gibt uns echtes Wissen. Die fragliche analoge Sprache ist nicht metaphorisch, sondern wörtlich, und eine solche analoge Verwendung findet auch in anderen Wissensgebieten als der Theologie statt.

Insbesondere die Analogie der Attribution und die Analogie der echten Proportionalität geben uns Möglichkeiten, positive göttliche Attribute wie Macht, Wissen, Güte, Wille und Liebe zu verstehen. Die Analogie der Attribution gibt uns zumindest eine erste Annäherung an das Verständnis solcher Attribute wie Allmacht, denn wie wir gesehen haben, haben alle Dinge außerhalb Gottes die kausale Kraft, die sie haben, nur insofern, als sie sie von Gott als ihrer Ursache ableiten. Wenn wir sagen, dass Gott Macht hat und dass die Sonne Macht hat (z.B. um Eis zu schmelzen), dann ist Gott das „primäre Analogon" einer solchen Prädikation insofern, als nur er reine, nicht-abgeleitete kausale Kraft *ist*, während die Sonne und andere erschaffene Dinge „sekundäre Analogate" sind, insofern ihre Kausalkraft zu jedem Zeitpunkt von Gott abhängig ist. Andere göttliche Attribute (wie die Güte Gottes) können ebenfalls in Bezug auf die Art und Weise verstanden werden, in der wir bestimmte Merkmale den erschaffenen Dingen nur insoweit prädizieren können, als sie diese Merkmale aus einer göttlichen Ursache ableiten.

Die Analogie der echten Proportionalität ist ein weiteres Mittel, um die positiven Eigenschaften Gottes zu erfassen. Erinnern wir uns daran, dass wir trotz der gewaltigen Unterschiede zwischen den Augen und dem Intellekt dennoch sowohl vom *Sehen eines Baumes* als auch vom *Sehen, dass der Satz des Pythagoras* wahr ist, sprechen können, weil der Intellekt sich zum Satz des Pythagoras verhält, wie sich die Augen zum Baum verhalten. Es gibt eine „proportionale Ähnlichkeit" zwischen dem Verhältnis der

Augen zum Baum und dem Verhältnis des Intellekts zum Theorem. Ebenso können wir von der Güte eines gesunden Baumes, von der Güte eines moralisch tugendhaften Menschen und von der Güte eines Engels wie des heiligen Michael sprechen, denn ein Baum verhält sich zu seiner Güte, wie ein Mensch sich zu seiner Güte verhält und wie ein Engel sich zu seiner Güte verhält. Das ist so, obwohl die Güte in jedem Fall sehr unterschiedlich ist. Die Güte eines Baumes wird allmählich im Laufe der Zeit durch unbewusste natürliche Wachstumsprozesse realisiert. Die Güte eines tugendhaften Menschen wird auch allmählich, im Laufe der Zeit, realisiert, aber als Ergebnis bewusster Entscheidungen, die manchmal im Angesicht ungeordneter körperlicher Begierden (wie z.B. übermäßiges Verlangen nach Alkohol) getroffen werden. Die Güte eines Engels ist auch das Ergebnis einer bewussten Wahl, aber nicht im Laufe der Zeit und nicht im Angesicht gegensätzlicher körperlicher Begierden.[70]

Nun verhält sich Gott ebenso zu seiner Güte wie ein Engel zu seiner Güte, ein Mensch zu seiner Güte und ein Baum zu seiner Güte, auch wenn die Güte Gottes noch radikaler verschieden ist. Im Gegensatz zu einem guten Engel, der sich stattdessen für das Böse entschieden haben könnte, kann Gott unmöglich *nicht* gut sein, denn er ist reine Aktualität ohne unrealisierte Potenzialität. Wenn die Güte eines Engels vollkommener ist als die eines Menschen (denn wenn es an körperlichen Begierden mangelt, auch an solchen einer wohlgeordneten Art, gibt es weniger, was bei einem Engel „schiefgehen“ kann), dann ist die Güte Gottes noch vollkommener. Wir könnten dies als den Grenzfall der Güte betrachten.[71] Und Gottes Wissen, Wille und so weiter kann in gleicher Weise im Sinne einer proportionalen Ähnlichkeit verstanden werden.

Insofern, als die Position, zu der wir gelangt sind, rationalistisch im Gegensatz zu fideistisch ist und keineswegs eine rein negative Theologie darstellt, ist klar, dass wir Gott zumindest im weitesten Sinne begreifen können. Aber die Position, zu der wir gelangt sind, impliziert auch, dass dies *nur* im weitesten Sinne zutreffend sein kann. Denn es bedeutet auch, dass wir Gott im engeren Sinne nicht begreifen können.[72] Das garantiert die göttliche Einfachheit. Bedenken Sie, dass wir, wenn wir ein materielles

---

[70] Der skeptische Leser möge beachten, dass die Frage, ob Engel existieren, für den gegenwärtigen Punkt irrelevant ist, der nur darin besteht, dass, wenn es eine rationale, aber unkörperliche Art von Lebewesen zwischen den Menschen und Gott gibt, sie eine weitere Instanz von etwas darstellen würde, das Güte in einem analogen Sinne haben müsste.

[71] Siehe die Diskussion von Barry Millers Begriff des Grenzfalls in n. 61, p. 224 oben.

[72] Siehe Thomas von Aquin, *Summa theologiae* I. 12,7

Objekt oder System tief verstehen, dies zum Teil dadurch tun, dass wir lernen, welche Komponenten es hat und wie sie angeordnet sind. Aber das können wir im Falle Gottes nicht tun, da er absolut einfach oder nichtzusammengesetzt ist. Selbst bei immateriellen Dingen verstehen wir sie in Bezug auf die Gattung, unter die sie fallen, und den spezifischen Unterschied, der sie von anderen Arten derselben Gattung unterscheidet. Aber auch das ist bei Gott unmöglich, denn in ihm gibt es keine Unterscheidung zwischen Gattung und spezifischem Unterschied. Im Allgemeinen verstehen wir die Dinge im vollen Sinn, wenn wir sie in ihre Teile zerlegen und sehen können, wie diese Teile zusammengesetzt werden, und diese Methode ist nicht anwendbar auf das, was nicht zusammengesetzt ist. Man könnte sagen, dass Gott schwer zu verstehen ist, gerade weil er einfach ist. (Das klingt paradox, ist es aber nicht, denn mit „einfach" meine ich hier nicht „leicht verständlich", sondern „nicht aus Teilen zusammengesetzt".)

Das ist der Grund, warum die Analogielehre, mit der wir über Gott sprechen, uns zwar die Sprache in den Griff bekommen lässt, der Griff aber etwas dürftig ist. Während wir von unserer Vorstellung von Gott alle Begrenzungen, die mit kreatürlicher Güte, Wissen, Macht und so weiter verbunden sind, entfernen, verdünnt sich der positive Inhalt unserer Aussagen über Gott – keineswegs gänzlich, aber doch genug, dass selbst eine „rationalistische" Theologie, wie sie in diesem Buch verteidigt wird, Gottes Natur geheimnisvoll macht.

Dies ist keineswegs ein Rückgriff auf den Obskurantismus. Im Gegenteil, es ist genau das, was wir von jedem Versuch einer ultimativen Erklärung erwarten sollten. Wie bereits erwähnt, ist es schwierig zu begreifen, was es bedeuten kann, wenn etwas Eigenschaften sowohl von Wellen als auch von Teilchen aufweist, oder wenn der Raum selbst (im Gegensatz zu den Dingen, die den Raum einnehmen) gekrümmt wird. Und doch sagt uns die Physik, dass es solche Entitäten gibt. Jedem, der solchen Vorstellungen skeptisch gegenübersteht, kann der Physiker zu Recht antworten, dass wir kaum überrascht sein sollten, dass wir am Ende sehr merkwürdige Dinge sagen, wenn wir die Mikrostruktur der materiellen Realität oder die großräumige Struktur von Zeit und Raum untersuchen. Denn eine solche Untersuchung führt uns sehr weit weg von der Alltagswelt unserer Erfahrung, in der die Sprache, die wir verwenden, ihren Ursprung und ihre natürliche Heimat hat. Wenn der Physiker von solchen merkwürdigen Entitäten spricht, greift er nicht auf Obskurantismus zurück, sondern folgt lediglich den Beweisen und der rationalen Argumentation, die darauf basieren, wohin sie führen. Nun, genau das Gleiche gilt für die natürliche Theologie, wie sie in diesem Buch verteidigt wird. Tatsächlich führen uns die Argumente, die wir untersucht haben, auf eine Ebene der Realität, die tiefer ist als die der Physik, ja, auf die tiefstmögliche Ebene der Realität. Und es sind die Argumente selbst, die uns sagen, dass wir nichts anderes haben können als einen geringen und schwachen Begriff von der Natur dieser Realität.

Gott und die Welt

Erhaltung und Mitwirkung

Die aristotelischen, neoplatonischen, thomistischen und rationalistischen Argumente für die Existenz Gottes, die in den früheren Kapiteln verteidigt wurden, zeigen alle, dass nichts, was sich von Gott unterscheidet, auch nur für einen Augenblick existieren könnte, wenn Gott es nicht im Sein erhalten würde. Sie begründen damit die sogenannte *Lehre von der göttlichen Erhaltung*, wonach die Welt ohne göttliche Verursachung sofort vernichtet würde. Die Schöpfung ist kein einmaliges Ereignis, das an einem entfernten Punkt in der Vergangenheit stattgefunden hat. Sie geschieht in jedem Moment.

Diese Argumente antworten damit auch auf die rivalisierende These von der „existenziellen Trägheit“, nach der zumindest einige der Dinge, die die Welt ausmachen, wenn sie einmal existieren, dazu tendieren, zumindest so lange selbstständig zu existieren, bis etwas positiv tätig wird, durch das sie zerstört werden.[73] Wenn, so wird behauptet, etwas diese „existenzielle Trägheit“ hat, dann muss es nicht durch Gott im Sein erhalten werden. Ein Problem mit dieser These ist, dass ihre Befürworter niemals genau erklären, wodurch ein materielles Objekt oder irgendein

[73] Siehe John Beaudoin, “The World’s Continuance: Divine Conservation or Existential Inertia?”, *International Journal for Philosophy of Religion* 61 (2007): 83–98; Mortimer Adler, *How to Think about God* (New York: Collier/Macmillan, 1980), insbes. Kap. 13; und Bede Rundle, *Why There Is Something Rather Than Nothing* (Oxford: Clarendon Press, 2004), pp. 93, 96–97. Ich antworte auf Beaudoins, Adlers und Rundles Argumente ausführlich in meinem Artikel “Existential Inertia and the Five Ways”, *American Catholic Philosophical Quarterly* 85 (2011): 237–67, wiederabgedruckt in Feser, *Neo-Scholastic Essays*, pp. 84–117.

anderes kontingentes Ding dieses bemerkenswerte Merkmal hat. Es wird lediglich ohne Argumentation angedeutet, dass die Dinge „existenzielle Trägheit" haben könnten, als wäre dies nicht weniger plausibel als die Behauptung, dass sie von Gott erhalten werden. Ein anderes Problem mit der These ist, dass kein materielles Ding oder irgendein anderes zufälliges Ding *möglicherweise* solch ein Merkmal *haben könnte*. Der Grund dafür ist, dass, wie wir gesehen haben, all diese Dinge zusammengesetzt sind – und insbesondere sind sie eine Mischung aus Aktualität und Potenzialität und von Wesen und Existenz –, und alles, was auf diese Weise zusammengesetzt ist, erfordert eine tragende Ursache. Jeder, der etwas anderes behauptet, hat die Last, diese Argumente der vorherigen Kapitel zu beantworten. Lediglich darauf hinzuweisen, dass die Dinge „existenzielle Trägheit" haben könnten, bedeutet nicht, diesen Argumenten etwas zu entgegnen, sondern sie schlicht zu ignorieren.[74]

Obwohl nun materielle Dinge in jedem Augenblick in ihrer Existenz von Gott abhängig sind, sind sie *von Gott verschieden*. Dies folgt aus den Tatsachen, dass sie zusammengesetzt sind, während Gott einfach ist, dass sie Mischungen aus Aktualität und Potenzialität sind, während Gott reine Aktualität ist, dass sie Wesenheiten haben, die sich von ihrer Existenz unterscheiden, während Gott subsistierende Existenz selbst ist, und dass sie kontingent sind, während Gott notwendig ist. Die Argumentation dieses Buches schließt somit eine pantheistische Gottesauffassung aus, die Gott mit der Welt identifizieren würde. (Sie schließt auch eine *panentheistische* Gottesauffassung aus, nach der Gott nicht mit der Welt identisch ist, aber in der Welt so gegenwärtig ist, dass er dadurch verändert wird. Wie ich oben argumentiert habe, muss Gott, da er reine Aktualität und absolut einfach ist, unbeweglich oder unveränderlich sein.)

Wenn nun diese beiden Thesen – dass die Dinge in ihrer Existenz von Gott abhängig sind, aber von Gott verschieden – mit dem Prinzip *agere sequitur esse* verbunden werden, ergeben sie eine Konzeption der

---

[74] Es ignoriert auch schlichtweg die Argumente, um, wie es Atheisten manchmal tun, zu suggerieren, dass, selbst wenn es ein notwendiges Wesen geben muss, es die Welt und nicht Gott sein könnte. Nichts, was eine Mischung aus Aktualität und Potenzialität ist oder eine Wesenheit hat, die sich von seiner Existenz unterscheidet, oder in irgendeiner Weise zusammengesetzt ist, kann notwendig sein. Da aber dies auf alle Dinge der Welt zutrifft, kann sie kein notwendiges Wesen sein. Oder, wie Thomas von Aquin in seinem dritten Weg argumentiert, auch wenn etwas anderes als Gott in gewisser Weise Notwendigkeit hätte, so wäre es doch nur eine abgeleitete Art von Notwendigkeit, die Gott als Quelle voraussetzt. Siehe Feser, *Aquinas*, pp. 90-99, und Feser, "Existential Inertia and the Five Ways".

göttlichen Kausalität, die als die *Lehre von der göttlichen Mitwirkung* bekannt ist. Diese Position des „Zusammenwirkens" ist vielleicht am leichtesten zu verstehen im Vergleich mit zwei rivalisierenden Ansichten, die als *Okkasionalismus* und *bloßer Konservatismus* bekannt sind.[75] Der Okkasionalismus besagt, dass überhaupt nichts in der geschaffenen Welt kausale Wirksamkeit hat und dass allein Gott alles bewirkt, was geschieht. Wenn Sie zum Beispiel ein Glas Eistee draußen lassen und die Eiswürfel in der Sonne schmelzen, ist es nicht die Sonne, die das Eis schmelzen lässt. Es ist vielmehr Gott, der sie zum Schmelzen bringt. Dass er dies bei dieser Gelegenheit tut, bei der das Glas Eistee draußen in der Sonne ist, lässt es fälschlicherweise so erscheinen, als ob es die Sonne wäre, die das Eis schmilzt. In ähnlicher Weise ist es nicht der Queue, der bewirkt, dass der Achter-Billard-Ball in die Ecktasche rollt. Vielmehr ist es Gott, der den Achter-Billard-Ball bei der Gelegenheit in die Ecktasche rollt, wenn der weiße Ball Kontakt damit aufnimmt, und so weiter. Die erste Ursache ist nach dieser Ansicht die einzige Ursache, und nichts anderes hat auch nur eine sekundäre oder abgeleitete kausale Kraft. Der bloße Konservatismus behauptet indessen, dass, obwohl Gott Dinge in der Existenz hält, sie ihre kausale Wirksamkeit unabhängig von ihm haben. Gott hält die Sonne in der Existenz, aber die Sonne schmilzt die Eiswürfel unabhängig von Gott; Gott hält den Billardball in der Existenz, aber der Spielball bewirkt, dass sich der Achter-Billard-Ball unabhängig von Gott bewegt; und so weiter.

Der Konkurrentismus lehnt diese beiden Ansichten ab und nimmt eine mittlere Position zwischen ihnen ein. Gegen den Okkasionalismus behauptet er, dass die Sonne, die weiße Kugel und alle anderen erschaffenen Dinge eine echte kausale Kraft haben. Gegen den bloßen Konservatismus behauptet er, dass geschaffene Dinge diese kausale Kraft dennoch nicht unabhängig von Gott ausüben können. Denn keine dieser extremen Positionen kann nach dem, was oben dargelegt wurde, richtig sein.

Überlegen wir zuerst, warum der Okkasionalismus nicht richtig sein kann.[76] Da das Prinzip *agere sequitur esse* besagt, dass kein Ding etwas tun

---

[75] Für eine erhellende Diskussion dieser drei Ansätze zum Verständnis der göttlichen Kausalität siehe Alfred J. Freddosos Artikel "Medieval Aristotelianism and the Case against Secondary Causation in Nature", in *Divine and Human Action: Essays in the Metaphysics of Theism*, ed. Thomas V. Morris (Ithaca, N.Y.: Cornell University Press, 1988), pp. 74–118; "God's General Concurrence with Secondary Causes: Why Conservation is Not Enough", *Philosophical Perspectives* 5 (1991): 553–85; und "God's General Concurrence with Secondary Causes: Pitfalls and Prospects", *American Catholic Philosophical Quarterly* 67 (1994): 131–56.

[76] Siehe Thomas von Aquin, *Summa contra Gentiles* III, 69.

kann, wenn es keine kausale Wirksamkeit hat, würde es gar nicht wirklich existieren. Der Okkasionalismus würde also dazu führen, dass Gott allein wirklich existiert, da nur er wirklich etwas tut. Und das kann nicht stimmen. Zum einen wissen wir, dass Dinge außer Gott existieren – Tische, Stühle, Steine, Bäume und so weiter. Selbst wenn Sie ernsthaft die Möglichkeit in Betracht ziehen würden, dass diese Dinge nicht wirklich existieren, sondern irgendwie nur Halluzinationen wären, die Sie haben, würden Sie immer noch wissen, dass *Sie* existieren. Und Sie sind nicht identisch mit Gott. Denn die Tatsache, dass Sie diese verschiedenen Möglichkeiten durchdenken, führt dazu, dass Sie veränderbar sind – Sie bewegen sich von einem Gedanken zum nächsten –, während Gott unveränderlich ist. Die Tatsache, dass Sie nicht sicher wären, ob Tische, Stühle et cetera existieren, würde zeigen, dass Sie nicht allwissend sind, während Gott allwissend ist. Die Tatsache, dass es Ihnen auf unterschiedliche Weise an Kraft mangelt – Sie könnten zum Beispiel nicht aufhören, Tische, Stühle et cetera wahrzunehmen, selbst wenn Sie sich davon überzeugt hätten, dass sie nicht real seien –, zeigt, dass Sie nicht allmächtig sind, während Gott allmächtig ist, und so weiter. Sie wissen also, dass mindestens eine Sache außer Gott existiert, was nicht wahr wäre, wenn der Okkasionalismus wahr wäre.[77]

Zum anderen würde, selbst wenn Sie Ihre eigene Existenz zusammen mit allem anderen kohärent leugnen könnten, der Okkasionalismus Sie immer noch auf andere Weise in eine inkohärente Position bringen. Denn wir sind zu der Idee Gottes als erster Ursache gekommen, nur weil wir von der Existenz anderer Dinge als von Gott ausgingen, die ihn als Ursache verlangen. Wir begannen zum Beispiel mit der Idee, dass bestimmte Dinge sich ändern, folgerten dann, dass sie eine Mischung aus Aktualität und

[77] Das ist übrigens der Grund, warum es keinen Sinn macht, wenn jemand versucht, den Pantheismus zu verteidigen, indem er behauptet, die Welt unserer Erfahrung sei illusorisch. Die Idee wäre, dass, wenn die Veränderung, die Vielfalt und die Kontingenz der Welt Illusionen sind, es kein Hindernis gäbe, die Welt mit dem unveränderlichen, einfachen und notwendigen Gott zu identifizieren. Das Problem ist, dass es in diesem Fall immer noch jemanden oder etwas geben müsste, das diese Illusionen hat, und diese Person oder Sache könnte nicht Gott sein. Denn die Illusion zu haben, dass sich die Welt verändert, bedeutet, zuerst diese Erfahrung der Welt zu haben, dann diese, dann die eine, dann die andere, und das selbst bedeutet Veränderung. Daher ist alles, was solche Erfahrungen hat, nicht unveränderlich. Da es sich bei diesen Erfahrungen um unterschiedliche Erfahrungen handelt, hat alles, was sie hat, Teile und ist daher nicht einfach. Da alles, was sich ändert oder Teile hat, bedingt ist, kann nichts, was diese Illusionen hat, notwendig sein. Da eine Illusion mit Irrtum und Unwissenheit verbunden ist, kann nichts, was diese Illusionen hat, allwissend sein, und so weiter.

Potenzialität sein müssen, und folgerten wiederum, dass es eine rein aktuale Ursache geben muss, die sie in der Existenz aufrechterhält. Wir begannen mit der Idee, dass bestimmte Dinge zusammengesetzt sind, folgerten, dass es etwas geben muss, das ihre Bestandteile miteinander kombiniert, und schlussfolgerten, dass die letztendliche Ursache einfach oder nichtzusammengesetzt sein muss, und so weiter. Wenn wir jetzt sagen, dass Gott allein existiert, würden wir die Gründe verlassen, die uns dazu geführt haben, die Existenz Gottes als erste Ursache zu bestätigen. Es wäre wie mit jemandem, der langsam und behutsam eine Leiter hochklettert, dann eine Strahlenpistole herauszieht und die Leiter unter sich heraussprengt – er würde zu Boden fallen und seinen vorsichtigen Aufstieg völlig sinnlos machen.[78]

Überlegen Sie jetzt, warum der bloße Naturalismus nicht stimmen kann. Es gilt *agere sequitur esse* – was ein Ding *tut*, reflektiert notwendigerweise das, was es *ist* – wenn etwas unabhängig von Gott etwas *tun* könnte, was es tut, wenn es ohne jede göttliche Hilfe kausal wirksam wäre, dann könnte es unabhängig von Gott *existieren*. Wir würden mit einer im Wesentlichen deistischen Vorstellung von Gott zurückbleiben, nach der Gott, selbst wenn er der Schöpfer der Dinge ist, sie ohne ihn weiterbestehen könnten, nachdem er sie einmal erschaffen hat. Und das kann nicht stimmen. Zum einen könnte nichts anderes als Gott für einen Augenblick existieren ohne Gottes erhaltende Tätigkeit. Dies ergibt sich aus der Tatsache, dass ein Ding zusammengesetzt und nicht einfach ist, dass es eine Mischung aus Aktualität und Potenzialität ist und dass es eine Wesenheit hat, die sich von seiner Existenz unterscheidet. Zum anderen wäre die resultierende Position wiederum inkohärent. Denn es war die Idee, dass die Dinge selbst nicht für einen Augenblick existieren können, die uns überhaupt zu der Vorstellung von Gott als erster Ursache geführt hat. Zu sagen, dass diese Dinge schließlich ohne Gott existieren könnten, wäre

[78] Beachten Sie, dass es dem Okkasionalisten nicht helfen würde, sich stattdessen auf den augustinischen Beweis der Existenz Gottes zu berufen, der im Gegensatz zu den anderen Beweisen, die in diesem Buch verteidigt werden, nicht mit der Existenz konkreter Objekte und Prozesse beginnt, sondern mit der Realität der Universalien, notwendiger Wahrheiten usw. Denn gerade weil der augustinische Beweis nicht mit Überlegungen zur Kausalität beginnt, bringt er uns nicht zu Gott als der Quelle aller kausalen Macht und gibt dem Okkasionalisten nicht die Materialien, die er braucht, um seine kennzeichnende Darstellung der göttlichen Kausalität zu entwickeln. Es sind nur die *anderen* Beweise, die dem Okkasionalisten diese Materialien geben, und doch sind, wie bereits erwähnt, das genau die Beweise, deren Ausgangspunkte den Okkasionalismus am Ende untergraben würden.

wieder einmal so, als würde man auf eine Leiter steigen und sie dann unter sich wegstoßen.

Die richtige Sichtweise muss also die mittlere, konkurrentistische Position sein, nach der *sekundäre Ursachen real* sind. Das heißt, andere Dinge als Gott haben eine wirkliche kausale Kraft, auch wenn sie diese nur sekundär oder abgeleitet haben, insofern sie diese Kraft aus Gott als erster oder nicht-abgeleiteter Ursache ableiten. Der Okkasionalismus bestreitet, dass sekundäre Ursachen real sind, insofern, als er besagt, dass nur die erste Ursache wirklich etwas bewirkt. Der bloße Konservatismus bestreitet, dass sekundäre Ursachen real sind, insofern, als er sagt, dass andere Ursachen als Gott ihre kausale Kraft unabhängig von Gott haben und sie daher diese nicht nur in abgeleiteter oder sekundärer Weise haben.

Sekundäre Ursachen sind wahre Ursachen, insofern sie einen wirklichen Beitrag zur Wirkung leisten. Die Wirkung hätte nicht genau den Charakter, den sie hat, wenn stattdessen eine andere sekundäre Ursache beteiligt wäre. Sekundäre Ursachen sind insofern *sekundär*, als sie ohne göttliche Hilfe inaktiv wären. Gott muss mit allem, was er tut, zusammenwirken oder kongruieren, wenn er etwas tun will (daher das Etikett „Konkurrentismus"). Um ein Beispiel von Alfred Freddoso auszuleihen: Wenn Sie mit blauer Kreide ein Quadrat auf eine Tafel zeichnen, so sind sowohl Sie als Hauptursache als auch die Kreide als Zweitursache Mitverursacher der Wirkung – Sie als der, der überhaupt das Quadrat macht, und die Kreide, insofern sie das Quadrat blau macht.[79] Zu der Wirkung trägt die Kreide insofern bei, als die Wirkung sehr verschieden gewesen wäre, wenn die Kreide rot gewesen wäre oder wenn das Schreibgerät ein Stift statt Kreide gewesen wäre und so weiter. Aber es wäre überhaupt keine Wirkung entstanden, hätten Sie nicht die Kreide gegen die Tafel gedrückt. Oder betrachten Sie den Mond, der nur insofern Licht gibt, als er von der Sonne das Licht empfängt. Der Mond trägt insofern zu der Wirkung bei, als sein Aussehen am Nachthimmel sehr verschieden wäre, wenn der Boden an seiner Oberfläche eine andere Farbe hätte oder wenn er in anderer Hinsicht aus einer anderen Art von Material bestehen würde. Aber es würde überhaupt kein Licht geben, wenn es kein Sonnenlicht für die Reflexion gäbe. Gottes Kongruenz mit den sekundären Ursachen, die er in der Existenz bewahrt, ist analog zu Ihrer Beziehung zur Kreide oder der Beziehung der Sonne zum Mond.

[79] Freddoso, "Pitfalls and Prospects".

Zu den sekundären Ursachen, denen Gott entsprechen muss, wenn sie wirksam sein sollen, gehören nun auch die Menschen. Bedeutet dies, dass es uns an freiem Willen mangelt? Nein. Um ein Beispiel von David Oderberg zu nehmen: Denken Sie an einen Vater, der seinem kleinen Sohn das Schreiben von Briefen beibringt, indem er die Hand des Kindes führt.[80] Das Kind, das noch nicht weiß, wie man ein A schreibt (zum Beispiel), wird dazu nicht in der Lage sein, wenn es seinem Vater nicht erlaubt, seine Hand in die richtige Richtung zu führen. Das Kind könnte sich der Führung seines Vaters widersetzen und seine Hand in die falsche Richtung bewegen; oder es könnte sich dieser Führung unterwerfen und zulassen, dass seine Hand in die richtige Richtung bewegt wird. Es gibt nichts in der Führung des Vaters an sich, was beide Möglichkeiten ausschließt. Die freie Wahl des Kindes, ob es sich widersetzen oder unterwerfen will, trägt somit wesentlich zur Wirkung bei. Die Wirkung – der auf dem Blatt erscheinende Buchstabe A – tritt jedoch nicht ohne die Anleitung des Vaters ein. Die Kongruenz Gottes mit unserem freien Handeln ist analog dazu.

Wunder

Die Feststellung, ob ein angebliches Wunder (wie die Auferstehung Jesu von Nazareth) tatsächlich geschehen ist, übersteigt den Rahmen eines Buches über die natürliche Theologie. Aber was wäre, wenn ein Wunder geschehen würde, und ob so etwas geschehen könnte, sind Fragen, für die die Argumente dieses Buches sehr relevant sind, weshalb es angebracht ist, sie hier anzusprechen.

Seit der Zeit von David Hume wird ein „Wunder" oft als Verstoß gegen ein Naturgesetz bezeichnet. Die Idee besteht darin, dass, bei einer regulären oder „gesetzmäßigen" Korrelation zwischen Ursachen der Art A und Wirkungen der Art B, bei einem Versagen einer bestimmten Instanz von A, die von B gefolgt wird, ein Wunder vorliegt. Dieser Konzeption liegen skeptische Argumente zugrunde, dass der Begriff des Wunders inkohärent ist, insofern ein Beweis dafür, dass eine angebliche Verletzung eines Gesetzes vorläge, tatsächlich nur ein Beweis dafür wäre, dass es sich

[80] David S. Oderberg, "Divine Premotion", *International Journal for Philosophy of Religion* 79 (2016): 207–22.

bei dem betreffenden Gesetz nicht wirklich um ein *Gesetz* handelt, so dass es keine wirkliche Verletzung und damit kein Wunder gab.

Aber aus der Sicht der aristotelisch-thomistischen Metaphysik (die die metaphysische Position ist, die dieses Buch bestimmt) ist diese Charakterisierung von Wundern problematisch. Nach der aristotelischen Standardinterpretation ist ein Naturgesetz eine Beschreibung der Tendenzen oder Dispositionen, die eine Sache aufgrund ihrer Natur oder ihres Wesens aufweist. Wenn es zum Beispiel ein Naturgesetz ist, dass Wasser bei 0 Grad Celsius gefriert, dann beinhaltet dies nur, dass Wasser aufgrund seiner Wesenheit oder Natur eine Tendenz oder Neigung hat, bei dieser Temperatur zu frieren. Dieses Beispiel ist übertrieben vereinfacht, da flüssiges Wasser unter ungewöhnlichen Umständen bei kälteren Temperaturen vorhanden sein kann. Aber das verstärkt nur den Gesichtspunkt, dass, wenn wir über Gesetze sprechen, wir wirklich über Tendenzen oder Dispositionen sprechen, und eine Tendenz oder Disposition kann blockiert werden, oder sich nur manifestieren, wenn bestimmte Bedingungen erfüllt sind. Anselm Ramelow schreibt:

> Bei Naturgesetzen [...] geht es wirklich um die Dispositionseigenschaften der Dinge, basierend auf der Art von Dingen, die sie sind: Dinge der Art A haben die Disposition, die Qualität F unter den Bedingungen C zu manifestieren, weil sie die Natur N haben. Für Thomas von Aquin sind Naturgesetze nicht streng *universelle* Verallgemeinerungen, sondern beschreiben das, was *normalerweise* geschieht, d.h. nach der Natur der Dinge; Ausnahmen sind mit solchen Gesetzen durchaus vereinbar.[81]

Ein Problem bei der Charakterisierung von Wundern als Verletzungen von Naturgesetzen ist also, dass sie oft ein zu grobes Verständnis davon widerspiegeln, wie Gesetze funktionieren. Wenn ein Gesetz die natürlichen Dispositionen einer Sache beschreibt und eine Disposition wirklich vorhanden sein kann, sich aber dennoch nicht manifestiert – entweder weil die Manifestation blockiert ist oder weil die auslösenden Bedingungen nicht gegeben sind –, dann stellt ein solches Versäumnis der Manifestation als solches keinen Verstoß gegen das Gesetz dar. Daher wird es als

---

[81] Anselm Ramelow, "The God of Miracles", in *God, Reason and Reality*, ed. Anselm Ramelow (Munich: Philosophia Verlag, 2014), p. 314 (Hervorhebung im Original).

solches weder als Beweis für ein Wunder noch als Beweis dafür gelten, dass das angebliche Gesetz doch kein wahres Gesetz gewesen sei.

Es gibt noch ein anderes Problem, Wunder als Verletzung von Naturgesetzen zu charakterisieren. David Oderberg fasst die aristotelisch-thomistische Auffassung von Gesetzes folgendermaßen zusammen:

> *Die Naturgesetze sind die Gesetze der Naturen.* Denn Naturen sind abstrakte Wesenheiten in konkreter Tätigkeit. Die Natur ist die Sammlung aller Naturen der Dinge. Wenn man somit sagt, dass die Gesetze *von Natur aus* sind, bedeutet dies so viel, wie wenn man sagt, dass sie die *Naturen der* Dinge sind.[82]

Daraus folgt, wie Oderberg betont, dass die Naturgesetze nicht, wie Hume und seine Anhänger vermuten, kontingent sind, zumindest nicht ohne Einschränkung. Die Hume'sche Ansicht ist, dass etwas genau das sein könnte, was es ist – Wasser oder Feuer oder eine Eichel oder ein Hund –, während es von verschiedenen Gesetzen regiert wird und somit in ganz verschiedene kausale Beziehungen tritt. So könnte sich Wasser bei 0 Grad Celsius in Schokoladenmousse verwandeln, Feuer könnte verursachen, dass Wasser gefriert anstatt zu kochen, eine Eichel könnte zu einem Hund werden, ein Hund könnte fliegen, indem er mit dem Schwanz wedelt, und so weiter, wenn nur die Naturgesetze anders wären. Aber aus aristotelischer Sicht ergibt das keinen Sinn. Da Naturgesetze die Gesetze der Natur der Dinge sind, folgt, dass wenn die Gesetze anders wären, auch die Naturen anders wären und damit auch die Dinge selbst. Was sich auch immer bei 0 Grad Celsius in Schokoladenmousse verwandelt, ist kein Wasser, und was sich auch immer zu einem Hund entwickelt, ist keine Eichel, und so weiter. Da Naturgesetze die Natur oder das Wesen der Dinge widerspiegeln, sind sie metaphysisch notwendig. Sicherlich hätte es eine Welt ohne Wasser, Feuer, Eicheln oder Hunde geben können, aber diese Welt hätte Entitäten, die in gewisser Weise diesen Dingen ähneln. In *diesem* Sinne müssten die Naturgesetze, die tatsächlich bestehen, nicht bestehen, und sie sind daher in diesem Sinne kontingent. Aber es könnte keine Welt geben, in der es wirklich Wasser, Feuer, Eicheln und Hunde gäbe, in der sich diese Dinge aber nicht so verhielten, wie sie sich tatsächlich verhalten.

---

[82] Oderberg, *Real Essentialism*, p. 144 (Hervorhebung im Original).

Wenn nun Naturgesetze metaphysisch notwendig sind (*unter der Annahme*, dass die kontingenten Dinge existieren, deren Natur sie tatsächlich widerspiegeln), dann sind Verstöße gegen Naturgesetze unmöglich. Natürlich kann die Manifestation einer Veranlagung noch immer blockiert sein oder es können die erforderlichen Auslöser fehlen, aber wenn die Auslöser vorhanden sind und keine Blockierungen bestehen, wird die Manifestation folgen.

Was ist aber dann ein Wunder, wenn nicht ein Verstoß gegen die Naturgesetze, und wie können Wunder geschehen, wenn Gesetze metaphysisch notwendig sind? Ramelow fasst die thomistische Antwort wie folgt zusammen:

> Was ein Wunder definiert, ist nicht nur, dass es eine Ausnahme von dem ist, was natürlich ist (was auch für Fehler gilt), sondern dass es die Natur einer Sache zu einer Kraft erhebt, die nicht durch diese Natur erklärt werden kann. Im Gegensatz zu den Fehlern sind Wunder Ausnahmen, die eher übernatürlich als subnatürlich sind. Wunder sind also keine Verstöße gegen die Naturgesetze. Auch wenn sie als „physisch unmöglich" bezeichnet werden müssen, sind sie doch nicht *gegen* die Natur, sondern *jenseits* der Natur [...] im Sinne einer Erhöhung zu einer höheren Kraft.[83]

Wie Ramelow weiter anmerkt, können Wunder nur eine göttliche Ursache haben und dürfen nicht mit den ungewöhnlichen, aber dennoch nur außergewöhnlichen Wirkungen verwechselt werden, die ein Engel (zum Beispiel) hervorrufen könnte. Solche endlichen Geister wären immer noch Teil der natürlichen Ordnung, die weit gefasst ist. Auch sie wären geschaffene Dinge, von denen jedes seine eigene Natur oder seine Wesenheit hat und von denen jedes nur insoweit existieren und wirken kann, als Gott es im Sein bewahrt und es mit seinem Handeln übereinstimmt.[84]

---

[83] Ramelow, "God of Miracles", pp. 314-15 (Hervorhebung im Original); siehe pp. 348–49. Siehe auch C. S. Lewis' Bemerkung in *Miracles* (New York: Touchstone/Simon und Schuster, 1996), wonach es „ungenau ist, ein Wunder als etwas zu definieren, das die Gesetze der Natur bricht" (p. 80). Für Lewis geht es vielmehr darum, dass Gott etwas in die Natur *einführt*: „Wenn Gott im Körper einer Jungfrau ein wunderbares Sperma erschafft, bricht er keine Gesetze. Die Gesetze übernehmen es sofort. Die Natur ist bereit. Die Schwangerschaft folgt nach allen üblichen Gesetzen, und neun Monate später wird ein Kind geboren" (p. 81).

[84] Ramelow, "God of Miracles", pp. 316–17.

Richtig verstanden, sind Wunder also weder mit Magie noch mit einer Art fortschrittlicher Technologie vergleichbar. Denn Gott ist nicht nur eine besonders starke Ursache neben anderen natürlichen und außergewöhnlichen Ursachen. Vielmehr ist er ganz und gar außerhalb der Ordnung der natürlichen und außergewöhnlichen Ursachen, als metaphysische Voraussetzung dafür, dass es überhaupt eine kausale Kraft gibt. Das ist die Art und Weise, in der er die erste Ursache ist – „erste" im Sinne von primär oder fundamental –, von der alle anderen, nur sekundären Ursachen ihre kausale Kraft ableiten.

Daher wäre es ein reiner Irrtum, zu glauben, dass der Unterschied zwischen gewöhnlichen Ereignissen und Wundern darin bestehe, dass erstere von selbst geschehen, während Gott letztere verursacht. Die Welt ist nicht wie ein Flugzeug mit Autopilot und Gott greift von Zeit zu Zeit ein, um eine Kurskorrektur durchzuführen. Gott ist die ultimative Ursache aller Dinge, der natürlichen und der außergewöhnlichen ebenso wie der wunderbaren. In der Tat ist es, wie die Argumente dieses Buches zeigen, der gewöhnliche, natürliche Lauf der Dinge – und nicht die Wunder –, der der direkteste Beweis für Gottes Existenz und Handeln als erste Ursache ist. So schreibt Brian Davies:

> Einige Leute würden sagen, dass Gott eingreifen kann, um Veränderungen in der Welt herbeizuführen. Nach Ansicht des klassischen Theisten können solche Veränderungen jedoch nicht buchstäblich als göttliche Eingriffe angesehen werden, da sie und das, was ihnen vorausging, gleichermaßen das schöpferische Werk Gottes sind.[85]

Davies zitiert Herbert McCabe, der sagt:

> Es ist klar, dass Gott sich nicht in das Universum *einmischen* kann, nicht weil er nicht die Macht hat, sondern weil er sozusagen zu viel Macht hat. Um sich einzumischen, muss man eine Alternative haben zu oder neben dem, wozu man sich einmischt. Wenn Gott die Ursache von allem ist, gibt es nichts, was er daneben ist.[86]

---

[85] Davies, *Introduction to the Philosophy of Religion*, p. 4.

[86] Herbert McCabe, "Creation", in *Philosophy of Religion: A Guide and Anthology*, ed. Brian Davies (Oxford: Oxford University Press, 2000), p. 199.

Davies fügt hinzu: „Man kann nicht in das eingreifen, was man selbst tut. Und, so sagen wir klassische Theisten, Gott kann nicht buchstäblich in seine eigene geschaffene Ordnung eingreifen.“[87]

Wie der Begriff „Verletzung“, suggeriert der Begriff „Intervention“ fälschlicherweise, dass ein Wunder eine Art gewalttätige Bewegung sei, als ob Gott die Dinge zwingen müsste, in eine bestimmte Richtung zu gehen. Das wäre eine zutreffende Charakterisierung, wenn die Welt eine Maschine wäre und Gott ein Maschinist, der gelegentlich eingriffe, um sie zu verfeinern; aber dies ist höchst irreführend angesichts der Vorstellung von Gott und seiner Beziehung zur Welt, für die in diesem Buch argumentiert wird. Eine bessere Analogie mag sein, die Welt als Musik und Gott als den Musiker zu betrachten, der die Musik spielt. Die göttliche Bewahrung des gewöhnlichen, natürlichen Laufs der Dinge ist vergleichbar mit dem Spiel des Musikers nach der schriftlichen Partitur, wie er sie vor sich hat. Das Wunder, das Gott bewirkt, ist vergleichbar mit einem Musiker, der vorübergehend von der Partitur abweicht, wie in der Art von Improvisation, die für den Jazz charakteristisch ist. Der Musiker muss die Musik kaum dazu *zwingen*, in irgendeiner Weise zu gehen, in der sie nicht bereits ging; *jeder* Ton, einschließlich der geschriebenen Töne, die den improvisierten vorausgehen und folgen, wird von ihm produziert. Doch die Improvisation fügt der Partitur definitiv etwas hinzu, was nicht schon da war, so wie nach Ramelows Worten ein Wunder „über die Natur hinausgeht“ und „sie zu einer höheren Kraft erhebt“.

Oder wir betrachten die Welt als Film und Gott als Regisseur. Die natürliche Ordnung der Dinge, allein betrachtet, ist wie der Film in der Version, die ursprünglich in die Kinos kam. Die natürliche Ordnung der Dinge zusammen mit den Wundern ist wie der „Director's Cut“ des später auf DVD veröffentlichten Films. Beide Versionen sind das Werk des Regisseurs, ebenso wie die natürliche Ordnung und Wunder das Werk Gottes sind. Doch der „Director's Cut“ enthält neues Material, vielleicht sogar Nebenhandlungen und andere Szenen, die den Film dramatisch verändern, ebenso wie Wunder die natürliche Ordnung der Dinge dramatisch verändern. Oder, um an eine früher verwendete Analogie zu appellieren, es könnte die Welt mit einer Geschichte und Gott mit dem Autor der Geschichte verglichen werden. Der normale, natürliche Lauf der Dinge ist wie die Geschichte, wie sie ursprünglich erschien, und Wunder sind wie

[87] Davies, *Introduction to the Philosophy of Religion*, p. 4.

Ergänzungen zu der Geschichte, die in einer zweiten Ausgabe veröffentlicht werden.

Nun, in all diesen Beispielen – eine ursprünglich geschriebene Partitur, ein Film in seiner ursprünglichen Kinoversion, eine Geschichte, wie ursprünglich veröffentlicht – haben wir künstlerische Produktionen, die vollständig und perfekt sind, zumindest so weit, wie sie gehen. So wie das Hinzufügen einer Improvisation, einer neuen Szene oder eines neuen Kapitels nicht unbedingt eine Frage der Korrektur eines Defekts in einem Musikstück, einem Film oder einem Roman ist, so ist auch ein Wunder im Wesentlichen keine Frage der Korrektur eines Defekts in der Natur. Es geht vielmehr darum, etwas, das bereits gut und vollständig ist, auf ein noch höheres Niveau zu heben, so wie eine Jazz-Improvisation, ein Director's Cut oder die zweite Auflage eines Buches etwas, das bereits gut und vollständig war, noch besser machen könnte. Auch dies passt zu Ramelows Beschreibung eines Wunders als etwas, das „nicht im *Widerspruch* zur Natur steht, sondern vielmehr [...] jenseits der Natur [...] im Sinne einer Erhöhung zu einer höheren Kraft".[88]

Allerdings sollte Ramelows Charakterisierung dessen, was ein Wunder ist, meines Erachtens ergänzt werden. Wenn Ramelow von einem Wunder als etwas spricht, das „nicht im Widerspruch zu [...], [sondern] jenseits von" der Natur steht und diese „erhebt", erweckt er den Eindruck, dass ein Wunder immer eine Frage des *Hinzufügens* von etwas zur Natur sei und nie eine Frage des *Wegnehmens* von etwas. Aber das muss nicht der Fall sein. Ein Wunder könnte eher eine Subtraktion als eine Addition bedeuten. Während also eine Auferstehung von den Toten sicherlich etwas zum natürlichen Lauf der Dinge hinzufügen würde, wie auch solche Wunder wie Jesu Vermehrung der Brote und Fische, scheint ein Wunder wie das von Daniel und seinen Freunden im Feuerofen eine bloße Subtraktion von der natürlichen Ordnung zu sein. Was mit Shadrach, Meshach und Abednego *nicht* passiert, ist von Bedeutung. Sie werden nicht verbrannt, wie es der natürliche Verlauf der Natur getan hätte.[89]

---

[88] Siehe Lewis, *Miracles*, p. 84: „Wenn die Natur Wunder hervorbringt, dann ist es für sie zweifellos ebenso ‚natürlich', wenn sie von der männlichen Kraft über sie hinaus befruchtet wird, wie es für eine Frau natürlich ist, einem Mann Kinder zu gebären. Indem wir solche Phänomene Wunder nennen, meinen wir nicht, dass sie Widersprüche oder Frevel seien; wir meinen, dass die Natur, wenn sie sich selbst überlassen bleiben würde, diese Phänomene niemals produzieren könnte."

[89] Selbstverständlich würde jede mögliche Behauptung, dass diese bestimmten Wunder wirklich geschahen, eine Verteidigung erfordern, und eine solche Verteidigung geht über

Nun, wie kann das sein, wenn, wie Ramelow und ich betonen, ein Wunder keine Verletzung eines Naturgesetzes ist – und wenn, wie ich schon sagte, solche Verletzungen metaphysisch unmöglich sind? Stellt das Nichtverbrennen von Daniels Freunden trotz Einwirkung des Feuers nicht einen solchen Verstoß dar? Das tut es nicht. Wie Oderberg argumentiert, wird ein Wunder nicht als „Bruch“ oder Verstoß gegen ein Naturgesetz ausgelegt, sondern als „Suspension“ eines solchen Gesetzes.[90] Er zieht eine Analogie zum menschlichen positiven Gesetz. Ein Bruch oder eine Verletzung eines Naturgesetzes durch Gott wäre vergleichbar mit einer Regierung, die ein Gesetz in den Büchern belässt, aber davon absieht, Verstöße gegen dieses Gesetz zu untersuchen oder zu bestrafen. So ist ein Wunder nicht zu verstehen. Es ist eher so, als ob eine Regierung ein Gesetz vorübergehend zurückzieht und es aus den Büchern nimmt, so dass Handlungen, die sonst als Verstöße gelten würden, nicht mehr zählen.

Um den Aspekt in Beziehung zu setzen mit den früher genannten Analogien, könnte man sagen, dass ein Wunder wie die Auferstehung Jesu wie ein Musiker ist, der in einer Improvisation etwas zur geschriebenen Partitur hinzufügt, dass ein Wunder wie das Nichtverbrennen von Daniels Freunden so ist, als würde der Musiker bestimmte Noten, die ursprünglich in der Partitur standen, nicht spielen. Oder man könnte sagen, es ist wie ein Regisseur, der eine Schlüsselszene aus der Kinofassung eines Films auslässt, oder ein Schriftsteller, der eine Schlüsselpassage auslässt, die ursprünglich für das Buch gedacht war. Denken Sie daran, dass, wie wir gesehen haben, eine Sache zu jedem Zeitpunkt nur insoweit funktionieren kann, als Gott sie in diesem Augenblick bewahrt und auch mit ihrer kausalen Aktivität in diesem Augenblick in Übereinstimmung bringt, indem er ihr die kausale Kraft verleiht, durch die sie entsprechend ihrer Natur tätig ist. Die Art von Wunder, die darin besteht, etwas von der natürlichen Ordnung zu subtrahieren, anstatt etwas hinzuzufügen, bedeutet nicht, dass Gott auf besondere Weise *handelt*, sondern dass er sich als bewahrende und zusammenstimmende Ursache des Handelns *enthält*. Im vorliegenden Fall ist es nicht so, dass Gott das Feuer bewahrt im Zusammensein mit seinen Voraussetzungen (z.B. Sauerstoff) und mit seiner kausalen Aktivität abstimmt, aber irgendwie bewirkt, dass diese Ansammlung von

den Bereich dieses Buches hinaus. Aber das ist für den jetzigen Punkt irrelevant, weil diese Wunder hier nur als Illustrationen für die verschiedenen Arten von Wundern verwendet werden, die geschehen könnten, wenn Gott es wollte.

[90] Oderberg, *Real Essentialism*, pp. 148–49.

Faktoren in einer Weise wirkt, die ihrer Natur widerspricht. Das wäre ein Verstoß gegen ein Naturgesetz. Vielmehr *verzichtet* er darauf, etwas im Sein zu bewahren und mit der Aktivität einiger oder aller Faktoren abzustimmen, so dass der normale Effekt nicht folgt. Das ist eher eine Aussetzung als eine Verletzung der natürlichen Ordnung. Es geht nicht darum, dass Gott sich gewaltsam in das, was er bewirkt hat, einmischt, sondern darum, dass er bestimmte Dinge gar nicht erst bewirkt.

Nun, da Gott die gewöhnliche, natürliche Ordnung der Dinge auf die beschriebene Weise ergänzen oder von ihr subtrahieren könnte, sind sicherlich Wunder möglich. Aber warum sollte er das jemals tun? Eine Antwort ist, dass er es tun kann, wenn er uns etwas offenbaren möchte, was wir auf natürliche Weise nicht erfahren können. Nehmen wir zum Beispiel an, dass er einen Propheten geschickt hat, um eine Lehre vorzutragen, deren Wahrheit wir unmöglich durch philosophische Argumente oder wissenschaftliche Untersuchungen erreichen könnten. Woher sollen wir wissen, dass ein solcher Prophet wirklich von Gott gesandt wurde und dass seine angebliche Offenbarung nicht nur etwas ist, das er erfunden hat? Wir würden es wissen, wenn der Prophet Wunder wirken könnte, denn nur Gott selbst könnte Wunder bewirken. Wunder würden als göttliches „Gütesiegel" für die Lehre des Propheten wirken. Wenn wir also feststellen könnten, dass solche Wunder wirklich geschehen sind, dann hätten wir vernünftige Gründe, die Lehre des Propheten als göttlich geoffenbart anzunehmen.

Wunder sind also die Brücke zwischen der natürlichen Theologie und der geoffenbarten Theologie. Sie würden eine rationale Grundlage für den Glauben schaffen – was, entgegen einem sehr verbreiteten Missverständnis, nicht eine Frage des Glaubens ohne Beweise oder sogar angesichts gegenteiliger Beweise ist. Vielmehr ist der Glaube, wie er von Theologen wie Thomas von Aquin verstanden wird, eine Frage dessen, dass man etwas glaubt, weil es von Gott offenbart wurde. Aber dass etwas tatsächlich von Gott offenbart wurde, ist etwas, wofür *Beweise* gegeben werden müssen, und die Beweise müssen ein Wunder in dem oben beschriebenen Sinne beinhalten, denn nichts weniger als das könnte die Behauptung rechtfertigen, dass die angeblich geoffenbarte Lehre wirklich eine göttliche Quelle hat. Der Glaube steht auf diese Weise keineswegs im Widerspruch zur Vernunft, sondern beruht auf der Vernunft.

Nun geht die Feststellung, ob wirklich ein bestimmtes angebliches Wunder geschehen ist, über den Rahmen eines Buches über die natürliche

Theologie hinaus. Im Allgemeinen stellt die natürliche Theologie nicht durch sich selbst die Wahrheit einer bestimmten, offenbarten oder nicht offenbarten Religion fest. Die Argumente der natürlichen Theologie haben uns jedoch viel darüber zu sagen, wie die Ansprüche der verschiedenen Religionen zu bewerten sind. Wenn eine Religion Dinge über die Natur Gottes oder seine Beziehung zur Welt sagt, die mit den Ergebnissen der natürlichen Theologie unvereinbar sind, dann haben wir positiven Grund zu der Annahme, dass diese Religion falsch ist. Wenn eine Religion zum Beispiel leugnet, dass es eine ultimative göttliche Ursache der Dinge gibt, oder Gott mit der Welt identifiziert, oder behauptet, dass Gott unpersönlich sei oder dass er eine materielle Sache sei oder dass er endlich an Macht oder Wissen sei, dann wissen wir, dass diese Religion falsch ist, da durch philosophische Argumente festgestellt werden kann, dass Gott eins ist, dass er sich von der Welt unterscheidet, dass er Intellekt und Willen hat und dass er immateriell, allmächtig und allwissend ist. Wenn eine Religion behauptet, göttlich offenbart zu sein, diesen Offenbarungsanspruch aber nicht mit einem Wunder im engeren Sinne stützen kann, dann wissen wir, dass wir keinen Grund haben, die Ansprüche dieser Religion ernst zu nehmen.

Appendix: Ist Gott männlich?

Da Gott immateriell und unkörperlich ist, ist er kein Sinneswesen und somit auch kein vernünftiges Sinneswesen oder ein Mensch. Und da er kein Mensch ist, ist er weder ein Mann noch eine Frau. Er ist geschlechtslos. Dennoch ist es traditionelle Praxis, Gott in männlichen Begriffen zu charakterisieren, und ich bin dieser Praxis in diesem Buch gefolgt. Einige zeitgenössische Schriftsteller lehnen diesen Brauch ab, indem sie ihn als „sexistisch“ und ohne rationale Rechtfertigung abtun. Daher nehmen sie oft die „politisch korrekte“ und ungeschickte Praxis an, Gott als „er/sie/es“ zu bezeichnen. Tatsächlich gibt es aber gute philosophische Gründe für den traditionellen Sprachgebrauch.

Erwägen wir zunächst, wie wir gesehen haben, dass es in Gott Intellekt und Wille gibt, und diese Attribute sind entscheidend für die Personalität. Dementsprechend kann Gott nicht in unpersönlicher Weise als „es“ bezeichnet werden. Aber warum dann „er“ und „ihm“ statt „sie“ und „ihr“?

Der Grund dafür ist, dass Gottes Beziehung zur Welt viel eher einer väterlichen als einer mütterlichen Beziehung gleicht. Biologisch gesehen ist die Rolle des Vaters in der Fortpflanzung insofern aktiv, als er befruchtet, und die der Mutter insofern passiv, als sie befruchtet wird. An der Physiologie des Vaters ändert sich durch die Befruchtung nichts, während sich die Physiologie der Mutter radikal ändert.[91] Die Mutter wird physisch stärker vom Vater abhängig, der für seine Partnerin und ihr ungeborenes Kind sorgen muss – auch wenn leider einige Väter ihre Pflicht in dieser Hinsicht nicht erfüllen. Wie diese traurige Tatsache zeigt, ist der Vater in keiner Weise physisch von seiner Partnerin oder seinem Kind abhängig, weshalb er die Szene verlassen kann (auch wenn er es nicht sollte). Es gibt auch eine buchstäbliche physiologische Verbindung zwischen dem Kind und seiner Mutter, eine Verbindung, die zwischen dem Kind und seinem Vater, der während des gesamten Schwangerschaftsprozesses buchstäblich weiter entfernt ist, nicht besteht.

Nun gibt es hier offensichtliche Analogien zu Gottes Beziehung zur Welt. Gott ist insofern aktiv, als er die Welt erschafft, während die Welt insofern passiv ist, als sie von Gott erschaffen wurde. Als reine Aktualität ist Gott völlig unveränderlich, während die Welt eine Mischung aus Aktualität und Potenzialität ist, die sich ständig verändert. Die Welt hängt in jedem Augenblick ganz von Gott ab, während Gott in keiner Weise von der Welt abhängt. Die Welt könnte ohne Gott nicht existieren, obwohl er ohne sie existieren könnte. Gott ist auch völlig verschieden von der Welt und nicht identisch mit ihr (wie im Pantheismus) oder sogar kontinuierlich mit ihr (wie im Panentheismus).

Angesichts der Schlüsselelemente des klassischen Theismus, der in diesem Buch vertreten wird, ist die natürlichste und am wenigsten irreführende Art (und die entsprechende Begrifflichkeit), Gott zu charakterisieren, väterlicher und damit männlicher Natur. Mütterliche Bilder würden suggerieren, dass Gott veränderbar oder kontinuierlich mit der Welt sei, was wiederum eine panentheistische Vorstellung von Gott oder eine pantheistische Vorstellung oder eine Vorstellung suggerieren würde, die in irgendeiner anderen Weise im Widerspruch zu Gottes Unveränderlichkeit, Immaterialität, Ewigkeit und reinen Aktualität steht.

---

[91] Siehe die Stelle auf p. 84 in Lewis' *Miracles*, die früher zitiert wurde.

7

Weit verbreitete Einwände gegen die natürliche Theologie

Im Verlauf dieses Buches habe ich bereits ausführlich auf die meisten Einwände reagiert, die gegen solche Argumente vorgebracht wurden, die ich verteidigt habe. Aber ein eigenes Kapitel zu diesem Thema ist angebracht. Zum einen gibt es einige weitere Einwände, die es zu berücksichtigen gilt. Zum anderen sind bestimmte Einwände, die sich bei genauerem Hinsehen als äußerst schwach erweisen, so verbreitet und spiegeln so weit verbreitete Missverständnisse der Argumente wider, dass es sich lohnt, sie zu überdenken. Dies gilt insbesondere angesichts der erneuten Werbung, die Autoren des „Neuen Atheismus" in letzter Zeit für diese schlechten Einwände betrieben haben.[1] Es wird also eine gewisse Überschneidung zwischen dem, was ich in diesem Kapitel zu sagen habe, und dem, was ich in früheren Kapiteln gesagt habe, geben. Aber ich werde versuchen, zu viele Wiederholungen zu vermeiden und stattdessen die bereits diskutierten Einwände aus einem anderen Blickwinkel und in größerer Tiefe anzusprechen.

„Wenn alles eine Ursache hat, was hat dann Gott verursacht?"

Dies mag der häufigste Einwand gegen Argumente für eine göttliche Ursache der Welt sein. Er wird routinemäßig von Amateuren und

---

[1] Siehe Sam Harris, *The End of Faith* (New York: Norton, 2004); Sam Harris, *Letter to a Christian Nation* (New York: Alfred A. Knopf, 2006); Richard Dawkins, *The God Delusion* (New York: Houghton Mifflin, 2006); Daniel C. Dennett, *Breaking the Spell: Religion as a Natural Phenomenon* (New York: Viking, 2006); Christopher Hitchens, *God Is Not Great* (New York: Twelve, 2007); Victor J. Stenger, *God: The Failed Hypothesis* (Amherst, N.Y.: Prometheus Books, 2008); Stephen Hawking and Leonard Mlodinow, *The Grand Design* (New York: Bantam Books, 2010); Victor J. Stenger, *God and the Folly of Faith* (Amherst, N.Y.: Prometheus Books, 2012); Lawrence M. Krauss, *A Universe from Nothing* (New York: Free Press, 2012); Alex Rosenberg, *The Atheist's Guide to Reality* (New York: W. W. Norton, 2011); und A. C. Grayling, *The God Argument* (New York: Bloomsbury, 2013).

professionellen Philosophen erhoben. Und er ist eine Klammer der neuen atheistischen Literatur.[2] Wir haben bereits gesehen, warum der Einwand absolut keine Kraft gegen die in diesem Buch verteidigten Argumente hat. Keines der Argumente beruht in erster Linie auf der Prämisse, dass „alles eine Ursache hat". Schon aus diesem Grunde würde jede Andeutung, der Befürworter solcher Argumente widerspreche sich selbst oder mache eine willkürliche Ausnahme von seiner eigenen Regel, einfach gegen einen Strohmann gerichtet.

Aber rhetorisch zu fragen: „Was hat Gott verursacht?", ist ein schlechter Einwand, abgesehen von der Tatsache, dass die Argumente nicht auf der fraglichen Prämisse beruhen. Denn es ist nicht so, als ob die Argumente keinen Grund dafür gäben, warum Gott keine Ursache braucht, selbst wenn andere Dinge dies tun. Im Gegenteil, ein Teil des Arguments besteht darin, festzustellen, dass es etwas geben muss, dem nicht nur eine Ursache fehlt, die es im Prinzip auch hätte haben können, gerade weil es genau das Merkmal nicht hat, wodurch andere Dinge einer Ursache bedürfen.

Daher besagt der aristotelische Beweis, dass andere Dinge eine Ursache brauchen, weil sie eine Mischung aus Aktualität und Potenzialität sind und jedes Potenzial, gerade weil es nur Potenzial ist, sich nicht selbst aktualisieren kann. Im Gegensatz dazu muss das, was rein aktual ist, gerade weil es keine Potenzialität hat, nicht nur keine Ursache haben, sondern kann sie auch nicht haben. Der neoplatonische Beweis besteht darin, dass zusammengesetzte Dinge eine Ursache benötigen, weil es ein Prinzip außerhalb von ihnen geben muss, das die Zusammensetzung ihrer Teile erklärt. Aber was ganz einfach oder nichtzusammengesetzt ist, muss gar nicht erst zusammengesetzt werden. Es muss also nicht nur nicht verursacht worden sein, sondern kann auch nicht verursacht worden sein. Der thomistische Beweis hebt den gleichen Gesichtspunkt insofern hervor, als er betont, dass für ein Ding, das erhalten werden soll, sein Wesen mit der Existenz verbunden sein muss, was eine Ursache erfordert, während etwas, dessen Wesen gerade die Existenz *ist*, nicht mit seinem Wesen verbunden werden muss und daher eine Ursache weder haben muss noch haben kann. Der rationalistische Beweis führt dazu, dass kontingente Dinge eine Ursache benötigen, gerade weil sie kontingent sind und auch anders hätten sein können, während das, was notwendig ist und somit

[2] Siehe Dawkins, *God Delusion*, p. 77; Dennett, *Breaking the Spell*, p. 242; Harris, *Letter to a Christian Nation*, pp. 72–73; Hawking and Mlodinow, *Grand Design*, p. 172; Hitchens, *God Is Not Great*, p. 71; Krauss, *Universe from Nothing*, p. xii; Stenger, *God and the Folly of Faith*, pp. 215, 323–24.

nicht anders sein kann, eine Ursache weder haben muss noch haben kann.[3]

Daher ist die Frage „Was hat Gott verursacht?" weit davon entfernt, der verheerende Einwand zu sein, den neue atheistische Schriftsteller in ihr vermuten – tatsächlich ist dieser Einwand schmerzhaft unfähig. Im Lichte dessen, was die verschiedenen Argumente eigentlich unter „Ursache" und „Gott" verstehen, stellt sich die Frage: „Was hat das Ding verursacht, das im Prinzip keine Ursache haben kann?" Insbesondere geht es um die Fragen: „Was aktualisiert die Potenziale in dem Ding, das reine Aktualität ist und somit nie irgendwelche Potenziale hatte, die überhaupt erst verwirklicht werden mussten?"; oder: „Welches Prinzip erklärt die Zusammensetzung der Teile in dem, was keine Teile hat, sondern absolut einfach oder nichtzusammengesetzt ist?"; oder: „Was vereint das bestimmte Wesen und die Existenz in dem, was kein Wesen hat, das sich von seiner Existenz unterscheidet?"; oder: „Was hat dem Ding, das seinen zureichenden Grund für die Existenz in sich selbst und nicht von etwas anderem abgeleitet hat, einen zureichenden Grund für die Existenz gegeben"? Und keine dieser Fragen ergibt einen Sinn.

Natürlich könnte der Atheist sagen, dass er nicht davon überzeugt sei, dass es mit diesen Argumenten gelinge zu zeigen, dass es wirklich etwas gebe, das im Prinzip keine Ursache hätte haben können – etwas, das rein aktual oder absolut einfach ist, oder in dem Wesen und Existenz identisch sind, oder das einen zureichenden Grund für seine Existenz in sich selbst hat. Er könnte sogar versuchen zu argumentieren, dass es eine Art versteckte Inkohärenz in diesen Begriffen gebe. Aber nur zu fragen: „Was hat Gott verursacht?" – als ob irgendein Verfechter solcher Argumente die offensichtlichsten Einwände übersehen hätte –, verfehlt einfach den ganzen Punkt. Ein ernsthafter Kritiker muss sich mit den Details der Argumente auseinandersetzen. Er kann sie nicht mit einer einzigen selbstgefälligen Frage kurzschließen.

Da ich diese Punkte in früheren Kapiteln ausführlich entwickelt und verteidigt habe, werde ich sie hier nicht weiter bearbeiten, sondern den interessierten Leser auf diese früheren Diskussionen hinweisen. Es ist jedoch wichtig zu betonen, dass der vorliegende Einwand auch gegen keine der anderen Versionen des Arguments der ersten Ursache Kraft besitzt (auch bekannt als das „kosmologische Argument"), die von Philosophen im Laufe der Jahrhunderte verteidigt wurden – meist aus den gleichen

[3] Den augustinischen Beweis erwähne ich hier nicht, weil er im Gegensatz zu den anderen kein kausales Argument für die Existenz Gottes beinhaltet. Der vorliegende Einwand ist daher nicht einmal *prima facie* relevant.

Gründen, aus denen er keine Kraft gegen die in diesem Buch verteidigten Argumente besitzt. Warum wird dann dieser lahme Einwand so häufig erhoben und so dargestellt, als wäre er verheerend? Das ist eine Frage, die es wert ist, eingehend geprüft zu werden.

Ein Teil der Antwort ist, dass sich die Kritik an den Argumenten der ersten Ursache fast immer gegen einen fast allgegenwärtigen Strohmann richten – ein Argument, das weithin als Repräsentation der Hauptstoßrichtung des kosmologischen Arguments angesehen wird, das aber in Wirklichkeit keine interessante Beziehung zu dem hat, was ein Verteidiger solcher Argumente jemals gesagt hat. Zum Beispiel beginnt der neue Atheist Daniel Dennett seine kurze Diskussion über das kosmologische Argument wie folgt:

> Das kosmologische Argument [...] in seiner einfachsten Form besagt, dass, da alles eine Ursache haben muss, das Universum eine Ursache haben muss – nämlich Gott.[4]

Die Annahme, dass dies der Grundgedanke der kosmologischen Argumentation sei, ist, wie gesagt, keineswegs auf die neuatheistische polemische Literatur beschränkt. Sie findet sich in vermeintlich neutralen Werken der Pop-Philosophie. Nigel Warburton behauptet daher, dass

> das Erste-Ursache-Argument besagt, dass absolut alles durch etwas anderes vor ihm verursacht wurde: Nichts ist ohne Ursache entstanden. Weil wir wissen, dass das Universum existiert, können wir mit Sicherheit davon ausgehen, dass eine ganze Reihe von Ursachen und Wirkungen dazu geführt haben, dass es so ist, wie es ist. Wenn wir dieser Reihe folgen, werden wir eine ursprüngliche Ursache finden, die die allererste Ursache ist.[5]

Die Annahme ist auch in der Arbeit von strengeren akademischen Philosophen weit verbreitet, die sich nicht auf die Religionsphilosophie spezialisiert haben. Zum Beispiel schreibt Graham Priest:

> Es ist eine natürliche Annahme, dass ohne Erklärung nichts geschieht: Menschen werden nicht grundlos krank, Autos fallen nicht ohne Fehler aus. Alles hat also eine Ursache. Aber was könnte die Ursache für alles sein? Offensichtlich kann es nichts Physisches sein,

---

[4] Dennett, *Breaking the Spell*, p. 242.

[5] Nigel Warburton, *Philosophy: The Basics*, 4th ed. (London: Routledge, 2004), p. 17.

> wie ein Mensch; oder sogar etwas wie der Urknall der Kosmologie. Solche Dinge müssen selbst Ursachen haben. Also muss es etwas Metaphysisches sein. Gott ist der offensichtlichste Kandidat.
>
> Dies ist eine Version eines Arguments für die Existenz Gottes, das oft als kosmologisches Argument bezeichnet wird.[6]

Es gibt sogar mindestens einen Fall, in dem die Idee in der Arbeit von jemandem auftaucht, der sich auf die Religionsphilosophie spezialisiert hat. Robin Le Poidevin fasst zusammen, was er „das kosmologische Grundargument" nennt, von dem zumindest einige andere Versionen „Modifikationen" seien:

> 1. Alles, was existiert, hat einen Grund für seine Existenz.
> 2. Nichts kann die Ursache seiner eigenen Existenz sein.
> 3. Das Universum existiert.
>
> Deshalb hat das Universum eine Ursache seiner Existenz, die außerhalb des Universums liegt.[7]

Beispiele für ähnliche Zusammenfassungen des Arguments können leicht mannigfach gegeben werden.[8] Der nächste Standardschritt derjenigen, die diese Zusammenfassungen präsentieren, ist natürlich, dass die Begründer des Arguments auf die offensichtliche Antwort hinweisen: Wenn alles eine Ursache hat, was hat dann Gott verursacht? Wenn die Antwort ist, dass nichts Gott verursacht hat, dann, so der Kritiker, könnten wir genauso gut sagen, dass nichts das Universum verursacht hat. Die Kritiker schlagen auch gelegentlich vor, dass das Argument unnötig davon ausgehe, dass das Universum einen Anfang habe, während der Druck, nach einer ersten Ursache jeglicher Art zu suchen, verschwinde, wenn wir stattdessen annehmen, dass dies nicht der Fall sei. Komplexere Versionen des kosmologischen Arguments werden dann manchmal so behandelt, als

---

[6] Graham Priest, *Logic: A Very Short Introduction* (Oxford: Oxford University Press, 2000), pp. 21–22.

[7] Robin Le Poidevin, *Arguing for Atheism: An Introduction to the Philosophy of Religion* (London: Routledge, 1996), p. 4.

[8] Weitere Beispiele, die nur aus Büchern stammen, die in meinem Arbeitszimmer liegen, sind: Michael Martin, *Atheism: A Philosophical Justification* (Philadelphia: Temple University Press, 1990), p. 96; Bertrand Russell, *Why I Am Not a Christian* (New York: Simon and Schuster, 1957), p. 6; Jenny Teichman and Katherine C. Evans, *Philosophy: A Beginner's Guide*, 2nd ed. (Blackwell, 1995), p. 22; und Rebecca Newberger Goldstein, *36 Arguments for the Existence of God: A Work of Fiction* (New York: Pantheon, 2010), p. 348.

wären sie verzweifelte und zum Scheitern verurteilte Versuche, die grellen Löcher in diesem „kosmologischen Grundargument" zu stopfen.

Das Problem ist folgendes: *Nicht einer der vielen prominenten Verteidiger des kosmologischen Arguments in der Geschichte der westlichen Philosophie hat jemals so etwas wie dieses so genannte „kosmologische Grundargument" vorgebracht.* Insbesondere – und um es auf den Punkt zu bringen – findet man ein solches Argument nicht bei Platon, Aristoteles, Plotin, Al-Ghazali, Avicenna, Averroes, Maimonides, Anselm, Bonaventura, Thomas von Aquin, Scotus, Suarez, Leibniz, Clarke, Locke, Berkeley, Reginald Garrigou-Lagrange, Jacques Maritain, Etienne Gilson, Mortimer Adler, Bruce Reichenbach, Richard Taylor, Richard Swinburne, Robert Koons, Richard Gale, Alexander Pruss, John Haldane, Christopher Martin, David Oderberg, William Lane Craig oder, soweit ich weiß, in der Arbeit irgendeines anderen Philosophen, der das kosmologische Argument verteidigt hat. Tatsächlich gibt Le Poidevin (der als Religionsphilosoph besser über das Thema informiert ist als die anderen oben zitierten Kritiker) zu, dass „niemand ein kosmologisches Argument genau dieser Form verteidigt hat".[9] Er denkt nur, dass es „ein nützliches Sprungbrett für die anderen, raffinierteren Versionen" des Arguments sei.

Das ist, wenn man darüber nachdenkt, äußerst seltsam. Angenommen, die „Intelligent Design"-Theoretiker bezeichneten „die grundlegende darwinistische These" routinemäßig als die Behauptung, dass irgendwann in der fernen Vergangenheit ein Affe ein menschliches Baby geboren habe. Angenommen, sie haben nie irgendwelche Quellen für diese Behauptung genannt (was sie natürlich nicht konnten, da kein Darwinist jemals so etwas gesagt hat) und haben sogar zugegeben, dass niemand die These jemals verteidigt hat. Aber nehmen wir an, dass sie dennoch vorgeschlagen haben, dass es „ein nützliches Sprungbrett für die anderen, raffinierteren Versionen" des Darwinismus darstellt. Darwinisten wären zu Recht empört, wenn sie einwenden würden, dass ein solches Vorgehen die ganze Diskussion auf den falschen Fuß stelle und insbesondere den falschen Eindruck vermittle, dass alles, was Darwinisten über die menschliche Herkunft zu sagen hätten, wirklich nur eine verzweifelte Übung sei, um eine offensichtlich absurde Position aufrechtzuerhalten. Doch genau dieser falsche Eindruck wird durch die Unterstellung vermittelt, dass die oben zitierten Denker, so komplex ihre Argumente auch sein mögen, letztlich alle versuchten, etwas zu retten oder zu „modifizieren", was im Grunde dem entspricht, was Le Poidevin als „das kosmologische Grundargument" bezeichnet.

---

[9] Le Poidevin, *Arguing for Atheism*, p. 4.

Auch konnte niemand, der mit der Arbeit der Verteidiger des Arguments vertraut ist, ehrlich sagen, dass sie sich zumindest *implizit* dem so genannten „kosmologischen Grundargument“ verpflichtet fühlen. Zum einen appelliert keiner der betroffenen Denker tatsächlich an die Prämisse, dass „alles eine Ursache hat“. Einige von ihnen *bestreiten* sogar explizit oder implizit, dass alles eine Ursache hat. Zum anderen geht keiner der Verteidiger des oben zitierten Arguments davon aus, dass das Universum einen Anfang hatte, und nur eine Version des Arguments (das kosmologische *kalām*-Argument) ist darauf bedacht zu zeigen, dass das Universum einen Anfang hat. In der Tat erfordern die meisten Versionen überhaupt gar keine Prämisse über das Universum *als Ganzes*.

Aber wenn Verteidiger des kosmologischen Arguments nicht nur nicht davon ausgehen, sondern in der Tat oft bestreiten, dass alles eine Ursache hat; wenn die meisten von ihnen nicht nur nicht davon ausgehen, dass das Universum einen Anfang hat, sondern nicht einmal an der Frage interessiert sind, ob es einen Anfang hat; und wenn die meisten von ihnen gar nicht erst von irgendeiner Prämisse über das Universum als Ganzes argumentieren; dann ist es, gelinde gesagt, höchst irreführend, eine Diskussion in der Weise zu beginnen, wie dies Dennett, Warburton, Priest, Le Poidevin und viele andere tun.

Wenn sich die Prävalenz des Einwands „Wenn alles eine Ursache hat, was hat dann Gott verursacht?“ durch die Prävalenz des Strohmannes des Erste-Ursache-Arguments erklärt, gegen das es gerichtet ist, wirft dies auf jeden Fall nur die weitere Frage auf: Warum greifen die Kritiker diesen Strohmann immer wieder an? Ein Teil der Antwort ist sicherlich, dass sich die Kritiker zu sehr auf das verlassen, was andere Kritiker sagen, anstatt sich ernsthaft mit den Schriften der Verteidiger der kosmologischen Argumente selbst zu beschäftigen. Insbesondere Dennett und andere neuatheistische Schriftsteller, Pop-Philosophen wie Warburton und akademische Philosophen wie Priest, die sich nicht auf die Religionsphilosophie spezialisiert haben, scheinen das kosmologische Argument „gelernt“ zu haben, indem sie andere Kritiker gelesen haben, die fälschlicherweise behaupten, dass „alles eine Ursache hat, also das Universum eine Ursache hat etc.“. Solche Autoren lesen entweder nicht, was Thomas von Aquin, Leibniz und andere tatsächlich geschrieben haben, oder lesen in das, was Thomas, Leibniz und andere geschrieben haben, das Argument „Alles hat eine Ursache, also hat das Universum eine Ursache usw.“ hinein – ein Argument, das nicht wirklich da ist. Da Generation für Generation von Schriftstellern diese intellektuell schlampige Prozedur wiederholt hat, ist es zur konventionellen Weisheit geworden, dass die Argumente der ersten Ursache besagen, dass „alles eine Ursache hat, also das Universum eine Ursache hat usw.". Der Strohmann ist mittlerweile so verbreitet, dass selbst ein Religionsphilosoph wie Le Poidevin, der es besser weiß, sich berechtigt fühlt, den Strohmann so zu behandeln, als wäre er ein legitimer Ausgangspunkt für eine Behandlung des kosmologischen Arguments.

Aber das wirft noch eine weitere Frage auf: Wie kam dieser Strohmann überhaupt in die Literatur? Eine plausible Antwort hat der thomistische Philosoph W. Norris Clarke in seinem Artikel "A Curious Blind Spot in the Anglo-American Tradition of Antitheistic Argument" von 1970 vorgeschlagen.[10] Clarke liefert mehrere Beispiele für philosophische Lehrbücher aus der Mitte des zwanzigsten Jahrhunderts, die Variationen der Karikatur der Argumente der ersten Ursache darstellen, die wir diskutiert haben, einschließlich John Hospers' weit verbreitetem Aufsatz *An Introduction to Philosophical Analysis*. Wie Clarke andeutet, könnte Bertrand Russells berühmtes Buch *Why I Am Not a Christian* aus dem Jahr 1957 (dessen Titel von einem 1927er-Vortrag von Russell stammt, der im Buch abgedruckt ist) die Quelle sein, aus der viele nachfolgende Autoren diese Karikatur und die Antwort darauf gelernt haben.

Clarke stellt auch fest, dass Russell wiederum die Idee von John Stuart Mill übernommen zu haben scheint, der sie wiederum von seinem Vater James Mill bekommen hat. Clarke schlägt vor, dass David Hume, der in den *Dialogen über die natürliche Religion* so etwas wie das Ur-Strohmännchen des Erste-Ursache-Arguments angreift, der erste bekannte Schriftsteller sein könnte, der dies tut. Clarke schreibt:

> Nehmen wir zunächst ohne Einschränkung an, dass, wenn man das Prinzip „Jedes Seiende hat eine Ursache" zugibt, die Widerlegung unausweichlich und verheerend ist. Aber die Leichtigkeit dieser Widerlegung, wenn schon nichts anderes, hätte in den Köpfen der Nutzer den Verdacht hervorrufen können, dass man darüber nachdenkt, ob ihre vermeintlichen Gegner dieses Prinzip tatsächlich anwenden. *Und es ist an sich schon eine höchst verdächtige Tatsache, dass niemand unter den vielen in dieser Hume-Russell-Tradition, die ich gelesen habe, jemals einen bestimmten theistischen Philosophen zitiert, der sich des Prinzips bedient.* Dieses Muster ist in der Tat so konstant, dass ich bereit bin zu wetten, dass dieses gemeinsame Merkmal auch bei denen zu finden ist, die ich noch nicht durchgesehen habe.[11]

---

[10] W. Norris Clarke, *Monist* 54 (1970): 181–200, wiederabgedruckt in W. Norris Clarke, *The Creative Retrieval of St. Thomas Aquinas: Essays in Thomistic Philosophy, New and Old* (New York: Fordham University Press, 2009), pp. 48–65.

[11] Clarke, *Creative Retrieval of St. Thomas Aquinas*, p. 55 (Hervorhebungen hinzugefügt).

Wie die Beispiele von Dennett, Warburton, Priest, Le Poidevin und anderen zeigen, hat sich das Muster in den mehr als vierzig Jahren, seit Clarke dies geschrieben hat, fortgesetzt. Kritiker greifen den Strohmann regelmäßig an, ohne jemanden zu zitieren, der ihn jemals verteidigt hat – ebenso wie Hospers, der, nachdem er die Befürworter des Arguments der ersten Ursache fälschlicherweise beschuldigt hat, sich selbst zu widersprechen, indem sie bestreiten, dass Gott eine Ursache hat, selbstgefällig schreibt:

> Viele Menschen sehen das nicht sofort, weil sie das Argument benutzen, um zu Gott zu gelangen, und dann, nachdem sie dort angekommen sind, wo sie hinwollten, alles über das Argument vergessen.[12]

Aber wer genau *sind* diese „vielen Menschen"? Uns wird nichts darüber gesagt. Es ist verlockend zu schließen (um Hospers zu paraphrasieren), dass die Kritiker nicht sehen, dass niemand jemals wirklich den Strohmann verteidigt hat, den sie angreifen, weil, nachdem sie dort angekommen sind, wo sie hinwollten – eine Weise der Verabschiedung von Aristoteles, Thomas von Aquin, Leibniz und anderen und dadurch die Aufgabe der Verpflichtung zu einer göttlichen ersten Ursache –, sie alles vergessen, was diese Autoren tatsächlich gesagt haben. So sagt Clarke:

> Wir können also nur zu dem Schluss kommen, dass die Hume-Russell-Tradition der antitheistischen Argumentation, zumindest in diesem Punkt, irgendwie einen schlechten Start hatte, indem sie das Argument, das sie zu widerlegen versuchte, völlig missverstanden und falsch dargestellt hat, und dass sie sich seitdem immer wiederholt hat, indem sie nur mit sich selbst sprach, ohne sich jemals zu fragen, ob die vermeintlich andere Partei der Debatte überhaupt noch da war oder jemals dort gewesen war. Mit einem Wort, es ist eine Tradition im schlechteren Sinne des Wortes geworden, wirklich in einem Trott und offensichtlich ihrer selbst nicht bewusst.[13]

Aber wie ist die Hume-Russell-Strohmann-Tradition selbst entstanden? Wie Clarke vorschlägt, scheint die Antwort zu sein, dass Hume auf das reagierte, was er fälschlicherweise für die Aussagen der frühneuzeitlichen rationalistischen Philosophen Descartes und Spinoza hielt. In der dritten seiner *Meditationen über die Erste Philosophie* hatte Descartes eine

---

[12] Zitiert in ibid., p. 52.
[13] Ibid., p 59.

exzentrische und jetzt wenig bekannte Variante des Arguments der ersten Ursache vorgeschlagen (eine Variante, die von Kommentatoren manchmal als „Erhaltung“ bezeichnet wird), was bedeutet, dass es einen *Sinn* gibt, in dem alles eine Ursache hat. Nun, selbst Descartes’ Argument war nicht das Strohmann-Argument „Alles hat eine Ursache, also hat das Universum eine Ursache“. Zum einen geht er in seinem Argument nicht auf die Frage ein, was die Ursache des Universums ist. Vielmehr beginnt er mit der Frage, was es ist, das ihn von Moment zu Moment in seiner Existenz bewahrt. Zum anderen erscheint die Prämisse „Alles hat eine Ursache“ in seinem Argument nicht explizit als Prämisse. Außerdem macht das Argument im Falle Gottes keine Ausnahme, da es ihn als *selbst*verursacht betrachtet. Mit anderen Worten, Descartes war implizit der Prämisse verpflichtet, dass alles eine Ursache hat, einschließlich Gottes. Auch er unterliegt also nicht dem Einwand „Wenn alles eine Ursache hat, was hat Gott verursacht?“, zum Teil deshalb, weil er nicht von vornherein leugnet, dass Gott eine Ursache hat.

Es gibt noch einen anderen Grund, warum dies selbst gegen Descartes kein gutes Argument ist. Clarke diskutiert das Argument ausführlich und zeigt, dass, während Descartes’ Entwicklung und Verteidigung des Arguments in seinen Antworten auf die Kritiker der *Meditationen* das Argument verkompliziert und verwirrt, am Ende des Tages aber selbst er nicht etwas zu sagen scheint, das dem Hume-Russell Strohmann des Erste-Ursache-Arguments zugeordnet werden kann. Vielmehr ist das, was Descartes sagt, etwas näher an einer Version des Prinzips vom zureichenden Grund (PZG), das ich in Kapitel 5 diskutiert und verteidigt habe, wonach alles eine *Erklärung* hat. Das ist nicht dasselbe wie zu sagen, dass alles eine *Ursache* hat (im Sinne von „das, was ein Potenzial aktualisiert“), denn während alle Ursachen Erklärungen sind, sind nicht alle Erklärungen Ursachen. Und wie wir in Kapitel 5 gesehen haben, kann im Falle von Erste-Ursache-Argumenten, die sich an das PZG wenden, der Einwand im Hume-Russell-Stil nicht auf den Weg gebracht werden, weil diese Argumente im Falle Gottes keine Ausnahme machen müssen und auch nicht können. Sie behaupten, dass absolut *alles* eine Erklärung hat. Im Falle von kontingenten Dingen liegt die Erklärung außerhalb der Sache, und im Falle eines notwendigen Seienden liegt die Erklärung in der eigenen Natur der Sache. Was auch immer man von solchen Argumenten hält, es gibt keine Inkonsistenzen und keine Ad-hoc-Ausnahmen von einem allgemeinen Prinzip.

Clarke schlägt vor, dass Descartes die Unterscheidung zwischen einer Ursache und einem zureichenden Grund verwischt hat, und dass Spinoza (der auch an Gott als Selbstursache dachte) dasselbe tat. Was sie wirklich *meinten*, war so etwas wie „Alles hat eine Erklärung“, wobei sie bei Gott keine Ausnahme machten. Aber wenn bei ihnen die Rede von „Ursache" ist, klingt es, als ob sie sagen, dass „alles eine Ursache hat", im üblichen Sinne einer effizienten Ursache, die sich von ihrer Wirkung unterscheidet. Und das ist natürlich die Art von Ursache, die Gott traditionell nicht haben kann und die selbst Descartes und Spinoza bestreiten würden (auch wenn sie denken, dass er eine „Ursache" im Sinne eines zureichenden Grundes hat).

Clarke meint, dass das, was Hume getan hat, im Wesentlichen darin bestand, diese beiden Bedeutungen von „Ursache" zu verwechseln, indem er die rationalistische Behauptung, dass *„alles eine ‚Ursache' – im Sinne eines ‚zureichendem Grundes' – hat"*, mit der Behauptung identifiziert, dass *„alles eine ‚Ursache' – im Sinne von ‚effizienter Ursache' – hat, die sich von sich selbst unterscheidet"*. Tatsächlich hat kein Verteidiger des kosmologischen Arguments jemals die letztere Behauptung aufgestellt, aber da Descartes und Spinoza die erste Behauptung aufgestellt haben, schien es Hume so, als hätte es jemand getan. Hume unternahm dann im Wesentlichen den weiteren Schritt, diese These den Befürwortern des kosmologischen Arguments im Allgemeinen zuzuschreiben. Und dann, da die Befürworter des kosmologischen Arguments im Allgemeinen bestreiten, dass Gott eine *„Ursache" – im Sinne einer effektiven Ursache* – hat, die sich von ihm selbst unterscheidet, schien die Behauptung, dass die Befürworter der Argumentation sich selbst widersprechen, Kraft zu haben. Aber Clarke sagt:

> So ist das Argument der ersten Ursache für die Existenz Gottes, das die Hume-Russell-Tradition so verheerend angreift, in der Tat ein unantastbares metaphysisches Monster. Aber es ist ein Monster ihrer eigenen Hervorbringung, nicht das eines angesehenen theistischen Philosophen. Es ist eigentlich eine Art Mischung aus den traditionellen scholastischen und kartesischen rationalistischen Traditionen, die in keinem von beiden Traditionen sinnvoll wäre und von beiden abgelehnt würde.[14]

Clarke führt weiter aus, dass Hume zwar eine Entschuldigung für diesen Fehler gehabt haben mag, da die Terminologie von Descartes verwirrend ist, aber „es ist viel schwieriger, seine Nachfolger in dieser Tradition zu entschuldigen, angesichts all der Mittel der Geschichtswissenschaft und der Sprachanalyse, die ihnen zur Verfügung stehen, um diese Verwirrung fortzusetzen".[15] Meiner Ansicht nach ist die Bereitschaft, dem folgenden

[14] Ibid., p. 62.
[15] Ibid.

Urteil von Clarke zuzustimmen, ein nützlicher Test für die Kompetenz und intellektuelle Ehrlichkeit eines jeden Atheisten und professionellen Philosophen, der sich entschließt, zum Thema der Argumente der ersten Ursache Stellung zu nehmen:

> Wir befinden uns hier in der Gegenwart einer philosophischen Tradition, die sich wirklich in einer sich selbst wiederholenden Spur befindet, einer Tradition, die längst aufgehört hat, außerhalb ihrer selbst nachzuschauen, um an der Realität zu prüfen, ob der Gegner, den sie so triumphierend und mühelos zerstört, überhaupt existiert. [...] Es scheint höchste Zeit zu sein, dass diejenigen, die noch immer dieser besonderen Tradition antitheistischer Argumente folgen, den Anstand und die Bescheidenheit haben, anzuerkennen, dass ihr Argument tot ist und dass wir mit substanzielleren Problemen in Bezug auf philosophische Argumente für und gegen die Existenz Gottes weitermachen sollten.[16]

Leider scheint der betreffende Strohmann unsterblich zu sein. Mehr als achtzig Jahre bevor Norris Clarke seinen Aufsatz veröffentlichte, beschwerte sich ein anderer Thomist, Richard Clarke:

> Der Leser wird feststellen, dass das Gesetz der Kausalität nicht besagt (wie uns einige moderne Schriftsteller ungerechterweise glauben machen wollen), *dass alles, was existiert, eine Ursache hat*. In dieser Form ist es völlig unwahr, denn Gott ist unerschaffen und unverursacht. Wenn es so formuliert wäre, wäre der Einwand, dass wir zuerst unser universelles Gesetz formulieren und dann von ihm das ausschließen, von dem alle Existenz abhängt, vollkommen gültig. Aber das dient nur dazu, um unsere Position falsch darzustellen. Es ist eines der unwürdigen Mittel der Feinde der *a priori*-Philosophie.[17]

Zweifellos werden Verteidiger der Erste-Ursache-Argumente die Klage in weiteren achtzig Jahren erneut wiederholen müssen. In der Tat bin ich zuversichtlich, dass selbst einige Atheisten, die das vorliegende Buch lesen, bald *noch einmal* den müden Einwand „Wenn alles eine Ursache hat, was hat dann Gott verursacht?" erheben werden. Gewohnheiten sind schwer zu brechen, vor allem, wenn der Bruch das Eingeständnis

[16] Ibid., pp., 62f.

[17] Richard F. Clarke, *Logic* (New York: Benziger Brothers, 1889), pp. 78–79 (Hervorhebung im Original).

beinhaltet, dass Atheisten seit *Jahrhunderten* ihren Haupteinwand gegen die Erste-Ursache-Argumente auf einen ganz elementaren Fehler stützen.

„Vielleicht ist das Universum selbst (oder der Urknall, oder das Multiversum, oder ein indeterministisches Quantenereignis, oder die Gesetze der Physik) das unverursachte, selbsterklärende oder notwendige Seiende."

Dieser Einwand, der mindestens bis auf Hume zurückgeht, wird von den neuatheistischen Schriftstellern Dawkins, Dennett, Grayling, Krauss, Rosenberg und Stenger in verschiedenen Formen erhoben.[18] Und wie der erste Einwand verfehlt er völlig den Sinn jedes der in diesem Buch verteidigten Argumente. Wie wir gesehen haben, gibt es, was auch immer man von diesen Argumenten hält, keine Willkür oder ein besonderes Plädoyer, in dem bestritten wird, dass Gott eine Ursache braucht, während es darauf besteht, dass alles andere als Gott eine Ursache braucht. Der Unterschied ist ein prinzipieller. Und das Prinzip gibt in jedem Fall eine Antwort auf die Frage, warum zum Beispiel das Universum nicht der Endpunkt der Erklärung sein kann.

Nach dem aristotelischen Beweis erfordert jede Aktualisierung einer Potenz eine Ursache, während die reine Aktualität, und *nur* die reine Aktualität, dies nicht braucht. Aber das Universum ist eine Mischung aus Aktualität und Potenzialität und der Urknall beinhaltete die Aktualisierung eines Potenzials, ebenso wie jede Stufe der Evolution eines Multiversums und jedes Quantenereignisses (der Indeterminismus ist irrelevant). Auch die Gesetze der Physik sind für sich genommen nur insofern potenziell, als sie anders hätten sein können, als sie sind. Nichts also könnte davon selbsterklärend, notwendig oder „unverursacht" in dem relevanten Sinne sein, dass es keine Ursache haben muss und kann.

Auch nach dem neoplatonischen Beweis könnte weder das Universum noch ein Multiversum unverursacht, notwendig oder selbsterklärend sein, gerade weil es zusammengesetzt ist. Den Quantenereignissen und Gesetzen der Physik fehlt auch die metaphysische Einfachheit, die wir dem ersten Prinzip aller Dinge zuschreiben müssen, wie der neoplatonische Beweis erhellte. Ihre Kontingenz ist ein Indiz dafür, da die Tatsache, dass sie anders hätten sein können, als sie sind, eine Unterscheidung

[18] Siehe Dawkins, *God Delusion*, p. 78; Dennett, *Breaking the Spell*, p. 242; Grayling, *God Argument*, pp. 96–97; Krauss, *Universe from Nothing*, p. xii; Rosenberg, *Atheist's Guide to Reality*, pp. 36–39; Stenger, *God and the Folly of Faith*, p. 215.

zwischen Wesen und Existenz mit sich bringt. Der thomistische Beweis würde aus dem gleichen Grund leugnen, dass das Universum, der Urknall, Quantenereignisse oder Naturgesetze eine unverursachte Ursache sein könnten; nur etwas, dessen Wesen die Existenz selbst ist, kann das sein. Der Verteidiger des rationalistischen Beweises würde darauf hinweisen, dass alle diese nichtgöttlichen Wesen eher kontingent als notwendig sind und somit keine endgültige Erklärung liefern können.

Es könnte noch viel mehr gesagt werden. Insbesondere der metaphysische Status der Naturgesetze ist selbst ist so viel diskutiert worden, dass es erstaunlich ist, dass sich irgendjemand vorstellen kann, dass ein bloßer Verweis auf die Gesetze der Physik alles in diesem Zusammenhang regeln könnte. Was ist ein Naturgesetz? Wie hat es irgendeine Wirksamkeit? Ist ein Naturgesetz nur eine Aussage, dass es eine so und so bestimmte Regularität gibt? In diesem Fall ist es keine *Erklärung*, sondern nur eine Beschreibung der Sache, die es zu erklären gilt. Ist ein Naturgesetz eine Art platonisches Gebilde? In diesem Fall brauchen wir einen Bericht darüber, wie die Welt dazu kommt, an einem solchen Gesetz teilzuhaben, und warum sie an den spezifischen Gesetzen teilhat, wie sie es tut, und nicht an anderen Gesetzen. Und auch in diesem Fall können Gesetze keine *endgültigen* Erklärungen sein. Ist ein Naturgesetz eine Kurzbeschreibung der Art und Weise, wie sich eine natürliche Substanz aufgrund ihrer Natur oder ihres Wesens verhalten wird? In diesem Fall ist die Existenz von Gesetzen parasitär zur Existenz der Substanzen selbst und kann dann wiederum keine endgültige Erklärung sein.[19]

Natürlich könnte der Atheist jede dieser Ansichten über Naturgesetze ablehnen, zusammen mit den aristotelischen, neoplatonischen, thomistischen oder rationalistischen Berichten darüber, warum das Universum keine unverursachte Ursache oder ein selbsterklärendes oder notwendiges Wesen sein kann. Der Punkt ist jedoch, dass der *bloße* Hinweis, dass das Universum, der Urknall und so weiter der Endpunkt der Erklärung sein könnten, darin besteht, keinen *Grund* für die Ablehnung der Argumente zu geben. Es ist einfach, die Argumente zu *ignorieren* und sie nicht zu beantworten.

Es sei auch darauf hingewiesen, dass dieser Einwand, selbst wenn er erfolgreich wäre, den Atheismus nicht rechtfertigen würde. Denn wenn das Universum wirklich ein selbsterklärendes, unverursachtes,

---

[19] Für eine nützliche Darstellung der jüngsten Debatte über dieses Thema siehe Stephen Mumford, *Laws in Nature* (London: Routledge, 2004). Zur Verteidigung der aristotelischen Auffassung, dass Naturgesetze Zusammenfassungen der Wirkungsweise von Substanzen aufgrund ihrer Natur sind, siehe David S. Oderberg, *Real Essentialism* (London: Routledge, 2007), pp. 143–51.

notwendiges Wesen wäre, dann hätte es eindeutig göttliche Eigenschaften. Das Ergebnis wäre Pantheismus, nicht Atheismus. Der Einwand würde nicht zeigen, dass Gott nicht existiert, sondern dass Gott existiert und mit der Welt identisch ist. Viele Hindus würden dies gerne akzeptieren, auch wenn es Juden, Christen und Muslime nicht akzeptieren könnten. Und natürlich könnten es auch die Atheisten nicht akzeptieren.

„Es ist falsch anzunehmen, dass alles eine Ursache oder eine Erklärung hat."

Indem er diesen Einwand vorbringt, spricht Stenger einige Ereignisse eher dem „Zufall" als der Kausalität zu.[20] Dennett und Rosenberg schlagen vor, dass die Quantenmechanik zeige, dass Ereignisse ohne eine Ursache auftreten können.[21] Grayling wiederholt Humes These, dass „wir uns Wirkungen unabhängig von Ursachen vorstellen können".[22]

Lassen wir den Punkt beiseite, dass die in diesem Buch verteidigten Argumente nicht wirklich auf der Prämisse beruhen, dass alles eine Ursache hat. Keiner der gerade genannten Einwände hat auch nur Kraft gegen die kausalen Prinzipien, an die sich die Argumente halten. Nehmen wir Stengers Einwand, der sich gegen einen Strohmann richtet. Natürlich bestreitet kein Befürworter kosmologischer Argumente, dass zufällige Ereignisse eintreten. Aber es gibt schlicht nichts über den Zufall, was die Kausalität ausschließt. Im Gegenteil, der Zufall *setzt* nichtzufällige kausale Gesetzmäßigkeiten *voraus*. Ein Beispiel: Wenn ein Bauer, der ein Feld pflügt, auf vergrabene Schätze stößt, ist das ein Zufallsereignis. Aber es geschieht nur wegen der Konvergenz zweier zufälliger Kausalitätslinien: der Entscheidung des Bauern, an diesem Tag in eine bestimmte Richtung zu pflügen, und der Entscheidung eines anderen, den Schatz an genau dieser Stelle zu vergraben. Ebenso ist es ein Zufall, dass nach einem Erdbeben der taumelnde Felsblock A den Felsblock B zerschmettert hat. Aber er tritt nur aufgrund von kausalen Gesetzmäßigkeiten auf, wie sie in der Plattentektonik, der Massenanziehung, der Festigkeit von Felsblöcken und so weiter sich zeigen.

Die Quantenphysik zeigt höchstens, dass einige Ereignisse keine *deterministische* Ursache oder Erklärung haben, aber es gibt weder im Prinzip der Kausalität noch im PZG *per se* etwas, das diese *Art* von Ursache oder

[20] Stenger, *God and the Folly of Faith*, p. 97
[21] Dennett, *Breaking the Spell*, p. 242; Rosenberg, *Atheist's Guide to Reality*, pp. 38–39.
[22] Grayling, *God Argument*, p. 97.

Erklärung erfordert. Darüber hinaus treten Quantenereignisse auch in nichtdeterministischer Weise auf, nur aufgrund der Gesetze der Quantenmechanik, die kontingent und von sich aus nur potenziell sind, bis ein Universum, das daraus folgt, aktualisiert ist. Es geht also entweder an der Sache vorbei oder setzt die Antwort auf die Frage voraus, wenn man sich an die Quantenmechanik wendet, da diese selbst Teil dessen ist, was die kosmologischen Argumente für erklärungsbedürftig halten.

So alt auch der Hume'sche Einwand ist, es gibt mindestens drei Gründe, warum es nicht reicht vorzugeben, wie dies Grayling tut, dass die bloße Erwähnung desselben eine „definitive" Antwort auf die kosmologischen Argumente darstelle. Erstens würde kein arbeitender Physiker, Chemiker, Biologe oder Neurowissenschaftler auch nur für einen Moment den Vorschlag ernst nehmen, dass es vielleicht einfach keine Ursache oder Erklärung gibt, wenn er ein bestimmtes physikalisches, chemisches, biologisches oder neurologisches Phänomen untersucht. Der Kritiker kosmologischer Argumente schuldet uns also eine Erklärung dafür, dass *sein* Appell an einen solchen Vorschlag im gegenwärtigen Kontext irgendetwas Geringeres als ein besonderes Plädoyer sei. Und wie Lloyd Gerson betont hat, genügt die Tatsache, dass das kosmologische Argument selbst eine vorgeschlagene Erklärung ist, um zu zeigen, dass es nicht gut ist zu sagen: „Vielleicht gibt es in diesem Fall keine Erklärung". Das Argument hat eine Erklärung gegeben. Wenn der Kritiker es also vermeiden will, muss er einen anderen Grund als den bloßen Vorschlag finden, dass es keine Erklärung geben könnte.[23]

Ein zweites Problem mit dem Hume'schen Einwand ist, dass es einfach trügerisch ist, aus der Prämisse, dass „wir uns Wirkungen unabhängig von Ursachen vorstellen können", zu schließen, dass irgendein Ereignis tatsächlich keine Ursache haben könnte. Wir können uns vorstellen, was es ist, ein Dreieck zu sein, ohne gleichzeitig zu begreifen, was es ist, dreiseitig zu sein; aber daraus folgt nicht, dass es ein Dreieck geben könnte, das nicht dreiseitig war. Wir können uns einen Mann vorstellen, ohne zu begreifen, wie groß er ist, aber daraus folgt nicht, dass irgendein Mensch ohne eine bestimmte Größe existieren könnte, und so weiter.

Ein drittes Problem hat Elizabeth Anscombe identifiziert.[24] Hume behauptet, es sei denkbar, dass etwas ohne Ursache entstehen könne, und er hat offenbar so etwas wie die Vorstellung, dass ein Objekt plötzlich aus

---

[23] Lloyd P. Gerson, *Plotinus* (London: Routledge, 1994), p. 13.

[24] Siehe G. E. M. Anscombe, "'Whatever Has a Beginning of Existence Must Have a Cause': Hume's Argument Exposed", in *Collected Philosophical Papers*, vol. 1 (Oxford: Blackwell, 1981). Vgl. die Diskussion in Brian Davies, *An Introduction to the Philosophy of Religion*, 3rd ed. (Oxford: Oxford University Press, 2004), pp. 50–51.

heiterem Himmel auftauche, wo vorher nichts gewesen sei. Aber was hat es mit dieser Konzeption auf sich, die es zu einem Fall macht, sich etwas vorzustellen, das *ohne eine Ursache* entsteht – im Gegensatz zu etwas, das ohne *sichtbare* Ursache ins Dasein kommt oder auf eine unbekannte oder ungewöhnliche Weise (vielleicht durch Teleportation) da ist oder von woanders hertransportiert wird? Das Problem ist, dass das Hume'sche Szenario unterbeschrieben ist. Wir müssen etwas in unserer Art des Vorstellens hinzufügen, um es zu dem zu machen, was Hume braucht, um seinen Standpunkt darzulegen. Es ist jedoch schwer zu erkennen, was wir dazu beitragen können, ohne die Kausalität wieder ins Spiel zu bringen und damit den ganzen Sinn des Beispiels zu untergraben. Zum Beispiel ist es schwer zu erkennen, wie man etwas, das entsteht, von dem unterscheiden kann, was transportiert wird, es sei denn, es handelt sich um eine Unterscheidung zwischen einer erzeugenden und einer transportierenden Ursache.

Ich habe auf den Hume'schen Einwand und den Einwand der Quantenmechanik in früheren Kapiteln ausführlicher geantwortet, so dass ich hier nicht auf diese Fragen eingehen werde. Der interessierte Leser wird auf diese früheren Diskussionen hingewiesen.

„Warum sollte man annehmen, dass das Universum einen Anfang hatte oder dass ein Regress der Ursachen beendet werden muss?"

Rosenberg und Krauss haben so etwas wie diesen Einwand vorgebracht, wenn sie vorschlagen, dass die Multiversums-Hypothese – wonach der Urknall, der unser Universum hervorgebracht hat, eine Verzweigung von einem bereits existierenden Universum ist, das wiederum Teil einer anfangslosen Reihe von Universen ist – die Notwendigkeit einer göttlichen Ursache beseitige. Krauss, der Richard Feynman zitiert, schlägt auch vor, dass es für alles, was wir wissen, immer tiefere und tiefere Schichten von Gesetzen der Physik geben könne, die wir erforschen können, bis wir uns langweilen.[25]

Ein Problem dabei ist, dass, wie ich schon oft betont habe, die Erste-Ursache-Argumente wie die, die in diesem Buch verteidigt werden, sich gar nicht erst mit der Frage beschäftigen, ob das Universum einen Anfang hatte. Sie argumentieren stattdessen, dass, selbst wenn das Universum (oder das Multiversum) keinen Anfang hätte, es eine göttliche Ursache

[25] Krauss, *Universe from Nothing*, p. 177.

erfordern würde, um es ewig zu erhalten und zu erklären, warum es überhaupt existiert, sogar anfangslos.

Ich habe bereits erklärt (oben und ausführlicher in früheren Kapiteln), warum es nicht gut ist, sich an Naturgesetze zu wenden, als ob sie die ultimative Erklärung der Dinge sein könnten, und dieser Gesichtspunkt gilt auch unabhängig davon, wie viele Schichten von Naturgesetzen es geben mag. Beachten Sie auch, dass Ebene für Ebene der Naturgesetze eine hierarchische Reihe konstituieren würde, wie sie in Kapitel 1 beschrieben wurde – Gesetze auf einer Ebene bestehen nur als Sonderfall von Gesetzen auf einer tieferen Ebene, die wiederum nur als Sonderfall von noch tieferen Gesetzen bestehen würde –, und wir haben gesehen, warum eine solche Reihe nicht umhin kann, ein erstes Glied im Sinne von etwas zu haben, das kausale Macht verleihen kann, ohne sie von woanders abzuleiten. Nichts, was Krauss oder ein anderer der Neuen Atheisten zu sagen hat, bezieht sich auf diese Art von Argumenten, geschweige denn, dass es sie untergräbt.

Erste-Ursache-Argumente beinhalten einen Fehlschluss der Komposition

Ich habe bereits festgestellt, dass Argumente, wie sie in diesem Buch verteidigt werden, keinen Anspruch auf das Universum als Ganzes erheben oder ihn zumindest nicht voraussetzen oder benötigen. Es gibt also keine Teil-Ganzes-Überlegungen, die eines Trugschlusses der Komposition beschuldigt werden könnten. Wir haben auch in Kapitel 5 gesehen, dass die Art von Teil-Ganzes-Argumentation, die einer möglichen Konstruktion des rationalistischen Beweises der Behauptung zugrunde liegen könnte, dass das Universum als Ganzes kontingent ist, in Wirklichkeit keinen Fehlschluss der Komposition beinhaltet.

Allerdings behauptet Grayling, wieder einmal Hume zitierend, dass ein Argument dieser Art einen Fehlschluss der Komposition begehe, insofern es annimmt, dass, wenn jedes Glied einer Ansammlung einzeln erklärt wird, etwas übrigbleibt – nämlich die Ansammlung als Ganzes, die noch zu erklären ist.[26] Aber ein solcher Einwand verfehlt schlicht den Punkt, um den es geht. Man muss nur daran erinnern, dass selbst eine unendliche Reihe von beweglichen Stöcken immer noch eine Ursache außerhalb der Reihe erfordern würde, gerade weil keiner der Stöcke, weder einzeln noch gemeinsam, die Kraft hat, sich zu bewegen, und dass selbst

[26] Grayling, *God Argument*, p. 97.

eine unendliche Reihe von Spiegeln, die das Bild eines Gesichts widerspiegeln, immer noch ein tatsächliches Gesicht außerhalb der Serie erfordern würde, da keiner der Spiegel, weder einzeln noch gemeinsam, die Kraft hat, ein solches Bild zu erzeugen. Solche Gesichtspunkte wurden im Zusammenhang mit der Veranschaulichung des Begriffs einer hierarchischen Kausalreihe geltend gemacht. Aber Leibniz weist auf einen ähnlichen Aspekt hin, wenn er seine eigene Version des rationalistischen kosmologischen Arguments vorbringt, indem er feststellt, dass, wenn man uns sagt, dass ein bestimmtes Geometrie-Lehrbuch von einem früheren Exemplar kopiert wurde, das wieder von einem früheren Exemplar kopiert wurde, und dieses von noch einem früheren und so weiter unendlich in die Vergangenheit, wir kaum eine ausreichende Erklärung des Buches haben würden, mit dem wir angefangen haben.[27] Denn warum gibt es die Reihe der Bücher als Ganzes mit genau dem Inhalt, den sie hat, und nicht mit anderen Inhalten? Die Reihe der Ursachen immer weiter in die Vergangenheit zurückzuverfolgen, scheint die wichtigste Tatsache bezüglich des zu erklärenden Phänomens unberührt zu lassen.

Diese Beispiele zeigen, dass, wenn jemand tatsächlich einen Trugschluss der Komposition begeht, es in Wirklichkeit *Grayling und Hume selbst* sind, die dies tun. Denn aus der Tatsache, dass ich die Bewegung von Stock A mit Bezug auf Stock B, die Bewegung von Stock B mit Bezug auf Stock C usw. *ad infinitum* erklären kann, folgt einfach nicht, dass ich erklärt habe, warum es irgendeine Bewegung in der Reihe der Stöcke als Ganzes gibt. Aus der Tatsache, dass ich das Bild in Spiegel A mit Bezug auf Spiegel B, das Bild in Spiegel B mit Bezug auf Spiegel C usw. *ad infinitum* erklären kann, folgt nicht, dass ich erklärt habe, wie das Bild überhaupt in irgendeinen der Spiegel gekommen ist. Aus der Tatsache, dass ich den geometrischen Inhalt von Buch A durch Bezugnahme auf Buch B, den Inhalt von Buch B durch Bezugnahme auf Buch C usw. *ad infinitum* erklären kann, folgt einfach nicht, dass ich erklärt habe, warum eines der Bücher überhaupt einen geometrischen Inhalt hat.

„Selbst wenn es eine erste Ursache gäbe, gäbe es keinen Grund zu glauben, dass sie allmächtig, allwissend, vollkommen gut und so weiter sei."

Wie das Argument „Was hat Gott verursacht?" wird dieser Einwand gemeinhin als verheerender Einwand gegen Erste-Ursache-Argumente

[27] Siehe G. W. Leibniz, „Über den letzten Ursprung der Dinge" (Essay, 1697).

vorgetragen. Und wie „Was hat Gott verursacht?“ ist der Einwand in der Tat peinlich unfähig. Grayling verweist sachlich auf „den üblichen großen Sprung“ von der ersten Ursache zum „Gott der traditionellen Religion“.[28] Dawkins versichert seinen Lesern, dass es „absolut keinen Grund“ gebe, Allmacht, Allwissenheit und so weiter einer ersten Ursache zuzuschreiben.[29] Krauss macht eine ähnliche Behauptung geltend.[30]

In der Tat haben die Befürworter jeder Version des kosmologischen Arguments sehr viele Argumente vorgebracht, die behaupten zu zeigen, dass die Ursache der Welt, für deren Existenz sie sich eingesetzt haben, die wichtigsten göttlichen Attribute haben muss. Thomas von Aquin widmet in Teil I der *Summa theologiae,* gleich nach der Vorstellung der Fünf Wege, allein etwa hundert doppelspaltige Seiten dichter Argumentation, um zu zeigen, dass wir der Ursache der Welt Einfachheit, Güte, Unendlichkeit, Unveränderlichkeit, Einheit, Wissen, Leben, Wille, Macht und dergleichen zuschreiben müssen. Etwa zweihundert Seiten Argumentation in Buch 1 seiner *Summa contra gentiles* sind diesem Thema gewidmet. Viele Argumente in dieser Richtung finden sich auch in anderen Werken des Aquinaten, wie in *De potentia* und *De veritate*. Ein Großteil von Samuel Clarkes Buch *A Demonstration of the Being and Attributes of God* ist, wie jeder, der nur den Titel gelesen hat, entdecken wird, der Plausibilisierung verschiedener göttlicher Attribute gewidmet – Unendlichkeit, Allgegenwart, Einheit, Intelligenz, freie Wahl, Macht, Weisheit und Güte. Aristoteles, Plotin, Avicenna, Scotus, Leibniz und andere große Philosophen der Vergangenheit argumentieren für verschiedene göttliche Attribute, ebenso wie neuere Befürworter von Argumenten der ersten Ursache, wie sie bereits in diesem Kapitel zitiert wurden.

Dawkins, Grayling, Krauss und die anderen Autoren des Neuen Atheismus geben keine Antwort auf diese Argumente. In der Tat scheint es, dass sie nicht wissen, dass die Argumente überhaupt existieren. Auf jeden Fall habe ich in jedem der ersten fünf Kapitel dieses Buches und noch ausführlicher in Kapitel 6 viele detaillierte Argumente für die Schlussfolgerung angeführt, dass die erste Ursache der Dinge einzig, einfach, unveränderlich, ewig, immateriell, allmächtig, allwissend, vollkommen gut und so weiter sein muss. Obwohl sehr verbreitet, ist die Behauptung, dass selbst ein erfolgreicher Beweis einer ersten Ursache Sie nicht zum Gott des traditionellen Theismus führen würde, einfach grundlos.

---

[28] Grayling, *God Argument*, p. 96.
[29] Dawkins, *God Delusion*, p. 77.
[30] Krauss, *Universe from Nothing*, p. 173.

„Selbst wenn bewiesen würde, dass es eine erste Ursache gibt, die allmächtig, allwissend, vollkommen gut und so weiter ist, würde dies nicht von selbst zeigen, dass Gott Propheten ins alte Israel gesandt hat, die Bibel inspiriert hat, eine Dreieinigkeit ist und so weiter."

Das ist wahr, aber völlig irrelevant. Argumente wie die, die in diesem Buch verteidigt werden, behaupten nicht in erster Linie, *jedes* Dogma einer bestimmten Religion zu begründen, sondern nur einen zentralen Grundsatz, der vielen Religionen gemeinsam ist – nämlich, dass es eine Ursache für die Welt gibt, die einzig, einfach, immateriell, ewig, unveränderlich, allmächtig, allwissend, vollkommen gut und so weiter ist. Wenn ihnen das gelingt, dann zeigen sie, dass der Atheismus falsch ist und dass die einzige verbleibende Frage ist, welche *Art* von Theismus man annehmen sollte – einen rein philosophischen Theismus, oder das Judentum, oder das Christentum, oder den Islam, oder eine andere spezifischere Art von Theismus. Das zu entscheiden, würde weitere Untersuchungen und Argumentationen erfordern. Es wäre töricht, aus der Tatsache, dass die Argumente dieses Buches nicht *jede* Frage über Gott beantworten, zu folgern, dass sie *überhaupt keine* Frage über Gott beantworten würden. Das wäre, wie wenn man sagte, dass die spezielle Relativitätstheorie falsch sein müsse, weil sie uns nicht sage, ob und wie sich Lebewesen entwickelt haben, oder dass die Quantenmechanik falsch sein müsse, weil sie nicht alle Fragen beantworte, die wir über die Ingenieurwissenschaften haben können.

„Das kosmologische Argument setzt das ontologische Argument, das unzuverlässig ist, voraus."

Dieser Einwand wurde bekanntlich von Kant erhoben und in jüngerer Zeit von Grayling wiederholt.[31] Die Version des ontologischen Arguments, das Kant im Sinn hatte, war die von Descartes, wonach die Vorstellung eines nicht existierenden, aber höchst vollkommenen Wesens selbst widersprüchlich ist, da die Existenz eine Vollkommenheit ist. Descartes' Argument schlussfolgert daher, dass es ein überaus vollkommenes Wesen geben muss. Nun, wenn dieses Argument funktioniert, dann wäre Gottes Existenz notwendig, weil er per definitionem existieren würde, so wie ein Junggeselle per definitionem unverheiratet ist. Das kosmologische

[31] Grayling, *God Argument*, p. 98.

Argument, das behauptet, die Existenz von kontingenten Dingen sei mit dem Hinweis auf ein notwendiges Wesen zu erklären, setzt daher voraus, dass das ontologische Argument fundiert ist. Aber, so Kant, das ontologische Argument ist unzuverlässig (weil, wie er behauptet, die Existenz nicht wirklich eine Vollkommenheit ist). Daher muss auch das kosmologische Argument, das das ontologische Argument voraussetzt, unzuverlässig sein.

Nun, dass man mehr tun muss, als nur zu *behaupten*, dass das kosmologische Argument die ontologische Argumentation voraussetzt, sollte aus der Tatsache ersichtlich sein, dass Thomas von Aquin und die meisten Thomisten, die ihm folgen, das ontologische Argument *ausdrücklich ablehnen*, während sie das kosmologische Argument unterstützen. Und dass es (im Gegensatz zu dem, was Kant und Grayling annehmen) keine Inkonsistenz in ihrem Tun gibt, sollte aus dem, was in Kapitel 6 über die göttliche Notwendigkeit gesagt wurde, klar sein. Denn dort haben wir gesehen, dass, wenn Argumente wie die, die in diesem Buch verteidigt werden, behaupten, dass Gott aus Notwendigkeit existiert, sie nicht behaupten, dass er per definitionem existiert. Das ist nicht die einzige Vorstellung von Notwendigkeit, die es gibt, und es ist nicht die Vorstellung, an die sie appellieren. Aber Kants Behauptung wäre nur dann gerechtfertigt, wenn es sich um den Begriff der Notwendigkeit handelte, auf den sie sich berufen.

Gewiss erlaubt Grayling, dass ein Verteidiger des kosmologischen Arguments, wenn er für die Existenz eines notwendigen Seienden argumentiert, zwischen einem *logisch notwendigen* Sein – die Art des notwendigen Seins, das dem ontologischen Argument nach allgemeinem Verständnis zugrunde liegt und welches Grayling für philosophisch zweifelhaft hält – und einem *metaphysisch notwendigen* Wesen unterscheidet, das Grayling als „eines *charakterisiert, das existieren muss, damit das Universum einen Endpunkt im Regress der Ursachen* hat, d. h. als einen Boden, auf dem die kontingente Existenz ruhen kann“.[32] Diese letztere Auffassung von Notwendigkeit hilft jedoch nicht, sagt Grayling, denn sie sei lediglich eine relative Auffassung. Sie bedeute lediglich, dass Gott eine notwendige *Bedingung* für die Existenz der kontingenten Welt ist, was nicht bedeutet, dass er im Sinne von etwas notwendig ist, das nicht nicht hätte existieren können. Und es ist die Existenz eines Wesens, das in diesem letzteren, nicht bedingten Sinn notwendig ist, den das kosmologische Argument begründen sollte.

Aber das ist eine falsche Dichotomie, denn wie wir gesehen haben, gibt es Möglichkeiten, den Begriff der metaphysischen Notwendigkeit zu

[32] Ibid. (Hervorhebungen im Original).

buchstabieren, ohne entweder in eine logische Notwendigkeit zurückzufallen oder sich für eine rein bedingte Notwendigkeit zu entscheiden. Für den Aristoteliker ergibt sich die Kontingenz einer Sache aus der Tatsache, dass sie eine Mischung aus Aktualität und Potenzialität ist; was reine Aktualität ist und keine Potenziale hat, die aktualisiert werden müssen oder können, existiert also notwendigerweise. Für den Neoplatoniker ergibt sich die Kontingenz einer Sache aus der Tatsache, dass sie zusammengesetzt ist; was absolut nichtzusammengesetzt oder einfach ist, hat keine Teile, die kombiniert werden müssen oder können, und ist deshalb notwendig. Der Thomist würde ein ähnliches Argument anführen und argumentieren, dass die erste Ursache gerade deshalb notwendig ist, weil ihr Wesen die Existenz *ist* und daher die Existenz nicht mit ihr *verbunden* sein muss und auch nicht verbunden werden könnte (was die kontingenten Dinge überhaupt erst kontingent macht).[33] Alle diese Begriffe schreiben Gott eine mehr als nur bedingte Notwendigkeit zu, aber es ist nicht die logische Art von Notwendigkeit, die wir den Propositionen zuschreiben.

„Das kosmologische Argument schlägt einen ‚Lückenbüßer-Gott' vor, um etwas zu erklären, das in der Tat durch eine naturwissenschaftliche Theorie entweder besser erklärt wird oder besser erklärt werden kann."

Das ist, glaube ich, die zentrale Arroganz des gesamten Projekts des Neuen Atheismus. Nach Ansicht der Neuen Atheisten wird etwas, wenn es überhaupt erklärt werden kann, über die Methoden der Wissenschaft erklärt. Deshalb (so das Argument) kann der Appell an Gott bestenfalls eine Art quasiwissenschaftliche Hypothese sein, und das Problem ist, dass ein solcher Appell nicht gut ist. Für Hitchens verstößt es gegen Ockhams Rasiermesser.[34] Ähnlich schlägt Dawkins vor, dass „es sparsamer ist, eine „Urknall-Singularität" oder ein anderes bisher unbekanntes physikalisches Konzept zu beschwören".[35] Harris meint, dass wir zumindest im Moment nicht viel mehr sagen können, und meint, dass „die Wahrheit ist, dass niemand weiß, wie und warum das Universum entstanden ist".[36]

[33] Beachten Sie, dass der Thomist sagt, dass Gottes Wesen die Existenz *ist*, nicht dass es die Existenz „einschließt". Die letztere, gängige moderne Art des Sprechens riecht nach der Art von Komposition, die nach Auffassung des Thomisten, wie des Neoplatonikers, in Gott nicht existieren kann.

[34] Hitchens, *God Is Not Great*, pp. 70–71.

[35] Dawkins, *God Delusion*, p. 78.

[36] Harris, *Letter to a Christian Nation*, p. 73.

Krauss, Hawking und Mlodinow hingegen glauben, dass die Wissenschaft uns bereits eine vollständige, nichttheistische Erklärung der Existenz der Welt gegeben hat, oder nahe daran ist. „Weil es ein Gesetz wie die Schwerkraft gibt", schreiben Hawking und Mlodinow, „kann und wird sich das Universum aus dem Nichts selbst erschaffen."[37] Krauss' Buch *A Universe from Nothing* ist ein Versuch, diese Sichtweise plausibel zu machen.

Bei all dem gibt es zwei grundlegende Probleme. Das erste ist, dass die Charakterisierung der Frage der Existenz des Universums, als eine Angelegenheit der empirischen Wissenschaft erklärt und nicht der natürlichen Theologie, entweder den Punkt völlig verfehlt oder einfach das zu Beweisende als feststehend betrachtet. Zum einen sind die in diesem Buch verteidigten Versionen des kosmologischen Arguments keine „Lückenbüßer-Argumente", ganz gleich, ob man nun glaubt, dass sie erfolgreich sind oder nicht. Eine „Gott der Lücke"-Erklärung ist eine, bei der es zumindest prinzipiell möglich ist, dass eine nichtgöttliche Erklärung richtig ist, und die Behauptung ist höchstens, dass die theistische Erklärung wahrscheinlicher ist als diese Alternativen. Die Versionen des kosmologischen Arguments, das ich verteidigt habe, sind dagegen allesamt Versuche einer strengen *metaphysischen Demonstration*. Sie behaupten zu zeigen, dass es *prinzipiell* keine Möglichkeit gibt, das zu erklären, was sie erklären wollen, außer durch Bezugnahme auf eine rein aktuale Ursache oder eine absolut einfache oder nichtzusammengesetzte Ursache oder eine Ursache, deren Wesen die Existenz selbst ist oder die ein notwendiges Wesen ist. Ob diese Behauptungen richtig sind oder nicht, die Argumente stehen und fallen nicht mit den Standards, nach denen empirische Hypothesen bewertet werden – Sparsamkeit, Übereinstimmung mit bestehenden gut bestätigten empirischen Theorien und so weiter.

Zum anderen sind die Ansatzpunkte dieser metaphysischen Demonstrationsversuche nicht die Fragen, zu denen die empirischen wissenschaftlichen Theorien überhaupt etwas zu sagen haben. Sie haben vielmehr damit zu tun, was jede mögliche empirische Theorie selbst für selbstverständlich halten muss. Das heißt, ihre Ausgangspunkte sind eher *metaphysisch* als physikalisch. Was auch immer die empirischen Fakten sein mögen, sie werden auf irgendeiner Ebene die Aktualisierung der Potenzialität beinhalten, wie der aristotelische Beweis argumentiert; sie werden zusammengesetzte Wesen beinhalten, wie der neoplatonische Beweis argumentiert; sie werden verlangen, dass das Wesen einer Sache mit ihrer Existenz verbunden wird, wie der thomistische Beweis

[37] Hawking and Mlodinow, *Grand Design*, p. 180.

argumentiert; und sie werden alle kontingent sein, wie der rationalistische Beweis argumentiert. Allein die Behauptung, dass jede Erklärung, die ernst genommen werden will, eine empirische wissenschaftliche Theorie und keine Untersuchung in natürlicher Theologie sein müsse, ist nur die *Annahme*, dass all dies falsch sei. Es bedeutet nicht, *zu zeigen*, dass die Erklärung ein Irrtum ist.

Das zweite Problem ist, dass die von Krauss, Hawking und Mlodinow vorgeschlagene nichttheistische wissenschaftliche Erklärung der Existenz des Universums offensichtlich ein Rohrkrepierer ist. „Ein Gesetz wie die Schwerkraft" ist nicht nichts; daher ist eine Erklärung der Existenz des Universums, die sich auf ein solches Gesetz bezieht, im Gegensatz zu dem, was Hawking und Mlodinow meinen, offensichtlich kein Bericht darüber, wie das Universum aus dem Nichts entstehen könnte. Krauss' Buch ist notorisch schamlos, wenn es denselben grundlegenden Irrtum begeht.[38] Auf 185 Seiten, auf denen er vorgibt, das Universum könne aus dem Nichts entstehen, braucht Krauss die ersten 152 Seiten, um zu argumentieren, dass das Universum aus einem leeren, mit Energie ausgestatteten und von physikalischen Gesetzen regierten Raum entstanden sei, was alles nicht als „Nichts" gilt. Auf Seite 170 versucht er, all dies auf die Gesetze der Quantengravitation zu reduzieren, räumt aber ein, dass dies auch nicht wirklich als „Nichts" gilt. Auf Seite 177 verweist er schließlich darauf, dass es vielleicht nur Schicht für Schicht Gesetze gibt.

Was nie erklärt wird, ist, wie irgendetwas davon dazu beiträgt zu zeigen, wie das Universum aus dem Nichts entstanden ist. Es gibt einige dunkle Klimmzüge über „mögliche Kandidaten für das Nichts", und „was ‚nichts' eigentlich beinhalten könnte", zusammen mit der Behauptung, dass jede „Definition" des Nichts letztlich „auf empirischen Beweisen beruhen muss" und dass „nichts" genauso physisch ist wie „etwas" – als ob „nichts" eine höchst ungewöhnliche Art von Dingen wäre, die schwieriger zu beobachten oder zu messen sei als andere Dinge. Aber natürlich ist „nichts" weder etwas (Physisches oder anderes), noch etwas, das (empirisch oder anderweitig) furchtbar schwer zu definieren ist, noch etwas, das etwas „umfasst", noch etwas, das besonders mysteriös ist oder das es wert ist, Klimmzüge zu machen. Es ist einfach das Fehlen von irgendetwas. Auch Krauss selbst scheint sich dessen bewusst zu sein, da er am Ende anerkennt, dass seine wichtigsten „Kandidaten für das Nichts" nicht wirklich nichts sind. Und was ihm bleibt – eine grundlegende Ebene

---

[38] Ich sage „notorisch", weil Krauss' Position selbst von Philosophen, die keine theologische Axt zu schleifen haben, breit und hart kritisiert wurde. Die wohl bekannteste Kritik ist die des Philosophen der Physik David Albert, der Krauss' Buch in der *New York Times* vom 23. März 2012 besprochen hat.

physikalischer Gesetze oder Gesetzesschichten – ist nicht nur nichts, sondern kann, aus den zuvor genannten Gründen, auch nicht die ultimative Erklärung der Welt sein.

„Die Wissenschaft ist die einzige echte Quelle des Wissens, und unsere besten wissenschaftlichen Theorien beziehen sich nicht auf Gott."

Die Ansicht, dass die Wissenschaft allein uns echtes Wissen gebe, so dass jede Philosophie oder Metaphysik, die es wert sei, beachtet zu werden, nur das sein könne, was in der Wissenschaft implizit enthalten ist, wird als *Szientismus* bezeichnet. Sie ist ein wesentlicher Bestandteil des Neuen Atheismus. Aber trotz des Selbstvertrauens seiner Befürworter gibt es in der Tat keinerlei gute Argumente für den Szientismus und entscheidende Argumente dagegen. Es lohnt sich, dieses Thema ausführlich zu behandeln.

Es gibt vier allgemeine Probleme mit dem Szientismus. Erstens ist der Szientismus selbstzerstörerisch und kann es nur vermeiden, sich selbst zu besiegen, um den Preis, dass er trivial und uninteressant wird. Zweitens kann die wissenschaftliche Methode allein nicht einmal im Prinzip eine vollständige Beschreibung der Realität liefern. Drittens können uns die „Naturgesetze", mit denen die Wissenschaft Phänomene erklärt, im Prinzip keine vollständige Erklärung der Realität liefern. Viertens hat das vermutliche Hauptargument für den Szientismus, das Argument der prädiktiven und technologischen Erfolge der modernen Physik und der anderen Wissenschaften, keine Kraft. Lassen Sie uns jeden dieser Punkte der Reihe nach überprüfen.

Erstens steht, wie ich bereits sagte, der Szientismus vor einem Dilemma: Entweder er widerlegt sich selbst oder er ist trivial. Nehmen Sie das erste Horn dieses Dilemmas. Die Behauptung, dass „die Methoden der Wissenschaft die einzigen verlässlichen Wege sind, um das Wissen über irgendetwas zu sichern"[39], ist selbst keine wissenschaftliche Behauptung, nicht etwas, das mit wissenschaftlichen Methoden nachgewiesen werden kann. In der Tat, dass die Wissenschaft überhaupt *eine* rationale Form der Untersuchung ist (geschweige denn *die einzige* rationale Form der Untersuchung), ist keine Behauptung, die wissenschaftlich nachgewiesen werden kann. Denn die wissenschaftliche Forschung beruht auf einer Reihe von philosophischen Annahmen: der Annahme, dass es eine objektive

[39] Rosenberg, *Atheist's Guide to Reality*, p. 6.

Welt außerhalb der Köpfe von Wissenschaftlern gibt; der Annahme, dass diese Welt von Gesetzmäßigkeiten regiert wird, wie sie in wissenschaftlichen Gesetzen festgehalten werden können; der Annahme, dass der menschliche Intellekt und Wahrnehmungsapparat diese Gesetzmäßigkeiten aufdecken und genau beschreiben kann; und so weiter. Da die wissenschaftliche Methode diese Dinge *voraussetzt*, kann sie nicht versuchen, sie zu *rechtfertigen*, ohne im Kreis zu laufen. Um aus diesem Kreis auszubrechen, ist es notwendig, die Wissenschaft insgesamt zu „verlassen" und von diesem außerwissenschaftlichen Standpunkt aus zu entdecken, dass die Wissenschaft ein genaues Bild der Wirklichkeit vermittelt – und, wenn der Szientismus gerechtfertigt sein soll, dass dies *nur* die Wissenschaft tut. Aber dann würde die bloße Existenz dieses außerwissenschaftlichen Standpunktes die Behauptung verfälschen, dass die Wissenschaft allein uns ein rationales Mittel zur Untersuchung der objektiven Realität gibt.

Die rationale Auseinandersetzung mit den philosophischen Voraussetzungen der Wissenschaft gilt natürlich traditionell als das Gebiet der Philosophie. Aber es sind nicht diese Voraussetzungen allein, die die Philosophie untersucht. Sie stellt sich auch die Frage, wie man das, was die Wissenschaft uns sagt, interpretiert. Besteht die Welt zum Beispiel grundsätzlich aus Substanzen oder aus Ereignissen? Was bedeutet es, eine „Ursache" zu sein? Was ist die Natur der Universalien, auf die in wissenschaftlichen Gesetzen Bezug genommen wird – Begriffe wie *Quark*, *Elektron*, *Atom* und so weiter? Existieren sie über die besonderen Dinge hinaus, die sie instanziieren? Geben uns wissenschaftliche Theorien wirklich eine Beschreibung der objektiven Realität, oder sind sie nur nützliche Werkzeuge, um den Verlauf der Erfahrung vorherzusagen? Wissenschaftliche Erkenntnisse können solche metaphysischen Fragen beleuchten, aber nie vollständig beantworten. Doch wenn die Wissenschaft von der Philosophie abhängt, um ihre Voraussetzungen zu rechtfertigen und ihre Ergebnisse zu interpretieren, ist die Falschheit des Szientismus doppelt gesichert. John Kekes schlussfolgert: „Daher ist die Philosophie, und nicht die Wissenschaft, ein stärkerer Kandidat für das Paradigma der Rationalität."[40]

Hier kommen wir zum zweiten Horn des Dilemmas des Szientismus. Sein Befürworter mag nun darauf bestehen, dass, wenn die Philosophie diesen Status hat, sie wirklich ein Teil der Wissenschaft sein muss, da jede rationale Untersuchung eine wissenschaftliche Untersuchung ist. Das Problem ist nun, dass der Szientismus völlig trivial wird und „Wissenschaft" willkürlich neu definiert, so dass sie alles beinhaltet, was als

[40] John Kekes, *The Nature of Philosophy* (Oxford: Basil Blackwell, 1980), p. 158.

Beweis gegen den Szientismus vorgebracht werden könnte. Schlimmer noch, dieser Schritt macht den Szientismus konsistent mit Ansichten, die mit ihm unvereinbar sind.

Zum Beispiel behaupten die Argumente dieses Buches, zu zeigen, dass keine Welt der physischen Dinge – Dinge der Art, die Gegenstand wissenschaftlicher Untersuchungen sind – auch nur im Prinzip existieren könnte, wenn es nicht eine göttliche, unverursachte Ursache gibt, die sie in jedem Augenblick im Sein erhält und ihnen – den Dingen – ihre kausale Kraft verleiht. Aber wenn diese Argumente richtig sind, dann folgt Gottes Existenz aus den Annahmen, die der Wissenschaft zugrunde liegen. In der Tat waren Philosophen wie Aristoteles und Thomas von Aquin der Ansicht, dass die natürliche Theologie selbst eine Art Wissenschaft darstellt, da wir allein durch die Vernunft eine Menge über die Existenz und Natur Gottes wissen können. Sie würden dem engen Verständnis von „Wissenschaft", wonach eine Disziplin nur insofern „wissenschaftlich" ist, als sie den mathematischen Modellierungstechniken und prädiktiven Methoden der Physik nahekommt, nicht zustimmen. Für Aristoteles und Thomas von Aquin sind die Wahrheiten der natürlichen Theologie vielleicht nicht in mathematischer Sprache ausdrückbar und basieren nicht auf spezifischen Vorhersagen oder Experimenten, aber das macht sie nicht weniger sicher als die Behauptungen der Physik. Im Gegenteil, sie sind sicherer, weil sie auf strengen Demonstrationen beruhen, die von Prämissen ausgehen, die jede mögliche physikalische Wissenschaft für selbstverständlich halten muss.

Natürlich würde der Atheist dem nicht zustimmen, aber der konkrete Punkt, den ich hier anspreche, geht nicht darauf ein, ob die Argumente der vorangegangenen Kapitel richtig sind. Es geht vielmehr darum, dass, wenn der Verfechter des Szientismus „Wissenschaft" so weit definiert, dass alles, wofür wir ein philosophisches Argument anführen könnten, als „wissenschaftlich" gelten würde, er keinen nichtwillkürlichen Grund hat, zu leugnen, dass die natürliche Theologie im Prinzip als Wissenschaft gelten könnte. Doch der ganze Sinn des Appells an den Szientismus in diesem Zusammenhang soll eine Rechtfertigung dafür sein, die natürliche Theologie als unwissenschaftlich abzutun. Wenn also der Verfechter des Szientismus es vermeiden kann, seine Lehre nur dadurch selbst zu besiegen, dass er „Wissenschaft" so breit definiert, dann wird diese Auffassung völlig leer. Sicherlich gibt es sie nicht mehr als magische Kugel, mit der man die rationale Berechtigung der natürlichen Theologie aufheben kann. Der Verfechter des Szientismus wird sich den Argumenten der natürlichen Theologie stellen müssen, anstatt sich die Finger in die Ohren zu stecken und zu sagen: „Ich brauche nicht einmal auf sie zu hören, da es keine wissenschaftlichen Argumente sind."

Das zweite Problem, mit dem der Wissenschaftler konfrontiert ist, besteht darin, dass die Wissenschaft im Prinzip keine vollständige Beschreibung der Realität liefern kann. Tatsächlich kann sie im Prinzip nicht einmal eine vollständige Beschreibung der physischen Realität liefern. Der Grund, so paradox es klingt, hat genau mit der Methode zu tun, die die prädiktiven und technologischen Errungenschaften der modernen Physik ermöglicht hat. Die Physik besteht auf einer rein quantitativen Beschreibung der Welt, die die Mathematik als die Sprache betrachtet, in der das „Buch der Natur" geschrieben ist (wie Galilei es bekanntlich ausdrückte). Daher ist es kaum verwunderlich, dass die Physik, mehr als andere Disziplinen, die Aspekte der Realität entdeckt hat, die für die Vorhersage und Steuerung von quantifizierbaren Phänomenen anfällig sind. Das sind die einzigen Aspekte, denen sich der Physiker überhaupt widmen kann. Alles andere fällt notwendigerweise durch sein methodisches Netz.

Nun ist aber unsere gewöhnliche Erfahrung der Natur durch und durch *qualitativ*. Wir nehmen Farben, Klänge, Aromen, Gerüche, Wärme und Kühle, Schmerzen und Juckreiz, Gedanken und Entscheidungen, Ziele und Bedeutungen wahr. Die Physik abstrahiert von diesen reichen konkreten Details, ignoriert alles, was nicht in Form von Gleichungen und dergleichen ausgedrückt werden kann, und vereinfacht dadurch die natürliche Ordnung radikal. Es ist nichts falsch an einem solchen abstrakten Verfahren, solange wir im Hinterkopf behalten, was wir tun und warum wir es tun. Tatsächlich ist das, was der Physiker tut, nur eine Erweiterung dessen, was wir jeden Tag tun, wenn wir praktische Probleme lösen.

Wenn man z.B. herausfindet, wie viele Personen mit mittlerem Gewicht in einem Flugzeug transportiert werden können, beschäftigen sich die Ingenieure mit Abstraktionen. Zum einen ignorieren sie alle Aspekte der tatsächlichen, konkreten Menschen außer eben ihrem Gewicht, zum anderen ignorieren sie sogar ihr tatsächliches Gewicht, da sich herausstellen könnte, dass es keinen bestimmten Menschen gibt, der genau das Gewicht hat, welches das Durchschnittsgewicht ist. Dies ist für den jeweiligen Zweck sehr nützlich. Aber natürlich wäre es lächerlich, wenn sich die Verantwortlichen für die Planung der Flugunterhaltung oder der Mahlzeiten ausschließlich auf die Überlegungen der Ingenieure verlassen würden. Es wäre noch lächerlicher, wenn sie darauf bestehen würden, dass es keine Beweise für Essens- und Filmvorlieben gibt, die aus den Daten der Ingenieure gewonnen werden können, es deshalb schlicht keine Tatsachen darüber gibt, welche Mahlzeiten und Filme die Menschen tatsächlich bevorzugen würden. Solche Beweise fehlen gerade deshalb, weil die abstrahierende Methode der Ingenieure garantiert, dass sie fehlen.

Die Beschreibung der Welt, wie sie uns von der Physik gegeben wird, ist nicht weniger abstrakt als die der Ingenieure. Die Physik gibt uns einfach keine materiellen Systeme in all ihrer konkreten Realität, ebenso wenig wie die Beschreibung der Flugzeugingenieure uns Menschen in all ihrer konkreten Realität liefert. Die Physik konzentriert sich, wie gesagt, nur auf die Aspekte, die für Vorhersage und Kontrolle offen sind, und damit auf die Aspekte, die mathematisch modelliert werden können. Daher wäre es nicht weniger lächerlich, zu behaupten, dass, wenn die Beschreibung, die uns die Physik von der Welt gibt, nicht auf ein Merkmal verweist, das uns aus der gewöhnlichen Erfahrung bekannt ist, dann daraus folge, dass das betreffende Merkmal nicht existiere. Der Erfolg der Methoden der Flugzeugingenieure zeigt nicht, dass der Mensch keine anderen Eigenschaften als das Gewicht hat. Und der Erfolg der Physik zeigt nicht, dass die natürliche Welt keine anderen Eigenschaften als die in einem Physiklehrbuch beschriebenen hat. Der Grund dafür, dass qualitative Merkmale nicht auftauchen, ist nicht, dass die Methode uns erlaubt hat, zu entdecken, dass sie nicht vorhanden sind, sondern dass die Methode im Wesentlichen festgelegt hat, dass sie aus der Beschreibung herausgelassen werden, ob sie nun vorhanden sind oder nicht.

Wie ich in Kapitel 1 bemerkte, betonte Bertrand Russell, der, wie wir oben gesehen haben, keineswegs mit der natürlichen Theologie sympathisierte, wie begrenzt das Wissen über die Natur ist, das uns die Physik bietet:

> Es ist nicht immer klar, wie überaus abstrakt die Informationen sind, die die theoretische Physik zu geben vermag. Sie legt bestimmte grundlegende Gleichungen fest, die es ihr ermöglichen, mit der logischen Struktur von Ereignissen umzugehen, während es völlig unbekannt bleibt, was der eigentliche Charakter der Ereignisse ist, die diese Struktur haben. […] Alles, was uns die Physik gibt, sind bestimmte Gleichungen, die abstrakte Eigenschaften ihrer Veränderungen widerspiegeln. Aber was das ist, was sich ändert und was es von und zu diesem ändert, darüber schweigt die Physik.[41]

Wenn uns nun, wie Russell betonte, die Physik die abstrakte Struktur der materiellen Welt gibt, uns aber nicht die Eigenart dessen mitteilt, was

[41] Bertrand Russell, *My Philosophical Development* (London: Unwin Paperbacks, 1985), p. 13.

diese Struktur hat, dann sagt uns die Physik nicht nur nicht alles über die physische Realität, sondern sie sagt uns auch, dass es mehr über die physische Realität geben muss als das, was sie zu sagen hat. Denn es gibt keine Struktur an sich; es muss etwas geben, das die Struktur hat. Allein durch die Tatsache, dass die Physik uns sagt, dass es eine abstrakte Struktur eines so und so mathematisch beschreibbaren Charakters gibt, impliziert die Physik, dass es in der Realität mehr gibt als diese Struktur selbst – und damit mehr in der Realität, als die Physik offenbaren kann.

Wenn es Grenzen dessen gibt, was die Wissenschaft *beschreiben* kann, gibt es auch Grenzen dessen, was die Wissenschaft *erklären* kann. Damit kommen wir zum dritten Problem des Szientismus – nämlich, dass die „Naturgesetze", mit denen die Wissenschaft Phänomene erklärt, im Prinzip keine *endgültige* Erklärung der Realität liefern können. Der Grund, warum das so ist, sollte nach dem, was oben über Krauss gesagt wurde, offensichtlich sein. Jeder Appell an Naturgesetze (oder eine Reihe von „Schichten" solcher Gesetze, wie von Krauss vorgeschlagen) wirft schlicht die Frage auf, was ein Naturgesetz überhaupt ist, wie es wirkt und woher es kommt (oder woher die Reihe von „Schichten" kommt). Und das sind Fragen, die der wissenschaftliche Erklärungsmodus, der solche Gesetze voraussetzt, grundsätzlich nicht beantworten kann.

Nun, wie bereits erwähnt, gibt es verschiedene philosophische Theorien über den Status von Naturgesetzen, aber keine von ihnen gibt dem Wissenschaftler irgendeine Hilfe oder einen Trost. Wir können zum Beispiel davon ausgehen, dass die Rede von „Naturgesetzen", die eine materielle Sache oder ein materielles System regeln, nur eine Kurzform ist, um die Art und Weise zu beschreiben, in der dieses Ding oder System aufgrund seiner Natur oder seines Wesens funktionieren wird. Dies ist der aristotelische Ansatz zum Verständnis der physikalischen Gesetze. Aber die „Naturgesetze" *setzen* in dieser Sichtweise die Existenz und die Tätigkeit der physischen Dinge *voraus*, die den Gesetzen folgen. Und in diesem Fall können die Gesetze unmöglich die Existenz oder die Tätigkeit der materiellen Dinge selbst erklären. Da die ultimativen Naturgesetze die Existenz des physikalischen Universums voraussetzen, können, im Gegensatz zu Autoren wie Krauss, diese Gesetze nicht als Erklärung für die Existenz des Universums herangezogen werden.

Eine zweite Auffassung darüber, was „Naturgesetze" sind und wie sie funktionieren, wird von frühneuzeitlichen Denkern wie Descartes und Newton unterstützt, die die im Mittelalter vorherrschende aristotelische Philosophie zu stürzen suchten. Aus ihrer Sicht ist der Begriff des „Naturgesetzes" irreduzibel theologisch, eine Abkürzung für die Vorstellung, dass Gott die Welt so eingerichtet hat, dass sie sich so verhält, wie es die

Gesetze beschreiben. Aus dieser Sicht ist es tatsächlich Gottes Handeln, das das Erklären im strikten Sinne übernimmt, und weder die materiellen Dinge noch die Gesetze, denen sie folgen, erklären wirklich etwas. Aber auch das ist aus offensichtlichen Gründen keine Hilfe für den Szientismus, schon gar nicht, wenn er als Waffe gegen die natürliche Theologie gedacht ist.

Eine dritte Möglichkeit besteht darin, zu behaupten, dass „Naturgesetze" eigentlich nichts anderes seien als eine Beschreibung oder Zusammenfassung der regelmäßigen Muster, die wir in der natürlichen Welt finden. Sie sagen uns nichts über die Natur der materiellen Dinge, und sie spiegeln nicht den Willen Gottes wider. Zu sagen, dass es ein Naturgesetz ist, dass A auf B folgt, bedeutet auf diese Weise einfach zu sagen, dass As in der Regel auf Bs folgen werden, und das war's. Das ist die Art von Auffassung, die von Anhängern David Humes vertreten wird. Aber aus dieser Sicht sagen uns die Gesetze nur, dass es eine so und so bestimmte Regularität gibt, aber nicht, warum sie überhaupt existiert. Das heißt, Naturgesetze (oder zumindest die ultimativen Naturgesetze) *erklären* eine Regularität nicht, sondern beschreiben sie lediglich neu in einem anderen Jargon. Es versteht sich von selbst, dass eine solche Sichtweise die Behauptung, dass die Wissenschaft eine ultimative Erklärung der Welt liefern könne, kaum unterstützt.

Eine weitere Möglichkeit wäre, „Naturgesetze" als abstrakte Objekte zu interpretieren, die mit Platons Formen vergleichbar sind, die in einem Bereich jenseits der materiellen Welt existieren, in dem physische Dinge irgendwie an den Gesetzen „teilhaben", so wie Platon dachte, dass jeder Baum an der Form des Baumes oder jedes Dreieck an der Form des Dreiecks teilhat. Auch hier ist ein Appell an die Naturgesetze keine wirkliche Erklärung. Denn angesichts dieser Sichtweise müssten wir immer noch wissen, wie es dazu kommt, dass es eine physische Welt gibt, die überhaupt an den Gesetzen „teilhat", warum sie an diesen Gesetzen teilhat und nicht an anderen, und so weiter. Und das erfordert einen Appell an etwas anderes als die Gesetze.

Wir haben also wieder einmal Fragen, die ihrer Natur nach nicht von der Wissenschaft, sondern nur von der Philosophie beantwortet werden können, denn sie behandeln genau das, was eine mögliche wissenschaftliche Erklärung für selbstverständlich halten muss. Auch hilft es nicht, den Eindruck zu erwecken, dass es ohnehin keine endgültige Erklärung gebe, so dass die Wissenschaft nicht dafür verantwortlich gemacht werden könne, dass sie sie nicht liefere. Zum einen ist dies selbst eine philosophische und nicht eine wissenschaftliche Behauptung. Zum anderen ist die Behauptung falsch, da sie gegen das Prinzip vom zureichenden Grund verstößt (das ich in Kapitel 5 verteidigt habe).

Wenn nun der Szientismus auf so große Schwierigkeiten stößt, warum werden dann so viele intelligente Menschen von ihm angezogen? Die Antwort lautet, um eine Bemerkung des Philosophen Ludwig Wittgenstein in einem anderen Zusammenhang zu paraphrasieren: „Ein Bild hält sie gefangen". Hypnotisiert durch die beispiellosen prädiktiven und technologischen Erfolge der modernen Wissenschaft, folgern sie, dass der Szientismus wahr sein müsse. Betrachten Sie das Argument für Wissenschaftlichkeit von Alex Rosenberg in seinem Buch *The Atheist's Guide to Reality*. Er schreibt:

> Der technologische Erfolg der Physik allein reicht aus, um jeden, der Angst vor dem Szientismus hat, davon zu überzeugen, dass die Physik, wenn sie nicht „fertig" ist, sicherlich die Grundzüge der Realität gut verstanden hat. [...]
>
> Und es sind nicht nur die Richtigkeit der Vorhersagen und die Zuverlässigkeit der Technik, die unser Vertrauen in die Beschreibung der Realität durch die Physik erfordern. Da die Vorhersagen der Physik so genau sind, müssen die Methoden, mit denen die Beschreibung erstellt wurde, ebenso zuverlässig sein. Anderenfalls wären unsere technologischen Kräfte ein Wunder. Wir haben die besten Gründe zu glauben, dass die Methoden der Physik, die ein kontrolliertes Experiment und sorgfältige Beobachtung mit hauptsächlich mathematischen Anforderungen an die Formtheorien verbinden, die richtigen sind, um alles Wissen zu erwerben. Einen Bereich der „Untersuchung" oder des „Glaubens", der von der Erforschung durch die Methoden der Physik ausgenommen ist, herauszuarbeiten, ist ein besonderes Plädoyer oder eine Selbsttäuschung. [...]
>
> Die phänomenale Genauigkeit ihrer Vorhersage, die unvorstellbare Kraft ihrer technologischen Anwendung und das atemberaubende Ausmaß und die Details ihrer Erklärungen sind starke Gründe, zu glauben, dass die Physik die ganze Wahrheit über die Realität ist.[42]

Natürlich würden viele Befürworter des Szientismus Rosenbergs Nur-die-Physik-Version als zu restriktiv ansehen. Sie würden Wissenschaften wie Chemie, Biologie und dergleichen als echte Wissensquellen betrachten, auch wenn sich herausstellte, dass sie für die Physik irreduzibel sind. Aber sie würden mit Rosenbergs Hauptpunkt übereinstimmen, dass der

[42] Rosenberg, *Atheist's Guide to Reality*, pp. 23–25.

„Erfolg" der Wissenschaft, im weiten Sinne, den Szientismus unterstützt. Rosenbergs Argument, das in geeigneter Weise so modifiziert wurde, dass es für andere Verteidiger des Szientismus akzeptabel wäre, ist im Wesentlichen dieses:

1. Die Kraft der Vorhersage und die technologischen Anwendungen der Wissenschaft werden nicht übertroffen von denen jeder anderen angeblichen Wissensquelle.
2. Deshalb ist das, was die Wissenschaft uns offenbart, vermutlich alles, was wirklich ist.

Ich behaupte, das ist ein schlechtes Argument. Wie schlecht ist es? Ungefähr so schlecht wie dieses:

1. Metalldetektoren haben weitaus größere Erfolge bei der Suche nach Münzen und anderen metallischen Objekten an mehr Orten als jede andere Methode.
2. Daher ist das, was uns Metalldetektoren offenbaren (Münzen und andere metallische Gegenstände), wahrscheinlich alles, was wirklich ist.

Metalldetektoren sind auf die Aspekte der natürlichen Welt ausgerichtet, die durch elektromagnetische Mittel (oder was auch immer) erfasst werden können. Aber wie gut sie diese Aufgabe auch immer erfüllen – auch wenn sie bei jeder einzelnen Gelegenheit erfolgreich waren –, würde das nicht einmal wahrscheinlich machen, dass es keine anderen Aspekte der natürlichen Welt gibt als die, für die sie empfindlich sind. Was die Physik tut (und es besteht kein Zweifel daran, dass sie es brillant macht), ist die Erfassung jener Aspekte der natürlichen Welt, die für die mathematische Modellierung empfindlich sind, eine Modellierung, die eine präzise Vorhersage und technologische Anwendung ermöglicht. Aber auch hier folgt schlicht nicht, dass es keine anderen Aspekte der Natur gäbe.

Rosenberg fügt seinem Argument hinzu, dass diejenigen, die den Szientismus ablehnen, dies nicht konsequent tun. Er schreibt:

> „Szientismus" ist das abwertende Etikett für unsere positive Sichtweise von denjenigen, die ihren theistischen Kuchen und ihr Essen auch am Tisch der Gaben der Wissenschaft haben wollen. Gegner des Szientismus würden ihre Kardiologen oder Automechaniker oder Softwareingenieure niemals des „Szientismus" beschuldigen, wenn ihre Gesundheit, ihre Reisepläne oder das Surfen im Internet in

> Gefahr sind. Aber versuchen Sie einmal, ihre unwissenschaftlichen Sitten und Normen, ihre Musik oder Metaphysik, ihre literarischen Theorien oder ihre Politik einer wissenschaftlichen Prüfung zu unterziehen. Die unmittelbare Antwort der empörten humanen Briefe ist „Szientismus".[43]

Wenn man also, so Rosenberg, nicht zustimmt, dass die Wissenschaft die einzige echte Quelle des Wissens ist, kann man nicht konsequent glauben, dass sie uns echtes Wissen gibt. Aber das ist ungefähr so plausibel wie zu sagen, dass, wenn man nicht denkt, dass Metalldetektoren allein physikalische Objekte erkennen können, man nicht konsequent glauben könne, dass sie überhaupt irgendwelche physischen Objekte erkennen. Diejenigen, die dem Szientismus verpflichtet sind, müssen protestieren, dass die Analogie nicht gut ist, weil Metalldetektoren nur einen Teil der Realität erkennen, während die Wissenschaft das Ganze erkennt. Aber eine solche Antwort würde einfach das zu Beweisende als feststehend betrachten, denn ob die Wissenschaft wirklich die gesamte Realität beschreibt, ist genau das, worum es geht.

Das *non sequitur* ist sehr häufig, aber es ist trotzdem ein *non sequitur*. Es ist jedes Mal implizit, wenn ein Verteidiger des Szientismus verlangt, die prädiktiven Erfolge und technologischen Anwendungen der Metaphysik oder Theologie zu kennen, und er nimmt an, dass er einen großen Sieg errungen habe, wenn sein Kritiker nicht in der Lage ist, sie aufzulisten. Dies ist ungefähr so eindrucksvoll wie das Verlangen nach einer Liste der Erfolge von Metalldetektoren bei der Gartenarbeit, beim Kochen und beim Anstreichen und schließt dann von der Tatsache, dass keine solche Liste vorhanden ist, dass Spaten, Spatel und Pinsel alle unbrauchbar seien und durch Metalldetektoren ersetzt werden sollten. Der Trugschluss ist in beiden Fällen derselbe. Dass eine Methode für bestimmte Zwecke besonders nützlich ist, bedeutet weder, dass es keine anderen Zwecke gibt, die es wert sind, verfolgt zu werden, noch, dass es andere Methoden gibt, die für diese anderen Zwecke besser geeignet sind. Wenn insbesondere eine bestimmte Methode uns ein hohes Maß an Vorhersagekraft und technologischer Stärke verleiht, zeigt das, dass die Methode nützlich ist, um mit den Aspekten der Welt umzugehen, die vorhersehbar und kontrollierbar sind. Aber es zeigt uns nicht, dass diese Aspekte die Natur erschöpfen, dass es in der Natur nichts anderes gibt als das, was die Methode offenbart. Diejenigen, die etwas anderes vermuten, sind wie der sprichwörtliche Betrunkene, der davon ausgeht, dass es keinen anderen Ort als

[43] Ibid., p. 6.

den unter der Straßenlaterne gibt, wo er etwas sehen kann, um den verlorenen Schlüssel zu finden, und keine andere Methode, um ihn zu finden.

An dieser Stelle könnten einige Befürworter des Szientismus zugeben, dass es Fragen gibt, die die Wissenschaft nicht beantworten kann, und dass es sogar andere Methoden gibt, um mit diesen Fragen umzugehen, wie die der Philosophie. Aber sie könnten immer noch darauf bestehen, dass es wenig Sinn mache, diese Fragen oder Methoden zu verfolgen, mit der Begründung, dass die Fragen nicht empfänglich seien für die klaren und endgültigen Antworten, die die Wissenschaft bietet, und dass die Methoden nicht die Technologien hervorbringen, die uns die Wissenschaft liefert. Die Überlegenheit der Wissenschaft zeige sich in ihrer praktischen Bedeutung und in der Tatsache, dass sie einen *Konsens* oder zumindest eine Annäherung an einen Konsens erreiche. Die Philosophie hingegen sei bekanntlich umstritten und unpraktisch. Auch wenn uns die Wissenschaft nicht alles sagen könne, so sage sie uns doch alles Wissenswerte.

Aber ein Moment des Nachdenkens zeigt, dass diese Rückzugsposition nicht funktionieren kann. Eine solche Position einzunehmen, ist zum einen so, als würde man Kurse vermeiden, von denen man weiß, dass man sie nicht gut bestehen wird, um sich dann an seinem hohen Notendurchschnitt als Beweis für seine überlegene Intelligenz zu erfreuen. Wenn man nur das als „wissenschaftlich" gelten lässt, was vorhersehbar und kontrollierbar und damit für Konsensantworten und technologische Anwendung geeignet ist, dann wird die Wissenschaft natürlich – aber trivialerweise – eine lange Erfolgsgeschichte sein. Aber das zeigt ebenso wenig, dass die Fragen, die durch das methodische Netz der Wissenschaft fallen, nicht der Aufmerksamkeit wert sind, wie die Tatsache, dass Sie nur Kurse besucht haben, von denen Sie wussten, dass Sie sie bestehen, beweist, dass die anderen Kurse es nicht wert seien, belegt zu werden. Zum anderen ist die Behauptung, dass nur Fragen, die für wissenschaftliche Untersuchungen, Konsensantworten und technologische Anwendungen geeignet sind, untersucht werden sollten, selbst keine wissenschaftliche Behauptung, sondern eine philosophische Behauptung, die eine philosophische Verteidigung erfordert. Wieder einmal impliziert gerade der Versuch, nicht über die Wissenschaft hinauszugehen, dass man über sie hinausgeht.

Nun werden zeitgenössische Philosophen, die sich für den Szientismus einsetzen, darauf bestehen, dass, wenn die Philosophie nicht „naturalisiert" werde, indem sie nichts anderes als eine Erweiterung der Wissenschaft sei, ihr nur noch eine Art von „Begriffsanalyse" bleibe. Und das Problem dabei sei, dass wir keine Garantie dafür haben, dass die „Intuitionen" oder „Volksbegriffe" des Begriffsanalytikers die Realität wirklich treffen.[44] Die „Begriffsanalyse“ könne uns höchstens sagen, wie wir über die Welt denken oder sie konzeptualisieren, und nichts darüber, wie die Welt selbst wirklich ist. Aber dieses Argument beruht auf einer falschen Alternative. Die Annahme, dass, wenn man keine Naturwissenschaft betreibe, die einzige andere Sache, die man dann noch machen könne, „Begriffsanalyse“ sei, ist im Wesentlichen eine Variation von Humes Gabel, der These also, dass „alle Objekte der menschlichen Vernunft oder der Forschung natürlicherweise in zwei Arten eingeteilt werden können, nämlich in die *Relationen der Ideen* und die Tatsachen“.[45] Nun widerlegt Humes Gabel notorisch sich selbst, da sie selbst weder eine begriffliche Wahrheit (eine Frage der „Relationen der Ideen“) noch empirisch überprüfbar ist (eine „Tatsache“). Und die Vermutung des zeitgenössischen Verfechters des Szientismus ist nicht besser. Die Behauptung, dass „alle Objekte der menschlichen Vernunft oder der Forschung“ entweder Fragen der „Begriffsanalyse“ oder Fragen der Naturwissenschaft seien oder sein sollten, ist selbst weder eine begriffliche Wahrheit noch ein Satz, für den Sie in der Naturwissenschaft den geringsten Beweis finden werden oder überhaupt finden können.[46] Wie Humes Gabel widerlegt die Behauptung also sich selbst.

Diese Tatsache allein genügt, um zu zeigen, dass es möglich ist, eine kognitive Haltung gegenüber der Welt einzunehmen, die weder die der Naturwissenschaft ist, noch lediglich eine Frage des Aufspürens begrifflicher Beziehungen in einem Netzwerk von Ideen, die völlig frei von geistunabhängiger Realität schweben könnten (wie es der „Begriffsanalyse“ vorgeworfen wird). Der Befürworter des Szientismus nimmt diese dritte

[44] Siehe James Ladyman and Don Ross, mit David Spurrett und John Collier, *Every Thing Must Go: Metaphysics Naturalized* (Oxford: Oxford University Press, 2007), Kap. 1.

[45] David Hume, *An Enquiry Concerning Human Understanding*, ed. Antony Flew (LaSalle, Ill.: Open Court, 1988), p. 71.

[46] Der Verfechter des Szientismus könnte behaupten, dass Neurowissenschaften und Kognitionswissenschaften die Schlussfolgerung unterstützen, dass, wenn irgendeine Form der Untersuchung nicht eine Art von Naturwissenschaft ist, das einzige andere, was sie sein könnte, eine Art Begriffsanalyse sei. Lassen wir die offensichtliche Erwiderung beiseite, dass wir, bevor wir eine solche Behauptung ernst nehmen können, die spezifischen Beweise aus der Neurowissenschaft oder der Kognitionswissenschaft sehen müssten, die dies angeblich zeigen. Das tiefere Problem ist, dass Neurowissenschaften und Kognitionswissenschaften dies auch im Prinzip nur dann zeigen können, wenn sie die einzigen echten Quellen des Wissens über menschliche kognitive Fähigkeiten sind, d. h. nur dann, wenn die Erkenntnistheorie und andere Zweige der Philosophie uns kein echtes Wissen über unsere kognitiven Fähigkeiten geben, das keine Art von wissenschaftlichem Wissen oder eine Art von Begriffsanalyse ist. Aber ob sie die einzigen wirklichen Quellen solchen Wissens sind, ist selbst Teil dessen, worum es im Streit zwischen Szientisten und ihren Kritikern geht. Daher würde der Appell an die Neurowissenschaften und die Kognitionswissenschaften durch den Verfechter des Szientismus das zu Beweisende als feststehend betrachten.

Position ein, indem er leugnet, dass sie eingenommen werden kann. Aber es kann noch mehr gesagt werden. Bekanntlich gibt es Wahrheiten – nämlich die der Logik und Mathematik –, die nicht plausibel in eine der beiden Kategorien passen, in die Hume und seine Nachfolger alles Wissen wie in ein Prokrustesbett versuchen würden einzupassen. Wahrheiten der Logik und Mathematik haben eine Notwendigkeit, die naturwissenschaftlichen Aussagen mangelt, und eine Objektivität, die eine bloße „Begriffsanalyse" nicht garantieren kann. Einige Befürworter des Szientismus würden versuchen, Wege zu finden, um zu zeigen, dass logische und mathematische Wahrheiten nicht wirklich notwendig oder objektiv sind, aber wie wir in Kapitel 3 gesehen haben, gibt es notorische Schwierigkeiten mit solchen Vorschlägen. Auch kann der Verfechter des Szientismus keinen Grund angeben, der das zu Beweisende nicht schon als feststehend betrachtet, um ihn überhaupt ernst zu nehmen. Die einzige Motivation, die er hat, um die Notwendigkeit oder Objektivität von Logik und Mathematik zu leugnen, ist der Versuch, den Szientismus vor Peinlichkeiten zu bewahren.

Nun zeigen die in diesem Buch vertretenen Argumente, dass es Wahrheiten der natürlichen Theologie gibt, die (wie die Wahrheiten der Logik und Mathematik) notwendig und objektiv sind, die aber auch (wie die Wahrheiten der Logik und Mathematik) keine Sätze der Naturwissenschaft oder der bloßen „Begriffsanalyse" sind. Wie Logik und Mathematik und wie die epistemologische Grundannahme des Szientismus fallen sie schlicht zwischen die Zinken von Humes Gabel. Der Verfechter des Szientismus mag nicht verstehen, wie solches Wissen möglich ist, aber das ist sein Problem, nicht das des natürlichen Theologen. Der Verfechter des Szientismus hat bereits Ozeane des Wissens, für die er nicht Rechenschaft ablegen kann – wiederum die Wahrheiten der Logik und Mathematik und seine eigene metaphysische Variation von Humes Gabel –, und hat daher kein Recht, die erkenntnistheoretischen Qualitäten der natürlichen Theologie in Frage zu stellen. Er ist wie ein Dieb, der mit der Beute auf frischer Tat ertappt wird und von der Polizei, die ihn festgenommen hat, verlangt, dass sie den rosa Zettel für ihren Kreuzer vorlegt.

„Die fundamentalen Naturgesetze werden am besten als eine ‚nackte Tatsache' betrachtet, anstatt als etwas, das einer Erklärung bedarf, sei es theologisch oder anderweitig."

Angenommen, der Atheist räumt ein, dass die vorhergehenden Einwände alle scheitern. Insbesondere räumt er ein, dass weder Hume noch die Quantenmechanik die Behauptung untergraben hat, dass alles eine

Erklärung hat. Angenommen, er räumt ein, dass die Wissenschaft nicht die ultimative Erklärung der fundamentalen Naturgesetze liefern kann. Angenommen, er räumt ein, dass es andere echte Erklärungsquellen als die Wissenschaft gibt, wie die Philosophie. Er könnte immer noch behaupten, dass es einfach keine Erklärung, nicht einmal eine, die von irgendeinem philosophischen Argument geliefert wird, für die spezifische Tatsache gebe, dass die grundlegenden Naturgesetze so sind, wie sie sind. Alles andere können wir nach dieser Auffassung erklären, indem wir es auf diese fundamentalen Gesetze zurückführen. Aber diese Gesetze selbst haben keinerlei Erklärung – weder eine theologische noch eine philosophische Erklärung, weder eine wissenschaftliche noch eine atheistische Erklärung, noch irgendeine andere Art von Erklärung. Sie sind einfach da, als unerklärliche „nackte Tatsache", und das ist alles, was man sagen kann. J. L. Mackie und Bertrand Russell nehmen im Wesentlichen diese Position ein.[47]

Ein Problem mit dieser Ansicht ist, dass sie mit dem Prinzip vom zureichenden Grund unvereinbar ist, und wie ich in Kapitel 5 dargelegt habe, ist das Prinzip vom zureichenden Grund wahr. Daher muss es eine Erklärung der grundlegenden Naturgesetze geben, und der Einwand ist nur ein Rohrkrepierer.

Ein weiteres Problem bei dieser Auffassung ist, dass sie völlig *ad hoc* ist. Es scheint überhaupt keine Motivation zu geben, sie zu übernehmen, außer als einen Weg, um zu vermeiden, Argumente wie die in diesem Buch verteidigten akzeptieren zu müssen – ein ironisches Ergebnis, da Atheisten oft gerne *Theisten* beschuldigen, ihre philosophischen Prämissen auf eine gewünschte Schlussfolgerung zuzuschneiden! Man *hätte* eine unabhängige Motivation, dies anzunehmen, wenn Einwände gegen das Prinzip vom zureichenden Grund, die in der Philosophie von Hume oder der Quantenmechanik begründet sind, erfolgreich wären; aber wie wir gesehen haben, sind diese Einwände nicht erfolgreich. Außerdem ist es für den Atheisten nicht gut, auf Argumente wie die in diesem Buch verteidigten zu antworten, indem er sagt: „Vielleicht haben die Dinge letztendlich einfach keine Erklärung". Der Verteidiger der Argumente kann antworten: „Wovon reden Sie? Ich habe Ihnen gerade eine Erklärung gegeben. Wenn Sie diese nicht akzeptieren wollen, dann müssen Sie mir genau zeigen, was falsch daran ist, und nicht so tun, als ob sie nicht existieren würde!"

Ein drittes Problem ist jedoch, wie wir in Kapitel 5 gesehen haben, dass, wenn die *fundamentalen* Naturgesetze keine Erklärung haben, keines

[47] Siehe J. L. Mackie, *The Miracle of Theism* (Oxford: Clarendon Press, 1982), pp. 84–87; Bertrand Russell und F. C. Copleston, "A Debate on the Existence of God", in *The Existence of God*, ed. John Hick (New York: Macmillan, 1964), pp. 168–78.

der Naturgesetze höherer Ordnung etwas erklären kann. Insbesondere ein Phänomen P im Sinne eines Naturgesetzes A und ein Naturgesetz A im Sinne eines Naturgesetzes B zu „erklären", aber dann zu sagen, dass das Naturgesetz B selbst keine Erklärung habe, sondern nur eine „nackte Tatsache" sei, ist wie ein Buch auf ein Regal zu stellen und das Regal auf zwei Klammern, aber dann die Klammern in der Luft loszulassen und zu erwarten, dass das Buch und das Regal oben bleiben. Ein Regress von Gesetzen ist wie eine hierarchische Reihe von Ursachen, wie sie in Kapitel 1 diskutiert werden. Sie muss in etwas enden, das selbsterklärend ist und somit Erklärungskraft vermitteln kann, ohne sie ableiten zu müssen. Etwas Unerklärliches kann das nicht. Etwas, das nur durch Bezugnahme auf etwas anderes erklärt wird, kann das auch nicht tun, denn es wird nur noch eine weitere Ursache sein, die die Erklärungskraft, die sie besitzt, ableiten muss. Nur das, was rein aktual ist, ohne Teile, hat die Existenz als sein Wesen und ist daher absolut notwendig, denn nur so etwas ist selbsterklärend.

„Ein Designer des Universums wäre noch komplexer als das Universum selbst und braucht daher eine eigene Ursache."

Dieser Einwand geht zumindest auf Hume zurück und wird von Dawkins besonders hervorgehoben.[48] Es sollte inzwischen klar sein, was daran falsch ist. Ein Problem ist, dass sich der Einwand gegen „Designargumente" richtet, wie sie mit William Paley und der „Intelligent-Design-Theorie" verbunden sind. Solche Argumente beginnen mit der Prämisse, dass viele natürliche Objekte – das Auge, das bakterielle Flagellum und andere Beispiele aus der Biologie sind repräsentativ – sehr komplex sind, da sie viele Teile haben, die genau richtig zusammengesetzt werden müssen, wenn das Objekt richtig funktionieren soll. Das Argument stellt dann fest, dass menschliche Artefakte ebenso komplex sind und als Ursache intelligente Designer haben – nämlich uns. Man gelangt zu dem Schluss, dass es analog sehr wahrscheinlich ist, dass die fraglichen natürlichen Objekte auch einen intelligenten Designer haben. Dies veranlasst den Einwand, dass, wenn der Designer wie wir ist, auch er in der beschriebenen Weise komplex sein wird. Wenn also andere komplexe Dinge eine Ursache erfordern, so wird auch der Designer eine Ursache benötigen. Da die Hypothese eines Designers damit nur die Zahl der Dinge erhöhen würde, für die wir eine Erklärung finden müssen, ist es wahrscheinlich (so schließt

---

[48] Dawkins, *God Delusion*, pp. 157–58.

der Kritiker des „Designarguments"), dass eine sparsamere Erklärung als die Designhypothese die richtige ist.

Die in diesem Buch vertretenen Argumente haben nichts mit solchen „Designargumenten" zu tun. Zum einen spricht keines von ihnen über „Komplexität" im eigentlichen Sinne. Es stimmt, dass der neoplatonische Beweis mit der Beobachtung beginnt, dass die Dinge unserer Erfahrung zusammengesetzt sind oder Teile haben, aber es geht überhaupt nicht darum, ob diese Dinge *viele* Teile haben, oder ob die Teile so und so zusammengesetzt werden müssen, damit das Ding funktioniert, oder ob die Dinge den menschlichen Artefakten interessanterweise ähnlich sind und so weiter. Ein Kieselstein oder ein Wassertropfen oder ein anderes relativ einfaches Objekt, das im normalen Ablauf der Dinge offensichtlich durch natürliche, unintelligente Ursachen zustande kommt, würde für den Neoplatoniker ebenso wie jedes andere Beispiel als Ausgangspunkt für den Beweis dienen – etwas, das Paley oder ein „Intelligent-Design-Theoretiker" niemals als Beispiel für die Art von „Komplexität" nehmen würden, an der sie interessiert sind.

Zweitens geht es bei keinem der Argumente in diesem Buch wie beim „Designargument" um die Frage nach der „Wahrscheinlichkeit" dieses oder jenes Objektes, das durch natürliche Prozesse entsteht. Zum einen geht es bei den Argumenten nicht in erster Linie um eine „linear" geordnete Reihe von Ursachen, die auf einen zeitlichen Ausgangspunkt zurückgehen, wie etwa den Ursprung dieser oder jener Art. Es handelt sich vielmehr um „hierarchisch" geordnete Ursachenreihen, wie in Kapitel 1 beschrieben, die hier und jetzt und zu jedem Zeitpunkt, an dem die Dinge, die erklärt werden, existieren. Zum anderen behaupten die Argumente, dass die Existenz Gottes *notwendigerweise* aus den Prämissen folgt, von denen sie ausgehen. Die Argumente sind Versuche einer *strengen metaphysischen Demonstration*, nicht (wie „Designargumente") bloße Übungen in induktiver oder abduktiver Argumentation. Folglich verfehlt es den entscheidenden Punkt, wenn man irgendwelche der Argumente, die in diesem Buch verteidigt werden, bewertet, als ob man ein induktives oder abduktives Argument bewerten würde – zum Beispiel, indem man vorschlägt, dass irgendeine Erklärung, anders als Gott, wahrscheinlicher, sparsamer und so weiter sein könnte. Um eines der in diesem Buch verteidigten Argumente zu widerlegen, muss man zeigen, dass es als *Demonstration* scheitert – dass eine oder mehrere seiner Prämissen falsch sind, oder dass seine Schlussfolgerung nicht logisch aus den Prämissen folgt, oder dass es irgendwie das zu Beweisende als feststehend betrachtet.

Aber drittens, und am wichtigsten, würden alle in diesem Buch verteidigten Argumente mit Hume und Dawkins *übereinstimmen*, dass eine

Ursache der Welt, die selbst komplex wäre, eine eigene Ursache erfordern würde. Das ist der Grund, warum sie zu dem Schluss kommen, dass die ultimative Erklärung der Dinge etwas absolut Einfaches oder Nichtzusammengesetztes und Nichtkomplexes sein muss. Das gilt für den Gott, der durch die Argumente, die ich verteidigt habe, erreicht wurde, und es ist *nicht* wahr für ir-gendetwas, was Hume, Dawkins oder irgendein anderer Atheist als einen alternativen Terminus der Erklärung bezeichnen würde. Als Einwand gegen die Art der in diesem Buch verteidigten natürlichen Theologie betrachtet, geht der Einwand von Hume und Dawkins völlig daneben.

„Wer Zeus, Venus, Thor, Quetzalcoatl und die anderen heidnischen Götter – als Jude, Christ und Muslim nicht weniger denn als Atheist – ablehnt, sollte, um konsistent zu argumentieren, einen Schritt weiter gehen und auch den Gott des westlichen Monotheismus ablehnen."

Dieser „Ein zusätzlicher Gott"-Einwand wurde von verschiedenen Atheisten erhoben, darunter Richard Dawkins und Colin McGinn.[49] Die erste Antwort ist, dass wir in diesem Buch gesehen haben, dass es mindestens fünf Argumente gibt, die zeigen, dass der Gott des westlichen Monotheismus existiert, während niemand behauptet, dass es irgendwelche Argumente gebe, die zeigen, dass Zeus, Venus, Thor, Quetzalcoatl und so weiter existieren. Daher gibt es keinen Widerspruch, wenn es darum geht, die Existenz der Ersteren zu bestätigen und die Existenz der Letzteren zu leugnen. Auf jeden Fall gilt, dass, wenn der Atheist etwas anderes behauptet, er diese fünf Argumente wird beantworten müssen, anstatt den Gott des westlichen Monotheismus mit den verschiedenen heidnischen Göttern zu vergleichen.

Ein tieferes Problem mit dem Einwand ist jedoch, dass er sehr schlecht versteht, worum es in der Debatte zwischen dem Atheismus einerseits und dem klassischen Theismus von Aristoteles, Plotin,

[49] Der Ausdruck „Geh einen Gott weiter" wird weithin Dawkins zugeschrieben, obwohl er ihn anscheinend nur in einem öffentlichen Vortrag und nicht im Druck verwendet hat. McGinn stellte eine Version dieses Einwandes in „Why I Am an Atheist", *Theoretical and Applied Ethics* 1 (2012): 6–10, vor. Ich antwortete auf McGinn mit dem Aufsatz „Why McGinn is a Pre-Theist", der ursprünglich in derselben Ausgabe von *Theoretical and Applied Ethics* (pp. 11–14) erschien und in meinen Sammelband *Neo-Scholastic Essays* (South Bend, Ind.: St. Augustine's Press, 2015) wiederabgedruckt wurde. 193–99.

Augustinus, Maimonides, Avicenna, Thomas von Aquin, Leibniz und den anderen andererseits geht. Die Befürworter des „Ein zusätzlicher Gott"-Einwandes gehen implizit davon aus, dass es eine oder mehrere Instanzen einer ungewöhnlichen Klasse von Wesen gibt, die „Götter" genannt werden, verstanden als „übernatürliche Wesen", vergleichbar mit Werwölfen, Geistern und dem Weihnachtsmann. Und sie betrachten den Gott des klassischen Theismus nur als einen dieser Götter oder Wesen neben anderen, wie Zeus, Venus, Thor, Quetzalcoatl und so weiter. Aber wie wir im Verlaufe dieses Buches gesehen haben, ist das schlicht nicht der Fall. Der Gott des klassischen Theismus ist kein Glied einer Spezies oder Gattung – einschließlich der Spezies oder Gattung „Götter" –, denn wenn er das wäre, würde er sich aus Teilen zusammensetzen (wie Gattung und spezifische Differenz), er ist aber stattdessen absolut einfach oder nichtzusammengesetzt. Er teilt seine Wesenheit nicht mit anderen Gliedern einer Klasse von Dingen, die „Götter" genannt werden, denn wenn er es täte, dann gäbe es in ihm einen Unterschied zwischen seiner Wesenheit und seiner Existenz, und tatsächlich ist er nur die Existenz selbst. Er ist nicht nur eine ungewöhnliche Ursache unter anderen, sondern der reine Aktualisierer und damit die Quelle der kausalen Kraft aller Dinge außer seiner selbst (einschließlich Göttern wie Zeus, Venus, Thor, Quetzalcoatl, wenn sie existieren sollten). Nach den Geschichten, die wir über sie lesen, sind diese anderen „Götter" in vielerlei Hinsicht begrenzt – sie zeigen schwankende Gefühlszustände, haben physische Körper, entstehen, haben Eltern oder andere Ursachen, ihre Bemühungen können scheitern, sie kennen bestimmte Dinge nicht, zeigen verschiedene moralische Laster und so weiter – während der Gott des klassischen Theismus unveränderlich, immateriell, ewig, unverursacht, allmächtig, allwissend, vollkommen gut und so weiter ist. Jeder dieser verschiedenen Götter ist „ein Seiendes" neben anderen Seienden, während der Gott des klassischen Theismus nicht „ein Seiendes" ist – das heißt etwas, das nur Sein *hat* und das Sein aus irgendeiner Quelle *ableitet* –, sondern vielmehr ein nicht-abgeleitetes oder subsistentes Sein selbst ist, aus dem alles andere, was existiert oder existieren könnte, sein Sein ableitet.

Um zu sehen, wie unpassend der „Ein weiterer Gott"-Einwand ist, ist es sinnvoll, ein paar Analogien zu berücksichtigen. Angenommen, jemand, der skeptisch gegenüber der euklidischen Geometrie ist, sagte:

> Die euklidischen Geometriker sind sich bereits einig, dass bei den einzelnen Dreiecken, die wir auf Kreidetafeln, in Büchern, im Sand, am Strand und so weiter sehen, nicht alle Seiten ganz gerade sind. Aber ich behaupte, dass euklidische Dreiecke *als solche* Seiten haben,

> die nicht ganz gerade sind. Alles, was ich tue, besteht darin, dass ich den Zweifel, den die euklidischen Geometriker mit mir teilen, auch auf ihre bevorzugten Dreiecke ausdehne. Ich finde ihren Unglauben an die perfekte Geradlinigkeit der Seiten der Dreiecke, die wir in Büchern sehen, durchaus vernünftig. Ich möchte sie lediglich auffordern, noch einen Schritt weiter zu gehen, zur Triangularität selbst. Ich bevorzuge den totalen Unglauben an die Geradlinigkeit der Seiten von Dreiecken, während sie in ihrem Unglauben selektiv sind.

Oder nehmen Sie an, dass ein Kritiker der platonischen Formen sagen würde:

> Platoniker stimmen mir bereits zu, dass die Dinge, auf die wir im Alltag stoßen, alle auf unterschiedliche Weise unvollkommen oder nicht ganz so gut sind wie ihre Art. Aber ich behaupte, dass die Form des Guten auch unvollkommen oder weniger als ein vollkommen gutes Beispiel von Gutsein ist. Alles, was ich tue, ist, den Zweifel, den Platoniker mit mir teilen, auf ihre eigene bevorzugte Entität auszudehnen. Ich finde ihren Unglauben an die vollkommene Gutheit der Dinge unserer Erfahrung durchaus vernünftig. Ich möchte sie nur auffordern, noch einen Schritt weiter zu gehen, zur Form des Guten selbst. Ich bevorzuge den totalen Unglauben an die Vorstellung, dass die Dinge immer perfekte Beispiele ihrer Art seien, während sie in ihrem Unglauben selektiv sind.

Nun, offensichtlich würden solche Bemerkungen wohl kaum verheerende Einwände gegen die euklidische Geometrie und die platonische Metaphysik darstellen. Vielmehr würden unsere imaginären Anti-Euklidiker und Anti-Platoniker ernsthafte Kategorienfehler begehen und damit zeigen, dass sie die Ansichten, die sie ablehnen, gravierend missverstanden haben. Insbesondere würde das in Frage stehende anti-euklidische Argument annehmen, dass der Begriff eines Dreiecks, wie er in Lehrbüchern der euklidischen Geometrie definiert wird, nur ein Dreieck neben allen anderen Dreiecken sei, auf das man in Verkehrszeichen, Glocken und dergleichen trifft, nur unsichtbar und besser gezeichnet. Aber das ist es natürlich nicht. Was die Lehrbücher beschreiben, ist kein Dreieck, nicht einmal ein besonders gut gezeichnetes, sondern die *(euklidische) Dreieckigkeit selbst*, und die Dreiecke, die man in der Alltagserfahrung vorfindet, sind gerade deshalb mangelhaft, weil sie nicht dem Standard entsprechen, den sie repräsentieren. Ebenso vermutet der fragliche Anti-Platoniker, dass die Form des Guten nur eine mehr oder weniger perfekte oder unvollkommene Instanz einer Klasse oder Kategorie neben den anderen sei, wenn auch eine besonders beeindruckende. Aber das ist natürlich nicht das, was die Form des Guten sein soll. Die Form des Guten *hat* keine mehr oder weniger unvollständige Gutheit; sie *ist* vielmehr die Gutheit selbst, die den Grad der Güte von Dingen bestimmt, die Güte nur auf mehr oder weniger unvollständige Weise haben.

Beachten Sie, dass der springende Punkt nichts damit zu tun hat, ob die euklidische Geometrie oder der Platonismus wahr sind, oder ob es gute Argumente für oder gegen beide Ansichten gibt. Selbst wenn die materielle Welt tatsächlich einer nicht-euklidischen Geometrie entspräche, bei der die Seiten der Dreiecke eher gekrümmt als gerade wären, wären die Bemerkungen unseres hypothetischen Anti-Euklidikers immer noch verwirrend. Denn der euklidische Geometriker würde auch dann nicht die *Art* von Fehler machen, den unser hypothetischer Anti-Euklidiker vermutet. Es wäre nicht so, dass es euklidische Dreiecke *gäbe*, sondern dass sie auch Seiten haben, die unvollkommen gerade sind; *diese* Behauptung macht nicht einmal Sinn. Euklidische Dreiecke, die natürlich immer perfekt gerade Seiten haben, würden einfach nicht instanziiert. Auch wenn Einwände gegen den Platonismus wie das „Der-dritte-Mensch-Argument" richtig sind, wären die Bemerkungen unseres hypothetischen Anti-Platonikers immer noch verwirrend. Denn dann wäre es nicht so, dass es eine Form des Guten gäbe, sondern dass sie schließlich auch nicht ganz gut ist; diese Behauptung macht auch keinen Sinn. Es wäre dann besser, wenn es überhaupt keine Form des Guten gäbe.

Der Einspruch „ein weiterer Gott" begeht einen ähnlichen Fehler. Zu vermuten, dass der Gott des klassischen Theismus „ein Gott" oder „ein Seiendes" neben Zeus, Venus, Thor, Quetzalcoatl usw. sei, ist wie die Annahme, dass im Abstrakten ein Dreieck neben den anderen auf Kreidetafeln, in Büchern und so weiter stehe, oder dass Platons Form des Guten nur ein mehr oder weniger gutes Objekt neben anderen sei, wie gute Menschen, gutes Essen und gute Bücher. Es geht hier darum, dass man einen groben Kategorienfehler begeht. Und auch hier hat der fragliche Punkt nichts damit zu tun, ob der klassische Theismus wahr ist oder nicht, oder ob die Argumente dafür letztlich gut sind. Selbst wenn der Atheist recht hätte, so nicht, weil sich herausstellt, dass der Gott des klassischen Theismus doch ein weiteres nicht-existierendes Mitglied einer Klasse von „Göttern" ist, zu der Zeus, Venus, Thor, Quetzalcoatl usw. gehören. Diese Art von Vorschlag macht nicht einmal Sinn, ebenso wenig wie die Vorschläge unseres hypothetischen Anti-Euklidikers oder Anti-Platonikers Sinn machen.

„Der Gott des philosophischen Theismus ist nicht der Gott, an den die meisten Gläubigen glauben."

Es gibt zwei Probleme mit diesem Einwand. Erstens wäre er irrelevant, selbst wenn er wahr wäre. Wenn die in diesem Buch verteidigten Argumente erfolgreich sind, dann existiert der Gott des philosophischen Theismus und der Atheismus ist daher falsch. Es bleibt nur die Frage, ob uns eine Religion wie das Judentum, das Christentum und der Islam weitere, göttlich geoffenbarte Erkenntnisse über diesen Gott gibt. Die verbleibende ernsthafte Debatte wird zwischen Theisten verschiedener Couleur stattfinden, nicht zwischen Atheismus und Theismus.

Aber der fragliche Einwand ist *nicht* wahr. Zum einen folgen einige Religionen, denen gewöhnliche Gläubige angehören, dem Gott des philosophischen Theismus. Zum Beispiel ist es eine katholische Standardlehre, dass der Gott der Bibel und der Gott, der durch philosophische Argumente erkannt werden kann, ein und derselbe sind. Nach der katholischen Position kann man einiges von dem, was wir über diesen Gott wissen (z.B., dass er allmächtig und allwissend ist), sowohl durch philosophische Argumentation als auch durch göttliche Offenbarung erkennen, und einiges von dem, was wir über ihn wissen (z.B., dass er eine Dreieinigkeit ist), kann nur durch göttliche Offenbarung erkannt werden. Aber es ist, wie der Katholizismus lehrt, derselbe Gott, von dem wir durch diese verschiedenen Quellen wissen. Andere Religionen erheben ähnliche Ansprüche.

Der Kritiker mag einwenden, dass das, was Theologen und offizielle kirchliche Dokumente sagen, die eine Sache, aber das, was der gewöhnliche Mann auf der Kirchenbank denke, eine ganz andere Sache sei. Aber das ist ebenfalls falsch. Es stimmt, dass der durchschnittliche, ungebildete religiöse Gläubige wenig oder gar nichts über die Lehre von der göttlichen Einfachheit, die Unterscheidung zwischen Wesen und Existenz, die Theorie von Aktualität und Potenzialität und andere technische philosophische Begriffe weiß, die in die Artikulation und Verteidigung des klassischen Theismus eingehen. Aber dann hat der durchschnittliche, ungebildete Mensch auch ein sehr grobes Verständnis dafür, was Wissenschaftler meinen, wenn sie über Moleküle, Atome, Kraftfelder usw. sprechen. Er könnte fälschlicherweise annehmen, dass Partikel wie die der Physik buchstäblich wie kleine Kugeln seien, die durch Stöcke miteinander verbunden seien. Es folgt nicht, dass er schließlich nicht an Atome, Moleküle und dergleichen glaubt, sondern nur, dass er ein viel weniger ausgefeiltes Verständnis dieser Dinge hat als die Experten. Ebenso glaubt der durchschnittliche religiöse Gläubige wie der philosophische Theologe, dass Gott die Ursache der Welt ist, dass er einzig ist, dass er unverursacht und nie entstanden ist, dass er allmächtig, allwissend und allgütig und so weiter ist. Er artikuliert oder verteidigt diese Überzeugungen nicht wie der Philosoph, aber das bedeutet nicht, dass er nicht an denselben Gott glaubt wie der Philosoph. Vielmehr hat er nur ein weniger differenziertes Verständnis von diesem Gott.

„Die Realität des Leidens und anderen Übels zeigt, dass es Gott nicht gibt."

Der Appell an das „Problem des Bösen" ist natürlich einer der klassischen Einwände gegen den Theismus. Zeitgenössische Religionsphilosophen unterscheiden gewöhnlich zwischen zwei Aspekten des Problems. Erstens: Ist die Existenz von Leid und anderen Arten von Übeln logisch mit der Existenz Gottes vereinbar? Zweitens: Wenn es konsistent ist, was ist der Grund, warum Gott das Leiden und andere Arten von Übel zulässt? Eine bejahende Antwort auf die erste Frage zu rechtfertigen, ist eine *Verteidigung* des Theismus gegen den atheistischen Einwand des Bösen. Um die zweite Frage zu beantworten, muss man eine *Theodizee* vorlegen.[50] Die beiden Fragen sind offensichtlich miteinander verbunden, aber gleichwohl verschieden. Man kann argumentieren, dass die Existenz des Bösen mit der Existenz Gottes vereinbar ist, ohne zu behaupten, genau erklären zu können, warum Gott die tatsächlich existierenden Übel zulässt.

Da eine Verteidigung ausreicht, um den vorliegenden Einwand zu widerlegen, ob man nun eine Theodizee entwickelt oder nicht, ist das der Aspekt des Problems, auf den ich mich hier konzentrieren werde. Und es ist nicht schwer, eine solche Verteidigung zu geben. Ehrgeizigere Versionen des atheistischen Arguments des Bösen behaupten, dass die Existenz des Bösen strikt mit der Existenz Gottes unvereinbar sei. Zum Beispiel hat J. L. Mackie einmal wie folgt argumentiert: Gott soll allmächtig und vollkommen gut sein. Aber es gibt keine Grenzen, was ein allmächtiges Ding tun kann, und ein gutes Ding wird das Böse so weit wie möglich beseitigen. Also wäre Gott, wenn er existierte, in der Lage, alles Böse zu beseitigen, und würde es auch tun wollen. Aber das Böse existiert. Entweder ist Gott

[50] Die Gegenüberstellung einer „Theodizee" in diesem engen Sinne mit einer „Verteidigung" ist in der heutigen Religionsphilosophie üblich geworden. Ältere thomistische Werke verwenden den Begriff „Theodizee" im weiteren Sinne als Synonym für „natürliche Theologie" im Allgemeinen und nicht nur für die Behandlung des Problems des Bösen im Besonderen.

nicht wirklich allmächtig oder nicht vollkommen gut, oder er existiert überhaupt nicht.[51]

Nun, was ich in Kapitel 6 über Allmacht und vollkommene Güte gesagt habe, sollte deutlich machen, was an diesem Argument falsch ist. Das Problem besteht bei Mackies zweiter Prämisse. Erstens ist es nicht richtig, ohne Einschränkung zu sagen, dass es keine Grenzen dessen gibt, was ein allmächtiges Seiendes tun kann. Selbst Gott kann kein rundes Quadrat machen oder zwei und zwei gleich fünf machen. Sich selbst widersprechende Aussagen wahr zu machen, ist nicht die Art von Dingen, von denen es Sinn macht, darüber zu sprechen; daher kann auch Gott sie nicht tun. Wenn sich nun herausstellt, dass es einige Güter gibt, die logischerweise nicht zu haben sind, ohne bestimmte Übel zu tolerieren, dann könnte auch Gott diese Güter nicht erschaffen, ohne die fraglichen Übel zu tolerieren, ebenso wenig wie er ein rundes Quadrat machen könnte. Und das bringt uns zum zweiten Problem mit Mackies zweiter Prämisse. Es ist nicht wahr, zu sagen, dass eine gute Entität alles Böse so weit wie möglich beseitigen werde. Denn einige Übel loszuwerden, kann auch bedeuten, die Güter loszuwerden, die diese Übel voraussetzen. Selbst wenn eine gute Sache diese Übel loswerden könnte, könnte sie davon absehen, dies zu tun, um sicherzustellen, dass die betreffenden Güter erhalten bleiben. Die Grundidee ist aus dem Alltag bekannt. Wenn es einem Kind sehr unangenehm ist, seine Hausaufgaben zu machen, kann ein Elternteil diese Unannehmlichkeit leicht beheben, indem er dem Kind sagt, dass es sich nicht die Mühe machen müsse. Aber ein guter Elternteil wird das nicht tun, denn die Unannehmlichkeit der Hausaufgaben zu beseitigen, würde auch bedeuten, das Kind am Lernen zu hindern und es dazu zu bringen, die vernünftigen Anweisungen seines Lehrers zu missachten. Und es ist gut für ein Kind, zu lernen und den vernünftigen Anweisungen seines Lehrers zu gehorchen.

Welche Arten von Gütern würden eliminiert, wenn Gott alles Böse beseitigen würde? Die wichtigsten Beispiele sind aus der Literatur über das Problem des Bösen bekannt. Zum Beispiel ist es gut, dass es Geschöpfe gibt, die aus freiem Willen handeln und nicht nur Automaten sind. Aber Geschöpfe mit freiem Willen können die Freiheit missbrauchen und böse Handlungen ausführen. Um also die Möglichkeit solcher bösen Handlungen auszuschließen, müsste Gott auch den freien Willen beseitigen. Nun, Mackie betrachtet dieses Beispiel und hat eine Antwort darauf. Während es für eine Kreatur mit freiem Willen möglich ist, Böses zu tun, ist es

[51] J. L. Mackie, "Evil and Omnipotence", *Mind* 64 (1955): 200–12, wiederabgedruckt in *The Problem of Evil*, ed. Marilyn McCord Adams and Robert Merrihew Adams (Oxford: Oxford University Press, 1990), pp. 25–37.

natürlich auch möglich, dass eine solche Kreatur sich dafür entscheidet, nichts Böses zu tun. Tatsächlich ist es einem freien Wesen prinzipiell möglich, sich nie für das Böse zu entscheiden, sondern immer nur das Gute zu tun. Also, so Mackie, bedeutet es, eine falsche Alternative anzunehmen, wenn man sagt, dass Gott eine Welt ohne Böses in ihr nur erschaffen könne, indem er eine Welt ohne freien Willen erschaffe. Es gibt eine andere Möglichkeit, die er hätte wählen können – nämlich eine Welt zu erschaffen, in der es Geschöpfe mit freiem Willen gibt, in der sie sich aber immer nur frei entscheiden, Gutes zu tun und niemals Böses zu tun. Und wenn Gott vollkommen gut ist, so sagt Mackie, dann ist das die Art von Welt, die er hätte erschaffen sollen.

Nun haben einige Theisten behauptet, dass Mackie falsch liege, wenn er annimmt, dass Gott eine Welt mit freien Geschöpfen hätte erschaffen können, die niemals das Böse wählen. Sie behaupten, dass es möglich sei, dass in jeder Welt mit freien Geschöpfen, die Gott hätte erschaffen können, zumindest einige von ihnen manchmal Schlechtes tun würden.[52] Aber der Theist muss diesen Weg nicht gehen. Wir können Mackie zustimmen, dass Gott eine Welt mit freiem Willen und ohne Übel hätte erschaffen können. Wir können sogar zustimmen, dass in einer solchen Welt viele moralisch bedeutsame Entscheidungen getroffen würden, wie zum Beispiel die Entscheidung, andere nicht zu ermorden oder zu bestehlen. Das heißt, eine Welt, in der freie Kreaturen niemals das Böse tun, muss keine Welt sein, in der nur moralisch triviale Entscheidungen frei getroffen werden (z.B. Entscheidungen darüber, was es zum Abendessen gibt, wo man ein Haus kauft usw.). Daraus folgt aber nicht, dass Gott eine Welt mit freiem Willen, ohne Übel und mit *allem* moralischen Guten, das es in der Welt gibt, hätte schaffen können. Denn es gibt immer noch bestimmte *Arten* der Ausübung des freien Willens, die die Existenz von Menschen voraussetzen, die das Böse wählen. Zum Beispiel sind Handlungen der Vergebung und Barmherzigkeit nur möglich, wenn es Menschen gibt, die tatsächlich Böses tun, wofür ihnen vergeben werden könnte, und die deshalb Strafen verdienen, die wir aus Barmherzigkeit erlassen können. Für Menschen, die in Freiheit sich entscheiden, in einer vergebenden und barmherzigen Weise zu handeln, ist dies nur in einer Welt möglich, in der andere Menschen sich entschieden haben, das Böse zu tun. Dann gibt es moralische Tugenden, die nicht voraussetzen, dass einige Menschen sich dafür entscheiden, böse Taten zu vollbringen, aber dennoch voraussetzen, dass es Böses anderer Art gibt. Zum Beispiel mag man keinen Mut haben,

---

52 Alvin Plantinga ist der bekannteste Verfechter dieser Position. Siehe Plantinga, *The Nature of Necessary* (Oxford: Oxford University Press, 1974), und *God, Freedom, and Evil* (Grand Rapids, Mich.: Eerdmans, 1977).

es sei denn, es besteht eine Gefahr, vor der man versucht zu fliehen, aber man entscheidet sich trotzdem dafür, seine Aufgabe zu erfüllen. Sie mögen kein Mitgefühl zeigen, es sei denn, es gibt Menschen, die ein Unglück erlitten haben (sei es Krankheit, Tod eines geliebten Menschen, Arbeitslosigkeit oder was auch immer) und denen gegenüber Sie mitfühlend handeln können. Man mag sich nicht entscheiden können, etwas zu opfern, um der eigenen moralischen Verbesserung oder des Wohls einer anderen Person willen, ohne dabei das Gute zu verlieren, das man opfert, und so weiter.[53]

Es ist also nicht nur die Güte des freien Willens im Abstrakten, die wir berücksichtigen müssen. Es sind nicht einmal moralisch bedeutsame freie Entscheidungen, die wir in Betracht ziehen müssen. Wir müssen auch moralisch bedeutsame Entscheidungen in Betracht ziehen, die zur Entwicklung von Tugenden wie Vergebung, Barmherzigkeit, Courage, Mitgefühl und so weiter beitragen. Und obwohl einige freie Handlungen, und sogar einige moralisch bedeutsame freie Handlungen, in einer Welt existieren könnten, in der es kein Übel gibt, könnten die letzteren Arten von freien Handlungen nicht existieren.[54]

Mackies Argument scheitert also. Tatsächlich hat Mackie in späteren Jahren konzediert, dass „das Problem des Bösen schließlich nicht zeigt, dass die zentralen Lehren des Theismus logisch unvereinbar sind" und dass „wir das Problem des Bösen in der Tat nicht als eine schlüssige Widerlegung des traditionellen Theismus betrachten können".[55] Dennoch behauptete der spätere Mackie, dass nicht alles Böse, das existiert, in der vorgeschlagenen Weise erklärt werden könne. Auch andere Atheisten haben angedeutet, dass, selbst wenn die Existenz des Bösen den Theismus nicht strikt *widerlegt*, es dennoch *wahrscheinlich* sei, dass es keinen Gott gebe. Diese Position ist als das „Evidenzargument des Bösen" bekannt geworden, und eine einflussreiche Version davon wird von William Rowe

[53] John Hick betont bekanntlich, was er die „seelenbildende" Funktion des Umgangs mit Leiden und anderen Arten des Bösen nennt, in *Evil and the God of Love*, rev. ed. (San Francisco: Harper und Row, 1977).

[54] Das soll nicht, mit Leibniz, heißen, dass die tatsächliche Welt die beste aller möglichen Welten sei oder dass Gott die beste aller möglichen Welten habe erschaffen müssen. Gott hätte davon absehen können, diese oder eine andere Welt zu erschaffen, und er hätte eine Welt erschaffen können, die in vielerlei Hinsicht besser gewesen wäre als die tatsächliche Welt. Der Punkt ist nur, dass er, da er diese Welt geschaffen hat, die Übel in ihr existieren lässt, weil er aus ihnen bestimmte Güter zieht, die ohne sie nicht möglich gewesen wären (auch wenn andere Güter und andere Welten, die in gewisser Hinsicht besser sind, ohne sie möglich gewesen wären).

[55] Mackie, *Miracle of Theism*, pp. 154, 176.

präsentiert.[56] Rowe argumentiert, dass ein allmächtiges, allwissendes und vollkommen gutes Wesen jedes Leiden verhindern würde, das verhindert werden könnte, ohne ein größeres Gut zu verlieren oder ein ebenso schlechtes oder schlimmeres Übel zu verursachen. Aber es ist wahrscheinlich, behauptet Rowe, dass zumindest *ein Teil* des Leidens, das tatsächlich in der Welt existiert, hätte verhindert werden *können*, ohne ein größeres Gut zu verlieren oder ein ebenso schlimmes oder schlimmeres Übel zu verursachen. Daher ist es wahrscheinlich, dass es kein allmächtiges, allwissendes und vollkommen gutes Wesen gibt.

Als Beispiel bittet uns Rowe, uns einen Fall vorzustellen, in dem „in einem fernen Wald ein Blitz einen toten Baum trifft, was zu einem Waldbrand führt [...], wodurch ein Rehkitz gefangen ist, das schrecklich verbrannt mehrere Tage in schrecklicher Qual dort liegt, bevor der Tod sein Leiden erlöst".[57] Die Idee ist, dass, selbst wenn ein allmächtiger, allwissender und vollkommen guter Gott zulässt, dass Menschen leiden, so dass sie Tugenden wie Mut, Mitgefühl, Barmherzigkeit und dergleichen entwickeln können, ein Leiden wie das des Rehkitzes offensichtlich sinnlos zu sein scheint und nicht durch ein größeres Gut, das daraus gewonnen werden könnte, erlöst wird. Zwar räumt Rowe ein, dass „wir nicht in der Lage sind, zu *beweisen*", dass aus solchen Beispielen des Leidens kein größeres Gut folgt, und dass man „nicht mit *Sicherheit* wissen kann", dass dies nicht sein könne.[58] Es könne im Prinzip ein solches größeres Gut geben, von dem wir einfach nichts wissen. Aber er hält es für vernünftig zu glauben, dass es keines gibt, und damit auch für vernünftig zu glauben, dass es keinen Gott gibt.

Das Problem mit Rowes Argument ist, dass es nur dann rational sein kann, dies zu glauben, *wenn wir nicht bereits einen unabhängigen Grund haben* zu denken, dass Gott existiert, und somit einen unabhängigen Grund zu denken, dass es ein größeres Gut geben muss, das Gott aus Fällen von Leid wie dem von Rowe zitierten ziehen wird. Und *wir haben* solche unabhängigen Gründe. Denn wie wir in diesem Buch gesehen haben, gibt es mindestens fünf Möglichkeiten, zu zeigen, dass Gott existiert, und weitere Argumente, die zeigen, dass er allmächtig, allwissend und vollkommen gut ist. Daher wissen wir auf der Grundlage dieser Argumente, dass es in der Tat ein größeres Gut geben muss, das Gott aus Leidensfällen wie denen, die Rowe im Sinn hat, ziehen wird, ob wir nun wissen können, was

---

[56] William Rowe, "The Problem of Evil and Some Varieties of Atheism", *American Philosophical Quarterly* 16 (1979): 335–41, wiederabgedruckt in Adams and Adams, *Problem of Evil*, pp. 126–37. Die nachfolgenden Seitenverweise beziehen sich auf den Nachdruck.

[57] Ibid., pp. 129–30.

[58] Ibid., p. 130 (Hervorhebungen hinzugefügt).

dieses größere Gut ist oder nicht. Nun, nach Rowes eigenem Bekenntnis *könnte* es im Prinzip ein so großes Gut geben, und so müsste er auch zugeben, dass, wenn wir wirklich unabhängige Argumente haben, die zeigen, dass es einen allmächtigen, allwissenden und vollkommen guten Gott gibt, wir dann auch unabhängigen Grund zu der Annahme haben, dass es tatsächlich ein so großes Gut gibt. Und in diesem Fall scheitert sein „Evidenzargument des Bösen". Sicherlich stellt es keine Herausforderung für die in diesem Buch verteidigten Argumente dar. Damit das „Evidenzargument" als Herausforderung für diese Argumente gelingt, müssten seine Verteidiger zunächst eine unabhängige Widerlegung der Argumente dieses Buches liefern. Und wenn sie das könnten, bräuchten sie das „Evidenzargument" gar nicht mehr.

Es lohnt sich hinzuzufügen, dass es nicht *einfach nur so ist,* dass wir von jedem Fall des Bösen, der existiert, nicht wissen, was die Gründe dafür sind, warum Gott es zulässt. Dass wir es nicht wissen, ist genau das, *was wir erwarten sollten*, obwohl einige der Gründe für dieses Urteil eine Argumentation erfordern, die uns weit über den Rahmen dieses Buches hinausführen würde. Sie erfordern insbesondere eine Verteidigung der Behauptung, dass wir unsterbliche Seelen haben, damit die Leiden dieses Lebens durch größere Güter, die im Jenseits genossen werden, ausgeglichen werden können.[59] Angenommen, es gibt ein solches Jenseits. Dann würden die Übel, die es in diesem Leben gibt, nur dann nicht erlösbar sein, wenn es im Jenseits nicht ein Gut gibt, das groß genug ist, um die Übel dieses Lebens zu überwinden. Aber es wäre ziemlich absurd zu behaupten, dass es kein so überragendes Gut geben könne. Zum einen wäre dieses Jenseits angesichts der Unsterblichkeit der Seele *endlos*, während selbst die schlimmsten Leiden dieses Lebens nicht von Dauer sind. Zum anderen sind wir nicht in größerem Ausmaß in der Lage zu verstehen, wie das Jenseits ist, als ein kleines Kind in der Lage ist zu verstehen, wie das Erwachsensein ist. Und natürlich können Kinder oft nicht verstehen, was Gutes aus bestimmten Dingen entstehen kann, die sie als unangenehm empfinden – Hausaufgaben machen, Spinat essen, Hausarbeiten erledigen, für Fehlverhalten bestraft werden und so weiter –, bis sie älter sind. Sobald sie das Erwachsenenalter erreicht haben, verstehen sie Dinge, die sie während ihrer Kindheit noch nicht verstanden haben, einschließlich der

---

[59] Zur Darstellung und Verteidigung von Thomas von Aquins Argument für die Unsterblichkeit der Seele siehe Edward Feser, *Aquinas* (Oxford: Oneworld Publications, 2009), Kap. 4. Zur detaillierten Verteidigung der These, dass der menschliche Intellekt unkörperlich ist, was eine entscheidende Rolle in Thomas' Argumenten für die Unsterblichkeit spielt, siehe meinen Aufsatz "Kripke, Ross, and the Immaterial Aspects of Thought", *American Catholic Philosophical Quarterly* 87 (2013): 1–32, wiederabgedruckt in *Neo-Scholastic Essays*, pp. 217–53.

Gründe, warum es sich für sie lohnte, diese unangenehmen Dinge durchgemacht zu haben. Nun ist Gott – unnötig es zu sagen – unendlich kenntnisreicher und mächtiger als jeder Elternteil, und ein Leben nach dem Tod wäre weitaus verschiedener vom heutigen Leben, als das Erwachsensein anders ist als die Kindheit. Wenn es also ein Jenseits gibt, sollten wir erwarten, dass Gott in diesem Jenseits ein Gut hervorbringen kann, das alle Übel dieses Lebens überwiegen wird, aber auch, dass wir unter unseren gegenwärtigen Umständen noch nicht ganz verstehen können, wie er es tun wird.

Eine solche Idee vollständig zu entwickeln und zu verteidigen, wäre eine *Theodizee*, und auch sie geht über den Rahmen dieses Buches hinaus. Und sie ist unnötig für den gegenwärtigen Zweck, der lediglich eine *Verteidigung* des Theismus gegen den Einwand des Bösen darstellt. Dabei kommt es darauf an, dass ein Leben nach dem Tod mit überragenden Gütern zumindest möglich ist, denn das genügt, um den Gesichtspunkt zu bekräftigen, dass es keinen Widerspruch zwischen der Existenz Gottes und der Existenz von Leid und anderen Arten von Übel gibt.

Ich habe andere Aspekte des Problems des Bösen in früheren Kapiteln, insbesondere in Kapitel 6 behandelt – so die Analyse des Bösen als Privation und die Frage, ob Gott die bestmögliche Welt erschaffen muss.

„Wenn es Gott wirklich gäbe, dann wäre er uns nicht verborgen, sondern seine Existenz wäre für alle offensichtlich."

Dieser Einwand, der in den letzten Jahren an Popularität gewonnen hat, wird manchmal das Argument der „göttlichen Verborgenheit" genannt.[60] Er beruht auf zwei entscheidenden Annahmen: erstens, dass, wenn Gott wirklich existierte, seine Existenz für die meisten Menschen offensichtlich wäre; und zweitens, dass seine Existenz für die meisten Menschen tatsächlich nicht offensichtlich ist. Aber warum sollten wir diese beiden Annahmen akzeptieren?

Betrachten wir sie der Reihenfolge nach. J. L. Schellenberg, ein prominenter Verfechter dieses Einwandes, begründet die erste Annahme mit der Vorstellung, dass, wenn es Gott gäbe, er zwischen sich und den Menschen „eine persönliche und positiv sinnvolle und explizite Beziehung der Art intendieren würde, die logischerweise den Glauben jeder Partei an die

---

[60] J. L. Schellenberg, *Divine Hiddenness and Human Reason*, with a New Preface (Ithaca, N.Y.: Cornell University Press, 2006).

Existenz der anderen voraussetzt".[61] Die Behauptung ist, dass, weil Gott eine solche Beziehung zu uns beabsichtigen würde, er dafür sorgen würde, dass jeder von seiner Existenz wüsste. Da er dies nicht getan hat (wie der Einwand behauptet), wird er überhaupt nicht existieren. Aber warum sollte Gott eine solche Beziehung beabsichtigen? Nicht alle Theisten haben das angenommen. Zum Beispiel dachte Aristoteles bekanntlich, dass der göttliche unbewegte Beweger der Welt sich selbst ewig betrachtet, aber uns nicht zur Kenntnis nimmt. Schellenbergs Argument ist also nur ein Rohrkrepierer gegen eine solche theistische Sichtweise.

Natürlich glauben viele Theisten, wie Juden und Christen, dass Gott eine persönliche Beziehung zu den Menschen intendiert – und das zu Recht, wie ich meine. Der Punkt ist jedoch, dass Schellenbergs Einwand selbst als ganz allgemeines Argument für den Atheismus scheitert. Er hat keine Kraft gegen Versionen des Theismus, die es mit Freude zulassen, dass Gott an Menschen uninteressiert ist oder sein könnte. Außerdem hat er auch keine Kraft gegen vieles von dem, was von Theisten behauptet wird, die glauben, dass Gott eine persönliche Beziehung zu den Menschen beabsichtigt. Betrachten Sie, dass die Argumente, die in diesem Buch verteidigt werden, behaupten zu zeigen, dass es eine unverursachte Ursache der Welt gibt, die eine, einfache oder nichtzusammengesetzte, rein aktuale, unveränderliche, immaterielle, ewige, allmächtige, allwissende Ursache und so weiter ist. Diese Attribute sind natürlich alle Teil des traditionellen theistischen Pakets für Juden und Christen, nicht weniger als für rein philosophische Theisten. Wie stellt Schellenbergs Argument in irgendeiner Weise diese Behauptungen in Frage? Doch wenn diese Behauptungen wahr sind, dann genügt das, um zu zeigen, dass der Theismus wahr und der Atheismus falsch ist.

Natürlich habe ich auch argumentiert, dass Gott vollkommen gut ist und dass er seine Schöpfung liebt, und Schellenberg könnte behaupten, dass sein Argument zumindest *diese* Aspekte der in diesem Buch vertretenen Position in Frage stelle. Das Argument tut dies jedoch ebenso wenig wie das Problem des Bösen. Denn wie beim Problem des Bösen ist es richtig zu sagen, dass, weil die Argumente dieses Buches feststellen, dass es einen Gott gibt, der vollkommen gut ist und seine Schöpfung liebt (und auch die anderen genannten Attribute hat), daraus folgt, dass es in dem Maße, in dem er seine Existenz nicht offensichtlicher gemacht hat, ein größeres Gut geben muss, das er aus diesem Umstand zieht. Schellenberg müsste annehmen, dass es *unmöglich* ein größeres Gut geben könne, aber es gibt keinen besseren Grund zu der Annahme, dass es nicht ein größeres

[61] Ibid., p. viii.

Gut geben könne, das Gott aus dem Leiden des Rehkitzes und ähnlichen Beispielen zieht (eine Annahme, die, wie wir gesehen haben, nicht einmal Rowe macht).

Welchen Grund könnte Gott haben, seine Existenz nicht offensichtlicher zu machen? John Hick schlägt vor, dass Gott uns in „epistemischer Distanz" zu ihm erschaffen hat, damit wir frei entscheiden können, ob wir eine persönliche Beziehung zu ihm eingehen oder nicht.[62] Ich denke, dass Hick das Ausmaß dieser „epistemischen Distanz" massiv überschätzt. Er hält das Universum für „religiös zweideutig", da es mit gleicher Plausibilität entweder theistisch oder atheistisch interpretiert werden könne.[63] Im Gegensatz dazu gibt es, wie aus diesem Buch hervorgeht, entscheidende Argumente für die Existenz Gottes. Ich denke auch, dass Hick das Ausmaß überschätzt, in dem die freie Entscheidung darüber, ob jemand eine persönliche Beziehung zu Gott eingehen soll oder nicht, davon abhängt, ob Gott wirklich existiert. Die Geschichte des alten Israel, der Kirche, des Islam und anderer Religionen ist voll von theistischen Gläubigen, die alle möglichen bösen Dinge getan haben, und sie haben diese Dinge nicht getan, weil sie entschieden haben, dass der Atheismus doch wahr sein könnte.

Aber es gibt wohl einen Kern der Wahrheit in Hicks Position. So wie Gott uns an einer sehr langen Leine hält in Bezug auf Fehler in dem, was wir tun – sogar im einem Ausmaß des moralischen Zusammenbruchs auf der Ebene ganzer Gesellschaften, des Völkermords und anderer Gräueltaten und so weiter –, so erlaubt er uns auch eine sehr lange Leine in Bezug auf Fehler in dem, was wir denken. Wie das Klischee besagt, gibt es nichts so Absurdes, dass es nicht ein Philosoph gesagt hätte. Der menschliche Verstand ist in der Lage, sich alle möglichen bizarren Dinge auszudenken und zu glauben. Philosophen und andere Intellektuelle haben die Existenz der Veränderung, der Zeit, der materiellen Welt, der Kausalität, des freien Willens und des Selbst geleugnet. Einige haben sogar die Existenz des Bewusstseins und von Überzeugungen, Wünschen und sinnvollen Gedanken im Allgemeinen geleugnet. Es ist kaum verwunderlich, dass einige Menschen auch die Existenz Gottes geleugnet haben. Weil unser Verstand endlich ist, ist er fähig zum Irrtum, und weil wir einen freien Willen haben, sind wir fähig, unsere Aufmerksamkeit von Beweisen und Argumentationslinien abzuwenden, die in die Richtung von Gottes Existenz weisen, und uns stattdessen auf Beweise und Argumentationslinien zu konzentrieren, die von ihm weg zu zeigen scheinen. Und die Menschen können

[62] Hick, *Evil and the God of Love*, p. 281.

[63] Siehe insbesondere John Hick, *An Interpretation of Religion* (New Haven, Conn.: Yale University Press, 1989).

verschiedene Motive dafür haben (zu denen ich gleich mehr sagen werde). In dem Maße, wie es eine „epistemische Distanz“ zwischen uns und Gott gibt, ist dies eine unvermeidliche Folge der Tatsache, dass wir einen endlichen Verstand und einen freien Willen haben.

Aber tatsächlich ist diese „epistemische Distanz“ nicht groß, was uns zur zweiten Annahme hinter dem Einwand der „göttlichen Verborgenheit“ führt – nämlich, dass die Existenz Gottes für die meisten Menschen nicht offensichtlich ist. Es ist wahr, dass relativ wenige Menschen den philosophischen Theismus, wie er in diesem Buch verteidigt wird, unterstützt haben oder gar kennen. Aber daraus folgt kaum, dass die meisten Menschen Atheisten seien oder gar an Gottes Existenz zweifeln. Im Gegenteil, historisch gesehen waren die Menschen in der überwiegenden Mehrheit Theisten irgendeiner Art, und die meisten Menschen sind auch heute Theisten irgendeiner Art. Es ist wahr, dass die Menschen sich oft über die Details nicht einig waren, wobei einige einen Theismus befürworten, bei dem Gott sich von der Welt unterscheidet, andere eine Art Pantheismus befürworten, wieder andere an eine Form des Polytheismus glauben und wieder andere eine unausgegorene Vorstellung vom Göttlichen haben. Aber dass es eine göttliche Realität gibt, haben die meisten Menschen nicht nur bestätigt, sondern auch mit einiger Zuversicht geglaubt, obwohl sie keine ausgefallenen philosophischen Argumente für ihren Glauben hatten und haben. Tatsächlich beklagen sich Atheisten oft über das Vertrauen, das gewöhnliche Menschen in ihre religiösen Überzeugungen haben, obwohl sie keine ausgefallenen Argumente dafür haben. Offensichtlich scheinen die Menschen, wenn Gott vor den meisten von ihnen „verborgen“ ist, sich dessen nicht bewusst zu sein.

Natürlich kann der Atheist antworten, dass das Problem darin bestehe, dass die Gründe für den religiösen Glauben des Durchschnittsmenschen (so denkt der Atheist) schwach seien, und wenn sie erkennen würden, wie schwach diese Gründe seien, dann würden sie sehen, dass Gott wirklich vor ihnen verborgen ist. Aber das ist, wie wenn man sagen würde, dass die Tatsache, dass das Verständnis des Durchschnittsmenschen für die moderne Wissenschaft und die Beweise dafür oft schwach sind (man denke nur an den Laien, der glaubt, dass Atome buchstäblich kleine Kugeln sind, die durch Stöcke verbunden sind), zeige, dass wissenschaftliche Wahrheiten alle vor dem Durchschnittsmenschen „verborgen“ seien. Und das ist eindeutig nicht der Fall. Viele Nicht-Experten haben wirklich einige Kenntnisse der Wissenschaft, auch wenn ihr Grad des Verständnisses davon viel niedriger ist als der des Experten, selbst wenn das, was sie wissen, mit Fehlern vermischt ist. Und wie ich bereits sagte, gilt das Gleiche für den durchschnittlichen Gläubigen. Seine Gründe, Gott als Ursache der Welt zu betrachten (zum Beispiel), sind zwar nicht sehr ausgeklügelt und können mit verschiedenen Fehlern vermischt sein, aber sein Glaube ist dennoch richtig und spiegelt oft zumindest eine stark vereinfachte Annäherung an die Argumente der natürlichen Theologie wider.

Und tatsächlich haben die meisten Experten auf diesem Gebiet – Philosophen, Wissenschaftler und Theologen – historisch gesehen nicht nur geglaubt, dass es eine göttliche Ursache für die Welt gibt, sondern sind der Ansicht, dass dies durch philosophische Argumente erkannt werden kann. Dies gilt im westlichen Denken von Anfang an bis vor kurzem, mit einer Liste die Xenophanes, Anaximander, Platon, Aristoteles, Plotin, Augustinus, Maimonides, Anselm, Avicenna, Averroes, Al-Ghazali, Thomas von Aquin, Duns Scotus, Descartes, Leibniz, Newton, Boyle, Locke, Berkeley, Clarke, Paley und viele andere einschließt. Wie die Liste der jüngsten Verteidiger des kosmologischen Arguments, die zuvor in diesem Kapitel angeführt wurde, zeigt, gibt es immer noch viele Philosophen, die dies denken. Natürlich könnte der Atheist erwidern, dass dies jetzt eine Minderheitenansicht sei und dass die Argumente für den Theismus, die frühere Generationen von Philosophen unterstützt haben, sich als nicht gut erwiesen hätten. Aber das würde bedeuten, das zu Beweisende als feststehend zu betrachten, denn wie ich in diesem Buch zu zeigen versucht habe, sind die mit den aristotelischen, neoplatonischen, augustinischen, thomistischen und rationalistischen Traditionen verbundenen Argumente nicht widerlegt worden.

Darüber hinaus haben wir auch gesehen, dass viele der Einwände routinemäßig gegen die Argumente der natürlichen Theologie geschleudert wurden, Einwände, auf deren Grundlage viele zeitgenössische Intellektuelle annehmen, dass die Argumente entschieden widerlegt worden seien – Einwände wie „Wenn alles eine Ursache hat, was hat dann Gott verursacht?“, die *nachweislich inkompetent* sind. Wenn nun die meisten zeitgenössischen Intellektuellen den Theismus auf der Grundlage solcher ahnungslosen Einwände ablehnen, dann haben sie kaum das Recht, gewöhnliche Gläubige zu beschuldigen, das zu glauben, was sie auf der Grundlage unzureichender Beweise tun. Dass viele dieser Intellektuellen es für offensichtlich halten, dass Gott „verborgen“ ist, sagt weniger über die natürliche Theologie als über ihr Verständnis der natürlichen Theologie.

„Argumente für Gottes Existenz sind nur Rationalisierungen vorherbestimmter Schlüsse und müssen daher nicht ernst genommen werden."

Ein Problem mit diesem Einwand ist, dass es sich um ein Lehrbuchbeispiel für einen *ad hominem*-Fehlschluss der Art „Brunnenvergiftung" handelt – die Ablehnung eines Arguments nur wegen eines angeblichen Eigeninteresses oder eines verdächtigen Motivs seitens der Person, die es vorträgt. Wie alle Logiker wissen, ist die Frage, ob ein Argument gut oder schlecht ist, völlig unabhängig von der Motivation oder dem Charakter der Person, die das Argument vertritt.

Ein weiteres Problem ist, dass dieser Vorwurf nicht weniger berechtigt gegen einige Kritiker von Argumenten für Gottes Existenz vorgebracht werden kann. Denn so wie ein Mensch natürlich an Gott glauben will und deshalb geneigt ist, nach Gründen für diesen Glauben zu suchen, und die Argumente für den Atheismus nicht allzu sorgfältig prüft, so kann auch ein Mensch in die entgegengesetzte Richtung tendieren. Das heißt, ein Mensch möchte vielleicht nicht an Gott glauben und wird daher geneigt sein, nach Gründen zu suchen, um den Atheismus zu rechtfertigen, und die Argumente für den Theismus nicht allzu sorgfältig prüfen. Der Philosoph Thomas Nagel hat einmal erkannt, dass eine „Angst vor der Religion" die Arbeit vieler seiner säkularistischen intellektuellen Kollegen zu beeinflussen scheint. Er schreibt:

> Ich spreche aus Erfahrung, da ich selbst dieser Angst stark ausgesetzt bin: Ich möchte, dass der Atheismus wahr ist, und bin beunruhigt darüber, dass einige der intelligentesten und am besten informierten Menschen, die ich kenne, religiös Gläubige sind. Es ist nicht nur so, dass ich nicht an Gott glaube und natürlich hoffe, dass ich in meinem Glauben recht habe. Ich hoffe, es gibt keinen Gott! Ich will nicht, dass es einen Gott gibt; ich will nicht, dass das Universum so ist. Meine Vermutung ist, dass dieses kosmische Autoritätsproblem keine Seltenheit ist und dass es für einen Großteil des Szientismus und Reduktionismus unserer Zeit verantwortlich ist.[64]

Das heißt nicht, dass alle Atheisten intellektuell unehrlich wären. Aber auch nicht alle Theisten sind intellektuell unehrlich. Auf jeden Fall und um es zu wiederholen – ob beide Seiten intellektuell ehrlich sind oder

---

[64] Thomas Nagel, *The Last Word* (Oxford: Oxford University Press, 1997), pp. 130–31

nicht, ist für die gegenwärtigen Zwecke nicht wirklich wichtig. Es kommt darauf an, ob die Argumente, die beide Seiten vorbringen, gute Argumente sind, und das lässt sich nur feststellen, wenn man die Argumente tatsächlich prüft, und nicht, indem man Zeit damit verschwendet, nach Ausreden zu suchen, dies nicht zu tun.

„Niemand kann behaupten, einen Beweis oder eine Demonstration zu haben, dass Gott existiert, da so viele Menschen seine Existenz bezweifeln oder diese bestreiten, selbst nachdem sie die angeblichen Beweise gehört haben."

Ein Problem mit diesem Einwand ist, dass, wie wir gesehen haben, viele der Kritikpunkte, die häufig gegen Argumente der in diesem Buch verteidigten Art vorgebracht werden, erbärmlich inkompetent sind, sich gegen grobe Karikaturen richten und die Unkenntnis dessen widerspiegeln, was die Verteidiger der Argumente tatsächlich gesagt haben. Dass viele offensichtlich schlecht informierte Menschen eine angebliche Demonstration ablehnen, gibt uns kaum Grund zu der Annahme, dass sie als Demonstration scheitert.

Ein zweites Problem ist, dass diejenigen, die die bloße Vorstellung ablehnen, dass die Existenz Gottes nachweisbar sein könnte, typischerweise die Argumente für Gottes Existenz auf einem Niveau halten, auf dem sie keine anderen Argumente halten würden. Zum Beispiel wird die bloße Tatsache, dass jemand irgendwo einen Einwand gegen ein Argument für die Existenz Gottes erhoben hat, von Skeptikern gemeinhin so behandelt, als ob „das Argument scheitert" – als ob ein Argument nur dann gut wäre, wenn niemand etwas dagegen hat, sondern alle zustimmen, wenn sie es hören. Natürlich behandeln Skeptiker andere philosophische Argumente nicht so. Zum Beispiel bringt ein Argument für den Materialismus oder gegen den freien Willen seine Kritiker nicht dazu, zu zeigen, dass dieses Argument einfach „scheitert". Die Haltung in diesen Fällen ist eher: „Ja, wie jedes philosophische Argument hat auch dieses seine Kritiker, aber das bedeutet nicht, dass die Kritiker recht haben. Am Ende des Tages könnten die Einwände gerechtfertigt und das Argument letztlich richtig sein, und wir müssen offen darüber nachdenken, was zu seiner Verteidigung gesagt werden könnte." Generell werden selbst die exzentrischsten philosophischen Argumente so behandelt, als seien sie immer „auf dem Tisch“, als wären sie einer Überprüfung wert. Mysteriöserweise werden jedoch Argumente für Gottes Existenz abgelehnt. Allein die Tatsache, dass Hume (sagen wir) dies vor zwei Jahrhunderten gesagt hat, wird oft so behandelt, als sei es eine ein für alle Mal entscheidende Widerlegung.[65]

Ein drittes Problem mit dem Einwand ist, dass diejenigen, die ihn erheben, oft missverstehen, was klassische Theisten wie Thomas von Aquin meinen, wenn sie sagen, dass Gottes Existenz „demonstriert“ werden kann. Gemeint ist, dass die Schlussfolgerung, dass Gott existiert, mit Notwendigkeit oder deduktiver Gültigkeit aus Prämissen folgt, die sicher sind, wobei die Sicherheit der Prämissen wiederum durch metaphysische Analyse gezeigt werden kann. Das bedeutet, dass eine solche Demonstration uns in zweierlei Hinsicht ein Wissen vermittelt, das sicherer ist als das, was uns jede wissenschaftliche Schlussfolgerung (was heute allgemein als „Wissenschaft“ verstanden wird) geben kann. Erstens ist die Schlussfolgerung weder eine rein probabilistische noch eine „Argumentation für die beste Erklärung“, die auf Überlegungen wie Sparsamkeit, Übereinstimmung mit der bestehenden Hintergrundtheorie usw. abzielt, wo eine alternative Erklärung im Prinzip richtig sein könnte. Sie ist stattdessen der Versuch einer strikten Deduktion aus dem, was notwendigerweise aus den Prämissen folgt. Zweitens können die Prämissen nicht durch weitere empirische Untersuchungen gestützt werden, weil sie mit dem zu tun haben, was eine mögliche empirische Untersuchung voraussetzen muss.

Der aristotelische Beweis beginnt zum Beispiel mit der Prämisse, dass Veränderung stattfindet, zusammen mit den Prämissen, dass ein Potenzial nur durch das bereits Aktuale (das Prinzip der Kausalität) verwirklicht werden kann, und dass eine hierarchisch geordnete Reihe von Ursachen nicht ins Unendliche zurückgehen kann. Die erste Prämisse ist in gewisser Weise empirisch, weshalb das Argument nicht *a priori* ist. Wir wissen, dass Veränderung stattfindet, weil wir sie erleben. Es ist jedoch

[65] Hilary Putnam bemerkte diese Doppelmoral, die viele zeitgenössische säkulare analytische Philosophen bei der Bewertung von Argumenten für Gottes Existenz an den Tag legen: „Die Mehrheit dieser Philosophen hält es für ganz klar, was ein ‚Beweis‘ ist: eine Demonstration, dass etwas der Fall ist, unter Anwendung der Standards (oder der vermeintlichen Standards), wenn nicht der Wissenschaft, dann, sagen wir mal, der analytischen Philosophie. Darüber hinaus soll ein starker Beweis jeden vernünftigen Menschen, der ihn sieht, überzeugen können. (Warum die Argumente der analytischen Philosophen selbst – nicht einmal die philosophischen, im Gegensatz zu den technisch-logischen Argumenten von Frege oder Russell oder Quine oder Davidson oder David Lewis – alle diesen Test nicht erfüllen, ist nicht etwas, das analytische Philosophen sehr viel diskutieren)“. Hilary Putnam "Thoughts Addressed to an Analytical Thomist", *Monist* 80 (1997): 487–88.

keine Prämisse, die durch weitere empirische Untersuchungen gestützt werden kann, da jede mögliche zukünftige Erfahrung selbst ein weiterer Fall von Veränderung ist. (Wir können aus empirischen Gründen kohärent behaupten, dass diese oder jene *angebliche Instanz* einer Veränderung unwirklich ist; aber wir können nicht aus empirischen Gründen kohärent behaupten, dass *jede* Veränderung unwirklich ist). Die anderen Prämissen können durch verschiedene metaphysische Argumente verteidigt werden, z.B. dadurch, dass das Prinzip der Kausalität aus dem Prinzip vom zureichenden Grund (PZG) folgt und dass das PZG zu Recht aufgestellt werden kann, indem man jeden Versuch, es zu leugnen, *ad absurdum* führt. Wir haben in diesem Buch gesehen, wie eine solche Verteidigung aussehen könnte und wie es mindestens vier weitere Demonstrationen gibt (den neoplatonischen, den augustinischen, den thomistischen und den rationalistischen Beweis), die auf ähnliche Weise verteidigt werden können.

Nun sind solche Argumente sicherlich ehrgeizig, aber in der Strategie, die sie verkörpern, gibt es nichts, was besagt, dass jeder Leser die Kraft des Arguments sofort sehen und ihm zustimmen müsse, oder dass keine bedeutende philosophische Arbeit geleistet werden müsse, um die Schlüsselprämissen zu verteidigen. Es ist nicht gesagt, dass selbst faire und gut informierte Leser die Kraft solcher Argumente automatisch erkennen und ihnen zustimmen müssen. Die Tatsache, dass ein Argument umstritten ist, bedeutet also nicht, dass es als Demonstration scheitert.

Es ist lediglich notwendig, dass das Argument gegen alle Einwände, die behaupten, dass die Schlussfolgerung nicht wirklich folge oder dass die Prämissen zweifelhaft seien, erfolgreich verteidigt werden kann. Nun, dies ist in diesem Buch in Bezug auf die eben erwähnten Beweise geschehen, aus denen sich ergibt, dass Gott existiert. *Quod erat demonstrandum.*

Index

D

E

F

G

M

N

O

P